Sarah Raich
Hell und laut

Sarah Raich

HELL UND LAUT

Roman

S. Marix Verlag

Reinhausen, Frühjahr 941

»Was sagt das Wasser?« Sie überlegte einen Moment und durchstieß mit ihrem Finger die glitzernde Oberfläche des Baches. Sie betrachtete ihn, ein kleines Würmchen, unter der zittrigen Haut des Wassers in Splitter zerfallend, die sich im letzten Moment doch aneinander festhielten. Sie streckte ihren Arm aus, bis sie einen Stein berührte, über den das Rinnsal hinab in die kleine Mulde vor ihr floss. Das Wasser umschloss ihren Finger und damit änderte sich das Geräusch, wenn … ja, was machte es, das Wasser? War *salzæn*, ein Springen, das eigentlich zum Tanzen gehörte, das richtige Wort? Oder war es eher ein *skrikken*, ein dahinschießendes Springen, in dem auch das Blitzende, Glitzrige zum Ausdruck kam? Oder sollte sie lieber *hopfezzen* benutzen, was Irmentraud sagte, wenn sie hüpfte und sprang, weil der Vater heimkam? Das Wasser, es klang genauso, wie sie sich dann fühlte. Voller spritziger Freude.

Sie klaubte einen Kiesel vom Grund; weiß, durchzogen von grauen Linien, wie ein umgekehrter Blitz. Sie legte ihre Wange aufs Knie, schloss die Augen und lauschte noch einmal. Obwohl, nein, da war auch etwas Trauriges im Klang des Wassers, etwas Uraltes, Müdes, das schon alles gesehen und gehört hatte und das durch die Fröhlichkeit hindurchschien wie die Kerze, die des Nachts durch den Vorhang ihres Bettes schimmerte, wenn die Kinderfrau nach ihr und den Geschwistern schaute.

»Du meinst, es plätschert?« Sie hörte Irmentraud atmen, schwer und rasselnd, während sie gebückt die Brunnenkresse für das Abendessen pflückte. Die Stiele brachen mit einem leisen Schmatzen. Sie legte sie in ihren Korb, neben die Steinpilze, die sie unter den Eichenbäumen gesammelt hatte.

»Nein!« Sie schlug ihre kleine Faust so fest sie konnte auf die feuchte Erde. »Ich meine, was es *sagt*!« Sie spürte die Wut bis in die Wurzeln ihrer Haare. Warum verstand Irmentraud sie nie? Es war doch nicht so schwer! Sie musste nur hinhören! Dieses Klingeln und Glucksen, das war doch nicht ein einfaches Geräusch, das war ein ganzes Singen, hell und laut, eine endlose Geschichte mit hunderten Stimmen, die sich ineinander verschlangen, miteinander rangen, sodass ihr ganz schwindelig wurde, wenn sie zu genau lauschte, sich zu sehr hineinsenkte in diese Sprache, die sie hörte und doch nicht so verstand, dass sie hätte sagen können, was das Wasser da unablässig erzählte.

»Ach, Itlin«, mit einem Ächzen streckte sich Irmentraud. Hrotsvit. Diesen Namen versuchte sie zu meiden. Gewaltig und grob war er, dieser Name, ein mächtiger Schrei, der Wille von Itlins Mutter. Wie dumm, einem Mädchen schon mit dem Namen solch eine Bürde aufzuladen. Irmentraud hatte lieber das Kosegemurmel früher Säuglingstage zu einem neuen Namen gerinnen lassen.

»Itlin«, Irmentraud rieb sich das Kreuz. Ihr Rücken schmerzte oft, vor allem, wenn sie gebückt arbeitete, und das tat sie die meiste Zeit. Im Garten des Burghofes, beim Waschen der Wäsche dort drüben am großen Felsen, oder wenn sie in den Wäldern sammelte, was im Garten nicht wuchs. Sie hatte sich an das Ziehen und Drücken in ihrem Körper gewöhnt, sie kannte ihn eigentlich nicht ohne, und schließlich war sie schon so viele Jahre da, konnte sich an fast drei Dutzend Osterfeste erinnern, da sollten die Knochen wohl schmerzen.

Sie ließ ihren schweren Körper neben dem kleinen dünnen Mädchen ins Gras sinken und schaute ihm in die Augen, die Nase dazwischen voller Sommersprossen.

»Itlin, Itlin, was du dir nur immer denkst.« Sie tätschelte die Hand, die unter dem Grau der getrockneten Erde so blass war wie der Bauch einer Bachforelle. »Rede lieber nicht so wildes Zeug, sonst holt dich noch der *wazzarman!*«

Energisch schüttelte das Mädchen ihren Kopf und lachte. »Irmentraud, jetzt sei nicht dumm! Der *wazzarman*, der lebt doch da hinten im See!« Sie stutzte. Es hallte auf einmal in ihrem Kopf hin und her, *seo*, der See, so sehr sie das Wort ziehen lassen wollte, sie blieb einfach daran hängen. Daran hatte sie noch nie gedacht. Das Wort drehte sich, veränderte sich, ja, noch mehr war es in *seolih*, am See gelegen. *Seolih*, das klang ganz ähnlich wie *sela*, die Seele. Und waren sie sich nicht auch ganz ähnlich? Der See und die Seele? Eine dünne Haut, die spiegelte, was der Tag ihr hinhielt, aber darunter war eine ganze Welt in der Düsternis, in der die Gedanken blitzten wie silberne Fischchen. Irmentrauds Brummen holte sie zurück.

»Sei du lieber nicht dumm, Itlin! Willst mit dem Wasser plaudern! Am Ende hörst du nur den *nihhus* zu, die dich mit ihren kalten Fingern hinabziehen in ihr Reich und dann ist es um dich geschehen, dann musst du auch als Wassergeist in der Dunkelheit klagend deine Kreise ziehen, immer nur auf Böses aus!«

Grob packte sie das Mädchen am Arm. Nun war sie schon sieben Jahre alt und hatte den Kopf noch immer voller Unfug. Nie wollte sie hören, immer musste sie sich in solche Wirrheiten verstricken.

Schnell schlug sie ein Kreuz vor ihrer Stirn. Sprechendes Wasser! Da war doch der *widarwarto*, der leibhaftige Teufel, dahinter! Was hatte der Allmächtige ihrem Burgherrn nur für ein Kind geschickt, mit einer Seele wie ein Dornengestrüpp. Irmentraud schaute über die Schulter zu der hinter ihr Herstolpernden. Eigentlich ein Mädchen, das leidlich anzusehen war, ihr Mann würde sicher recht zufrieden sein. Jedenfalls mit dem Äußeren. Der Rest … ja, dieser Rest machte Irmentraud große Sorgen.

Diese Augen, wie sie starrten, wie sie bohrten. Als habe sie dahinter das Wüten der ganzen Welt verborgen und wartete nur darauf, es auf die Menschheit loszulassen. Irmentraud wollte sich schütteln. Schnell blickte sie zurück auf den Weg. Wenn sie dieses Kind nur nicht so sehr liebte, ohne zu wissen warum.

In dem Moment, als der Burgherr ihr das Bündel in die Arme gelegt hatte, hatte sich ihr Herz zusammengezogen, um sich gleich darauf auszubreiten wie ein ewiges Meer und in ihrem ganzen Körper Wärme zu versprühen; bis in die Finger und Zehen hinein hatte sie es gefühlt. Und das, obwohl sie gerade selbst ein Kind begraben hatte, einen Jungen, den sie nur ein paar Wochen hatte bei sich haben dürfen, ein schwächliches Kerlchen, viel zu klein und dünn. Paulin hatte sie ihn genannt. Ihr kleiner, zarter Paulin. Jeden Tag hatte sie seine Finger gezählt, hatte sich seine Gesichtszüge einzuprägen versucht. Die ernsten, dunklen Augen, die schon so viel gesehen zu haben schienen, der kleine Mund, den er beim Schlafen so spitzte, als wolle er gleich lospfeifen. Sie hatte es gewusst, dass sie ihn nicht würde halten können, von der ersten Sekunde an hatte sie es gewusst. Und doch hatte sie gedacht, sie müsse mit ihm sterben, als es vorbei war mit ihm. Drei Tage hatte sie geweint, hatte sich ihr Haar ausgerissen und wenn sie gekonnt hätte, auch ihre Brüste voller Schmerz und Milch, die keiner wollte. Und dann war Itlin gekommen, ihre kleine Itlin. Die Trauer war nicht verschwunden, sie weinte noch wochenlang um ihren Paulin. Aber mit Itlin stand etwas neben dieser ganzen Traurigkeit, Itlin sprühte vor Leben, vor Willen, und sie, Irmentraud, musste sie lieben, sie hätte sich nicht wehren können, selbst wenn sie es gewollt hätte.

Am Anfang war sie sich sicher gewesen, der Himmel habe ihr dieses Kind geschickt. Auch wenn es nicht wirklich ihres sein konnte, auch wenn sie irgendwann aus der Burg wieder zurück ins Gesindehaus ziehen musste, als das Mädchen nach ein paar Jahren ihre Milch nicht mehr gebraucht hatte. Itlin war dort geblieben, in der Burg, mit der feinen Kinderfrau und ihresgleichen. Doch wann immer das Kind konnte, verbrachte es Zeit bei ihr. Und auch Irmentraud hielt immer Ausschau nach dem Mädchen. Ob es ihm gutging. Ob es etwas brauchte. Die Liebe zu dem Kind trug sie und sie war sich sicher, die höchste Macht hatte für einen kurzen Moment ein Auge auf sie geworfen und ihr in tiefster Dunkelheit durch Itlin einen Funken Licht geschenkt.

Aber je älter Itlin wurde, desto mehr kamen Irmentraud Zweifel. Dieser Willen. Diese Gedanken, die das Kind hatte. Redendes Wasser! Warum scheute sie sich vor rein gar nichts? Vielleicht war ihre Mutter doch eine Zauberin gewesen, so wie die Leute im Dorf es sagten. »Herrgott, schütze unsere Seelen!«, murmelte Irmentraud und zog das Mädchen zum Erdwall, hinter dem die Burg der Grafen zu Reinhausen lag.

Sie sah es gleich, noch bevor sie das Tor durchschritten hatten. Die Pferde im Hof, das geschäftige Hin und Her der Stallknechte, die Frauen mit Wasserkrügen und Körben voller Äpfel und Brot, um die Weitgereisten zu stärken. Das konnte nur eines bedeuten. Vater war zurück.

Sie riss sich Irmentrauds Finger vom Arm und lief durch das Tor, hinein in das Durcheinander im Hof.

»Vater! Vater!«, rief sie, noch bevor sie ihn erahnen konnte.

»Hier bin ich! Hier!«

Der Matsch zog schwer an ihren nackten Füßen. Sie keuchte und schaute herum.

Da! Dort stand er. Oben auf der Balustrade. Und neben ihm Notburgis. Ihre Schritte wurden langsamer. Sie hielt sich die Hand über die Augen, um besser sehen zu können. Seine blonden Locken glänzten feucht, auch die rote Tunika war dunkel von Schweiß. Bestimmt waren sie die letzten Meilen schnell geritten, hatten die Pferde angetrieben, um endlich heimzukommen, nach so vielen Monaten. Aber er stand aufrecht und stark auf beiden Beinen, seine Arme ruhten auf Notburgis' Schultern. Er war heil und ganz zu ihnen zurückgekehrt. Der Herr im Himmel hatte ihren Vater wieder einmal beschützt. Sie hüpfte die hölzernen Stufen hinauf.

»Vater!«, rief sie noch einmal und er schaute zu ihr. Der Moment des Erkennens, der über sein Gesicht glitt, seine Freude, es ging ihr durch und durch und sie stürzte auf ihn zu.

Er hob sie hoch, so hoch er konnte, dann ließ er sie ein Stück fallen, nur ein kleines bisschen, um sie gleich wieder aufzufangen.

»Itlin! Meine Itlin! Wie schwer du geworden bist! Und so sehr bist du gewachsen!« Sie lachten beide über diesen Spaß, der ihr nie fade wurde.

»Gewachsen schon.« Notburgis' Stimme schnitt in ihr Gelächter. »Aber töricht ist sie nach wie vor. Ungehörig sowieso.« Sie sagte *ubilo*. Das Wort, in dem der Teufel mitschwang, das Gottlose. Nicht das sanftere *ungirÆsanti*. Stattdessen *Ubilo*. Tief bohrte sich das Wort in sie hinein. *Ubilo, ubilo, ubilo*, schienen die Spatzen zu tschilpen, die im Hof umherhüpften. *Ubilo, Ubilo, Ubilo*, schienen die Pferde zu schnauben. Ihr war, als richteten sich alle Augen auf sie und auf ihren Vater. Als erwarteten alle, dass er sie angemessen bestrafte.

Langsam ließ ihr Vater sie herabsinken, er beugte sich hinunter und sie schaute in seine Augen, die dasselbe Grün wie ihre hatten.

Sie sah, wie das Lächeln aus seinen Zügen wich, aus dem Mund, aus den Augen. Alles wurde ernst an ihm, schwer wie Stein, und ihr schien es, als würde auch sie ausgefüllt von schwerem, dunklem Stein.

»Itlin, was höre ich da? Ich hatte doch gesagt, du sollst Notburgis keine Sorgen machen?«

Ja, das hatte er gesagt, und sie hatte es auch wirklich vorgehabt. Sie hatte es gut machen wollen. Hatte jeden Morgen geholfen, das Gesinde zu wecken und die Aufgaben des Tages zu verteilen, hatte ihren kleinen Geschwistern beim Frühessen geholfen und sie angekleidet. Sie hatte ihre Webarbeit gemacht, so ordentlich, wie sie es eben zusammenbrachte. Sie hatte den Faden immer wieder geduldig entknotet, auch wenn sie ihn am liebsten entzweigerissen und das fürchterliche Ding in die Ecke geschmissen hätte. Sie hatte den Kleinen zum Einschlafen Geschichten erzählt, damit sie Ruhe gaben. Meistens gottesfürchtige Legenden von den Märtyrern und nur ganz selten eine der Geschichten, die Irmentraud ihr erzählte, wenn sie gemeinsam draußen waren, vor dem Burgwall. Die Geschichten über die Waldgeister, die zwischen den Bäumen lauerten, und über den grausamen Drachen, der in den fernen Bergen hauste, wild und tödlich, und nur von einem Menschen mit reinem Herzen und einer gottesfürchtigen Seele bezwungen werden konnte. Nur der Gedanke an dieses Untier ließ sie schauern. Und doch. Sie wollte es gern einmal mit eigenen Augen sehen. Sein ganzer Körper war bedeckt von Schuppen aus reinem Gold, undurchdringlich für alle Lanzen, hatte Irmentraud gesagt, hoch wie drei

Häuser und noch höher, sein Atem heißes Feuer, heiß wie die Hölle selbst. Wie gern sie einmal das Zittern der Erde unter seinen gewaltigen Füßen spüren würde.

»Sie ist dem Priester in die Predigt gefallen. Kannst du dir das vorstellen, Allo!« Notburgis' Stimme riss sie aus ihren Gedanken. »Wir waren in der Anbetung versunken – und deine Tochter ruft wirres Zeug! Kannst du dir das vorstellen? Wie eine Heidin, eine Götzenabeterin!« Notburgis bekreuzigte sich und murmelte etwas.

Wie ihre Mutter. Das sagte sie nicht laut. Aber das Mädchen hörte es trotzdem. *Du bist wie deine Mutter, diese gottlose Zauberin.* Sie wusste genau, was Notburgis dachte.

»Ich habe ihr natürlich den Gürtel gegeben«, schloss die Burgherrin ihre Rede.

»Hrotsvit? Was hast du dazu zu sagen?« Sie spürte die Hand des Vaters an ihrem Kinn. Sein Griff war hart. Gott lästern. Das war ein Verbrechen am Hof ihres Vaters. Das Schlimmste, das es gab. Er war ein milder Herrscher, ein sanfter Vater. Zu sanft, wie Notburgis fand. Vieles verzieh er. Aber das nicht. Im letzten Winter hatte er drei Zauberweibern, die die alten Götter beschworen hatten, die Zungen herausgeschnitten. Kein Wehklagen hatte ihn erweichen können. Mit der Zange des Schmieds hatte er die Zungen gepackt, eine nach der anderen, und mit seinem Jagdmesser herausgeschnitten. Sie zuckten blaurot und glänzend im blutigen Stroh.

»Wenn eure Götzen euch so gern singen hören, dann werden sie schon wieder nachwachsen!«, hatte er gerufen und die drei Frauen blutend und nackt in den Schnee hinausgejagt. Hrotsvit dachte an ihre grauen Haare, im Wind flatternd wie Vogelschwingen.

»Hast du Gott gelästert?« Sein Gesicht war fahl, die Oberlippe gespannt.

»Das war kein wirres Zeug!« Tränen. Sie spürte sie warm auf ihrer Wange. Diese einfältige Frau! Natürlich hatte sie kein Wort verstanden! Sie konnte ja kaum Latein, nur ein paar Gebete nachplappern, sonst nichts.

»Der Priester hat Unsinn geredet! Das ganze Latein war …«, sie wusste nicht, wie sie es sagen sollte, »auf dem Kopf!«, rief sie schließlich. »Der Kasus immer falsch! Dauernd hat er die Wörter verwechselt! Statt *opus* hat er *olus* gesagt! Vater, wirklich! Er hat vom Kohl Gottes gesprochen!« Sie spürte die Hitze in ihrem Gesicht und musste ihre ganze Kraft darauf verwenden, sich nicht zu verhaspeln. »Manchmal hat er sogar nur gemurmelt und gemurmelt und gar kein richtiges Wort gesagt! Ich habe es genau gehört! Vater!«

Das musste er doch verstehen! Dass sie nicht hatte innehalten können. Dass sie etwas hatte sagen müssen. Die Augen ihres Vaters waren wie versteinert, seine Hand hielt noch immer ihr Kinn, dass es schmerzte. Wie konnte er sie so allein lassen! Wie oft redete er davon, dass Worte wichtig waren, dass sie kostbar waren und es sie auszuwählen galt, wie Juwelen zwischen den schnöden Kieseln aus einem Bachbett. Wie er vor ihr geschwärmt hatte von den Meistern der Rede, die den Glauben erst in die Herzen der Menschen brachten. Dass sie lernen sollte, Sprache zu beherrschen und sich nicht dem Geschwätz hinzugeben wie ein Blatt dem Wind.

»Qualis autem homo ipse esset, talem esse eius orationem!« Sie schrie die Worte fast. »Qualis autem homo ipse esset, talem esse eius orationem!« Sie rief. Noch lauter. Alle sollten es hören! Sie konnte die Verwirrung in den Augen ihrer Stiefmutter sehen, die gleich darauf in Wut umschlug.

»Da! Sie tut es schon wieder!«, rief Notburgis. »Du musst sie bestrafen!«

Aber sie sah, dass ihr Vater lächelte. Nicht im ganzen Gesicht. Aber seine Augen lächelten.

»Ja, an der Rede erkennt man den Menschen«, sagte er. »Da hast du recht, mein Kind.«

—

Zuerst war es eine undurchdringliche Schwärze gewesen, aber nach und nach vergaßen ihre Augen das helle Licht der Fackeln in der Halle und begnügten sich mit dem Licht der Sterne, das durch die Fensteröffnung fiel. Sie ließ ihre Finger über die roh behauenen Felsblöcke der Mauer fahren, konnte die Spuren des Meißels fühlen; fast, als zitterte der Stein noch unter den Schlägen des Metalls. An der Wand schob sie Stroh zusammen, bis sie darauf steigen und hinausschauen konnte, in das Licht der Nacht. Die Tränen wollten sich wieder hervorkämpfen, aber sie schluckte sie herunter. Nein, sie war nicht schuld, sie wollte nicht schuld sein. Tränen verrieten den Schuldigen. Das hatte Vater ihr beigebracht.

Die Liste ihrer Verfehlungen war noch länger. Nicht nur hatte sie den Priester unterbrochen und berichtigt, sie hatte einige von Notburgis' Anweisungen an das Gesinde vergessen, sie hatte von der Mittagssuppe zu viel ausgeteilt, sodass Notburgis für die letzten Hungrigen kostbaren Käse und Wurst aus der Kammer hatte holen müssen.

Außerdem hatte Hrotsvit in ihr Webstück ein Schwein mit Hasenohren gearbeitet, nur ein ganz kleines, und dann noch eine Ziege, die mit den Beinen ausschlug. Sie hatte ihre Brüder aufheitern wollen, denn die Tage waren kalt und regnerisch in diesem Frühjahr. Gemeinsam hatten sie gekichert. Notburgis hatte die Tiere erst entdeckt, als der Stoff fertig gewebt war. Sie war außer sich vor Wut gewesen und hatte erst von Hrotsvit abgelassen, als der Maßstab auf ihrem gebeugten Rücken zerbrochen war. Natürlich hatte sie dem Vater gezeigt, was seine missratene Tochter aus der kostbaren Wolle gemacht hatte. Ein Schwein! Eine Ziege!

»Will sie den Teufel beschwören?«, hatte Notburgis auf dem Höhepunkt ihrer Anklage geschrien; umso wütender darüber, dass ihr schwerstes Pfund, das Unterbrechen der Predigt, von Hrotsvit ausgehebelt worden war.

Für all diese Sünden saß sie nun hier im leeren Pferdestall, ganz allein. Die Tiere waren auf der Weide.

»Ich werde dir helfen, deine Gedanken zu ordnen und Buße zu tun, für das, was du getan hast.« Geschlagen hatte ihr Vater sie nicht. »Gott ist mit dir, mein Kind. Finde deine Schuld und er wird dir vergeben«, hatte er gesagt und ihr Haar geküsst, bevor er sie sanft, aber bestimmt in das Dunkel geschoben und die Tür hinter ihr geschlossen hatte.

Ihre nackten Füße scharrten über die festgetretene Erde. Auf ihrem Schoß lag ihr gewebtes Stück Stoff, zusammen mit einer Nadel und vier Knäuel Faden, eines von rötlichem Braun, eines von grauem Grün und dann das sahnige Weiß, das manche der Schafe hatten, sowie das dunkle Braun der anderen. Hier waren die Farben kaum zu unterscheiden, nur der helle Faden in ihren Händen verriet sich durch ein blasses Leuchten. Im Dunkel betastete sie den Stoff; er war so lang, dass ihre Arme nicht ausreichten, ihn zu spannen. Wenn sie seine Ränder bestickt hatte, würde sie den Stall verlassen können.

»Damit du das Schandmal auslöschst, das dein widerborstiger Geist geschaffen hat«, hatte Notburgis gesagt und ihr Stoff und Wolle gereicht.

Sie hätte es leichter haben können. Sie hätte sich entschuldigen können, um Verständnis betteln und weinen. Bestimmt wäre ihr Vater dann gnädiger gewesen. Er mochte es, wenn Sündige ihre Reue beteuerten. Vielleicht hätte sie den Stoff dann in der Halle besticken können oder wäre mit einigen Gebetsstunden in der Burgkapelle davongekommen.

Sie hatte die Worte dazu schon zurechtgelegt in ihrem Kopf. Hatte überlegt, welche Sätze ihr Schicksal am sichersten mildern könnten.

Und dann hatte sie Notburgis gesehen, mit ihrem Stoff in der Hand, so gefaltet, dass die Stelle mit den kleinen Wesen hervorstach und jeder sie sehen konnte. Eckig und ungelenk, eigentlich kaum Tiere, eine krumme Ansammlung von Linien. Notburgis, ihre Lippen verzogen zu einem schmalen Lächeln, saß auf der Lehne von Vaters Stuhl, sein Arm ruhte auf ihrem Rücken. Und dort ließ Allo ihn liegen, während Notburgis jede ihrer Missetaten aufzählte, jede Verfehlung beschrieb wie die Vergehen einer Besessenen. Und mit jedem Moment, der verstrich, mit jedem Satz, den ihre Stiefmutter sprach, verwelkten die Worte in ihr, die sie eigentlich hatte sagen wollen, um sich zu verteidigen. Buchstabe um Buchstabe zerfiel, bis sie nur noch Staub in ihrer Brust fühlte, grau und schwer, aus dem sich gar nichts formen lies, schon gar keine Bitte um Vergebung.

Sie versuchte, mit ihrem Blick das Licht der Sterne zu fassen, doch sie blitzten und funkelten; beinahe, als sprängen sie. Sie wollte den Mund öffnen, jetzt, wo es nur der Himmel hören konnte, und alles herausklagen. Die Ungerechtigkeit beschreien, ihre Einsamkeit, ihre Trauer. Aber kein Wort wollte über ihre Lippen, alles schien ihr zu groß, zu schwer, zu leer und zu voll zugleich, als dass sie es hätte aussprechen können.

Ihre Hände glitten fahrig über den Boden, der Staub kitzelte ihre Haut. Hin und her fuhren ihre Finger, bis sich ihr Atem beruhigte und sie begann, Bögen und Linien zu formen. Mit einem Wischen ließ sie die Zeichen wieder verschwinden und ihre Finger zogen neue Linien in den Staub. Neue, immer neue Linien formte sie, flossen direkt aus ihren Gedanken durch die Hand auf den Boden. Sie verlor das Gefühl für das Vergehen der Zeit, ihr Körper wurde ihr fern. Die Sterne verschwanden schon im fahlen Grau des Morgenhimmels, als sie ihren Kopf in das Stroh sinken ließ und die Augen schloss, die Fingerspitzen taub und rissig von der Arbeit der Nacht. Noch drei Worte waren im Staub zurückgeblieben. CLAMO VERBUM SCRIPTUM. Ich rufe geschriebenes Wort.

Zum Melken der Ziegen nahm Irmentraud ein Holzschälchen mit, eines mit einem hohen Rand, damit sie die Milch später nicht verschüttete. Ihr Rücken, ihre Finger, ihre Arme, ihr Hintern, ihr Nacken, ihr ganzer Körper schmerzte noch vom Heumachen. Sie hatte helfen müssen, zusätzlich zu ihrer Arbeit, damit der Regen, der noch immer in dicken Tropfen auf die Burg und das Land niederprasselte, nicht das kostbare Heu zerstörte. Wie sollten sie sonst das Vieh durch den Winter bringen? So viel Laub und Eicheln konnten sie gar nicht sammeln.

Ein tiefes Ziehen schoss ihre Arme hinauf, als sie die Hände fester um Dedis Zitzen schloss. Die ersten Bewegungen beim Melken brannten sich wie Feuer durch ihren Oberkörper, dann wurde es besser.

Dedi meckerte leise. Sie wusste, Irmentraud würde ihr etwas Futter zustecken, nachdem sie ihre Milch abgegeben hatte.

Die Magd legte ihre Wange an den warmen Leib, atmete seinen würzigen Geruch, lauschte auf die Geräusche unter dem borstigen Fell. Sie mochte die Ziegen und ihre Gesellschaft. Sie konnten übellaunig sein, gierig. Aber sie verstellten sich nie.

Der Burgherr hatte ihr verboten, den Tieren Namen zu geben, aber sie tat es trotzdem. Natürlich keine Heiligennamen; es waren eigene Worte, die aus den liebevoll hingegurrten Silben entstanden, wenn sie die Ziegen zur Begrüßung zwischen den Hörnern kraulte und ihre Flanken klopfte. Graf Allo fand sich sowieso nie im Ziegenstall ein, da war es ja einerlei, wie sie mit den Zicken redete.

Die letzten Tropfen fielen zögerlich von den rosigen Zitzen. Irmentraud stemmte sich vom Boden hoch und griff in ihre Kitteltasche.

»Siehst du, Dedi, da hast du was Gutes.« Sie steckte dem Tier einen Mairübenstrunk samt Blättern hin. Mit einem Nicken riss Dedi ihr das Stück aus den Händen und würdigte sie keines Blickes mehr. Irmentraud schmunzelte, dann tauchte sie die Holzschale schnell in den Eimer frisch gemolkener Milch und verbarg sie vorsichtig in ihrem langen Ärmel. Dafür musste sie ihre Hand zur Kralle machen. Wieder zuckten Schmerzen durch ihre rechte Körperhälfte, aber sie schaffte es, das Gefäß ruhig zu halten.

»Bist du fertig?«, hörte sie schon die Stimme von Notburgis hinter sich. Sie betrat niemals die Ställe, nahm aber die Milch für das Frühessen immer persönlich entgegen. Die war zu kostbar, als dass sie dem Gesinde damit getraut hätte.

»Ja«, antwortete Irmentraud. Sie wusste, Notburgis wollte so wenig wie möglich von ihr hören. Also sparte sie sich den Atem für anderes auf und reichte den schweren Eimer an die schmale Frau mit dem ernsten Gesicht.

Wie jedes Mal, wenn sie sich so nahekamen, fühlte sie Mitleid und Hass zugleich. Sie konnte sich noch erinnern, wie Notburgis auf der Burg angekommen war. Ein Kind fast noch. Wie verloren sie gewirkt hatte, an der Seite eines erwachsenen Mannes, der kaum bei Verstand war, so sehr trauerte er um seine erste Frau. Aber es galt einen Hofstand zu versorgen, einen Namen zu erhalten, Söhne zu zeugen. Und ein mutterloses Kind aufzuziehen.

Irmentraud hatte zugeschaut, wie aus dem jung verheirateten Mädchen in wenigen Jahren eine strenge Herrin geworden war. Und wenn man das Wohlergehen aller bedachte, vermutlich auch eine gute. Bisher hatte unter Notburgis' Hand niemand Hunger leiden müssen. Jeden Winter hatte sie gemeistert, ohne Menschen zu verlieren. Sie war sogar eine recht begabte Heilerin. Als vor zwei Jahren ein schweres Fieber in der Burg um sich griff, ruhte Notburgis kaum eine Stunde, bis alle Kranken vor dem Schlimmsten bewahrt waren. Sie kannte die Kräuter und die Gebete, die es brauchte, und hatte sie nicht nur für die Menschen in der Burg verwendet, sondern auch für das Gesinde. Und trotzdem. Irmentraud hasste ihre Herrin.

»Bring das dem«, Notburgis machte eine Pause und sagte schließlich »Kind« und drückte ihr ein Stück Brot in die Hand.

»Schau mal«, sie schob dem Mädchen die Milch hin. »Noch warm.« Langsam erhob sich der kleine Körper zwischen den Strohhalmen. *Blass sieht sie aus, die Augen ganz verdunkelt von Zorn und Bockigkeit,* dachte Irmentraud bei sich.

»Ach, Itlin, min Itlin«, murmelte sie und schloss das knochige Wesen in ihre Arme. Sie begann ihren alten Körper hin und her zu neigen, ihre ganzen vierzig Jahre oder mehr legte sie in diese Umarmung; all die Gedanken, alles, was sie gesehen und erlebt hatte, wollte sie diesem Kind geben, in diesen kleinen Menschen hineinschaukeln, damit er es auf diese Weise lernen würde und nicht auch daran leiden musste.

»Itlin, mach es dir doch nicht so schwer.« Und da fing der Rücken in ihren Armen an zu beben und endlich spürte Irmentraud, wie das Kind weinte.

———

»Weißt du noch, wie es geht?« Er hielt ihr den knochenweißen Griffel entgegen. Der Wind zog durch die Fensteröffnungen und ließ sie schauern, er war noch immer kühl. Die Eisheiligen hatten gewütet, ihr Land in den Griff genommen, und so froren sie noch jetzt im Mai. Vorsichtig machte sie ein paar Schritte auf dem Flecken, den das Licht der Sonne auf den Boden warf. Ihr Vater ließ in seiner Buchkammer die Läden schon früh im Jahr entfernen.

»Die Buchstaben mögen das Licht«, sagte er und lachte, wenn Notburgis sich beklagte, dass er so die Eisgeister ins Haus lasse, die sich in den steinernen Wänden einnisteten und sie das ganze Jahr über quälen und krankmachen würden.

Hrotsvit gefiel die Helligkeit, auch wenn sie fror. Die mit Tierhaut bespannten Fenster schloss der Vater nur bei Nacht und bei stürmischem Wetter.

Sie nickte und nahm den zierlichen Stab aus der Hand ihres Vaters. Der Drachenkopf, der in den weißen Knochen geschnitzt war, schmiegte sich in die weiche Haut zwischen Daumen und Zeigefinger. Vor ihr glänzte das gerußte Wachs im Holzrahmen. Seit der Vater mit dem König fortgezogen war, hatte sie nicht mehr mit einem Griffel geschrieben, geschweige denn mit einem Kiel.

Sie durfte die Spitze nicht zu fest in das Wachs drücken, das wusste sie, sonst würde es an den Rändern der Buchstaben hässliche Wülste geben, die Bewegung würde stocken, gebremst durch zu viel Wachs. Zu leicht durfte sie den Stab aber auch nicht ziehen, sonst war die Schrift kaum zu lesen.

Aber was sollte sie denn schreiben? Sie spürte Vaters Augen auf sich.

Sie wusste, dass er stolz war. Ihm gefiel, dass ihr die Worte zuflogen. Das Lesen, das Schreiben. Dass sie jedes Wort verstand, wenn er Latein sprach, auch wenn der Sinn für sie manchmal dunkel blieb. Sie mochte das Gefühl, das sie überkam, wenn sie in seinem Gesicht lesen konnte: *Seht her, das ist meine Tochter!* Ohne, dass er ein Wort sagen musste. Wäre das nur immer so. Sie senkte das gespitzte Knöchelchen auf das Schwarz. FATER, ritzte sie langsam in das weiche Wachs. Ja, sie konnte es noch. Sie hatte es nicht verloren. Der Stift gehorchte ihr, das Wachs wich, die Buchstaben hatten genau die richtige Tiefe. Und da stand es. FATER. Sie strich sacht über das glatte, warme Wachs. UNSER THU THAR BIST. Nun flossen die Buchstaben so leicht, als steckte ihr Denken in ihren Fingern. Ja, sie konnte es noch! IN HIMILE SI GIHEILAGOT THIN NAMO.

Sie hatte die Buchstaben zu groß gewählt. Jetzt war die Seite schon gefüllt, die letzten Buchstaben saßen so eng zusammen, dass es schwer war, sie zu lesen. Sie schaute auf. Er nickte. Aber zufrieden war er nicht.

»Latein, Hrotsvit. Immer Latein. Du bist eine Gräfin von Reinhausen. Deine Sprache ist Latein.«

Ihr Kopf wurde warm. Wie hatte sie das vergessen können! Latein. Sie drehte den Griffel um und strich mit der Drachenzunge über das Wachs, hin und her. Aber die Buchstaben verschwanden nicht so schnell, wie sie wollte. Das HIMILE war noch gut zu lesen, das Wachs unruhig und voller Dellen.

»Lass nur, Hrotsvit. Du kannst es später in Ordnung bringen. Das Wachsbuch gehört dir. Ich habe es für dich aus Frankreich mitgebracht.«

Sie schluckte. Ein Wachsbuch ganz für sie allein. Sie drückte ihr Gesicht zwischen die Falten seines Wollmantels. Unter dem rauen Stoff spürte sie die Wärme seines Bauches.

»Danke, Vater«, murmelte sie in den Mantel hinein. Und noch einmal. »Gratias, pater.« Tief sog sie die Luft ein und roch den Eiswind, kalt und metallisch, den Staub des Studierzimmers und sonnenverdorrtes Stroh, gemischt mit dem Geruch ihres Vaters, erdig und satt.

»Schon gut, schon gut«, er klopfte ihr sanft auf den Rücken und brummte, warm und wortlos. »Jetzt komm, ich will dir etwas zeigen.«

Er trat zum Tisch und jetzt sah sie es auch. Dort stand eine sechste Kiste. Dunkel, beschlagen mit Bronze, ohne Schnitzereien, nur zwei schlichte Leisten setzen den Deckel ab.

Er fasste sich ans Herz und zog die Kette hervor, an der er die Schlüssel der Bücher trug. Langsam beugte er sich über die Kiste, nahm das kleine Vorhängeschloss und schob den Bart des Schlüssels hinein. Es klickte; ein Geräusch, leise und hart zugleich. Mit beiden Händen klappte er behutsam den Deckel hoch und hob ein in Leinen geschlagenes Paket heraus. Groß wie ein Laib Brot. Ein Buch. Sie spürte ihr Herz, wie es gegen ihre Rippen pochte. Vater hatte von seiner Reise tatsächlich noch ein Buch mitgebracht.

Sie hatte jede seiner Bewegungen verfolgt; studiert, wie sein Gesicht sich veränderte, sobald er die Kiste öffnete, als ginge ein Leuchten von dem Buch aus, das da vor ihnen lag. Und ja, vielleicht war es so, dass man das Licht, das jedes Buch in sich trug, wie ihr Vater immer sagte, auch jetzt glimmen sehen konnte.

Der würzige Geruch von Leder, gemischt mit dem klaren Duft des Pergaments schwebte ins Zimmer. Hrotsvit schloss die Augen und atmete tief ein.

Er legte das in Stoff gehüllte Bündel vor sich auf den Tisch, seine Bewegungen langsam wie die des Priesters, wenn er den Messwein ausschenkte. Das Leinen rauschte unter seinen Fingern, als er es vorsichtig entfaltete.

»Dies«, sagte er, »ist ein ganz besonderes Buch.« Er schaute sie an, mit einem Lächeln, das in seinen Augen zu tanzen schien. »Es ist ein Buch, das uns Welten zeigt, die wir wahrscheinlich nie sehen werden.« Er machte eine Pause, bevor er mit feierlicher Stimme sprach: »Dieses Buch hat Bilder.«

Bilder. Hrotsvit begriff nicht gleich. Bilder, die waren doch in jedem Buch. Immer wenn ihr Vater vorlas, wurde es in ihrem Kopf klar und bunt zugleich. Ihre Gedanken beruhigten sich und stattdessen entstanden in ihr aus den Worten Bilder, denen sie folgte, die sie trugen und die sie auch später immer wieder heraufbeschwören konnte, wenn sie einen Zufluchtsort brauchte.

Er schlug den schweren Deckel auf und sie verstand.

Dort bogen sich seltsame Tiere über die Seiten, mit Flammen um den Hals, andere mit Stöcken am Kopf. Ritter sprengten auf Pferden dahin, bestürmten die Tiere mit Lanzen, und sogar ein echter Heiliger war dort! Den Schein um seinen Kopf konnte sie genau sehen! Es war ein Wunder. Die Bilder hatten nichts gemein mit den gewebten Farbklecksen, die Notburgis, sie und die anderen Frauen in mühsamer Arbeit aus der Wolle der Schafe und dem Flachs vom Feld fertigten. Sie waren fein und elegant, leicht wie Wolken schwebten die rotbraunen Striche über das Pergament. Sie beugte sich näher über das Buch, versuchte zu ergründen, wie diese Zauberei entstanden war. Am liebsten wäre sie zu ihnen auf das Pergament gekrochen und hätte sich in dem Getümmel verloren.

»Was ist das, Vater?«, flüsterte sie.

»Das ist das Physiologus! Ein Buch über die Tiere und was sie bedeuten, für Jesus Christus, den Herrn.«

Sie zog die Augenbrauen zusammen. Tiere und Jesus. Was hatte das miteinander zu tun?

Wie immer merkte ihr Vater sofort, dass sie ihm nicht folgen konnte. Er legte seine Hand zwischen ihre Schulterblätter und setzte sich neben sie. Gemeinsam blickten sie auf die Seiten. »Weißt du, das sind besondere Tiere. Mit einer besonderen Verbindung zu Gott.« Sein Finger schwebte über einer Zeichnung. Das Pergament zu berühren wäre ihm nie in den Sinn gekommen. Zu kostbar, zu empfindlich war das Wunderwerk.

»Dieses hier zum Beispiel.«

»Die Feuerkatze!«, rief sie voll Stolz, denn sie hatte sofort gespürt, dass dieses Tier etwas Besonderes war. Der Vater stutzte, blickte auf das Bild und lachte kurz auf.

»So habe ich es gar nicht gesehen! Aber du hast recht, es sieht ein bisschen aus wie Feuer.« Er strich mit seiner Hand sanft über ihren Rücken. »Das, Hrotsvit, das ist ein Löwe. Eine Katze, die größer ist als ein Mensch!« Er richtete sich wieder auf und reckte die Arme in die Höhe, seine Hände krümmte er zu Klauen. »Der Löwe hat Krallen, groß und scharf wie Dolche, er hat mehr Kraft als zehn Pferde und kann so weit springen, dass du glaubst, er fliegt!« Der Vater machte einen kleinen Hüpfer auf sie zu und fauchte. Hrotsvit schrie auf vor freudigem Schreck.

»Aber die Flammen! Warum brennt er denn?« Es mussten grauenhafte Schmerzen sein. Sie dachte an Piet, den Pferdeknecht. Der war als Junge in einem brennenden Haus gewesen und hatte fürchterliche Narben auf seinem Arm. Irmentraud sagte, die Schmerzen des Feuers könne er bis heute spüren, so sehr, dass er manchmal im Schlaf weinte.

Ihr Vater schüttelte den Kopf. »Das ist kein Feuer. Das ist seine Krone aus goldenem Haar, die Gott ihm gegeben hat. Sie strahlt und glänzt in der Sonne und blendet seine Feinde. Damit alle sehen, dass er der König der Tiere, das Tier Jesu Christi ist.«

Sie betrachtete die Zeichnung noch einmal. Fast schien es ihr, als drehte der Löwe, der über die Buchstaben sprang, den Kopf zu ihr. Dass es so etwas wie dieses Tier gab! Wie unermesslich diese Welt sein musste, voller Rätsel und Wunder.

»Wie hast du das Buch gefunden?« Sie konnte nicht glauben, dass irgendjemand bereit gewesen war, dieses Zauberding herzugeben.

Ihr Vater blickte sie an, strahlend und stolz. »Der König hat es mir geschenkt. Als Dank für meine Dienste.«

Sie lächelte, sah, wie sich die Sonne in seinem Haar verfing, sah den Glanz in seinen Augen, seine Hände, die so kräftig waren, dass sie Feinde mit dem Schwert niederschlugen, und doch so sanft sein konnten, wenn er sie hochhob und umarmte. Sie hätte ihm alle Bücher der Welt geschenkt, wenn sie es nur gekonnt hätte.

Pavia, Ivrea, Winter 937

»Gloria!« Er ließ die Töne aus seinem Körper steigen, voll und hell. Hinauf bis zur Decke flogen sie, füllten den ganzen Raum, drangen tief in den Leib, ja, in die Seelen seiner Zuhörer. Natürlich auch die Stimmen der anderen. Er sang nicht allein. Aber seine Stimme war der goldene Adler, der seine Schwingen über das Geflatter der Spatzen breitete, die Lilie, deren Schönheit und Reinheit noch klarer leuchtet, wenn zu ihren Füßen ein paar Vergissmeinnicht blühen.

Nun stiegen die Töne noch einmal an, bevor die Messe zu Ende gehen würde. Ein letztes Mal sollten sie den heiligen Schauer über die Betenden jagen, das war ihre Aufgabe. Damit die Gläubigen geläutert in den Tag treten konnten. Seine Stimme trug die Gottesfurcht zu ihnen, eine Ahnung vom ewigen Leben und der Unendlichkeit des Reichs Gottes.

Liutprand erhaschte den Blick des Königs. Ja, seine Stimme fing ihn noch immer, er konnte es in seinen Augen sehen; der Glanz, den sie jetzt hatten, fehlte ihnen sonst.

Aber die Königin. Ihre Wangen waren gerötet, wie so oft zum Ende der Messe. Ihr Blick schweifte umher. Hörte sie ihn nicht? Wie seine Stimme Gott den Herrn pries in seiner Herrlichkeit? Woran konnte sie nur denken?

Eine Haarsträhne hatte sich aus dem Schleier befreit. In seinem Kopf stieg ein Bild empor; er sah, wie die Locke seine Haut streifte, spürte ihren Atem. Ein Zittern überfiel ihn, das er nicht verhindern konnte, auch das Singen hielt seine Gedanken nicht im Zaum.

»Gloria!«. Er ließ den letzten Ton für einen Moment schweben, hauchte den Klang mit seinem Atem hinaus, bis sein Körper leer war. Er lauschte. Jedes Mal fesselte ihn, wie der Klang andauerte, wie er losgelöst von ihm noch für ein paar Augenblicke im Raum verweilte, obwohl er längst den Mund geschlossen hatte.

Preiset den Herrn. Er drehte sich zum Kirchenschiff und neigte sein Haupt vor Jesus Christus, seinem in Holz geschnitzten Leib, seinen schmerzverzerrten Zügen.

»Herr, ich danke dir für das Geschenk meiner Stimme, die ich voller Stolz für dich klingen lasse. Ich bitte dich, lass mein Licht noch heller scheinen, lass den König erkennen, wozu ich fähig bin. Dann werde ich noch größere Taten für dich vollbringen können.« In Gedanken betete er oft frei, er hielt nicht viel von den Zwängen des festen Gebets. Für ein Ritual, ja. Aber Gott sollte seine Gedanken hören, seine eigenen unverwechselbaren Worte.

Liutprands Blick wanderte hinauf: Die goldenen Mosaiksteine spiegelten das Licht der Kerzen und warfen ein Leuchten auf die prachtvolle Bibel, die auf dem Altar lag. Durch die winzigen Fenster unterhalb der Decke drang kaum etwas vom trägen Licht des Winters. Der Kirchensaal war gleich einer Höhle und Liutprand liebte diese Abgewandtheit von der Welt, wie sich der Raum gegen alles Äußere verwahrte und sich allein Gott dem Allmächtigen zuwandte.

Er war allein; alle anderen waren in den Festsaal gegangen. Wahrscheinlich konnten sie es kaum erwarten, ihre Zähne in die gerösteten Ochsen und Schweine zu schlagen und ihre Köpfe mit dem toskanischen Wein zu betäuben. Ein Schütteln kam über ihn. Wie es ihn anwiderte, dieses Gieren und Lechzen – nach Wein, nach Tanz, nach Zerstreuung, nach dem Fleisch der jungen Weiber, die sich hier überall herumtrieben auf der Suche nach Gelegenheiten, beim König unter die Decke zu kriechen. Was nicht schwer war, das musste Liutprand zugeben. Der König war unersättlich in seiner Gier. Vermutlich hatte er schon jetzt wieder seine Hand zwischen irgendwelchen Schenkeln. Nur im Gottesdienst konnte er sehen, dass die Seele des Königs noch nicht verloren war, dass seine Stimme tief in ihn drang und das Oberhaupt Italiens, für einen Moment wenigstens, Ehrfurcht spürte vor der Heiligkeit Gottes.

Doch die Macht seiner Stimme würde nicht ewig dauern. So engelsgleich sein Gesang noch war, er war kein Kastrat. Bald würde seine klare Stimme brechen. »Herr, was ist dann? Wie soll ich dir dann dienen?«, klagte er und senkte sein Haupt tiefer auf die Brust.

Die Güter seiner Familie kamen ihm in den Sinn. Der Stiefvater, über Zahlenreihen gebeugt. Geld war immer reichlich vorhanden. Und doch erfasste ihn etwas wie Traurigkeit, wenn er daran dachte. Er fühlte eine große Leere, wenn er die Möglichkeit in Betracht zog, dass das seine Zukunft sein sollte. Nicht, nachdem er sie gefühlt hatte, die Nähe Gottes; die Macht, Seelen zu formen; die Nähe des Herrschers, der das Schicksal ganz Italiens bestimmte … Nein, er konnte seine restlichen Tage nicht damit verbringen, Güter zu führen und Geld zu zählen. Niemals.

Die Beine knickten unter ihm ein und ein heller Schmerz durchfuhr seine Knochen, als die Knie auf den steinernen Boden trafen. »Herr! Verlass mich nicht! Ich will dir dienen, mit allem, was du mir gegeben hast!« Seine Wangen wurden feucht, doch er ließ es geschehen. Er war allein, allein im Dunkel, wen sollten seine Tränen scheren.

Ein Luftzug fuhr ihm einem kalten Fauchen gleich über das Gesicht. Das Licht der Kerzen flackerte auf, brach sich in seinen Tränen, ein Blitz von Gold durchschoss ihn und er sah es. Ein Saal mit himmelhohen Decken, eine Krone, größer, viel größer noch als die von Hugo, dem Blender, dem Hurenbock, dem Betrüger. Und er, Liutprand, war es, der die Krone über ein Haupt hielt – eines, das noch im Dunkeln lag, aber es würde kommen und er würde da sein.

»Gloria! Gloria in Excelsis Deo!«, es kam als Flüstern über seine Lippen. Der Herr! Er war noch bei ihm. Das Gold löste sich auf in einem undurchdringlichen Schwarz, ein Beben schoss durch seine Glieder. »Gloria«, ein Hauchen mit letzter Kraft, er verlor die Sinne, trieb einen Strom hinab, der größer war als die Welt.

Er spürte den kalten Stein an der Stirn. Sein Kopf schmerzte und nur langsam konnte er seine Gedanken sammeln. Es war ihm wieder geschehen. Vertraut und doch jedes Mal ein neues Wunder, das er kaum ertrug und doch herbeisehnte. Der Herr. Er hatte ihm Bilder geschickt, ihn wissen lassen, dass er bei ihm war. Noch war die Botschaft für ihn nicht zu verstehen. Aber das war ohne Bedeutung. Der Herr war mit ihm. Darauf kam es an. Er küsste den Fuß des Altars. Seine Lippen zitterten, erschöpft von der Macht, die ihn gerade überrollt hatte. »Ich werde Dich nicht enttäuschen, Herr«, murmelte er. »Denn Dein ist das Reich und die Kraft und die Herrlichkeit in Ewigkeit, Amen.«

»Liutprand?« Die Stimme schien von weit her zu kommen, wie aus einem anderen Leben. »Hier bist du! Die Gaukler sind gekommen. Das musst du sehen! Sie tanzen in der Luft! Ich schwöre es dir! Sie können fliegen! Es ist Zauberei!«

Er ließ sich hochziehen. Sein Körper fühlte sich steif an und müde, als könnte er jahrelang schlafen und es würde nichts helfen.

»Unsinn, Lucca«, murmelte er und legte seinen Arm auf die mageren Schultern des Jungen. »Sie können nicht fliegen. Sie spannen Seile zwischen den Säulen. Und darauf gehen sie dann. So einfach ist das.« Er konnte nicht anders, er ließ sein Gewicht auf den anderen, den Kleineren niedersinken. Selbst das Heben seiner Arme schien ihm eine fast übermenschliche Anstrengung. Warum nur erschöpfte es ihn so, wenn der Herr zu ihm sprach, ihm seine Bilder schickte? Es beglückte ihn, und doch war er auch wie erlöst, wenn der Strom über ihn hinweggerauscht und er lebend wieder emporgetaucht war.

Lucca nahm es klaglos hin, dass er sich auf ihn stützte. Das Gewicht war für ihn kaum zu tragen, Liutprand konnte es spüren. Immer wieder strauchelte der andere, aber er ließ ihn gewähren.

Liutprand wusste, der Junge liebte seine Nähe. Manchmal, wenn er aus tiefen Gedanken auftauchte, erwischte er Lucca, wie er ihn betrachtete, auf dem Gesicht einen verzückten Ausdruck. Die anderen Sänger am Hof lachten darüber, sie hatten ihm den Spottnamen Catulus gegeben. Catulus, das Hündchen. Und manchmal Catulus Domini, damit auch jeder verstand, wie sie ihn sahen, als Hündchen seines Herrn, Liutprand. Aber offenbar trafen ihre Worte ihn nicht. Er trug den Namen mit Gleichmut, ja, fast schien es, als sei er stolz darauf.

Manchmal störte Liutprand diese Verehrung. Es gab Momente, da fühlte er sich benutzt, als sauge ihm Lucca etwas von seinem Glanz ab. Aber mehr noch genoss er dessen Aufmerksamkeit. Von ihm fühlte er sich gesehen, wirklich gesehen. Es war, als habe Lucca als Einziger verstanden, dass er mehr war als eine von Gott geküsste Stimme.

Sie traten in die große Halle. Stimmengewirr, Musik und Gelächter erfüllten den Raum. Die Luft war aufgeheizt vom Feuer der Kerzen und der Wärme der vielen Körper, die hier beisammensaßen, tranken und aßen. Schwer vom Wein hingen die Gäste auf ihren Stühlen. Einige der Sängerknaben schliefen schon, an den Wänden niedergesunken. Sie waren nicht an den Wein gewöhnt, aber es beachtete sie keiner: Das Fest hatte den Gästen die Sinne benebelt, der Alkohol ihre Blicke verengt, bis sie nur noch sich selbst sehen konnten und die Speisen, die vor ihnen standen.

Liutprand saß auf einem Stuhl mit Armlehnen und hohem Rücken, der seinem Rang eigentlich nicht angemessen war, doch dessen tatsächlicher Besitzer hatte sich wohl schon zurückgezogen. Nicht alle hielten den langen Abenden im Schloss stand und Liutprand hatte nicht die Kraft, sich auf den Bänken aufrecht zu halten, die eigentlich für die Sängerknaben gedacht waren. Aber er war einer der ältesten Sänger und sicher der wichtigste. Er wusste, eine Rüge hatte er nicht zu erwarten. Überhaupt zerfielen an diesen Abenden nach und nach die strikten Regeln des Hofzeremoniells. Der Wein machte die Menschen am Hof ein wenig gleicher.

Noch immer verfolgten ihn die Bilder, die der Herrgott ihm gesandt hatte. Was hatte er ihm sagen wollen? Er wusste, er sollte es nicht verstehen. Noch nicht. Aber er konnte trotzdem nicht aufhören, in ihnen nach verborgenen Hinweisen zu suchen. Doch wenn er danach greifen wollte, wenn er etwas erfassen und näher betrachten wollte, löste sich das scheinbar so klare Bild auf wie Morgennebel in der Sonne.

Er nahm einen Schluck und schloss die Augen, löste aus dem Gewirr der Stimmen den Klang des Lautenspielers und der zwei Flötisten, die sich bemühten gegen den Lärm anzukommen. Übrig blieb ein hässlicher Klangbrei. Wie schade, dachte Liutprand, er hätte jetzt gern der Musik gelauscht, die seinen aufgewühlten Geist hätte beruhigen können. Das war für ihn vielleicht das größte Geschenk am Hof des Königs. Die Musik. Zu Hause hatte es nur den Chor in der Kirche gegeben. Ganz selten hatte er den Bauern bei Sommerfesten zuhören dürfen. Deren Spiel war anders, freudig oder sehnsüchtig, aber dabei roh und plump. Wie sollte es auch anders sein. Sie behalfen sich mit wenigen Instrumenten; meist Schellen und Trommeln und selbstgeschnitzte Flöten, die mehr quäkten, als eine schöne Melodie zu spielen.

Am Hof des Königs gab es viele Feste und zu jedem Fest Musik. Sogar einen Musikanten aus Spanien hatte der König vor kurzem eingestellt. Er spielte etwas, das er Citola nannte; ein neuartiges, filigranes Zupfinstrument mit einem bauchigen Leib und einem langen Hals, über den Saiten gespannt waren. Sein Spiel hatte eine betörende Klarheit. Leider war gerade dieser Musiker meist zuerst betrunken.

Eine Hand kitzelte ihn sacht am Nacken und riss ihn aus seiner Ruhe. »Lass das, Lucca«, murmelte er müde und packte die Finger, die ihm nun durch die Locken strichen. Die Hand war kalt und weich, die Finger fein, mit spitzen Nägeln. Ganz sicher nicht die Hände von Lucca. Ein leises Lachen war zu hören. Er fuhr herum und blickte in die Augen der Königin. Sie kicherte, als sei sie ein junges Mädchen und jetzt, im Halbdunkel der Kerzen, sah sie aus, als könnte sie Liutprand im Alter nahe sein. Als sei sie nicht die Gemahlin dieses alten Mannes auf dem Thron, sondern eine junge Frau, die das Fest genoss und nun ihn, Liutprand, für sich entdeckt hatte. Ihn. Ihn, ihn, ihn allein.

»Mein Goldkehlchen«, sagte sie zu ihm und strich ihm ein letztes Mal durch sein Haar. Er schloss seine Augen, sog die Berührung auf, das Kitzeln der Kopfhaut, genoss den Schauer, den ihre Hand in ihm auslöste. »Schön hast du gesungen. Wirklich schön.«

Sie schien nicht zu bemerken, was für eine Welle gerade über ihm einstürzte, was die Berührung ihrer Finger durch seinen Körper jagte und wie wenig er dem entgegenzusetzen hatte.

Sie ließ sich auf den Stuhl neben ihm nieder und studierte sein Gesicht, das bleich war und wächsern. »Was ist, mein Sängerknabe?«, fragte sie, die Augen nun ernst und ruhig. Das Königliche war zurückgekehrt in ihre Gesten; das Mädchen, das er manchmal in ihr sehen konnte, war wieder verschwunden, als sei es nie dagewesen.

»Ich … bin nur erschöpft«, antwortete er und blickte zu Boden. Gern hätte er ihr erzählt, wie wohl er sich fühlte, wenn sie bei ihm war, wie glücklich es ihn machte, dass sie ihn sah, wirklich sah. Dass sie etwas in ihm beruhigte. Dass dann die Einsamkeit in ihm für ein paar Augenblicke verstummte. Dass er dann vergaß, wie sehr es ihn drängte, weiterzukommen, dass er endlich aus dem Chor entwachsen musste, eine wirkliche Aufgabe bekommen musste. Denn sonst würde das noch verhaltene Gelächter der anderen lauter und er das Schandmal seiner Eltern werden. Der Sohn, dessen Stimme viel versprochen hatte, und der nichts einlösen konnte. Wie sehr er es genoss, wenn sie ihn berührte, dafür fehlten ihm die Worte. Alles, was er sagen könnte, schien ihm flüchtig, unbedeutend. Und darüber hinaus natürlich niemals schicklich. Sie war die Königin von Italien.

»Ich …«, begann er, »… singe gern. Für Euch.«

Sie lächelte geschmeichelt. Aber er konnte in ihrem Gesicht sehen, dass sie nichts verstand von dem, was in ihm vorging. Dass sie nicht hörte, was er versuchte, zwischen die Zeilen zu legen.

Mit der Hand fuhr sie ihm über die Wange. »Du bist so ein guter Junge«, sagte sie. Ihr Blick war von der Wärme, mit der Mütter ihre Kinder manchmal betrachten.

Er spürte, wie sich etwas in ihm zusammenzog und erkaltete.

»Und ich freue mich jedes Mal, wenn ich dich singen höre.«

Er nickte pflichtschuldig.

»Es ist für mich so schön«, probierte er es noch einmal, »wenn ich Euch sehe.« *Und Eure Hand mich berührt*, fügte er in Gedanken hinzu. *Ich wünschte, sie läge ewig dort, würde wandern, an andere Orte.*

»Ja, das liegt bestimmt an unserer gemeinsamen Liebe für die Musik«, sagte sie und lächelte weiter dieses gütige Lächeln, das plötzlich etwas Neues in ihm weckte. Einen Zorn, eine tiefe Wut. »Nicht jeder versteht die Heiligkeit, die in der Musik liegt«, schloss sie und tätschelte seine Hand, die matt auf der Lehne ruhte. Etwas Gleichgültiges lag in dieser Geste.

Er spürte es deutlich. Diese Berührungen. Für sie waren es Nichtigkeiten, die sie verteilte wie Münzen an die Bettler vor der Kirche. Ja, vielleicht bekamen manche zwei oder drei, wenn sie sie besonders rührend fand. Aber es waren dennoch Almosen. Krümel von ihrem kostbaren Kuchen und sie hatte jeden, den sie damit bedachte, vergessen, sobald ihre Hand weitergewandert war. Zum nächsten.

Er biss die Zähne zusammen, bis sein Gesicht schmerzte. Warum sah sie es denn nicht? Warum berührte sie ihn so, um ihn dann so zu erniedrigen? Ihn spüren zu lassen, dass er nichts für sie war als ein hübsches Stimmchen? Etwas Dunkles formte sich in seinem Körper; er konnte spüren, wie es bis in seine Hände kroch. Er krallte seine Finger um das Holz des Stuhles, damit sie nichts Unüberlegtes tun konnten.

Die Königin erhob sich und schaute noch einmal auf ihn herab. »Du solltest dich niederlegen. Diese Feste«, seufzte sie, »sind doch eines wie das andere.« Dann ging sie in das Treiben, zwischen die Gaukler und Tänzer, und verschwand im Gemenge.

Pavia, Ivrea, Februar 940

»Da ist er ja endlich«, rief Berengar, sobald er den Vorhang beiseitegeschoben hatte. Noch war es Winter an den Ufern des Ticino, an dem die Hauptstadt der Langobarden lag. Der Frost hatte die Mauern in festem Griff und so hingen die Teppiche und Vorhänge noch, die die Kälte der Steine abfangen sollten. Liutprand verzog seinen Mund zu einem Lächeln und neigte sein Haupt. Eine gute Gelegenheit, ein Würgen zu unterdrücken. Das Zimmer roch nach menschlichen Ausscheidungen. Aus dem Augenwinkel konnte Liutprand drei Nachttöpfe ausmachen. Über dem Gestank der Exkremente hing aber noch etwas anderes, das viel schlimmer war. Ein satter, schwerer Geruch, wie der von überreifen Pfirsichen, gemischt mit dem der Hefe aus vergorenem Bier. Ja, es war für Liutprand eindeutig: Das Aroma einer Frau und eines Mannes, die einander bestiegen hatten. So frisch und üppig hing der Geruch in der eingesperrten Luft des Zimmers, dass Liutprand meinte, ihm müssten die Sinne schwinden.

Ein Kichern ertönte, schwoll an und mündete schließlich in ein spitzes Kreischen.

»Aber du musst dich doch nicht verstecken, mein Täubchen.«

Der schwere Leib des Markgrafen Berengar rollte im Bett umher und versuchte etwas zu packen, das unter der Decke zuckte. Das Kreischen und Kichern wurde lauter und schließlich riss Berengar die Pelzdecke ganz herab. Zwischen den Kissen saß etwas, das man auf den ersten Blick für einen haarigen Gnom hätte halten können. Zwei nackte Schienbeine, weiß wie Milch, umflossen von langen rotbraunen Locken, und ein Paar grüner Augen, die über spitzen Knien hervorlugten. Neben der sehr jungen Frau sackte der fleischige Körper Berengars auf die Seite, bis er vom Arm gestützt zur Ruhe kam. Nichts verhüllte seinen noch blutschweren Penis, der im Schamhaar lag wie ein hässliches, nacktes Vogeljunges in seinem Nest. Eine neue Welle von süßlichen Körpergerüchen strömte durch den Raum.

Liutprand schloss seine Augen. *Oh Herr*, hörte er sein stummes Gebet wie einen Sturm durch seinen Kopf hallen, *deine Weisheit ist unergründlich und nur du allein weißt, warum ich dies hier erdulden muss. Bitte, führe meine Schritte …*

Wieder neigte Liutprand sein Haupt. »Ich komme gerne später noch einmal zurück, wenn Ihr gerade unpässlich seid«, sagte er und wusste doch, dass Berengar genau diese Situation gewollt hatte.

»Jetzt komm schon her, du kleines Wiesel.«

Eine getrocknete Feige flog knapp an seiner Stirn vorbei. Hinter den nackten Knien kicherte es wieder. Berengar, noch immer mit gespreizten Beinen auf dem Bett, warf eine weitere Frucht nach ihm.

»Hast du noch nie ein nacktes Weib gesehen, oder was, du alter Klostermolch?« Er lachte laut.

Noch immer stand Liutprand an der Türschwelle, seine Arme und Beine wollten sich nicht bewegen.

»Aber Schwänze, die kennst du schon, oder?« Mit einem Augenzwinkern schüttelte der Markgraf den schlaffen Fleischwulst zwischen seinen Beinen. Liutprand sah, wie sich ein Tropfen von der schrumpeligen Vorhaut löste und durch den Raum flog. *Herr, hilf mir!* Er schluckte noch einmal und endlich löste sich seine Erstarrung.

»Markgraf Berengar! Wie immer in heiterer Laune!« Seine Stimme klang ausreichend fest. Er machte einen Schritt auf das Bett zu. »Wie kann ich Ihnen zu Diensten sein?«

Berengar hob seinen Körper vom Bett und goss Wein in zwei Becher. »Du weißt, wie ich bin.«

Der Markgraf sprach weich und beruhigend. Liutprand versetzte diese Tonlage in höchste Alarmbereitschaft. Solche Leutseligkeit konnte bei Berengar nichts Gutes bedeuten.

»Ich wollte hören, wie es unserem guten alten König Hugo geht. Du bist ihm doch noch immer nah, als Diakon von Pavia? Auch wenn dein schönes Stimmchen dich verlassen hat?«

Endlich warf Berengar sich ein Hemd über. Liutprand setzte ein Lächeln auf, das er mit möglichst viel Ahnungslosigkeit färbte. »Gut geht es ihm. Er erfreut sich einer robusten Gesundheit. Und Gott lenkt seine Hand, Italien floriert.«

Das war natürlich vollkommener Unsinn. Die Sarazenen hatten sich im Süden des Landes und in der Provence angesiedelt und überfielen dort Pilger, plünderten Kirchen, und der König war zu feige und zu schwach, um sich dem entgegenzustellen. Eigentlich wäre es seine Aufgabe gewesen, es den Sarazenen mit gleicher Münze heimzuzahlen. Stattdessen musste er betteln gehen, beim italienischen Adel. Denn Hugo war pleite.

Berengar wusste, wie die Dinge standen. Er gehörte einer der einflussreichsten langobardischen Familien an. Und Liutprand war klar, dass der geile Bock vor ihm nicht aus Nächstenliebe nach dem König fragte. Jeder wusste, dass Berengar sich für den besseren und vor allem den eigentlich rechtmäßigen König hielt. Seine Eltern hatten ihn sicher nicht ohne Grund nach seinem Großvater benannt, der vor wenigen Jahrzehnten nicht nur König von Italien, sondern auch Kaiser des römischen Reichs gewesen war.

Ja, Liutprand verstand, dass Berengar versuchte, ihn in seine Netze einzuspinnen. Aber so leicht würde er es ihm nicht machen. Er zog das Bündel mit den Briefen aus seinem Lederbeutel. »Und hier sind die Anweisungen, die ich im Namen unseres Königs überbringen soll.« Er betonte das Wort *unseres* und machte eine kleine Pause vor dem nächsten Satz. »Er plant eine Allianz mit den Konstantinoplern, um die Sarazenen in ihre Schranken zu weisen. Hierzu erwartet er eine Unterstützungsbekundung, die ich gern entgegennehme und ihm überbringe.«

Liutprand achtete peinlich darauf, dass er dem Blick des Markgrafen standhielt. König Hugo war kein Heiliger. Er war ein feiger, grausamer Herrscher – wenn es ihm die Umstände erlaubten, ließ er seine Gegner verstümmeln, sodass sie ihm nicht mehr gefährlich werden konnten, und er doch nicht die Verantwortung für ihren Tod auf seine unsterbliche Seele lud. Aber Berengar war schlimmer. Er hatte den Verrat im Blut.

Er würde seinem Ehrgeiz alles opfern. Ihm war nicht zu trauen. Niemals. Das wusste jeder in Italien.

Liutprand fühlte ein Würgen im Hals, eine unsichtbare Hand, die ihn zu packen schien. Immer wieder wanderte sein Blick. Zu ihr. Da saß sie. Nackt. Und lachte auch noch. Sein Auge konnte nicht anders, er musste nach ihren Konturen tasten, die unverhüllte Brust betrachten, die Warze keck und steif, sein Blut sackte ihm in die Körpermitte und für einen Moment glaubte er, dass das dunkle Tier in ihm gewinnen würde.

Er presste seine Augenlider fest aufeinander und schluckte. *Vater im Himmel, geheiligt sei dein Name* …, murmelte er in Gedanken und spürte, wie die Kraft seines Geistes zurückkehrte. Er würde es schaffen, sich gegen Berengar zu wehren, er würde der kleinen Hure widerstehen.

Kaum hatte er die Augen wieder geöffnet, traf sein Blick den ihren und sie schien ihm zuzuzwinkern. Vermutlich genoss sie es, ihn so zu quälen. Am liebsten hätte er dieser unwürdigen Nutte und dem gotteslästerlichen Berengar ins Gesicht geschlagen, nein, besser noch, ihre schändlichen Leiber aus dem Fenster geworfen, damit sie zerschmettert würden und ihre Seelen dorthin kämen, wo sie hingehörten. In die Feuer der Hölle.

Aus dem Augenwinkel sah er Berengar eine Bewegung machen und das Mädchen erhob sich. Vollkommen nackt stand sie vor ihm. Ihre Brüste umspielt vom Haar, die Scham unbedeckt, kam sie auf ihn zu. Sein Mund wurde trocken.

Und dann presste sie ihren geschmeidigen, kleinen Leib gegen seinen. Ihre Hand tastete sein Gewand ab, als suche sie einen versteckten Schatz. Seine Glieder zitterten. Ihre Hand glitt seine Lenden entlang, verfing sich in den vielen Stofflagen. Er wusste nicht, ob er sich gleich übergeben oder seinen Samen ergießen würde. Er wollte sie packen, an sich reißen, überwältigen, sich ihr hingeben, ihren Händen, die seinen Körper besser kannten als er selbst.

Mit einer Kraftanstrengung, die ihm übermenschlich erschien – für einen Moment glaubte er, dass ein Engel seine Hand mit güldenem Schein stärkte –, stieß er das Mädchen von sich.

Spitz schrie sie auf, der Blick wurde angstvoll und sie huschte hinter einen der Bettvorhänge. Endlich verhüllte sie ihren sündigen Körper.

Liutprand fühlte, wie sich leiser Triumph in ihm ausbreitete. Er hatte den Teufel in Frauengestalt in die Schranken gewiesen. Doch Berengar ertränkte dieses mühsam errungene Gefühl in lautem Gelächter. Seine Beine spreizte er dabei, sodass Liutprand nicht übersehen konnte, wie sein schweres Glied im Takt des Gelächters zappelte.

»Liutprand! Das war aber ein heftiger Stoß! Mein armes Täubchen! Das hat sie wirklich nicht verdient.«

Er tätschelte den Kopf des Mädchens mit theatralischer Fürsorge. Dann schaute er wieder zu Liutprand, jeder Humor war aus seinem Blick gewichen. Grausamkeit blitzte aus seinen Augen.

»Du darfst von mir aus gern den aufrechten Hirten spielen, den Spaß lass ich dir.« Der Markgraf sprach mit so viel Überheblichkeit, dass Liutprand die Wut in seinem Blut brannte. »Nützen wird es dir aber nicht viel.« Berengar sog tief die Luft ein. Ein Stier, der Anlauf nahm, um seinen Gegner zu zertrampeln. »Lass es mich erklären.«

Genüsslich schnalzte Berengar mit der Zunge und machte eine bedeutungsschwangere Pause, während der er sich einen Brokatmantel überzog. Ein erstaunliches Kleidungsstück. Denn mit wenigen Griffen sah der Markgraf nun aus, als sei er anständig bekleidet, obwohl er doch darunter nackt war und noch vor Augenblicken dieses rote Mädchen geritten hatte.

Berengar warf sich im polierten Silberspiegel einen langen Blick zu. »Weißt du, Liutprand, ich bin ein vielbesuchter Mann – und nebenan wartet schon eine nächste Delegation. Von Nonnen.« In seinen Augen funkelte brutale Schadenfreude. »Ganz eifrige Bräute Christi, die gern meine Unterstützung wollen, um ihr Kloster zu bauen – wir wissen ja alle, wie kostspielig die Liebe zu Gott werden kann.« Berengar kratzte sich ausführlich im Schritt und goss sich noch einen Becher Wein ein.

Liutprand wollte ihm etwas entgegenschleudern. Etwas Geistreiches, Vernichtendes. Aber er blieb starr. Es war ihm unmöglich, auch nur seine Finger zu rühren. Berengar hatte ihm eine Falle gebaut. Und wem Berengar eine Falle baute, der hatte es schwer, zu entkommen.

»Unter diesen feinen Jungfrauen ist auch die Nichte des Papstes«, fuhr Berengar ungerührt fort. »Du kannst dir vorstellen, was sie erzählen werden, wenn sie nicht mich, ihren vielgeliebten Marktgrafen, hier vorfinden. Sondern den Diakon des Köngis!« Berengars Blick fiel auf die Rothaarige, die wissend zurücklächelte.

Dann wandte er seine weit aufgerissenen Augen zu Liutprand. »Und diese armen, keuschen Nonnen müssen mitansehen, wie dieser vermeintliche Mann Gottes eine entkleidete junge Frau, ja, fast noch ein *Kind!* in eindeudiger Pose unterworfen hat und ihr unaussprechliche, perverse Gewalt antut!« Berengar ließ seine Lider auf und nieder flattern und flüsterte mit fisteliger Stimme: »Stellen sie sich vor, heiliger Vater ... er hat ihn ... ja, ich kann es kaum sagen ... in ihren *Mund* getan!« Dann brach er erneut in wildes Gelächter aus.

»Glaub mir, Liutprand, so keusch die Nonnen auch immer tun, sie lieben saftigen Klatsch und werden kein noch so kleines Detail auslassen, wenn sie von deinem Zusammensein hier berichten.« Berengar musterte ihn mit seinen grausamen Augen.

Eine Katze, dachte Liutprand. *Eine teuflische Katze. Und ich bin der Vogel im Käfig.*

»Ich hoffe doch, du hast auch richtig was zu bieten«, sagte Berengar und packte sich mit einem beherzten Griff zwischen die Beine. »Das gefällt auch den Nonnen, glaub mir.«

Liutprand machte einen Schritt auf die Tür zu. Aus dem Augenwinkel konnte er sehen, wie die Rothaarige auf ihn zukam.

»Das würde ich nicht tun, Liutprand.« Berengars Stimme bekam beinahe etwas Väterliches. Liutprand hörte das Reißen von Stoff, fühlte kühle Luft auf seiner Haut. Die Hexe hatte ihm die Kutte entzweigerissen.

»Mein Täubchen ist eine ganz fantastische Schauspielerin, ich habe sie lange und gründlich ...«, er ließ den Satz für einen Moment unvollendet, »unterrichtet.« Es schien Liutprand, als würde etwas im Auge des Mädchens aufflackern, etwas wie Schmerz oder Angst. Er überlegte, wie das vor sich gegangen sein mochte, dieser Unterricht. Doch dann sah er wieder dieses verdorbene, lüsterne Lächeln auf ihren Lippen. Sie war eine dreckige Dirne, nichts weiter, wie alle Frauen dieser Welt, das lehrte die Bibel ihn doch, alle weisen Männer berichteten das. Jeder Funke Mitleid war verschwendet.

»Gott wird mich schützen«, sagte Liutprand. Er fingerte nach dem geschnitzten Kreuz, das er vor der Brust hängen hatte. Der Klang seiner heiseren Stimme trieb ihm die Schamesröte ins Gesicht.

Berengar seufzte. »Es tut mir leid, Täubchen, er versteht es einfach nicht. Wir müssen deutlicher werden.«

Dann schlug er dem Mädchen ohne Vorwarnung mit der Faust ins Gesicht – ihr Kopf flog zur Seite, sie taumelte. Blut floss aus ihrer Nase. Für einen Moment war sie benommen. Dann begann sie das Blut auf ihrem Körper zu verreiben, schließlich fasste sie auch Liutprand mit der blutigen Hand ins Gesicht, der es geschehen ließ.

Zärtlich strich Berengar über ihr rotes Haar. »Siehst du, was für ein braves Täubchen ich hier habe?« Seine Hand wanderte den schmalen Körper entlang und blieb auf ihrem Gesäß ruhen. Mit dem Kinn wies er in Richtung des Spiegels. »Sieh dich an, Liutprand.«

Wie von fremder Macht gesteuert betrachtete Liutprand sein verschwommenes Bild.

Berengar atmete schwer. »Und jetzt sieh mein Täubchen an.«

Gehorsam schaute er an dem blutverschmierten Mädchen herunter. Es kam ihm alles vor wie ein Albtraum. Und gleichzeitig überkam ihn eine geradezu grauenhafte Freude, während er die blutbetropften Brüste des Mädchens betrachtete.

Berengar blickte ihm ernst in die Augen. »Glaubst du wirklich, wenn ich jetzt in meinem Geheimgang verschwinde und mein Täubchen die Nonnen hereinlässt, weinend und zitternd – glaubst du, irgendjemand wird auch nur eine Sekunde ihre Geschichte anzweifeln? Du kannst sicher sein, mein Mädchen wird eine ganz und gar dramatische Szene abliefern.« Er sog die Luft scharf ein. »Und selbst wenn dir jemand glaubt, denkst du, du wirst diesen Makel wieder los? Öffentliche Unzucht? Grausame, widerwärtige, wollüstige Unzucht?«

Liutprand stand da, zwischen Tür und Bett, unfähig sich zu rühren, unfähig einen klaren Gedanken zu fassen.

»Es liegt ganz bei dir, mein lieber Liutprand.« Berengar versuchte eine Unschuldsmiene aufzusetzen, was mit seinem groben, bärtigen Gesicht komisch aussah. Und Liutprand hätte sicher gelacht, hätten die Dinge anders gestanden.

»Du kannst frei entscheiden«, fuhr Berengar fort. »Wir unterhalten uns und du erzählst mir, was ich von den Plänen des Königs wissen will. Dann werden die lieben Schwestern noch ein wenig warten müssen. Und am Ende unseres Gesprächs werdet ihr, das kleine nackte Täubchen und du, durch das geheime Hintertürchen hinausflattern, als wäret ihr nie hier gewesen. Und was dann noch geschieht, bleibt auch ganz dir überlassen. Das Täubchen wird gehorsam sein.«

Die Rote schob sich ihren Zeigefinger in den Mund und saugte lächelnd daran. Liutprand wurde beinahe schwarz vor Augen.

»Du kannst natürlich auch den treuen Königsdiener spielen«, sagte Berengar und ließ sich schwer zurück aufs Bett fallen. »Jedenfalls bis ihn die Nachricht von deinen unchristlichen Umtrieben erreicht.« Berengar fuhr sich mit dem Fingernagel zwischen die Schneidezähne, wo ein paar Essensreste hängengeblieben waren. »Ein Kirchenmann, der seine Triebe nicht im Griff hat und so dumm ist, sich dabei erwischen zu lassen, was will man mit so einem schon anfangen? Der kann sich dann auf dem bedeutungslosen Gut seiner Familie verkriechen. Aber wem sag ich das; du weißt ja, wie die Dinge am Hofe stehen.« Mit einem Schmatzen saugte Berengar sich die losgelösten Fasern von den Zähnen. »Nun, du weißt sicher, was für dich das Beste ist.«

Er nahm ein Salbeiblatt aus einem Silberschälchen und begann, sich sorgfältig die Zähne damit abzureiben. »Wusstest du eigentlich, wie wichtig Zahnpflege ist? Mein Medicus ist ganz besessen davon.« Berengar bleckte die Zähne und betrachtete sie im Spiegel. Er war sichtlich zufrieden mit dem, was er da sah. »Und nun entscheide dich, Junge.« Berengar blickte ungeduldig zu Liutprand. »Ich habe nicht den ganzen Tag Zeit.«

Wie kannst du das zulassen, Gott! Wieso bringst du mich in diese Situation! Mit diesem Tier! Der direkte Kampf, er hatte ihn schon immer gehasst. Wie gern hätte er diesem sündigen Schwein von einem Mann ins Gesicht gespuckt, ihm mit dem Handrücken auf die feisten Wangen geschlagen.

Beruhige dich, Liutprand. Die Stimme in seinem Kopf war so klar, als stünde neben ihm ein Engel, der seine Schritte leitete. *Hebe dir den Kampf für Zeiten auf, in denen du ihn wirklich brauchst. Du wirst Wege finden, Berengar zu schlagen.*

»Edler Markgraf.« Er beugte seinen Oberkörper, sodass Berengar seine Tonsur sehen musste. Das Zeichen seiner geistigen Überlegenheit. »Sagt, was wollt Ihr wissen?«

Berengar ging zum Bett und setzte sich. »So viel, dass du es dir ruhig bequem machen kannst.« Er schenkte noch etwas Wein in seinen Becher und reichte ihn an Liutprand. »Und du, Täubchen, setz dich hierhin zu unserem Diakon.« Er grinste. »Wenn er sich schon in die Niederungen unseres weltlichen Lebens begibt, so kann er es doch gleich ein bisschen genießen.«

—

Sein Fuß blieb an einer Wurzel hängen, sein Körper schnellte nach vorne, Schmerz schoss durch Knie und Hände.

»Herr! Herr! Geht es Euch gut?«, hörte er Lucca hinter sich schreien. Dieser verdammte Einfaltspinsel! Konnte er ihn nicht einmal in Frieden lassen! Er spürte eine Hand an seinem Arm.

»Fass mich nicht an!«, schrie er, während er sich mühselig aufrichtete. Dieses widerliche Weibsstück. Wie sie sich an ihn herangeschmissen hatte! Was für eine Hure! Als sei er ein ordinärer Freier.

Und Berengar! Dieser Sohn des Teufels, dieser geile Ziegenbock, der alles besprang, was einen Schlitz zwischen den Beinen hatte. Wie konnte er ihn in diese Situation bringen! Er wusste doch, dass ihm sein heiliges Gelübde wirklich etwas bedeutete!

Dieses kleine Flittchen! Sie hatte keine Ruhe gegeben, hatte sich an ihm gerieben wie eine rollige Katze. Noch immer schwindelte es ihn, wenn er daran dachte, wie sie vor ihm niedergesunken war. Was hätte er denn tun sollen! Eine widerliche Hexe, die ihn mit ihrem Bann belegt hatte, dass seine Glieder eingefroren waren. Sein Körper war ihm vollkommen entglitten. Und so sehr sein Geist auch gekämpft hatte, so viele Gebete er auch gen Himmel geschickt hatte, sie hatte sein Fleisch bezwungen, bis er sie schließlich bestiegen hatte, als sei er ein willenloses Tier, nichts als ein Bulle, der die nächste Kuh besamt.

Die Übelkeit würgte ihn so, dass er auf die staubige Erde spuckte. *Mein Gott! Warum hast du das zugelassen! Wieso musst du mich so hart prüfen?* Er hatte das nicht gewollt! Er war ein Mann Gottes! Er glaubte aus ganzem Herzen!

»Herr! Was ist mit Euch? Wollt Ihr Euch nicht etwas niederlassen?« Wieder diese unterwürfige Winselstimme. Warum ließ er diesen einfältigen Wurm nur immer wieder an seine Seite? Wie ein dummer Hund folgte Lucca ihm, wohin er auch ging. Er streckte seine Hand von sich und wehrte den anderen ab.

»Es geht schon.«.

»Ist etwas passiert, Herr? Ich meine, hat Berengar Euch etwas angetan? Ihr habt kein einziges Wort gesprochen, seit Ihr aus dem Zimmer getreten seid.«

Lucca reichte ihm den Wasserbeutel. Er nahm einen Schluck, ließ das metallische kalte Wasser in den Mund rinnen, spülte es zwischen seinen Wangen hin und her, bis der säuerliche Geschmack des Hochgewürgten endlich nachließ. Er schüttelte den Kopf. Tränen brannten ihm in den Augen.

»Ich weiß es nicht, Lucca. Ich weiß es nicht.« Seine Brust schnürte sich zu. Er keuchte. »Es war eine große Dunkelheit in diesem Raum, eine tiefe Schwärze.«

Lucca zog die Augenbrauen zusammen. »Die Vorhänge waren geschlossen?«

Es klatschte laut, als seine Hand auf die Wange des Jüngeren traf. »Du verdammter Einfaltspinsel!« Spucketropfen flogen auf

Luccas Gesicht. Er wagte nicht sie wegzuwischen. Zitternd stand er vor ihm und starrte bloß.

»Nein! Das meine ich nicht!«, schrie Liutprand.

»Entschuldigt vielmals, mein Herr«, stammelte Lucca tonlos.

Der Diakon ballte die Fäuste. Er musste alle Geisteskraft aufwenden, um den jungen Mann nicht blutig zu schlagen. So legte er alle Gewalt in seine Stimme. »Nein! Ich meine den Teufel! Den Beelzebub! Den Unaussprechlichen! Den meine ich! DIE SCHWÄRZESTE ALLER DUNKELHEITEN! DAS DUNKLE SELBST! Du Sohn einer einäugigen Eselin und eines räudigen Straßenköters ohne Verstand!«

Lucca wurde flammend rot im Gesicht.

»Es tut mir leid, ehrwürdiger Diakon. Aufrichtig.« Luccas Stimme war nur mehr ein hohes Winseln. Er umklammerte Liutprands Waden mit den Händen, als hätte Lucca Angst, er könne plötzlich losrennen und ihn hier auf dem Weg zurücklassen. »Ich wäre gern ein besserer Diener. Ihr hättet das verdient. Ihr seid so ein weiser, aufrechter Gelehrter. Ein wahrer Mann Gottes.« Immer weiter stammelte Lucca vor sich hin, was Liutprands Wut nur vergrößerte; er bohrte sich die Fingernägel in die Handflächen, um nicht zuzuschlagen. Schließlich aber siegte das Mitleid.

Liutprand strich dem Kauernden vor ihm über das Haar. Ein wahrer Mann Gottes, sagte dieser arme Tropf. Er fühlte so etwas wie Rührung in sich aufsteigen. Wärme.

Lucca schien das zu spüren und lebte auf. »Ihr seid der weiseste und edelste unter den Männern hier in Pavia!« Er reckte die Hände empor wie zum Gebet. »Ich würde Euch hier und jetzt seligsprechen! Wenn ich nur könnte!«, rief Lucca mit zittriger Stimme. »Ihr selbst habt es mich doch gelehrt: Die Edelsten, diejenigen, die Gott am nächsten sind, die sucht der Fürst der Finsternis am übelsten heim!« Schnell wischte er sich mit dem Handrücken die tropfende Nase. Liutprand zuckte vor Ekel leicht zusammen. Dann rief Lucca noch einmal: »Am übelsten!«

»Ich weiß. Ich weiß.« Wieder fühlte Liutprand das Gefühl der Schwäche, eine schwarze Welle, die ihn zu verschlingen drohte.

»Aber ich weiß nicht, ob ich dem Dunkel standhalten kann, das mich hinabreißen will.« Er schlug die Hände vors Gesicht, um sich zu beschützen vor den schrecklichen Bildern. Bilder voller Blut und Schuld.

Lucca fiel ihm um den Hals, sodass sie beinahe wieder stürzten, dann sank er aufs Neue auf die Knie und küsste Liutprand die feinen Hände. »Oh Herr, zweifelt nicht! Ihr seid der weiseste Mann, den ich kenne!«

Liutprand seufzte. »Glaubst du das wirklich, Lucca?«

Der dunkle Haarschopf vor ihm nickte heftig auf und ab. »Aber ja, oh ja, Herr! Gott lenkt Eure Schritte! Ihr seid auserwählt! Das wusste ich vom ersten Augenblick an!«

Eine Träne floss Liutprands Wange hinab. Was für ein guter Junge Lucca doch im Grunde seines Herzens war.

Ja, er hatte recht. Er würde dem Teufel standhalten. Er würde ihn glauben lassen, dass er gesiegt habe, würde sich unterwerfen. Zum Schein. Um ihn dann mit den Waffen des Lichts vernichtend zu schlagen. Sein Geist war nicht so leicht zu bezwingen, er hatte die goldenen Tore des Himmelreichs gesehen. Was spielte es da für eine Rolle, dass dieses kleine Flittchen seinen Körper verlockt hatte. Wie konnte es von Bedeutung sein, dass Berengar seine Zunge für ein paar Augenblicke gelöst hatte. War nicht auch König David ein Sünder gewesen? Und der Jünger Paulus selbst war das beste Beispiel, dass den heiligsten Männern hier und da Fehltritte passierten. So war es eben. Es kam auf das Große und Ganze an. Und Liutprand durfte sich nicht von unbedeutenden Ereignissen aufhalten lassen.

Harzgebirge, Sommer 941

Das Schütteln war ein Teil von ihr geworden, ihre Beine, ihre Arme, ihr Kopf, der ganze Körper war in ständiger Bewegung, wurde hin und her geworfen von den Steinen und Löchern und Wurzeln und Radfurchen, die ihren Weg durchzogen. Hrotsvit streckte sich und versuchte, eine erträgliche Position zu finden. Ihre Knochen fühlten sich uralt an, als hätte sie schon eine Ewigkeit gelebt, immer auf dieser Straße, in diesem Wagen, immer mit dieser Übelkeit, die in ihrem Kopf rauschte und sie nicht schlafen ließ. Ihre Augen waren noch immer wund, auch wenn sie die letzten Tränen vor Stunden geweint hatte. Das Licht, das durch das wachsbestrichene Stoffdach über ihnen fiel, war sumpfig und trüb. In dem Wald, durch den sie fuhren, herrschte ewige Dämmerung.

»Freu dich, Hrotsvit!«, hatte Vater gesagt. »Das Leben im Kloster wird dir guttun! Dort gibt es Bücher, so viele Bücher, wie du es dir nicht erträumen kannst. Nicht fünf, nicht sechs, dort gibt es hundert Bücher. Und vielleicht noch mehr.«

Ein später Schluchzer zog durch ihre Brust. Hundert Bücher, das hatte er sich ausgedacht, damit sie ging und keinen Aufstand machte. Sie konnte nicht glauben, dass Menschen so viel aufgeschrieben hatten. Wie viel Zeit das war, bis hundert Bücher geschrieben waren. Reichten hundert Jahre? Oder tausend?

Vielleicht würde sie es auch lernen. Schrift zu malen, so schön, dass man sie zwischen zwei Buchdeckel binden wollte. Neben dem Beten war das die heiligste Aufgabe, die ein Kloster zu vergeben hatte. Die Worte des Herrn und seiner Jünger zu kopieren, damit sie weiter in die Welt drangen, das war eine Ehre.

Sie schüttelte ihren Kopf. Aber das wollte sie doch gar nicht, was sollte sie denn nur tun! Ohne ihre Brüder, Regenwerch und

Hermann. Ja, sogar wenn sie an Notburgis dachte, wurde ihr der Hals eng vor Kummer. Und Vater. Wieso hatte er sie fortgeschickt? Warum hatte er sie nicht einfach seine Bücher lesen lassen? Warum konnte er sie nicht unterrichten? Sie konnte doch mit ihm reisen. Von ihm lernen.

»Ich werde nie jammern, kein Wort. Versprochen! Ich kann für dich kochen, deine Wäsche waschen. Ich schwöre es. Nur schick mich nicht weg!«, hatte sie gebettelt. Erst hatte er gelacht. Dann war er zornig geworden.

»Hrotsvit, Schluss mit dem Unfug. Du gehst. Dein Ehemann erwartet eine standesgemäße Ausbildung und keine wilde Sarazenen-Hure, die ihm bei der nächstbesten Gelegenheit davonreitet.«

Das war das letzte, was sie von ihm gehört hatte. Nun war er vermutlich wieder an König Ottos Hof und plante mit ihm den nächsten Feldzug. Das Reich war in ständiger Gefahr, an jeder Grenze drohten Konflikte und auch im Innern gab es immer wieder Streit, so viel hatte Hrotsvit längst verstanden. Allo von Reinhausen wurde oft gebraucht, am Hof des Königs und mit seinen Soldaten und Rittern auf den Schlachtfeldern und in den immer wieder aufflammenden Scharmützeln hier und da.

All das wusste Hrotsvit und sie wusste, was von ihr erwartet wurde. Als Tochter des Hauses Reinhausen. Und trotzdem. In ihr war dieser Kern. Voll Trotz und Eigensinn, Neugier und Wissensdurst. Und auch wenn ihr klar war, dass dieser Teil unerwünscht war und sie ihn selbst manchmal zum Teufel wünschte, so hütete sie ihn doch wie einen geheimen Schatz.

Aber diesen Kampf hatte sie verloren. Graf Allo hatte sie in den Wagen gesetzt, der sie ins Kloster bringen würde, und war davongeritten.

Hrotsvit lugte unter der Plane hervor. Alles hier war ihr fremd. Als ritten sie durch ein böses Zauberland und mit jedem Schritt der Pferde ging es tiefer in die Finsternis. Die Welt um sie dehnte sich aus, alles Vertraute löste sich auf und verschwand; sogar die Sonne, die durch die dichten Blätter blinzelte, war schal und kalt geworden. Ihr Atem wurde schneller; sie wollte ihn bremsen, aber er gehorchte ihr nicht mehr, wurde schneller und schneller wie ein durchgegangenes Pferd; sie hörte ihn pfeifen, nur Luft bekam sie keine, schwarze Blasen schwammen ihr vor den Augen, ihre Hände wurden taub und feucht. »Irmentraud!«, rief sie. Sie wollte noch mehr rufen, wollte schreien, dass sie in Gefahr waren, hier in dieser Welt, die sie nicht kannte, der sie gleichgültig waren, dass sie sterben würde, ganz sicher, hier und auf der Stelle, aber ihr Atem reichte nur noch für noch ein »Irmi!« Und da fing sie die alte Amme schon auf in ihren weichen Armen.

Irmentraud drückte sie an ihre Brust. »Ich weiß, mein Kleines, ich weiß.« Und dann wiegte sie es in ihren Armen, dieses seltsame Kind, das es sich und den anderen so schwermachte, das so winzig war, viel zu dünn und klein, aber dafür voller Widerworte.

Wahrscheinlich wächst sie so schlecht, weil ihre ganze Kraft in diesem Kopf verschwindet, dachte Irmentraud. Immer wenn sie ihrer Itlin in die Augen schaute, konnte sie sehen, wie es dahinter raste und tobte, wie sie Worte und Sätze ausbrütete, die sie in Schwierigkeiten bringen würden.

Irmentraud wiegte das wimmernde Kind in den Armen und strich ihm das schweißnasse Haar aus dem Gesicht. Wie oft schon hatte sie dieses Kind zum Teufel gewünscht. Aber dann konnte sie es wieder fühlen, als wäre es ihr eigener Leib.

Das Mädchen hatte keinen Halt in der Welt außer ihr, Irmentraud, und einem Vater, der sich nie entscheiden konnte, ob er seine Tochter in den Himmel heben oder in die Hölle stoßen sollte.

»Gib auf sie acht, Irmentraud«, hatte der Herr Graf ihr mit auf den Weg gegeben. »Sie wird dich brauchen.«

Ja, das war wohl so. Der Herr im Himmel hatte sie auserkoren, dieses wilde Bündel Mensch zu begleiten, wofür auch immer es gut sein sollte. Sie versuchte nicht daran zu denken, was sie alles in Reinhausen zurückließ. Ihren Hinnerk, der ihr Mann war, nur dass es Heirat nicht gab für Menschen wie sie. Aber sie waren immer füreinander da gewesen und er war der Vater ihrer drei Kinder, von denen Gott keines am Leben gelassen hatte.

Sie vermisste die anderen Mägde, Sine und Mieke, die sie seit Kindesbeinen kannte, mit denen sie das Brot und die Sorgen geteilt hatte, mit denen sie Kinder geboren und beerdigt hatte.

Irmentraud schob die große Angst, die ihr diese Reise machte, beiseite. Noch nie war sie weiter als eine Tagesreise von der Burg Reinhausen fortgewesen. Dass sie nun auf die andere Seite der Harzberge zogen, machte sie schwindelig. Und der Gedanke daran, dass sie Hinnerk, Sine und Mieke vielleicht nie wiedersah, war ein schwarzer Abgrund, in den sie sich weigerte zu schauen.

Ihr Bein, das zwischen einer der Reisekisten und Itlins kleinem Körper eingeklemmt war, kribbelte. Sachte versuchte sie, das Gewicht zu verlagern. Sofort klammerte sich das Mädchen an sie wie ein aus dem Nest gefallenes Eichhörnchen.

»Nununu«, murmelte sie als Antwort und streichelte ihm das Haar. Schließlich erschlaffte Itlins Griff.

»Irmentraud«, ihre Stimme war nur mehr ein Flüstern. »Erzähl mir eine Geschichte.«

Ja, eine Geschichte. Das würde ihnen beiden helfen, würde ihre Gedanken fortnehmen von all dem Bedrohlichen um sie herum.

»Nun gut«, sprach sie ruhig. »Höre zu, mein Kind. Eine Geschichte will ich dir erzählen. Wie sie war und kein bisschen anders. Es lebten einmal, vor langer Zeit, und doch ist es, als wäre es gerade erst gewesen, in einem weit entfernten Land ein Mann und eine Frau, die wünschten sich nichts sehnlicher als ein Kind. Schon viele waren ihnen geboren worden, aber keines wollte der Herrgott ihnen lassen, zu sehr liebte er diese Kinder und nahm sie zu sich. ›Ach‹, seufzte die Frau an jedem Abend, den Gott brachte. ›Ich wünsche mir so sehr ein Kind. Ein ganz kleines nur, das will mir schon reichen, ein kleines, feines Mädchen, mehr wünsche ich mir nicht auf dieser Welt‹, und ihr Mann nickte dazu mit schwerem Kopf.«

Der Rücken unter ihrer Hand begann sich zu entspannen. *Ja, so ist es recht*, dachte Irmentraud und lächelte. Und dann erzählte sie weiter. »Und eines Tages hörte die Frau auf dem Markt von einer mächtigen Zauberin in einem fernen, fernen Land, die ein Kind zu vergeben hatte, ein winziges Mädchen, so hieß es. Und gleich machte das Herz der Frau einen Hüpfer, weil sie die Liebe zu dem Kind spürte, obwohl es noch gar nicht ihres war, und sie ging, so wie sie war, los, um das kleine Mädchen zu sich zu holen.«

Ihre Stimme war ein weicher Singsang, begleitet vom Knarzen des Holzes und dem Rumpeln der Räder. Itlin ließ sich fallen in den Strom der Geschichte, in das murmelnde Rauschen der geliebten Stimme, bis Irmentrauds Worte sie in einen unruhigen Schlaf trugen.

Kloster Wendhusen, Sommer 941

Die Legende des heiligen Antonius war ihr die liebste. Wie er in die Einsamkeit zog, unerschrocken. Weil er wusste, dass Gott bei ihm war, dass er Gott nur so voll und ganz erkennen konnte. In der Wüste, ohne die Ablenkungen der Welt, ohne die Verwirrungen, die Menschen einander verursachten. Allein mit sich und den Worten der Heiligen Schrift und seinen Gedanken.

Bei jeder *cena*, dem wichtigsten Essen, hoffte Hrotsvit, dass diese Geschichte vorgetragen werden würde. Am liebsten mochte sie es, wenn Dietlind las. Sie sprach mit verschiedenen Stimmen, gab Antonius einen warmen, ruhigen Ton. Dietlind drückte dann ihr Kreuz durch und schritt aufrecht und mit bedachten Schritten über den Granit der Empore. Wenn sie aber vom Teufel las und von den Dämonen, die Antonius in der Wüste heimsuchten, dann bog sich ihr Leib, als sei ihr der Bauch mit einem Tau zusammengeschnürt, die Schultern wurden rund und sie zog sie bis zu den Ohren hoch. Dietlinds Stimme wurde zu einem hohen Zischen; so unheimlich, dass die jüngsten Schülerinnen manchmal zu weinen begannen.

Doch Dietlind beließ es nicht bei Stimmen. Sie zog sich Felsen hoch, wenn Antonius sich zu seiner Höhle vorkämpfte. Stöhnte so, dass sie alle spürten, wie das Gewicht seines Körpers drohte, ihn hinabzuziehen, dass sie fühlten, wie der Fels an seiner Haut riss, bis der heilige Antonius von blutigen Kratzern übersät war. Wenn sie zu der Stelle kam, an der die Dorfbewohner sahen, wie der Heilige Mann unversehrt und bei klarem Verstand aus seiner Höhle trat, riss Dietlind die Augen auf und schlug sich die Hand vor den Mund. Sie schien zu staunen, als sehe sie alles leibhaftig vor sich.

Dietlind wechselte die Plätze auf ihrer Bühne, sie sprach mit verschiedenen Stimmen, nein, sie war gar nicht mehr Dietlind, sie war ein ganzes Dorf. Und Hrotsvit war nicht mehr im kalten Refektorium, sie war mitten in der Wüste, sie sah mit eigenen Augen den heiligen Antonius seine Wunder vollbringen.

Die meisten Schwestern lasen mit einem Singsang, der jeden Satz auf die gleiche Weise formte, ganz egal, was in den Worten passierte. Und so sollte es wohl sein. Die Vorträge beim Essen sollten der Contemplatio dienen, dem ruhigen Betrachten der Geschehnisse. Die Geschichte sollte sie nicht hinforttragen. Das wussten sie. Und trotzdem hofften sie alle darauf, dass Dietlind vorlesen würde.

Hrotsvit mochte die Gemeinschaft, die anderen Mädchen und die meisten der Nonnen, auch wenn sie kaum mit ihnen redete. Ihr Kopf fühlte sich an, als wären dunkle Wolken eingezogen, und was sie auch tat, sie waren immer bei ihr.

Irmentraud hatte sich schnell in das Leben im Kloster eingefügt, sie half auch hier bei der Pflege der Tiere, wohnte mit den anderen Mägden und Knechten, während Hrotsvit mit den Schülerinnen lebte. Das Band zwischen dem Kind und der Frau wurde loser, die Tage trugen beide auf verschiedenen Strömen. Hrotsvit sollte lernen. Irmentraud sollte arbeiten. Und doch fand das Kind immer wieder Momente, in denen es sich zu seiner Magd schleichen konnte, um sein Gesicht für ein paar Atemzüge in den Falten ihres Kleides zu verbergen, den altvertrauten Geruch einzuatmen, die schwielige Hand auf seinem Rücken zu spüren. »Nununu«, gurrte Irmentraud dann. Und das Mädchen wusste, dass es einen Hafen hatte, auch wenn es die meiste Zeit in einer Welt verbringen musste, die ihm fremd schien, nicht passend, wie geerbte Kleider. Ja, die Welt mit all ihren Menschen, es schien Hrotsvit, als sei sie nicht dafür gemacht. Als habe Gott bei ihr einen Fehler begangen. Auch wenn das nicht möglich war, da Gott niemals irrte. Doch fehlerhaft fühlte sie sich dennoch.

Es zog Hrotsvit oft ins Freie. Am liebsten saß sie im Vogelkirschenbaum, der sich an den weißen Kalk der Klostermauer schmiegte und seine dunkelsilbrigen Äste wie tanzende Arme zum Himmel reckte. Von hier schaute sie über die flache Ebene mit den frisch gerodeten Feldern, hin zu der dunklen Wand der Berge. Von dort, von der anderen Seite dieser endlosen Wildnis voller zerklüfteter Felsen und dunkler Täler, voller Wölfe und Bären, war sie mit Irmentraud gekommen.

So stellte sie sich das Meer vor, das ihr der Vater beschrieben hatte. Endlos, gnadenlos, unüberwindbar. Und dahinter lag alles, was sie liebte und kannte. Wie sollte sie je wieder dorthin zurückkommen? Wie lange würde sie brauchen zu Fuß? Was wäre mit Irmentraud? Sie würde sicher nicht mitkommen. Das würde das Schwerste werden. Ihre Irmentraud zurückzulassen.

Auch beschäftigte sie die Frage, wie sie überleben würde, allein in einer Welt, die den Bestien und Geistern gehörte, den Hexen und Kobolden. Aber mit jedem Tag, den sie im Kloster verbrachte, wuchs ihre Gewissheit: Sie würde in die Wälder fliehen müssen. Es konnte für sie nur das Leben als Einsiedlerin geben. Das war ihre Bestimmung. Dafür hatte Gott sie vorgesehen, es musste so sein. Denn sonst gab es nichts, wozu sie taugte.

»Schmecken sie schon?«

Vor Schreck fiel sie beinahe von ihrem Ast. Am Fuß des Baumes stand eine der alten Nonnen. Welche es genau war, wusste sie nicht. Sie sahen irgendwie alle gleich aus mit ihren Schleiern und den Falten.

»Was?«

»Na, die Kirschen! Schmecken sie schon?«

Sie schaute zwischen die Zweige. Dunkelrot leuchteten die Früchte zwischen dem staubigen Grün der Blätter. Sie glänzten, dass die Sonne sich in ihnen spiegelte.

»Ich weiß nicht«, Hrotsvit zuckte mit den Schultern. »Ich habe sie nicht probiert.«

Die alte Nonne lachte. »Ich glaube, du bist das erste Kind, das im Vogelkirschenbaum sitzt und keine isst.« Sie hob ihre Kutte und steckte den Saum des hellgrauen Stoffs in ihren Gürtel. Ihre Unterschenkel waren bleich und muskulös. Feine blaue Linien durchzogen die Haut. »Dann finde ich es eben selbst raus.« Die alte Frau packte den untersten Ast und saß wenig später neben Hrotsvit.

»Ich dachte, Ihr seid zu alt zum Klettern!«, entfuhr es ihr. Und war sie denn keine Adelsfrau? Wie oft hatte ihr Notburgis gesagt, dass sie mit dem Klettern und Toben würde aufhören müssen, weil es sich für eine Adelsfrau nicht schickte. Wenn es etwas auf Bäumen gab, das sie brauchte, dann sollte sich das Gesinde kümmern. »So hat es der Herrgott eingerichtet«, hatte Notburgis gesagt.

Die alte Frau neben ihr lachte laut auf. »Zu alt? Ja, das findet unsere verehrte Äbtissin auch. Sie hat erstaunlich viel Energie für solche Beobachtungen übrig.«

Sie rutschte auf dem Ast noch etwas nach außen. Das Holz unter Hrotsvit zitterte. »Vorsicht! Gleich bricht er!«, rief sie.

Vollkommen ungerührt von ihrer Aufregung streckte sich die Nonne noch ein Stück weiter und pflückte eine Handvoll der kleinen, festen Kirschen. »Ach was. So schnell bricht ein gesunder Baum nicht«, sagte sie und lachte.

Sie rieb eine Frucht am Stoff ihrer Kutte ab und steckte sie in den Mund. Sofort verzog sich ihr Gesicht. »Noch viel zu sauer. Wir werden noch ein oder zwei Wochen warten müssen. Aber dann kann uns Schwester Gothild zum Frühstück Kirschen in die Grütze kochen.« Sie blickte in den Zweigen umher. »Dieses Jahr scheint es viele zu geben. Da können wir auch ein paar für den Winter dörren. Was meinst du?«

Sie lächelte Hrotsvit an. Die tiefen Furchen in ihrer Haut verschoben sich, als sei ihr Gesicht eine geheimnisvolle Landkarte, die sich immer änderte, je nachdem, wohin man gehen wollte. *Eine Landkarte der Gefühle*, dachte Hrotsvit. Sie hätte die Haut gern berührt.

»Du redest nicht besonders viel, was?«

Eigentlich hatten ihr immer alle gesagt, sie würde nochmal die Menschen um den Verstand reden. Aber seit sie hier war, in Wendhusen, waren Hrotsvit die Worte ausgegangen. Dafür fühlte es sich an, als sei in ihr ein tiefer, dunkler Wald gewachsen. Ein Dickicht, für das sie keine Worte hatte, dunkle Pflanzen mit schwarzen Wurzeln, deren Namen sie nicht kannte.

Sie drehte den Kopf und schaute noch einmal über die Felder. Nah beim Kloster und dem Dorf, das in seinem Schatten entstanden war, wuchs bereits Getreide. Weiter weg, zu den Bergen hin, hatte die Äbtissin im Frühjahr weiteres Brachland niederbrennen lassen. Die verkohlten Stümpfe steckten noch in der Erde. Hrotsvit sah die gebückten Gestalten der Bauern, die dort mit ihren Hacken versuchten, das Land urbar zu machen. Es war harte Arbeit, die Wurzelstöcke aus dem Erdreich zu holen. Die Landarbeiter plackten sich von Sonnenauf- bis Sonnenuntergang, wenn sie ihre Kraft nicht gerade für das Bestellen der Felder brauchten. Das Land gehörte dem Kloster. Die Äbtissin entschied, die Bauernfamilien gaben ihre Körper.

Für einen Moment überlegte Hrotsvit, wie es wohl wäre, wenn es Gott gefallen hätte, dass sie in eine dieser Familien geboren worden wäre. Sie versuchte sich vorzustellen, wie das war, seinen Körper Tag für Tag über die Felder zu treiben. Keine Bücher. Kein Latein. Den Gottesdienst nicht zu verstehen. Was bliebe dann noch von ihr?

»Dir gefallen die Geschichten, die während der *cena* vorgetragen werden, nicht wahr?«

Hrotsvit nickte. Das war für sie das Schönste hier. So viele Geschichten! Wenn sie gewusst hätte, wie viele es davon gab auf der Welt.

»Kannst du denn selbst gut lesen?«, fragte die alte Nonne.

»Klar«, antwortete sie. Sie versuchte es beiläufig klingen zu lassen. Aber sie wusste, dass ihre Lesekunst etwas Besonderes war. Kein Mädchen hier konnte es so gut.

Die Alte neben ihr nickte. »Ja, das habe ich mir gedacht.« Sie lächelte Hrotsvit an. »Dann komm!« Langsam ließ sie ihren Körper vom Ast gleiten und landete zwischen den Brennnesseln.

»Eieiei!«, rief sie aus. »Ich hoffe, Schwester Gothild hat recht und dieses Teufelszeug hilft gegen Rheuma!« Sie winkte Hrotsvit. »Nun komm schon. Ich will dir etwas zeigen!«

Das Mädchen zog seine Augenbrauen zusammen. »Erst will ich wissen, was!«, rief es trotzig vom Baum herab.

Wieder lachte die alte Nonne. »Du bist ja wirklich ein wildes Vögelchen! Na, immerhin weißt du, was du willst. Ich bin Riccardis. Die Bibliothekarin des Klosters. Wenn du Geschichten magst, dann solltest du meine Freundschaft lieber nicht ausschlagen.« Sie streckte Hrotsvit die Hand entgegen. »Kennst du die Fabulae Aviani?«

Hrotsvit schüttelte den Kopf. »Nein. Was ist das?«

Noch immer hielt die Nonne ihre Hand ausgestreckt. »Ein Buch. Es wird dir gefallen. Und wenn nicht, dann kannst du ja immer noch auf deinen Baum zurückklettern!«

Wendhusen, Winter 942

Hrotsvit zog die Wolle ihrer Armstulpen weiter über ihre Finger, deren Spitzen schon bläulich verfärbt waren. Sie hätte gern Handschuhe getragen, doch waren sie hinderlich bei der Arbeit, die ihr das Wichtigste war.

Aus dem Kreuzgang schaute sie in den Innenhof, sah die zarte Schar, die sich auf allem niedergelassen hatte. Auf den Rosenranken und den steinernen Bänken, auf der Vogeltränke und auf jedem kleinen Zweiglein lagen die Schneeflocken, weiß und grausam kalt.

Seit Wochen hatte keine von ihnen das Kloster verlassen, der Winter beherrschte alles und es gab kein Zeichen, dass es bald anders werden würde. Die Vögel waren verstummt, der Himmel verhangen von einem hohen Grau.

Schon gab es Gerüchte, dass der Hunger in den Dörfern um sich griff. Es war Februar, die Vorräte gingen zur Neige und in dem tiefen Schnee gab es kaum einen Weg, an Nahrung zu kommen. Sie dachte an Notburgis und wie sie für die ihren auch bis zum Niedersten sorgte, und erkannte zum ersten Mal, dass darin eine Gabe und eine Form von Güte lag. Diemot, die Äbtissin von Wendhusen, schien weit weniger um die Zustände ihrer Leibeigenen und Bauern besorgt zu sein.

Im Kloster ging es ihnen gut. Zwar war die Kost eintönig, gedörrter Fisch, sauer eingelegter Kohl, Eier in Salzlake und aufgekochter Getreidebrei, und nur die getrockneten Kirschen und schrumpeligen Äpfel waren eine seltene Köstlichkeit. Aber Hunger litt niemand.

Der Schnee und das Eingesperrtsein taten den Nonnen nicht gut. Es kam zu Zankereien und auch die Lesungen zur *cena* hatten etwas Schleppendes, Träges. Missmutig gingen die meisten von ihnen ihren Arbeiten und Lektionen in Mathematik, Astronomie, Kräuterkunde und Vorratsplanung nach.

Hrotsvit merkte von alledem kaum etwas. Ihr ganzes Denken war verschmolzen mit Riccardis und ihren Büchern. Noch immer konnte sie nicht glauben, dass es so vieles gab, was sie lesen konnte. Dass sie jeden Tag aufstand und in das Scriptorium ging. Dass das tatsächlich ihre Aufgabe war.

Riccardis hatte durchgesetzt, dass Hrotsvit ihr als Helferin zugeteilt wurde. Nicht, um zu kopieren, geschweige denn zum Zeichnen. Eine Buchmalerin gab es in Wendhusen nicht. Die für die Nonnen zuständigen Bischöfe hatten entschieden: Frauen waren zu leicht vom Teufel verführbar. Die Buchmalerei wiederum zu frei und deshalb zu gefährlich, um sie Frauen in die Hand zu geben. Nonnen durften Texte kopieren, denn hier wich man nicht ab. Und die Arbeit musste nun einmal gemacht werden.

Nein, Hrotsvit war auf der untersten Stufe im Kloster. Sie musste das Scriptorium reinhalten, Schlehen- und Weißdornrinde, Eichengallen und Ruß sammeln, Ochsengalle besorgen; die Grundstoffe, die Riccardis für ihre Tinte brauchte. Auch war sie dafür zuständig, die einzelnen Bestandteile zu reinigen und so aufzubewahren, dass sie nicht verdarben. Die ausgemusterten Pergamente waren auch ihre Aufgabe. Sie wurden mit Bimstein von ihrer ursprünglichen Beschriftung befreit und so für eine weitere Nutzung vorbereitet. Eine harte Arbeit, bei der sich Hrotsvit oft die Fingerkuppen blutig scheuerte. Und sie sollte die Mäuse jagen, die eine ständige Bedrohung für die kostbaren Bücher waren.

Hrotsvit musste Riccardis jeden Handschlag abnehmen, der sich nicht um das Kopieren der Bücher drehte. Riccardis' Arbeit war so wertvoll, dass ihre Zeit und ihre Hände für nichts anderes verschwendet werden sollten. Nur beim Mischen der Tinte leitete sie Hrotsvit noch an, denn das war eine Kunst für sich und eine fehlerhaft angerührte Tinte konnte die Arbeit von Tagen oder Wochen ruinieren.

Im Winter hatte sie noch eine weitere Aufgabe. Es war an ihr, für die Heizung des Scriptoriums zu sorgen. Dort waren keine Feuerstellen erlaubt und auch keine Kerzen. Die Gefahr eines Brandes war zu groß. Riccardis arbeitete bei geöffnetem Fenster. Sie brauchte das Licht. Als einzige Wärmequelle waren erhitzte Steine gestattet, die Hrotsvit ihrer Herrin zu Füßen stellte und sie so vor den gefürchteten Winterkrankheiten bewahrte.

Hrotsvit tippte einen Zweig mit dem Finger an. Zitternd warf er seine Schneelast ab auf das Geländer, eine gleißende Spur auf dem grauen Granit.

Sie griff nach dem Eimer mit den warmen Steinen. Schwester Gothild, die der Küche vorstand, hatte sie ihr aus dem Herdfeuer geholt. Sie musste warten, bis sie so abkühlten, dass sie keinen Brand mehr auslösen konnten. Vorsichtig berührte sie die rußgeschwärzten Kugeln aus Speckstein. Es brannte ein wenig auf der Haut, aber der Schmerz war erträglich.

Sie musste den Eimer mit beiden Händen tragen und kam nur langsam voran, da die Last beinahe zu schwer für sie war. Ihr Körper hinkte ihrem Kopf immer hinterher. Sie blieb schmächtig und klein, daran änderten die Jahre nichts. Ihr selbst fiel es kaum auf und es interessierte sie nicht.

Sie merkte wohl, dass die anderen Mädchen über ihre körperlichen Vorzüge und Schwächen sprachen und wie sie diese hervorheben oder kaschieren könnten. Die meisten waren aus einem einzigen Grund hier: Sie warteten auf den Mann, dem sie zugesprochen worden waren und hofften darauf, dass es das Schicksal bei der Auswahl gut mit ihnen gemeint hatte. Dass er reich und mächtig war oder werden würde, dass er ansehnlich war und, ja, irgendwie gut zu ihnen. Jedes Mädchen wusste, was es bedeutete, einem groben Mann gegeben zu werden. Männer waren wie das Wetter; man konnte nur beten, dass es erträglich war und mit etwas Glück sogar freundlich.

Die Mädchen im Kloster konnten diese Entscheidung nicht beeinflussen. Was ihnen blieb: ihr Äußeres und Inneres in den Jahren ihrer Ausbildung möglichst lieblich zu formen. Wenn sie nur genug Wohlgefallen auslösten, hofften sie, würde der Rest schon folgen.

Das Äußere für den Mann, das Innere für Gott, der den gemeinsamen Weg in glückliche Bahnen lenken würde. So wurde es ihnen erzählt.

Hrotsvit sprach das nicht aus, aber sie glaubte nicht daran. Wenn die Dinge so einfach wären, dann wäre die Welt eine andere. Besser und gerechter. Und warum hätten dann so viele Menschen über ihre Fehler geschrieben und ihre Sehnsüchte? Warum füllten sie Bücher mit den Überlegungen, was Gott wirklich wollte und warum er die Dinge tat, die er tat? Nein, so einfach konnte es nicht sein. Das Leben war keine Rechnung mit Gott, bei der man möglichst gut war und dafür möglichst viel bekam. Und deshalb machte es auch keinen Sinn zu üben, wie man die Wangen elegant puderte und wie man ein Lippenrot herstellen konnte.

Hrotsvit hätte es nie laut gesagt und gab es auch vor sich selbst kaum zu. Aber sie wollte gar nicht daran glauben, dass die weiblichen Kunstgriffe irgendetwas halfen. Diese Ideen sollten keine Macht über sie bekommen. Nein, ihr Entschluss stand fest. Ihre Welt war eine andere. Sie stieß die Tür zum Scriptorium auf.

»Da bist du ja«, brummte Riccardis. »Wurde auch höchste Zeit. Sonst kannst du bald meine abgefrorenen Zehen zum Murmelnspielen nehmen.«

Hrotsvit grinste. Zu Beginn hatten Riccardis' Sticheleien ihr Angst eingejagt. Mittlerweile wusste sie, dass es ihre Art war, Späße zu machen. Sie legte eine Handvoll Haselnusskerne auf das Schreibpult der alten Nonne, sorgfältig neben das Tintenfass, damit sie nicht mit dem Pergament in Berührung kamen und womöglich Fettflecken hinterließen. »Die schickt dir Gothild. Und du sollst aufpassen, dass du dir nicht wieder ein Fieber holst. In der Küche gibt es warmen Holunderwein.«

Sie wusste, Riccardis würde die Einladung einfach übergehen. Sie hatte sich im Sommer aus dem Kloster Sankt Emmeram zwei Kodizes schicken lassen. Und wenn der Schnee geschmolzen war, würde es nicht lange dauern, bis die Gesandtschaft kam und die Bücher wieder mitnehmen würde. Bis dahin musste Riccardis fertig sein mit dem Kopieren.

»Habt ihr wieder gemütlich geschnackt und es euch gutgehen lassen, während ich hier schufte.« Riccardis schob sich eine Haselnuss in den Mund.

Hrotsvit umarmte sie. Sie genoss den warmen Körper und die Hand, die nun über ihren Rücken strich.

»Sei so gut und lies mir ein Weilchen. Dann kann ich meine Augen ausruhen.«

Riccardis' Augen waren schwach vom Alter. Das ständige Wechseln zwischen Lesen und Schreiben war mühselig. Deshalb hatten sie sich angewöhnt, dass Hrotsvit vorlas und Riccardis schrieb, was sie hörte. Noch immer staunte die Jüngere, wie leichthin ihre Lehrerin schreiben konnte, ohne genau hinzuschauen; es reichte, wenn ihr Blick sicherstellte, dass sie auf der Linie blieb. Die Striche und Bögen der Buchstaben waren so sehr ein Teil von ihr, ihre Hände formten sie ganz von allein.

Mittlerweile hatte Hrotsvit genug Bücher gesehen, um zu wissen, dass Riccardis' Stärke nicht in Schönschreiberei lag. Sicher würde keines ihrer Werke in einer Bischofsbibliothek landen oder einem hohen Adeligen als Geschenk überreicht. Auch solche Bücher kannte Hrotsvit. Sie hatten geschmückte Lettern und verzierte Einbände; ja, ein Bischof, der in Wendhusen Station gemacht hatte, besaß sogar eine Bibel, deren Buchdeckel mit Edelsteinen geschmückt war. Aber dieser Prunk fand ohnehin nur Riccardis' Missfallen.

Hrotsvit nahm ihre Position vor dem Buch ein und suchte die richtige Stelle.

Riccardis spürte dem Geschmack der Haselnuss nach. Eigentlich war sie hungrig. Und der Gedanke an Holunderwein verlockte sie sehr viel mehr, als sie je zugegeben hätte. Doch sie gestattete sich diese Schwächen nicht. Sie war alt, die Zeit drängte.

Sie wollte für ihre Nonnen so viele Bücher in Wendhusen haben, wie es nur irgend möglich war. Deshalb schrieb sie an vielen Tagen von Sonnenauf- bis Sonnenuntergang, auch wenn ihre Finger schmerzten und ihre Augen immer schwächer wurden. Und ja, sie wollte die Bücher auch für sich selbst. Die Magie, die in den Seiten schlief. Die Tränen, das Gelächter, manchmal auch die Wut, die sie auslösen konnten. Und natürlich der heilige Schauer, die Macht der Erkenntnis, die in der Schrift verborgen lag. Durch Bücher konnten sich Menschen über schier endlose Entfernungen wiederfinden, in Büchern klangen die Stimmen aus längst vergangenen Zeiten klar und deutlich bis zu ihr in diese eisige Stube. Sie waren die Lebenslinie zwischen den Welten, zwischen den Zeiten, sie gaben den Menschen einen Weg zu Gott. Und Riccardis war ein Teil davon, ein winziger nur, aber sie ebnete die Wege, damit auch in tausend Jahren noch Menschen auf ihnen gehen konnten. Dieser Gedanke erfüllte die alte Nonne mit einer tiefen, ruhigen Freude.

Ihr Blick fiel auf das Mädchen, dessen kleiner Mund mühelos und voll Eleganz die lateinischen Worte aussprach. Sie wusste, in ihm hatte sie eine Schwester im Geiste. Ein seltsames Kind war es. Was die anderen in ihrem Alter trieben, interessierte es kaum. Vielleicht verstanden sie sich deshalb so gut.

Gerade stolperte das Mädchen über ein paar Silben, die Niederschrift war schlampig und Hrotsvit mit ihren acht Jahren trotz allem noch eine junge Leserin. Fünf Jahre nur noch, mit etwas Glück sechs oder sieben und sie würde fortgeholt werden. Riccardis spürte, wie in ihrem Inneren bei diesem Gedanken alles zum Stocken kam.

Hrotsvit war bereits an Konrad den Roten versprochen, ein mächtiger Mann mit großem Ehrgeiz. Sicher würde er nicht lange zögern, die Heirat einzufordern. Schließlich musste er zusehen, dass er einen Erben hervorbrachte.

Sie betrachtete Hrotsvit, ihre Stirn, hellweiß von dem langen Winter, die dunklen Haare und Brauen. Es waren gefällige Züge, aber nichts Besonderes. Doch in ihren Augen lag eine Kraft, ein Leuchten und manchmal ein Wüten, das selbst Riccardis Respekt einflößen konnte.

Wie sollte das nur gehen? Dieses Mädchen die Frau eines einflussreichen Grafen, bei dem der König ein- und ausging? Ihr Leben würde in ein enges Tuch gebunden werden, voller Regeln und Pflichten. Söhne würden geboren und Verbindungen über Länder hinweg gepflegt werden müssen. Und sie, Riccardis, würde keine Hilfe sein können. Sie hatte selbst kaum Ahnung von den Gepflogenheiten, auf die Hrotsvit treffen würde. Sie war so klein gewesen, als sie ins Kloster kam, dass sie sich an kein anderes Leben erinnern konnte. Ein Bastard war sie, auch noch ein Mädchen, der Fehltritt ihrer adeligen Mutter mit einem Geistlichen. Es war ein Wunder, dass sie am Leben geblieben war.

Aber hier war sie. Und es war von Beginn an klar gewesen, dass sie das Kloster nicht wieder verlassen würde. Sie war eine Schande und die konnte kein Ehemann gebrauchen. Aber der Herr im Himmel hatte ihr einen wachen Geist geschenkt und einen starken Willen.

Ja, es hatte Tage in ihrem Leben gegeben, da hatte sie sich selbst leidgetan. Dass sie nie das Kloster verlassen würde. Niemals an einem Hof leben würde, während fast alle Frauen, mit denen sie über die Jahre Freundschaft schloss, früher oder später fortzogen, um zu heiraten. Aber je öfter sie diesen Männern begegnete, desto mehr verstand sie, dass sie dort draußen nicht viel verpasste. Diese Männer waren eine überraschend langweilige Gesellschaft. Sie zogen in Kriege, sie gingen jagen, sie machten anzügliche Witze, sie tranken und sie spielten. Flüssig lesen konnten die wenigsten. Oder über Bücher sprechen, die Gedanken darin mit anderen verbinden und zu etwas Neuem formen. Nein, derlei Gespräche hatte sie noch nie mit einem solchen Mann erlebt. Mit Kirchenbrüdern hin und wieder, wenn auch selten. Adlige Herren jedoch waren vermutlich die langweiligsten Gesprächspartner, die Riccardis je hatte ertragen müssen.

Über die Jahre waren auch immer wieder Frauen ins Kloster gekommen, die das große Leben hinter sich hatten. Witwen oder Frauen, die wertlos geworden waren, deren Körper keine Kinder hervorbrachten, die ihren Männern schlicht nicht gefielen, und auch welche, die zu widerspenstig waren. Und an diesen Frauen konnte Riccardis ablesen, dass die Welt dort draußen ein Schlachtfeld war und vor allem Versehrte und Verwundete zurückließ.

Gott hatte genau den richtigen Platz für sie gefunden und dafür war Riccardis ihm dankbar. Aber was hatte er mit ihrer Hrotsvit vor? Sie hatte sich mit einer Inbrunst auf die Bibliothek gestürzt, die selbst Riccardis überrascht hatte. Und selbst wenn eine gute Frau immer auch eine gewisse Belesenheit mitbringen sollte, so gab es noch viele andere Dinge, die es zu lernen galt. Und für keines davon war in Hrotsvit Talent oder Interesse zu entdecken.

»Riccardis!« Hrotsvits Stimme unterbrach den Fluss ihrer Gedanken. »Du schreibst ja gar nicht!« Das Mädchen sah sie so vorwurfsvoll an, dass Riccardis lächeln musste. Sie nahm ihren Federkiel und tauchte ihn in das Schälchen mit der schwarzen Flüssigkeit.

In den Hügeln vor Bergamo, Sommer 945

Der Horizont zitterte in der Hitze, die die italienischen Provinzen seit Wochen zu erdrücken schien. Der krautige Thymian, das rosig blühende Oregano und der Fenchel mit seinen fedrigen Blättern verströmten ihren würzigen Duft, der sich in der heißen Luft mit dem Geruch von Jungenschweiß, Schweinedung und Ziegenköttel mischte. Die Tiere waren vor der Mittagssonne unter die wenigen alten Eichen auf dem Hügel zurückgewichen und kletterten nun über die Wurzeln; einige Ziegen hatten es sogar geschafft, auf einen tiefliegenden Ast zu steigen, von dem aus sie triumphierend auf die Hirtenjungen hinabblickten.

Die zwei hatten ihre Hemden ausgezogen und sie zusammengerollt in den Nacken gelegt. Piero wischte sich ein paar Schweißtropfen von der Brust. Vielleicht war es dieser Körpergeruch, der die Käfer anlockte. Gleich drei davon landeten auf seinen Armen und krabbelten unruhig darauf herum, als seien sie auf der Suche nach etwas. Die kleinen Fühler schwenkten sie hektisch hin und her, als sei unter seiner Haut etwas verborgen, das sie spüren, aber nicht sehen konnten.

Er hob beide Arme und betrachtete die wuselnden Insekten. Auf dem linken Arm waren es zwei, auf dem rechten irrte einer allein umher. Aber alle drei waren sie von der gleichen Art, etwa so groß wie Pinienkerne, die Leiber schillerten grün und rotgolden. Er hatte ihresgleichen schon oft gesehen. Einen richtigen Namen hatten sie nicht; »Glimmerchen« nannte man sie im Dorf.

Piero genoss das Kitzeln auf seinen Armen und schaute ihnen zu, wie sie hin und her wanderten. Plötzlich hielten alle drei inne, ihre Fühler wurden ruhig, als hätten sie einen Ruf gehört. Dann öffneten sie die harten Schalen ihres Rückens, hauchzarte Flügelchen schoben sich darunter hervor und einer nach dem anderen hoben sie sich in die Lüfte, stiegen immer höher, bis sie sich im Blau des Himmels verloren.

Piero wäre gern hinterher geflogen. Wie das wohl war? Sich so zu erheben, über alle Bäume, ja, vielleicht sogar über die Berge, und durch die Luft zu gleiten, leicht und frei? Manchmal kletterte er auf das Dach der Dorfscheune und schaute von dort auf die anderen herab. Vielleicht kam es diesem Gefühl nahe, gemischt mit dem, einen verschneiten Hang hinabzugleiten. Oder wie winters hohes Fieber zu haben, wenn der Körper zwischen den Decken zu schweben schien.

Piero schaute noch immer ins Blau. Wo waren eigentlich die Engel und Gott, wenn die Wolken verschwanden? Oder verbargen sie sich weiter hinten? Flogen sie dort umher? Irgendwann mussten sie sich doch ausruhen. Er hatte das einmal den Pastor nach der Kirche gefragt. Ob Gott denn immer fliegen würde, ob er nicht müde würde von dem ganzen Schweben da oben. Sein Vater hatte ihn dafür mit dem Ochsenziemer verprügelt und ihn bis in die Nacht auf Kieseln kniend beten lassen.

»Wer bist du, dass du solche Fragen stellst?«, hatte er geschrien, als er den Lederriemen auf ihn niedersausen ließ, bis das Blut die Haut hinabbrann. »Bist du des Teufels?«

Piero war sich ziemlich sicher, dass er das nicht war. Er konnte sich jedenfalls nicht daran erinnern, ihn getroffen zu haben. Und das wäre doch mindestens nötig, um des Teufels zu sein. Aber seitdem grübelte er immer wieder darüber nach, ob nicht doch etwas Teuflisches in ihm war. Denn er konnte seinen Kopf einfach nicht davon abhalten, so zu denken. Warum zum Beispiel konnten diese kleinen Käfer fliegen und er nicht? Wo doch die Menschen nach Gottes Ebenbild geformt waren und nicht die Käfer. War denn nicht das Fliegenkönnen eine so wichtige Eigenschaft, dass Menschen eher diese haben sollten als etwa Hände zum Greifen? Und warum sollten Gott und die Engel denn überhaupt zwei Beine haben, wenn sie doch schwebten, anstatt zu gehen?

Nun, wenn er des Teufels war, dann war es wohl so. Er war auf jeden Fall schlau genug, nicht mehr über seine Gedanken zu sprechen. Er hätte es gern getan, aber er konnte ihn noch immer fühlen, den Schmerz des Ziemers, das Brennen der Wunden danach, die Kiesel, die die Haut an seinen Knien langsam durchdrückten. Die Tränen seiner Mutter. »Junge, was tust du nur?«, hatte sie ihm ins Ohr geflüstert, als sie ihn endlich aus der Dunkelheit ins Haus getragen hatte, weil seine Beine ihm nicht mehr gehorchten.

Piero seufzte. Er schaute hinüber zu seinem Freund Marco, der mit großer Konzentration die Zwischenräume seiner Zehen reinigte. Piero musste lächeln. Marcos Anwesenheit war für ihn wie die seiner Arme. Er war ihm so vertraut, dass Piero seine Bedeutung am ehesten bemerkte, wenn er nicht da war.

Marco spürte den Blick und schaute auf. Dann lächelte auch er.

Piero fühlte ihn in sich toben, diesen Drang, seinen Freund zu umarmen, ganz fest an sich zu drücken und sein Gesicht in seinem Haar zu vergraben. Er strich Marco eine Strähne aus der Stirn. Dann knuffte er seine Schulter. »Bist du bald sauber genug?«

Ihre Ruhezeit war bald vorbei. Dann mussten sie die Schweine zusammenzutreiben, die sich weiter unten durch den Boden wühlten auf der Suche nach halbverrotteten Eicheln vom letzten Jahr oder ein paar Würmern. Der Weg zu ihrem Dorf war weit, die Schweine langsam, und auch wenn es im Sommer selten vorkam, dass ein Wolfsrudel oder ein Bär sich in die Nähe ihrer Siedlung begab, so würden sie alles daransetzen, vor der Dämmerung am Herdfeuer zu sitzen, die Tiere hinter dem Weidenzaun.

Piero dachte daran, was es wohl zu essen für ihn geben würde. Die grünen Bohnen waren reif, und auch die Zwiebeln. Damit ließ sich doch etwas anfangen. Sein Magen knurrte, das letzte Brot hatten er und Marco schon lange aufgegessen. Da traf ihn der spitze Ellenbogen des Jüngeren unsanft an der Schläfe. »Schau! Da schau doch!« Sein Zeigefinger streckte sich in Richtung des Horizonts.

Da sah Piero es auch. Die Linie zwischen Himmel und Erde zitterte nicht nur, sie schien auf und ab zu hüpfen, als sei sie aus den Fugen geraten, als rolle sie unerbittlich auf die beiden Jungen und ihre mageren Tiere zu. Nun waren flatternde Bewegungen auszumachen, Stangen. Fahnen.

»Reiter!« Pieros Stimme überschlug sich fast. Mit einem Satz sprang er auf seine Füße. »Das müssen Dutzende sein!« Sein Herz schlug heftig. Ob sie fliehen sollten? Der Horizont schwoll immer mehr an, mehr und mehr Reiter kamen. Nein, das waren nicht Dutzende. Das waren viel viel mehr. So viele, dass er dafür keine Zahl wusste. Nun spürten sie es. Der Boden unter ihren Füßen vibrierte. Der Schlag der Pferdehufe. Mit ein paar Sprüngen suchten die Ziegen Schutz hinter dem Baum.

Die Reiter kamen aus den Bergen im Norden. Die ungläubigen Sarazenen konnten es nicht sein. Die lagerten weit unten im Süden. Oder doch? Wer sollte es sonst sein? Ob sie in den Baum klettern sollten, um sich dort zu verbergen? Aber die Schweine im Wald, die konnten sie nicht zurücklassen. Das Dorf würde ohne das Fleisch im Winter hungern.

Ein Schatten löste sich aus der Reihe und preschte auf sie zu. Die Reiter hatten sie entdeckt. Erdklumpen spritzten ihnen bis zur Brust, als das Pferd vor ihnen zum Stehen kam.

»Wie weit ist es noch bis Bergamo?« Die Eisenbeschläge auf der dunklen Lederrüstung blitzten in der Sonne. Piero roch den Talg, mit dem sie geschmeidig gehalten wurde. Den Helm hatte der Mann an seinen Sattel gebunden. Die beiden Jungen schauten sich an. Der Mann sprach etwas merkwürdig, kantiger und krächzender als der Dialekt, den sie hier gewöhnt waren, aber sie verstanden ihn. »Nun! Was ist! Seid ihr stumm? Oder blöd? Oder beides?« Das grimmige Gesicht des Mannes legte sich in Falten und er zeigte eine Reihe kräftiger weißer Zähne. Es war Piero unmöglich auszumachen, ob das ein Lächeln oder eine Drohgebärde sein sollte.

Schnell schüttelten sie die Köpfe. »Ich weiß nicht, Herr«, sagte Piero hastig. »Ich war noch nie dort. Aber zu Fuß vielleicht zwei Stunden … oder drei?« Die Wahrheit war, dass er wirklich keine Ahnung hatte, wie lange ein Reiter bis zur fernen Stadt brauchen würde. Aber er wollte den großen schweren Mann auf dem

Pferd lieber nicht verärgern. Und in drei Stunden war es dunkel, da würde er wohl kaum umkehren, um einem kleinen Schweinehirten ans Leder zu gehen, der ihm eine Lüge aufgetischt hatte.

»Welche Richtung?« Piero und Marco wiesen den Hügel hinab Richtung Süden.

Der Mann nickte knapp und warf den beiden Jungen eine Münze zu. Schnell fing Marco sie auf und betrachtete das flache, glänzende Stück Metall. Darauf war ein bärtiger Mann mit einer Krone und einem runden Ball zu sehen. »Ihr dürft euch freuen!«, rief der Mann ihnen zu und riss sein Pferd herum. »König Ottos Soldaten sind gekommen, euch zu befreien!«

Er wies auf den Baum. »Und jetzt geht besser aus dem Weg! Sonst kommt ihr am Ende noch unter die Hufe!« Dann preschte er fort, dem größten der flatternden Banner entgegen. Sobald er dort für einen Moment verweilt hatte, erschallte ein Ruf und die gesamte Linie der Reiter setzte sich wieder in Bewegung, wie eine atmende Wand kam sie auf die beiden Jungen zu. Die Ziegen begannen zu blöken und sich im Kreis zu drehen.

»Jetzt komm!«, rief Piero Marco zu, der noch immer mit offenem Mund auf die Reiter starrte, und stieß ihn an. »Pack dir die Ziegen!«

Sie zerrten die bockenden Tiere an den Hörnern zum Baum, jeder zwei von ihnen. Pieros Arme brannten vor Anstrengung. Kaum hatten sie den Stamm erreicht, umströmten die Leiber der Pferde den Baum. Alles zitterte vom Stampfen der Hufe, die Luft war erfüllt von Tierhaaren und aufgewirbeltem Staub. Minuten dauerte es, bis endlich der letzte Reiter an ihnen vorübergezogen war. Aus der Wiese war eine braune Masse geworden. Pieros Herz schlug in wilder Panik. »Die Schweine«, flüsterte er, »Marco! Wir müssen die Schweine finden.«

———

Liutprand stemmte die Füße in die Steigbügel und hob seinen wund gerittenen Körper für einige Augenblicke aus dem Sattel. Das Brennen lichtete sich für einen Moment und er schloss dankbar die Augen. Doch konnte er sich nicht lange in dieser Position halten, seine Muskeln hatten nicht mehr die Kraft. Er sackte wieder auf den Sattel zurück und zuckte zusammen, als das Leder erneut seine Haut rieb. Er biss auf seine Faust und stieß einen dumpfen Schrei aus.

Es half nichts. Wenn er es nicht bald zu Berengar schaffte, seinen Schutz erlangte, war er verloren. König Hugos Häscher waren ihm sicher schon auf den Fersen. Und ganz bestimmt waren sie bessere Reiter als er. *Oh Gott! Gütiger, barmherziger, alles beherrschender Gott, bitte verlass mich nicht.* Er senkte sein Haupt, so tief, dass ihn das Haar der Mähne kitzelte. Tränen rannen ihm aus den Augen. Selten in seinem Leben hatte er solch unaussprechliche Angst gehabt. Jahrelang hatte er in der Furcht gelebt, dass König Hugo seinen Verrat entdecken würde. Und dann, als es so schien, als wäre es vorbei, war auf einmal dieses Mädchen am Schloss aufgetaucht. Dieses rothaarige, wunderschöne Mädchen. Zuerst war er sich unsicher gewesen, woher er sie kannte. Aber dann hatte sie ihm bei einem Essen in die Augen geschaut.

Berengars Mädchen, das jedes Wort gehört hatte und genau wusste, wie groß der Verrat war, den Liutprand begangen hatte.

Keiner wusste, woher sie kam. Aber der ganze Hof spürte, dass sie eine große Macht über den König hatte. Liutprand schluchzte auf. Und dass sie alles tun würde, um ihre Position zu halten: die der wichtigsten Geliebten des Königs anstatt einer Straßendirne, die von Zeit zu Zeit von Berengar für seine schmierigen Spielereien eingesetzt wurde. Ja, er konnte es ihr nicht einmal verübeln. Er hatte sie erkannt und gewusst, er musste fliehen. Nur wohin? In die Bedeutungslosigkeit eines fernen Klosters? Oder gar in den Wald?

Und am nächsten Tag war die Nachricht gekommen. König Otto, der Herrscher aus dem Norden, hatte sich auf die Seite des geflohenen Berengar gestellt und sein Heer geschickt, um König Hugo fortzujagen. Liutprand wusste: Es war ein Zeichen Gottes. Im Schutze der Nacht war er losgeritten. Doch eine Erkenntnis traf ihn wie ein Blitz. Die Königin, er würde sie nie wiedersehen, wenn er floh. Aber bei aller Leidenschaft für diese Frau. Wenn es darauf ankam, war ihm sein eigenes Leben lieber.

Und nun war er hier, Liutprand, der Hoffnungsträger seiner Familie, allein im Wald, verloren und durstig und voller Angst und er konnte nur beten, dass Berengar ihn mit Wohlwollen aufnahm.

Sein Pferd strauchelte und er schreckte hoch. Sie standen inmitten einer Schneise, der Boden verwandelt in knietief aufgewühlte Erde, junge Bäume waren zerbrochen, Gebüsch zertrampelt. Eine beklemmende Stille beherrschte den Wald, kein Vogel war zu hören, kein Rascheln in den Büschen.

»Halleluja!«, jubelte er erleichtert auf. Er hatte es geschafft. Hier musste König Ottos Armee durchgezogen sein. Er brauchte nur noch ihrer Spur zu folgen.

Er lenkte sein Pferd um, damit er der Schneise folgen konnte, und sein Blick fiel auf die Jungen. Sie knieten vor einem unförmigen Haufen, ihre Körper von Schluchzern geschüttelt. Liutprand rutschte vom Sattel, bevor er nachdenken konnte.

Sie bemerkten ihn erst, als er direkt hinter ihnen stand und sah, worum sie weinten. Es war ein Schwein. Gerade erst dem Ferkelalter entwachsen, der Körper noch nicht fett, der Kopf blutig und seltsam verformt. Der Bauch war aufgeplatzt, die Gedärme hingen heraus und verbreiteten einen stechenden Geruch. Liutprand unterdrückte ein Würgen.

»Sie sind einfach über sie hinweggeritten«, sagte der Ältere von beiden zu ihm, als würden sie sich schon lange kennen. »Sie haben sie zertrampelt. Als wäre es nichts.« Er erkannte den Zorn in der Stimme des Jungen. Der Zorn der Rechtlosen, die sich beugen mussten, weil es für sie keine andere Wahl gab. Es war, als gebe dieses Kind seinem Gefühl eine Stimme. Nie frei zu sein. Nie zu bekommen, was ihm zustand. Gegängelt und geschubst von den Mächtigeren.

Liutprand schaute dem Jungen in die Augen. Sie glänzten vor Wut.

»Ich werde ihrem König den Hals umdrehen! Und wenn es das Letzte ist, was ich tue!« Er schrie die Worte, seine weißen Jungenzähne blitzten feucht von Speichel.

Unwillkürlich zog Liutprand das Kind in seine Arme. Dieser Zorn. Diese Hoffnungslosigkeit. Für immer verstrickt und ohne Möglichkeit zu entkommen. Für einen winzigen Moment wünschte er sich, er könnte mit dem Kind gemeinsam losziehen und erst innehalten, wenn alle gemeuchelt waren, die ihm Unrecht getan hatten.

»Ich weiß«, murmelte er dem Jungen zu und strich ihm durch sein braunes Haar. Dieser sträubte sich gegen seine Umarmung und er ließ los. »Aber du wirst es trotzdem bleiben lassen, hörst du?« Er legte ihm eine Hand unters Kinn und hob es ein Stück. Er wollte ihm irgendetwas mit auf den Weg geben. Etwas Hilfreiches, Weises. Schließlich war er Diakon. »Gott hat dir die Schweine genommen, um dich an die Vergänglichkeit des Lebens zu erinnern«, sagte er schließlich.

Der Junge schnaubte auf. »Meine Eltern haben schon zwei Kinder beerdigt. Da kann sich Gott die toten Schweine sparen.«

Liutprand musste sich ein Lachen verkneifen. Auf den Kopf gefallen war der Knabe jedenfalls nicht.

»Solche Reden behältst du besser auch für dich! Sonst hängst du schneller am Galgen, als du ›Schweinebauch‹ sagen kannst!« Er griff an seine Gürteltasche. Eine Goldmünze konnte er entbehren. Und der Junge und sein Dorf würden sich nicht um den Winter sorgen müssen. Er hielt sie dem Jungen hin. Wieder trafen sich ihre Blicke. Und kaum konnte er sich lösen. Was für ein Wille in diesem Kind. Er wünschte, er hätte etwas davon. Von dieser Furchtlosigkeit. Dieser absoluten Selbstgewissheit.

»Piero! Sei nicht dumm!«, rief der kleinere Junge. »Nun nimm!« Und da riss der ältere ihm die Münze aus der Hand und die beiden Knaben stoben den Hang hinab, ohne sich noch einmal umzudrehen. Hinter ihnen her galoppierte ein Grüppchen Ziegen.

Liutprand blickte auf das verendete Schwein, dessen Kiefer aufgespreizt war, als stieße es einen lauten Schrei aus. Mit dem Fuß schob er etwas von der aufgewühlten Erde auf das Tier. Warum er das tat, wusste er nicht so recht; es war ihm ein so starkes Bedürfnis, dass er ihm nachgab, ohne weiter darüber nachzudenken. Dann stieg er wieder aufs Pferd. Er würde sich beeilen müssen. Die Nacht würde bald hereinbrechen. Und er wollte noch die richtigen Worte üben, damit er es schaffte, Berengar von seiner Untergebenheit zu überzeugen.

—

Fackeln erleuchteten das Lager schwach. Überall waren Soldaten noch damit beschäftigt, Zelte aufzustellen und Feuer zu entzünden. Schatten zuckten auf den Planen wie Nachtmahre auf der Jagd. Berengars Zelt war leicht auszumachen. Es stand im Zentrum, sodass sich jeder Feind erst an Hunderten Soldaten hätte vorbeikämpfen müssen, bevor er zu ihm gelangt wäre.

Liutprand verlangsamte seinen Schritt beim Anblick der vielen Kämpfer. Nicht, dass Berengar wirklich in Gefahr gewesen wäre. Ganz Italien jubelte, dass sie ihren verhassten König Hugo, den Blender, bald los waren. Sie bejubelten Berengar, der seit Jahren gekonnt die anderen Adeligen umschmeichelte und sie gleichzeitig das Fürchten lehrte. Nicht viel, nur genug, dass sie es sich gut überlegten, ob sie sich in seinen Weg stellten. Liutprand musste zugeben, Berengar war überaus geschickt. Er verstand es, die richtigen Strippen zu ziehen und Fallen zu stellen, wo es passte. Dass er nun König Otto als Unterstützer hatte, würde ihm viele Wege ebnen. Nun musste Liutprand inständig beten, dass er Berengar von seiner Nützlichkeit überzeugen konnte. Denn alles andere war dem baldigen König gleichgültig. Dass er ihm Hugos Pläne verraten hatte, war nun Schall und Rauch, auf Treue gab Berengar nichts.

Liutprand konnte über die Dummheiten seines ehemaligen Herrn nur den Kopf schütteln. Vielleicht hätten die Adeligen König Hugo seine Grausamkeiten verziehen, vielleicht hätten sie ihm seine Verwerflichkeit nicht nachgetragen, seine Hurereien. Er hatte sogar die Witwe seines Stiefsohns geheiratet, weil er sich davon mehr Macht versprach. Auch das hätten ihm die Italiener vielleicht nachgesehen. Sie waren noch nie für ihre moralischen Ansprüche bekannt gewesen. Doch er hatte die Macht Roms unterschätzt, hatte seine Adeligen verlacht und versucht, sie zu unterwerfen. Er hatte geglaubt, es würde reichen, die berüchtigte Römerin Marozia zu heiraten. Statt zu gehorchen, hatten die Römer die neue Königin ins Gefängnis geworfen und Hugo davongejagt. Er war nicht der erste, der sich an Rom die Zähne ausbiss. Aber er hatte sich dabei besonders spektakulär dem Gespött preisgegeben.

Mit eingezogenem Kopf ging Liutprand durch die Gänge zwischen den Zelten. Immer wieder blieb seine Kutte im Schlamm der Trampelpfade hängen. *Gott, oh Gott, bitte lass mich nicht zu spät sein!* Banner schmückten den Platz vor dem Zelt, in dem er Berengar vermutete. Aus dem Inneren drangen Musik und Gelächter.

Liutprand zog die Kordel um das Skapulier seines Mönchsgewands enger. Er hatte darauf verzichtet, im Ornat des Diakons aufzutreten. Sicher war er sich nicht; vielleicht wäre es klüger gewesen, seinen kirchlichen Rang zur Schau zu stellen. Immerhin war Otto ein starker Kämpfer für die Christenheit und das hier versammelte Heer sah es gewiss ähnlich. Seit Karl dem Großen hatte wohl niemand dem rechten Glauben so viele Seelen zugeführt wie der deutsche König Otto. Er würde den Slawen keine Ruhe lassen, bis sie bekehrt waren. So wie Karl der Große die Sachsen mit Feuer und Blut in die Arme der Kirche getrieben hatte, so würde Otto das nächste Volk im Osten zu rechtgläubigen Christen machen.

Und doch hatte sich Liutprand gegen seinen Talar entschieden. Erstens war das aufwändige Gewand für eine schnelle Flucht zu Pferd ungeeignet. Schwerer hatte für Liutprand aber sein Instinkt gewogen. Sein Leben hing an einem seidenen Faden, noch stand er auf der falschen Seite der Geschichte. Und da war Demut immer das klügere Gewand.

»Eh! Oh! Kirchenbruder! Hier ist Schluss für dich!« Das Sächsisch klang grob und fremd in seinen Ohren. Liutprand spürte das kalte Metall der Lanze an seiner Brust. Er hatte nicht so früh mit Wachen gerechnet, er war mindestens noch dreißig Schritte vom Zelt entfernt.

Der Soldat grinste verlegen. Er war ein kräftiger Kerl, die Hände mehr Pranken, der Helm verbeult von früheren Kämpfen. Er ließ die Lanze sinken und deutete eine Verbeugung an. Ein wenig Respekt schien er also doch für Kleriker übrigzuhaben. Liutprand hatte sich die Soldaten hier gottesfürchtiger gewünscht. *Verblödeter Rohling*, dachte er bei sich. Aber er lächelte. Schließlich hatte der andere die Waffe. Und er entschied, wer zum Zelt kam.

»Verzeihung, ich war im Gebet versunken, um Sieg und Ruhm für Euch zu erbitten.« Er schielte am Soldaten vorbei zum Zelt. »Ich muss dringend den Markgrafen von Ivrea sprechen«, sagte er und machte einen weiteren Schritt auf das Zelt zu.

Wieder erhob der Soldat seine Lanze. »Beten kannst du auch hier«, sagte er.

Liutprand zwang sich, weiterzulächeln. »Das verstehst du nicht. Ich muss mit Markgraf Berengar sprechen!«

Er hasste diesen Stumpfling vor ihm allein dafür, dass er seine Zunge über das hässliche Sächsisch quälen musste. Er hatte es heimlich gelernt. Jeder wusste, dass kluge Köpfe am Hof von König Otto Unterschlupf finden konnten und er hatte vorbereitet sein wollen. Es war Liutprand schon lange bewusst gewesen, dass seine Zeit an Hugos Hof schnell zu Ende sein konnte. Jedem Verräter musste das bewusst sein.

Er erntete schallendes Gelächter. »Ja, ja, das müssen sie immer alle. Alles ganz schnell. Ganz dringend. Komm, hol dir da drüben einen Krug Bier. Ich geb dir einen aus. Und dann siehst du zu, dass du fortkommst.« Der Soldat schubste ihn in Richtung des Verpflegungszeltes.

»Ich will Berengar sprechen! Sofort!« Seine Stimme schnitt durch die Nachtluft. Noch bevor das letzte Wort zu Ende gesprochen war, flog er zu Boden. Der Schlamm federte seinen Sturz. Er spürte Spritzer im Gesicht. Für einen Augenblick war er so verdattert, dass er liegen blieb. Dann brach der Zorn über ihn herein.

»Du Sohn einer nichtswürdigen Hure! Was glaubst du, wer du bist!« Er strauchelte im Schlamm und schaffte es kaum auf die Beine. Da riss ihn der Soldat an seinem Arm hoch.

»Na, na, na, guter Bruder. Ich glaub, das mit dem Bier lassen wir lieber, du hattest wohl schon genug!« Er lachte mit offenem Mund. Spucke rieselte auf Liutprand nieder, der Geruch ungepflegter Zähne drang in seine Nase.

Er schloss die Augen. Wenn er gekonnt hätte, er wäre erhobenen Hauptes aus dem Lager gezogen. Aber wohin?

Noch immer hing er an der starken Pranke des Soldaten wie ein verlaufener Welpe. Sein Kinn begann zu zittern. Wie hatte das nur passieren können. Wie war er so sehr zum Spielball des Schicksals geworden?

»Was ist hier los?«, bellte eine Stimme, die das Befehlen gewohnt war. Ein Schatten kam auf sie zu. Er drehte den Kopf, so weit er konnte. Die Hand des Soldaten hielt ihn noch immer schmerzhaft fest.

»Liutprand!« Dieses schmutzige Lachen würde er unter Tausenden erkennen. »Ich hab mich schon gefragt, wann ich deinen feigen kleinen Hintern hier zu Gesicht bekomme. Willkommen in meiner bescheidenen Zuflucht!«

Wendhusen, Sommer 945

»Schau dir das an, Riccardis«.

Ein Stück Stoff landete auf dem Schoß der alten Bibliothekarin. Sie entfaltete das Bündel. In die Mitte war ein Tier gewebt, das vermutlich ein Pferd sein sollte, was man daraus schließen konnte, dass auf ihm eine Gestalt saß. Nur hatte das Tier mehr Ähnlichkeit mit einem kurzbeinigen, dicken Schwein.

Die Figur darauf, eine merkwürdig verwachsene Figur, bei der die Weberin wohl vergessen hatte, die Kleidung farblich abzusetzen, trug eine Krone, die im Gegensatz zum Rest sehr genau zu erkennen war. Ja, wer dieses Webstück anschaute, dem konnte nur ein Gedanke kommen, was er da sah: einen schweinereitenden, nackten König. Ein Schmunzeln breitete sich auf Riccardis' Gesicht aus.

»Das ist nicht zum Lachen!« Die Stimme von Äbtissin Diemot schnitt scharf durch den Raum. Riccardis zuckte mit den Schultern. Sie brauchte keine Erklärung. Dieser Wandteppich konnte nur das Werk von Hrotsvit sein. Ihre Werkstücke waren mittlerweile berüchtigt im Kloster.

»Ich habe dir schon vor Jahren gesagt, dass sie nicht für die Weberei gemacht ist«, sagte die Bibliothekarin leichthin.

Die Äbtissin knallte mit der Faust auf den Tisch. »So wie sie nicht für die Vorratsplanung, die Stickerei, das Musizieren, die Unterhaltung, die Schneiderei, die Heilkunde oder sonst irgendwas geeignet ist, was sie als spätere Herrin können sollte!« Mit jedem Punkt wurde ihre Stimme lauter. »Schlimmer ist, dass sie sich allen Weisungen widersetzt. Schwester Ida hat sie angewiesen, einen schlichten Wandteppich mit Rautenmuster zu weben!« Das Doppelkinn der Äbtissin wackelte, während sie tief Luft holte. »Dann hat sie wochenlang vor sich hingearbeitet und schließlich versucht, dieses Ding unter ihrer Liege zu verstecken!«

Riccardis räusperte sich. »Ich vermute, Schwester Ida hatte mal wieder viel in unserem Vorratslager zu tun?« Das ganze Kloster wusste, dass die Lehrerin für Weberei und Teppichknüpfen ein inniges Verhältnis zum Starkbier hatte und eigentlich seit Jahren nicht mehr in der Lage war, junge Mädchen im Handwerk zu unterweisen. Aber Schwester Ida war eine enge Freundin von Diemot, es war ein offenes Geheimnis, dass die beiden ein Bett teilten. Deshalb schaute die Äbtissin meist in die andere Richtung und fand ausreichend Schuldige für alle Fehlschläge unter Schwester Idas Führung.

Wieder schnellte Diemots Faust auf den Tisch. Die Falte zwischen ihren Augen war zu einem schwarzen Strich geworden. »Weißt du, wie viel Wolle in dieser Scheußlichkeit steckt? Wie viel Arbeitszeit? Glaubt dieser Teufelsbraten, wir hätten irgendwas zu verschenken? Dieses Ding kann man noch nicht mal im Aborterker an die Wand hängen! Da werden meine Nonnen ja beim Kacken blind!« Ihre Stimme war zu einem hohen Kreischen geworden. »Und was wird der König sagen, oder irgendeiner seiner Getreuen, wenn sie durchreisen und sehen, dass wir unsere Schützlinge schweinereitende Könige weben lassen?«

Riccardis rutschte auf ihrem Hocker. Sie wusste, dass die Äbtissin unangenehm werden konnte, wenn sie so zornig war. Legendär war die Geschichte von Schwester Rebekka, die ein Jahr in einer Laubhütte im Hof wohnen musste, nachdem sie sich über die kalten Zellen im Kloster beschwert hatte. Wer nicht den Schutz einer einflussreichen Familie hatte, der war Äbtissin Diemot ausgeliefert. Und Riccardis hatte niemanden, den sie um Hilfe hätte bitten können.

»Du nimmst sie immer wieder in Schutz!« Mit ihrem fetten kleinen Finger durchbohrte Diemot die Luft vor Riccardis. Sie konnte Widerworte nur schwer ertragen. »Wenn sie noch eine Verfehlung begeht, dann stehst du dafür gerade, du alte neunmalkluge Wachtel!«

Riccardis seufzte. Da war es also wieder. Diemot war zwar die mächtigste Nonne in Wendhusen. Aber ganz sicher nicht die Klügste. Eine Tatsache, die sie noch nie besonders gut verkraftet hatte. Als Bibliothekarin und insgeheime Geistesführerin der Nonnen war Riccardis dabei ein besonders tiefsitzender Stachel im ehrgeizigen Fleisch der Äbtissin. Seit das Kloster dem Reichsstift Quedlinburg untergeordnet wurde, war es noch schwieriger geworden, mit Diemot ein vernünftiges Gespräch zu führen.

»Am liebsten würde ich sie jetzt und gleich hinausjagen!« Für einen Moment starrten sie einander an. Riccardis hielt dem Blick stand. Sie wussten beide, dass Diemot es sich nicht leisten konnte, Hrotsvit, die Tochter eines einflussreichen Grafen, zu verstoßen. Ja, Wendhusen war ein altehrwürdiges Kloster. Aber es hatte seine beste Zeit hinter sich. König Otto und seine Frau hatten ihre Gunst anderen Orten geschenkt. Auch wenn Wendhusen die Keimzelle der Christianisierung des Sachsenlandes gewesen war. Leider war Diemot keine gute Politikerin. Dass sie sich der Mutter von König Otto widersetzt und sich gegen den Umzug des ganzen Klosters nach Quedlinburg gewehrt hatte, war am Ende ein Pyrrhussieg gewesen. Nun saßen sie hier und verhungerten am missgünstigen Arm der Königsfamilie.

Zwar war es Diemot gelungen, die Siedlung des Klosters zu vergrößern und so ihre Einnahmen zu erhöhen. Das wog aber nicht auf, was sie an finanzieller Zuwendung durch den Adel verloren hatten. Es war ein Wunder, dass Graf Allo und andere Familien ihnen überhaupt noch ihre Töchter zur Erziehung brachten. Natürlich würde Diemot Hrotsvit nicht verstoßen.

Riccardis drückte ihr Kreuz durch. Sie musste einen Weg finden, Diemot vom Nutzen des Mädchens zu überzeugen. »Hrotsvit ist sehr begabt. Das habe ich dir auch schon gesagt.«

Diemot stieß verächtlich die Luft aus der Nase. »Vom Bücherlesen ist noch niemand satt geworden! Und mit Büchern allein führt auch keiner ein Anwesen. Schon gar nicht das eines Herzogs!«

Unwillig schüttelte Riccardis den Kopf. »Es ist nicht nur das. Sie ist die beste Hilfe beim Transkribieren, die ich je hatte. Und sie kann reden. So, dass sie die anderen Mädchen in ihren Bann zieht. Ihr Kopf steht nie still; was sie liest, formt sie in ihren Gedanken zu Neuem.« Sie verstummte. Ja, der Geist dieses Kindes faszinierte sie. Aber wenn sie es recht bedachte, machte das die Sache für Diemot vermutlich noch schlimmer.

»Sie hat einen tiefen Glauben«, versuchte sie es noch einmal.

Diemot beugte sich vor. »Riccardis. Das ist ja gut und schön und gewiss auch furchtbar rührend. Nichts davon kann ich vorweisen! Sie soll bald einen Hof führen, Verpflegung für Winter und Heerzüge planen, Empfänge geben, die eines Königs würdig sind, Bedienstete überwachen und vor allem einem Mann dienen. Nicht eine Sekte gründen und verrückte Ideen in die Welt setzen!«

Diemot hielt Riccardis ein gerolltes Pergament hin. »Das habe ich vor ein paar Wochen von Graf Allo erhalten. Wir sollen seine Tochter innerhalb Jahresfrist auf die Eheschließung vorbereiten. Mitgift und Morgengabe sind ausgehandelt; sobald Hrotsvit das Heiratsalter erreicht hat, wird sie ihrem Mann übergeben.«

Riccardis versuchte, sich nichts anmerken zu lassen. Ein Jahr. Sie konnte sich nur schwer vorstellen, dass dieses schmächtige Wesen mit zwei linken Händen und einem Kopf voller wilder Gedanken in einem Jahr einen Hof führen und Kinder gebären sollte. Die Mutter von Konrad dem Roten, Hicha von Schwaben, war erst vor kurzem verstorben und würde nicht helfen können.

Diemot zog die Brauen hoch. Sie hatte also gemerkt, wie nahe ihr diese Nachricht ging. »Sie hat es doch nicht schlecht getroffen. Konrad der Rote hat sich in den letzten Jahren zu einem der mächtigsten Männer des Reiches hochgearbeitet. Seit kurzem ist er sogar Herzog. Eine Nähe zum Königshaus ist Hrotsvit also gewiss.« Diemot schüttelte ihren Kopf, dass ihr Schleier raschelte. »Das Schicksal hat es so gut mit ihr gemeint. Viel zu gut, wenn du mich fragst. Heute würde sie wohl kaum einen so mächtigen Mann anziehen können. Jetzt, wo zu sehen ist, was für ein … Wesen sie hat.«

Natürlich war für Diemot die Königsnähe das stärkste Argument. Ob das ein gutes Schicksal war? Dass Konrad der Rote bereit war, eine Frau zu akzeptieren, die so wenig klassische Tugenden erfüllte, bezweifelte Riccardis. Sie konnte Hrotsvit nur wünschen, dass ihm der Ledergürtel nicht allzu locker saß und sie Wege fand, ihren Mann zufriedenzustellen. Beim Gedanken daran wurde ihr übel.

Diemot erhob sich. »Ich erwarte, dass du ihr den Kopf geraderückst.« Sie trat so nah an Riccardis heran, dass diese ihren Atem riechen konnte. Fisch in Essig mit Zwiebeln und Bier, ihr Nachtmahl zum Freitag. »Damit hilfst du schließlich auch ihr. Mach ihr klar, wie die Dinge für sie stehen! Sie soll sich endlich fügen und lernen, was sie fürs Leben braucht!« Sie zeigte auf das Webstück. »Und nimm mir das aus den Augen! Sie soll es auflösen, die Fäden aufrollen und Schwester Ida um Verzeihung bitten. Und sie hat bis Mariä Himmelfahrt Kehrdienst im Refektorium.«

Riccardis nickte. Es gab nichts mehr zu sagen. Ein Jahr. Das war nicht viel Zeit.

———

»Aber ich habe es wirklich gut gemeint! In meinem Kopf konnte ich es schon sehen!« Das Mädchen tippte sich gegen die Stirn und sah sie durchdringend an.

Riccardis seufzte. Sie konnte es sich lebhaft vorstellen. Wie Hrotsvit voller Eifer ans Werk gegangen war und keinen Gedanken daran verschwendet hatte, ob sie überhaupt in der Lage sein würde, ihren Vorstellungen eine Gestalt in der Wirklichkeit zu geben. Sie ertappte sich bei einem Lächeln.

Nein. Sie rief sich selbst zur Ordnung. So durfte es nicht weitergehen. Hrotsvit war nicht geholfen, wenn sie jetzt weich wurde. Das Mädchen würde sich fügen müssen. Wenn sie es nicht jetzt lernte, dann würde es später umso schwerer werden. Konrad der Rote war ein machthungriger Mann. Und solche waren meist am unerbittlichsten. Die brauchten eine gut funktionierende Gattin, um weiter voranzukommen. Alles andere war ein Klotz am Bein. Es waren schon weniger aufmüpfige Ehefrauen durch die Hand ihres Gatten umgekommen.

»Darauf kommt es nicht an, Hrotsvit!«, ihre Stimme schnellte scharf durch den Leseraum. »Du hattest eine Anweisung und du hast sie missachtet. Darauf kommt es an!«

Hrotsvit verstand nicht, was mit Riccardis passiert war. Es war, als hätte etwas von ihr Besitz ergriffen und ihre Vertraute, die Einzige, die sie zu verstehen schien, hinfort gescheucht und an ihrer Stelle sei eine zweite Äbtissin Diemot in ihren Körper eingezogen. Sie hatte es doch wirklich gut gemeint. In ihrem Kopf hatte es so wundervoll ausgesehen. Ein fein gewebter Teppich, in dessen Mitte stolz König Otto auf seinen Feldzug ritt, um die Feinde der Christenheit endgültig zu vertreiben. Erst ganz zum Schluss war ihr aufgefallen, dass ihr König nackt aussah. Sie hatte nicht daran gedacht, den Kleidern eine andere Farbe zu geben, weil sie zu sehr mit der richtigen Form gekämpft hatte.

»Riccardis«, sie schmiegte sich an den Arm der alten Bibliothekarin. Sie wollte so gern, dass alles wieder gut war. Dass sie hier saßen, in ihrem Nest, ohne die anderen, nur sie beide und die Bücher.

»Erzähl mir doch noch einmal davon, wie du nach Nürnberg gereist bist, um dort die Bibliothek zu studieren!« Sie wusste, wie gern Riccardis diese Geschichte zum Besten gab.

»Hrotsvit, versuch nicht, mich um den Finger zu wickeln! Das beschämt uns nur beide.« Das Gesicht der alten Frau blieb verschlossen. »Es kann so nicht weitergehen. Dein Vater hat Anweisung gegeben, dass du in einem Jahr an deinen Mann übergeben werden sollst.«

Hrotsvit verkrampfte sich. Ihr Mann. Ja, sie wusste, dass es ihn gab. Der, den sie heiraten sollte. Sie hatte ein Bild aus Kindertagen im Kopf, eine große Gestalt mit langem Mantel und wehendem roten Haar. Konrad war sein Name. Sie hatte ihn in eine dunkle Ecke ihrer Gedanken geschoben. Und nun stand er wieder da, bereit, ihr Leben zu übernehmen.

Sie hatte sich hier, in der Abgeschiedenheit, in Sicherheit gewiegt. Aber das Schicksalsrad hatte sich unterdessen gnadenlos und unermüdlich weitergedreht. Während sie hier, am Ende der christlichen Welt, Bücher studierten und kopierten, hatten seine Speichen unbeeindruckt ihr Leben erfasst. Sie würde mit hinfortgerissen werden; es hatte keinen Sinn, sich zu widersetzen, das wusste sie, genug hatte sie gelesen über die Macht des Schicksals.

Und dennoch. Das konnte nicht sein. Nein. Sie konnte sich nicht wieder alles nehmen lassen, was ihr lieb und teuer war. Sie gehörte hierher. Ans Kloster. Sie dachte an Notburgis, wie sie die Mägde und Knechte zur Arbeit einteilte, die Vorräte plante, das Geld verwaltete, webte, stickte, nähte. Und beinahe jedes Jahr ein neues Kind auf die Welt brachte, von denen die meisten starben, noch bevor sie ihren eigenen Körper aufrecht halten konnten. Hrotsvit schüttelte den Kopf, unmerklich erst, dann immer heftiger.

»Das kann nicht sein!«, sie schaute Riccardis fest an. »Das kann so nicht sein!«

Sie sah die Hand nicht kommen, aber sie spürte den Schmerz auf ihrer Wange.

»Schluss!« Riccardis zeigte auf die Tür. »Du hast deinen Platz und du wirst ihn einnehmen! So wie wir anderen auch! Geh in die Kapelle und bitte Gott um Vergebung für deinen hochmütigen Geist!«

Hrotsvit öffnete den Mund. Sie wollte sich verteidigen, Riccardis wachrütteln. Was war mit ihrer Riccardis geschehen? Sie starrte die Alte an, deren Haut aschfarben geworden war, die Falten tiefe Gräben, die ihr Gesicht zu zerstückeln schienen. Noch einmal öffnete sie den Mund, um zu sprechen. Aber sie konnte nichts als Härte sehen in dem Gesicht, das ihr so lieb war. Also senkte sie ihr Haupt und ging.

Riccardis hatte sehen können, wie ihre Worte das Mädchen getroffen hatten. Sie zerrissen den Frieden, in dem Hrotsvit zuvor gelebt hatte. Aber dafür konnte das Kind nichts. Es war ihre Schuld. Ganz allein ihre. Sie hatte sie viel zu lange von der rauen Wirklichkeit des Lebens ferngehalten.

Erst in der Nacht ließ das Zittern in Riccardis' Händen nach. Sie hatte das Richtige getan. Sie hatte einer jungen Seele in Verwirrung den Weg gewiesen. Es gab eine Ordnung, Gott hatte einen Plan. Und sie alle mussten ihm folgen. So wie es gute Christen taten. Denn was wäre sonst? Hrotsvit musste doch verstehen, dass sie das Chaos in Grenzen halten mussten, um jeden Preis. Denn im Chaos lauerte die Verdammnis. Wenn die Ordnung zerbrach, dann würde der Teufel seinen Weg in ihr Leben finden.

Tränen begannen sich ihren Weg zu bahnen. Warum musste Hrotsvit alles so schwer machen. Sie wollte dem Mädchen die Schuld geben. Ihrer Widerborstigkeit, ihrem Willen, ihrem Drang, immer mehr zu wissen, nie Ruhe geben zu können. Aber es gelang ihr nicht. Der Zweifel bohrte in ihr, dass es sie schmerzte bis ins Mark. Sie hatte sich schuldig gemacht. Sie hatte die Seele des Kindes auf Abwege geführt. In gutem Willen, ja. Aber dennoch. Sie war schuld. Mit einem Stöhnen erhob sie sich von ihrem Lager.

Riccardis schlich aus der Dunkelheit ihrer Zelle in den Kreuzgang, dorthin, wo die Marienstatue über ihrer aller Wege wachte. Sie wollte beten, niedersinken vor der heiligen Mutter Gottes und sie um Bestätigung bitten, dass sie das Richtige getan, dass sie die Ordnung gewahrt und Hrotsvit die Führung gegeben hatte, die sie brauchte.

Kalt zog die Luft an ihren nackten Füßen entlang, erfasste ihr Nachtgewand. Was war richtig, was falsch? Es sollte klar sein und doch verlor es sich so oft im Grau. Wenn es richtig war, Hrotsvit nun zu brechen, warum fühlte es sich dann so falsch an? Sie brauchte die Hilfe der Mutter Gottes. Sie würde verstehen, wie schwer es war, als Frau den rechten Platz zu finden.

Riccardis wollte ihre Knie beugen, aber ihr Körper gehorchte ihr plötzlich nicht mehr. Es war kein Schmerz, es war die Abwesenheit allen Gefühls, das von ihr Besitz ergriff. Das Blut in ihrem Kopf stockte. Ein zerrissenes Gefäß zerstörte alle Verbindungen, flutete den Schädelraum mit nun nutzlosem Blut, löschte aus, was Riccardis wusste und dachte; all die Bücher, die sie gelesen hatte, all die Kenntnis vom Transkribieren, Tinten mischen und Pergament bearbeiten, ihren scharfen Witz, ihre geschliffene Sprache. Nichts davon blieb.

»Mutter«, kam ihr noch über die Lippen, bis es sie niederwarf. Der Atem ging nicht mehr in ihrem Leib, die Muskeln und Organe wussten nun nicht mehr, was sie zu tun hatten, und so starrte Riccardis in die Dunkelheit hinein, der Geist schon vernebelt. Nur das drückende Gefühl von übergroßer Schuld war ihr noch geblieben, aber dann, da die Luft des Atems fehlte, gab auch ihr Herz nach, wurde leiser und leiser und schließlich verstummte es ganz.

In den Wäldern des Harzes, Sommer 945

Die Tropfen rannen die Blätter hinab, sammelten sich an der Spitze, um dann weiter hinabzustürzen, bis sie schließlich mit einem Schmatzen auf dem durchtränkten Boden landeten. Seit Tagen regnete es. Sie hatte versucht, sich zu schützen, hatte eine Hütte gebaut aus Ästen und Laub, doch das Wasser hatte sich immer einen Weg gebahnt und sie gefunden. Seit letzter Nacht hatte sie das Fieber gepackt. Sie hatte nur darauf gewartet, dass es sie endlich holen kommen sollte. Gegessen hatte sie kaum etwas, seit sie fort war, sie kannte sich nicht aus mit der Jagd, nicht mit dem Fallenstellen, und im Frühjahr gab es kaum Beeren im Wald, keine Nüsse, keine Pilze. Sie aß die Blätter und Blüten, von denen sie wusste, dass sie essbar waren; Bärlauch, Sauerklee, Ampfer, sogar die verblühten Blütenstände des Holunderbuschs. Jedes Mal waren ihr die Tränen gekommen, weil der Geschmack sie so sehr an ihre Irmentraud erinnerte, ihren warmen, weichen Körper, in dessen Armen sie sich so gern verkrochen hätte, um Schutz zu suchen. Irmentraud hätte gewusst, was zu tun wäre.

Mit einer viel zu heftigen Bewegung wischte sich Hrotsvit die Tränen aus dem Gesicht. Nein, diesen Kampf musste sie allein ausfechten. Sie war eine Eremitin. Eine Eremitin kämpfte einen einsamen Kampf. Sie hatte auf ein Gefecht mit dem Teufel gehofft, und gefürchtet hatte sie es natürlich auch. Aber stattdessen hatte sie einen Kampf ums Überleben bekommen.

Sogar Würmer hatte sie ausgegraben und Larven aus den Rinden toter Bäume gesammelt, auch wenn sie wusste, dass sie sich so die Dämonen in den Körper holen konnte. Gegen den Hunger hatte es kaum geholfen. Nach und nach war die Schwäche in ihre Glieder gekrochen, gemeinsam mit der Kälte. Sie konnte kein Feuer entzünden und ihre leichten Kleider wärmten in diesem verregneten Frühsommer nicht genug.

Da war es nur eine Frage der Zeit gewesen, bis das Fieber kam. Fast war sie erleichtert, dass es jetzt soweit war.

Damals, in der Kapelle, sie hatte um Vergebung gebetet und an nichts gedacht als an das Leben des heiligen Antonius. Und da hatte sie es gewusst. Das war auch ihr Weg. Und der Wald war ihre Wüste.

Sie zog ihren Mantel fester um sich, roch das Fett der Wolle und dachte an die Abende, die sie mit dem Weben zugebracht hatte, am Feuer sitzend. Die Lippen kribbelten, ihr ganzer Körper schien ihr entrückt, als sei er nicht mehr ein Teil von ihr, oder sie nicht mehr ein Teil von ihm.

Hrotsvit musste lachen, so dumm war das alles. Wie hatte sie sich nur so irren können? Gott leitete ihre Schritte, davon war sie immer überzeugt gewesen. Sie hatte oft nach ihm gesucht, nach Zeichen, die er ihr gab. In Tieren, die sie sah, im Nebel am Morgen, den Pflanzen, die sie sammelte. Stattdessen kam der Regen. Oder war das das Zeichen? Dass sie ins Kloster zurückgehen sollte? Noch immer fiel es ihr schwer zu glauben, dass Riccardis, ihre Riccardis, tot war.

Ihre Brust schmerzte bei jedem Atemzug, die Luft zog rasselnd in ihre Brust, den Speichel ließ sie einfach aus dem Mund laufen; Schlucken war so schmerzhaft, dass sie es vermied, solange sie konnte.

Es musste jetzt Mittag sein, das Licht war kräftiger, auch wenn die Dämmernis hier im Wald nie ganz verging. Hrotsvit stemmte ihren Körper hoch. Sie musste einen geschützteren Ort finden. Wenn sie den Hügel hinaufging, fand sie vielleicht einen Felsvorsprung oder sogar eine Höhle. Sie musste es versuchen. Nein, so leicht wollte sie es dem Tod nicht machen.

Kurz wurde es schwarz um sie. Sie dachte, die Hölle habe sich vor ihr aufgetan, kalt und dunkel und voller Vergessen.

So bemerkte sie ihn erst, als sie ihn fast schon berühren konnte.

Ein Wolf. Ein Biest, das sie in Versuchung führen sollte, wie den heiligen Antonius. Der Teufel war gekommen, um sie zu prüfen.

Sie taumelte, ihr Kopf schien weit über ihr zu schweben, die Gestalt des Wolfes flackerte vor ihren Augen, bunte Flammen umtanzten ihn, dann schien er ganz zu zerfließen. Eine junge Buche fing ihren Sturz auf. Der Wolf stand noch immer da oben, jetzt noch weiter über ihr. Sie musste ein ganzes Stück gestürzt sein.

Wieder kroch sie den Hügel hinauf. Gelacht hatte Antonius, als der Teufel Bestien heraufbeschworen hatte. Sie versuchte, sich auch leicht zu fühlen, gottesgewiss und stark. Aber sie fand nur Aufregung und Angst.

Der Wolf knurrte, er schien zu wachsen, mit jedem Meter, den sie näher an ihn herankroch.

»Herr im Himmel, ich werde dich nicht enttäuschen. Ich werde die Bestie bezwingen.« Sie rief die Worte zu Gott, damit er wusste, sie war standhaft.

Endlich war sie oben. Der Atem schien ihr die Brust zu zerreißen, sie keuchte, Schleim troff aus ihrem Mund. Aber sie schaffte es, bei Bewusstsein zu bleiben. Und tatsächlich, der Wolf war zurückgewichen, dorthin, wo der Boden wieder abfiel. Ein Gefühl von Triumph berauschte sie. Er wich zurück! Vor ihr! Sie würde den ewigen Versucher besiegen.

Der Wolf schaute sie an, als warte er auf etwas. Er trat von einer Pfote auf die andere, senkte den Kopf. Die goldenen Augen immer auf sie gerichtet.

Das Zeichen Gottes würde sie schützen. Sie erhob ihre Arme, den einen senkrecht, den anderen quer zum Kreuz darübergelegt, holte so tief Luft, wie sie konnte und rief mit brüchiger Stimme: »Weiche, Satan!«

Sie schrie, als sich seine Zähne in ihren Unterarm bohrten. Schmerz glühte vor ihren geschlossenen Lidern auf. Der Wolf knurrte. Sie spürte sein weiches Fell und für einen Moment wünschte sie sich, sie könnte ihr Gesicht darin vergraben und einschlafen.

Das Tier sprang davon und nur Augenblicke später konnte sie es nicht mehr sehen.

Hrotsvit ließ sich auf den Boden fallen. Sie fühlte das Blut an ihrem Arm. Es war nur ein dünnes Rinnsal, hellrot und schwach. Der Wolf hatte sie kaum verletzt. Tränen flossen über ihre Wangen. Nein, weder Gott war bei ihr noch der Teufel. Sie war allein, mutterseelenallein.

—

Sie sah das Licht, honiggelb in der Dunkelheit. Ein Engel, der sie nun holen kommen würde, und sie fühlte Traurigkeit in sich aufsteigen. Ja, sie wollte in den Himmel. Aber jetzt schon? Sie war doch kaum erwachsen. Sie hatte gedacht, ihr Leben auf Erden würde länger dauern. Jetzt zu gehen, ganz ohne eine Spur, die sie hinterlassen würde? Das einzige, worauf sie sich freute, war, ihre Mutter kennenzulernen.

Zwei Hände griffen nach ihr, packten sie fest an beiden Armen und hoben ihren Oberkörper und sie wusste, ein Engel war es nicht.

»Sie ist nicht tot!«, bellte eine heisere Stimme. »Sie bewegt sich.«

Die Hände hievten sie auf ein Pferd, zwischen die Arme eines Reiters. Sie sackte in sich zusammen, das Gesicht in der Mähne des Pferdes; sie konnte seinen warmen Körper spüren, das Stroh riechen, in dem es geschlafen hatte.

»He«, brüllte der Reiter und gab das Signal zum Aufbruch, aber Hrotsvit hörte ihn nicht, sie war schon wieder in ihrer Ohnmacht versunken, der Biss des Wolfes hatte sich entzündet und ihr Körper kämpfte nun an zwei Fronten.

Er roch den Eiter, der sich in ihrer Wunde gesammelt hatte. Die Frau vor ihm, mehr noch ein Kind, sah winzig aus. Gernot konnte sich dunkel an sie erinnern, als sie ein kleines Mädchen gewesen war, die Tochter seines Herrn, des Grafen Allo. Ein merkwürdiges Ding, verwöhnt und eigenwillig.

Er verehrte seinen Herrn, doch wie er mit diesem Kind gewesen war … Gernot schüttelte den Kopf. Es hätte schon früh eine harte Hand gebraucht. Es war sicher nützlich, wenn eine Frau lesen und schreiben konnte. Rechnen sowieso. Das sah Gernot ein. Er wünschte manchmal, seine Frau könnte das. Dann wären vielleicht ein paar Pfennige mehr für seine Ausrüstung da. Aber dass ein Mädchen dem Pfarrer ins Wort fällt oder bei Gelagen Latein rezitiert, ohne gefragt zu werden. Nein, das war nicht recht.

Alle hatten sehen können, dass das kein gutes Ende nehmen würde. Nur Graf Allo, der hatte es nicht wahrhaben wollen. Hatte sie geschont, wo sie den Gürtel hätte kriegen müssen. Es musste ja ganz verwirrt werden und ins Elend rennen. Und nun war es auch fast so weit gekommen.

Gernot breitete seinen Mantel über das Bündel Mensch vor ihm. Auch wenn er versuchte, sich dagegen zu wehren, sie tat ihm leid. Wie gepeinigt musste ihre Seele sein, dass sie sich nicht freute an dem, was sie hatte. Was für ein Segen Gottes, dass ihr Vater sie damals an Konrad den Roten versprochen hatte! Wer hätte ahnen können, dass er so einen Aufstieg machen würde. Einer der meistgeschätzten Männer des Königs. Und dieses magere Ding lief vor ihm davon?

Aber vielleicht war das so mit diesen verwöhnten Adeligen der heutigen Zeit. Sie bekamen zu viele Freiheiten und zu wenig Grenzen. Hinter den dicken Klostermauern, ohne die Aufsicht von Männern – wer weiß, was sie dort in ihre Köpfe bekamen. Diese Nonnen hielten sich für etwas Besseres, das spürte Gernot genau. Ihre Blicke. Wie sie mit ihm redeten. Aber ihren entlaufenen Fratz wieder einfangen. Dafür war er gut genug. Bis zu seiner Ankunft hatten sie irgendwelche verängstigten Bauern in den Wald geschickt, um nach dem Mädchen zu suchen. Und natürlich hatte sie keiner gefunden. Zum Glück hatte Graf Allo ihn losgeschickt, sobald er die Nachricht erhielt, dass seine Tochter verschwunden war.

Das Pferd strauchelte in der Dunkelheit. Er spürte schon, wie es das Gleichgewicht verlor, spannte seinen Körper für den Sturz, aber im letzten Moment fing der Rappe sein Gewicht mit einem Ausfallschritt. Gernot atmete tief durch. Auf Bero konnte er sich verlassen, der schwerknochige Wallach hatte ihn schon durch viele Schlachten getragen. Er hatte stärkere Nerven als Gernot und einen untrüglichen Sinn für Gefahr. Seine Frau sagte: »Entweder hat dieses Tier Gottes Segen oder den Teufel im Nacken. Oder beides.« Mit einem anderen Tier hätte sich Gernot nicht in der Nacht durch den Wald gewagt. Felsabbrüche, umgestürzte Baumstämme, Erdlöcher, Fuchsbauten, das Gelände nur beleuchtet von dem Licht zweier Laternen.

Er wusste, seinem Knappen Liudolf, der hinter ihm ritt, klapperten die Zähne vor Angst. Er hatte seinen Herrn sogar angebettelt, nicht des Nachts durch den Hexenwald zu reiten, und erst aufgehört, nachdem ihm Gernot einen kräftigen Schlag versetzt hatte. Dieser Junge hatte einfach den falschen Namen. Berühmter Helfer, was für ein Hohn. Weinerlicher Schisser, das wäre passender. Aber er hatte den Sohn seiner Schwester schwerlich als Knappen abweisen können.

Sie ritten weiter in die Dunkelheit und schwiegen. Vor dem Jungen hätte Gernot es nie zugegeben, dass er selbst Angst hatte. Fürchterliche Angst. Er hatte nur gelernt, seine Angst tief in sich zu vergraben, ihrer Herr zu werden mit zusammengebissenen Zähnen, und manchmal, wenn sie ihn zu übermannen drohte, mit einem Kräutertrank, den seine Frau ihm braute. Gernot hatte Angst. Und genau deshalb ritten sie durch die Nacht. Keine Minute länger wollte er in diesem verfluchten Wald sein; Hexen, Kobolde, Wolfsrudel, Bären, Räuberbanden. Sie hatten wahrlich Glück, dass sie noch ihre Köpfe auf den Hälsen hatten.

Das Mädchen vor ihm stöhnte. Er richtete sie sachte auf und flößte ihr ein paar Tropfen Wasser ein. Sie schluckte und flüsterte »mehr.« Das erste Wort, das sie gesprochen hatte, seit sie sie in der Nähe der Wolfshöhle gefunden hatten. Ein gutes Zeichen. Gernot wusste, es wäre schlecht für ihn, wenn ihm das Mädchen starb. Er schätzte seinen Herrn, aber wer einmal seinen Zorn auf sich gezogen hatte, der hatte nur noch wenig Freude.

Eine Eule schrie und er sah, wie die Züge des Mädchens wieder erschlafften. Blass war es im Licht der Laterne, die Augen rollten unter den Lidern hin und her. Ja, es sah seiner Mutter ähnlich, auch wenn es nicht das hüftlange goldene Haar hatte. Aber ihren Willen hatte es ganz sicher.

Ganz vernarrt war Graf Allo gewesen, als er mit Sveta heimkam aus dem Reich der Slawen. Er hatte sie so geliebt, dass er sie sogar nach slawischem Brauch verbrannt hatte, anstatt sie, wie eine gute Christin, zu beerdigen. Was für ein Verrat an dem rechten Glauben. Ja, wie hatte auch je etwas aus diesem Kind werden sollen. Aber nun würde er sich darum kümmern.

Sobald Hrotsvit genesen wäre, würde Gernot sie zu Konrad dem Roten bringen. Wenn einer dieses Wildpferd einreiten konnte, dann war es Konrad. Er hatte ihn kämpfen sehen, er hatte gesehen, was er seinen Feinden antun konnte; mit einem Lachen, laut und schallend, schnitt er ihre Leiber auf, als wären sie Wildbret. Konrad war ein unnachgiebiger Mann, zornig und schön wie der helle Tag, wenn er auf dem Schlachtfeld stand, das rote Haar ungebändigt.

Ja, das war endlich eine kluge Entscheidung von Allo gewesen; Konrad würde diesem Mädchen seinen Kopf zurechtrücken, und wenn sie in einem knappen Jahr heiratsfähig war, dann würde sie folgsam sein wie ein Lamm.

Pavia, Herbst 945

Der Spätsommer hatte sein staubiges Licht ausgebreitet, das müde Laub der Eichen schien sich danach zu sehnen, endlich abgeworfen zu werden. Nur die Zikaden sangen ihr nimmermüdes Lied dessen Eintönigkeit sich an diesem Nachmittag mit Liutprands Melancholie verband. Er war allein unterwegs. Schon lange konnte er Luccas servile Art kaum ertragen und neuen Dienern misstraute er. Nur deshalb hatte er den jungen Mann wieder aufgenommen, als er ihn ein paar Wochen nach der Flucht am Hof Berengars aufgespürt hatte. Es war diese Vertrautheit aus Kindheitstagen, eine Nähe, die Liutprand sicher sein ließ, dass Lucca ihm treu sein würde. Und Lucca war auch zu einfältig für Intrigen.

Es waren unruhige, bedrohliche Zeiten in Italien. Noch schlimmer war es, dass Liutprand wie verstrickt schien in einem unbedeutenden Nebenschauplatz des Hoflebens. Berengar, der neue starke Mann, nahm ihn kaum wahr. Und wenn, dann ließ er ihn spüren, dass er vor allem eines erwartete: Dankbarkeit.

Die Geschicke des Landes lenkten andere. Liutprand war es überlassen, ein paar unbedeutende Gottesdienste zu halten und die Fragen von drittklassigen Klöstern entgegenzunehmen.

Während das Pferd unter ihm mit ruckenden Bewegungen Gras und dünne Zweige abzupfte, ließ er den Blick schweifen, über den Ticinus und die kaum sichtbaren Hügel des Umlands. Hier musste es gewesen sein, dass Hannibal die Römer zum ersten Mal geschlagen hatte, bevor er ihnen weiter unten im Süden einen fast vernichtenden Schlag versetzte. Hier hatten die unzivilisierten Karthager geherrscht, die Rom in helle Panik versetzt hatten. Man hatte dort geglaubt, das Ende sei gekommen. Hannibal, brilliant und schlagkräftig, schien unbesiegbar. Doch heute gab es die ewige Stadt noch immer, und auch seine Heimat Vigevano florierte. Karthago aber war ein Ruinenfeld in der Wüste. Und Hannibal? Der strahlende Held? War den Weg der Schande gegangen und hatte sich entleibt.

Der Moment bedeutete nichts. Zwar sah es gerade trüb aus für Liutprand. Aber Gott war auf seiner Seite, noch immer. Trotz allem. Es musste so sein, denn etwas anderes konnte er sich einfach nicht vorstellen. Gott liebte ihn. Gott wollte seinen Erfolg. Liutprand bekreuzigte sich und schickte ein Stoßgebet hinauf zum bleiernen Himmel, dann riss er dem Pferd den Kopf hoch, hieb ihm die Fersen in die Flanken und galoppierte auf die Mauern von Vigevano zu.

—

»Liutprand«, die Stimme war noch immer so hell und dünn, wie er sie in Erinnerung hatte, gefüllt von der Langeweile derjenigen, die zu viel hatten und zu viel wussten. »Ich habe mir schon gedacht, dass du kommen würdest. Nach all diesem …« Grimald von Vigevano, sein Stiefvater, schwenkte die Hand, als müsse er ein lästiges Insekt verscheuchen.

Liutprand fühlte die Kühle des Wassers auf seiner Haut, mit dem er sich den Staub der Straße abgewaschen hatte. Im schattigen Innenhof am Brunnen standen wie immer Handtücher und Waschschüsseln bereit. Vögel zwitscherten in ihren Volieren, genau wie vor seiner Abreise vor zwanzig Jahren. Als er sich weinend an seine Mutter geklammert hatte, weil er nicht fort wollte nach Pavia. Es hatte drei Diener gebraucht, ihn und sein Gepäck in den Wagen zu tragen – und ihn dort zu halten. Auch in Pavia hatte er geweint. Nach seiner Mutter. Seiner Amme. Nach seiner Heimat in Vigevano. Man hatte ihm gesagt, dass es ihm nichts nützen würde. Und dass man ihn, wenn er sich weiter so aufführte, gar nicht mehr nach Hause lassen würde. Da hatte er aufgehört mit dem Weinen. Und irgendwann auch mit dem Warten.

Liutprand strich sich über seine Hände, an denen noch immer Feuchtigkeit glänzte. Er schaute zu seinem Stiefvater. Grau war er geworden. Wie lange hatte er Grimald nicht gesehen? Zu Weihnachten vor zwei Jahren war er hier gewesen. Seine Mutter hatte vor allem geweint und geschwiegen. Er kannte sie eigentlich kaum noch anders. Weinend. Still.

Für einen Moment flackerte das Gefühl zu der Erinnerung auf, Verzweiflung über diese Tränen. Aber er hatte dazugelernt. Nun war es ihm gleichgültig. Was ihn sehr erleichterte. Diese Gefühlslast der Weiber. Das lenkte nur ab vom Wesentlichen. Sollten sie einander ihre Röcke vollheulen. Er hatte Wichtigeres zu tun.

»Nun also Berengar.« Sein Stiefvater setzte sich mit einem Seufzen an seinen Schreibtisch und schaute ihn an, mit diesen seltsam wasserblauen Augen, deren Farbe im Alter immer dünner zu werden schien.

»Eine ungünstige Wahl, die du da getroffen hast, das ist dir schon bewusst, Sohn?«

Liutprand setzte sich auf dem ihm zugedachten Hocker. Er wusste, dass der alte Mann keine Antwort erwartete. Er würde noch einige Minuten referieren, bevor sein Stiefsohn das Wort ergreifen durfte.

»Er ist nichts weiter als ein machthungriger Emporkömmling ohne jeden Anstand. Und er ist ja nicht einmal ein König! Weder von Blut noch von Titel.«

Tatsächlich war Hugo offiziell noch immer König von Italien. Aber es war nur eine Frage der Zeit, bis er klein beigab. Da waren sich alle Adeligen sicher.

Und genaugenommen war Berengars Großvater sogar Kaiser gewesen. Aber Liutprand schwieg. Er kannte dieses Schauspiel; es war immer dasselbe, seit er denken konnte. Sein Stiefvater schob sich die Wirklichkeit zurecht, wie es ihm passte. Und gern drehte er die Dinge so, dass alle anderen unwissende, nichtsnutzige Stümper waren – und nur ihn, Grimald von Vigevano, als strahlenden Helden übrigließen. An Tatsachen war er nur interessiert, wenn sie seinen Ansichten nutzten. Liutprands Worte und Gedanken waren unerwünscht. Allerdings bekam Liutprand fast alles, worum er bat – vor allem, wenn es seinem Fortkommen diente. Denn das diente am Ende der Familie. Und damit Grimalds eigenem Ruhm.

Der lehnte seine Arme auf den Tisch und blickte Liutprand an, ohne zu blinzeln. »Aber du wirst deine Gründe haben, nehme ich an.«

Er hätte jetzt ausführen können, in welch widerliche Falle Berengar ihn gelockt hatte, dass ihm kein Ausweg geblieben war. Aber auch das hätte Grimald wenig beeindruckt.

»Berengar ist geizig, korrupt und verschlagen. Aber das weißt du ja sicher selbst.«

Sein Stiefvater sprach, Liutprand nickte. *Es ist ja nicht so, dass es mit König Hugo viel angenehmer gewesen wäre,* hätte er gern gesagt. Es gab so vieles, was er sich gern vom Herzen geredet hätte, wenn er nur gewusst hätte, zu wem er hätte gehen können. Wie König Hugo auf Festen manchmal sogar öffentlich eine seiner Mätressen bestieg und Königin Bertha voller Absicht beschämte.

Wie das rotglühende Eisen König Hugos lächelndes Gesicht erleuchtete, während sein eigener Halbbruder geblendet wurde. Auf seinen Befehl hin.

Liutprand schüttelte kaum merklich seinen Kopf, um die Erinnerung an das leise Zischen der kochenden Augäpfel loszuwerden, und nickte dann weiter, als sei all sein Begehr auf dieser Welt, den überflüssigen Ausführungen des Alten zuzuhören.

»Aber Berengar ist dumm. Und der Geiz macht ihn noch verwundbarer. Vielleicht können wir das nutzen.« Grimald machte eine Pause und zog seinen Samtmantel zurecht, als sei Liutprand kein Familienmitglied, sondern ein Zuhörer bei einer seiner Reden im Stadtrat. »Denn du möchtest ja nicht ewig Diakon bleiben. Oder?« Als sich das Schweigen ausdehnte, wusste Liutprand, dass es an der Zeit war zu sprechen.

»Nein, Vater. Natürlich nicht.« Er lächelte dünn und beugte sein Haupt, sein Platz an diesem Tisch war die Unterwerfung. So war es schon immer gewesen und das würde sich bis zum Tod dieses Mannes auch nicht mehr ändern. Es stimmte ja. Er wollte nicht Diakon bleiben. Er wollte weiter, mehr, eine Spur hinterlassen in der Welt. Dafür brauchte er Geld, das nicht er hatte, sondern sein Stiefvater.

Es mochte Herrscher geben, die sich für die Talente ihrer Untergebenen interessierten. Berengar interessierte sich vor allem für Geld. Dafür, wie er möglichst viel davon bekam und möglichst wenig dafür hergeben musste. Und wenn sein Stiefvater ihm half, dann war das sein Weg aus der Bedeutungslosigkeit. Denn nur, wer Bedeutung hatte, war frei. Frei davon, herumgeschubst zu werden. Frei von Beschämungen und Angst.

Südlich von Wendhusen, Herbst 945

Wendhusen war für Hrotsvit nun nichts mehr als ein Geisterort. Mauern voller Leere, die noch so viele Nonnen nicht füllen konnten. Ohne Riccardis. Hrotsvits Genesung hatte sich hingezogen, und wenn Irmentraud nicht gewesen wäre, die ihr Wasser und Essen und Medizinträke Löffel für Löffel in den müden Mund geschoben hatte, die nächtelang dem Fieber die Stirn geboten hatte, mit kalten Umschlägen, Gebeten und Weidenrindensud – ja, ohne Irmentraud würde sie vielleicht schon im Klosterhof begraben liegen, kaum beweint und sicher bald vergessen. Sie würde Wendhusen keine Sekunde vermissen und dennoch fürchtete sie jeden Schritt, den der Eselskarren weitermachte.

Sie hatte den Triumph in Gernots Augen gesehen, als er beim ersten Spaziergang im Klosterhof mit ihr sprach.

»Es freut mich, Euch bei besserer Gesundheit zu sehen«, hatte er begonnen. Und sie wusste, dass nichts Gutes für sie folgen würde.

»Ich werde alle Vorkehrungen treffen. In einer Woche reiten wir Richtung Worms.« Er wartete einen Moment. Vielleicht wollte er sehen, wie sie grübelte.

»Ich bringe die Frau Gräfin an das Schloss von Konrad dem Roten. Graf Allo von Reinhausen hat das verfügt, bevor nächstes Frühjahr die Ehe offiziell geschlossen wird.«

Er hatte sie keinen Moment aus den Augen gelassen. Er hatte gewartet. Vielleicht auf Tränen, auf einen Ausbruch von Verzweiflung, Wut. Sie hatte die Verachtung gespürt, die in seinem Blick gelegen hatte.

Geweint hatte sie erst bei Irmentraud, die sie in den Armen gewiegt hatte, begleitet von einem wortlosen Summen und dem immergleichen »Nununu«.

Hrotsvit schlug die Plane des Wagens zurück und schaute auf die weiten Felder. Die Stoppeln standen noch, niedrige Hecken umrahmten sie schützend. Die Dorfbewohner hatten ihre Kühe und Ziegen auf einer Weide gelassen. Der Hirtenjunge lag im gelblichen Gras und schlief. Die letzten Septembertage hatten den Sommer noch einmal zurückgebracht, milde Tage, blaue Himmel, durchzogen von hohen Wolken.

Doch es war etwas in der Luft, eine Ahnung des Winters, der kommen würde. Als läge schon die Kälte der Eiswinde unter der Sonnenwärme. Der metallische Geschmack von Schnee – Hrotsvit meinte, ihn auf der Zunge zu haben. Wie in jedem Jahr würde der Winter in den Bergen grausam sein. Es gab kein Jahr, das nicht herbe Verluste von den Menschen hier forderte.

Sollten sie nicht in Richtung der Harzberge ziehen? Hrotsvit schaute sich um. Nein, sie ließen die Hänge des Gebirges rechts von sich und schienen gen Süden zu fahren. Gernot musste an der Weggabelung hinter dem Dorf die Abzweigung übersehen haben.

»He!«, rief sie. »Ritter!«

Er ließ sich zurückfallen und in seinem Gesicht konnte sie den Ärger sehen, den sie sich gewünscht hatte.

»Hinter dem Dorf hättet Ihr abbiegen müssen, in Richtung der Berge.«

Sie blickte an ihm vorbei. Sie wollte ihn ihre Verachtung spüren lassen. Er trieb ihr Leben vor sich her, als sei sie nichts als ein Stück Vieh.

Gernot grinste. »Vielen Dank, Frau Gräfin, dass sie unsere Reise so aufmerksam verfolgen«, sagte er und deutete eine Verbeugung an, »aber es hat alles seine Ordnung.«

»Aber wir müssen über die Berge!« Hrotsvit wurde nervös, ihre gespielte Überlegenheit zerfiel. Seine Selbstgewissheit bereitete ihr Unbehagen. Sie wusste, er hatte noch nicht alles gesagt.

»Wir umfahren den Harz. Zu viele Gefahren.«

»Aber … wir …« Reinhausen. Es lag genau hinter diesen Bergen, auf dem direkten Weg nach Worms. Wenn sie die südliche

Route nicht nahmen, dann würden sie niemals dort vorbeikommen. Auf eine Atempause, dort, hatte sie gehofft. Und wenn es nur eine Nacht war. Eine Gelegenheit, mit ihrem Vater zu sprechen. Ihn zu überzeugen, dass es für sie ein anderes Schicksal geben musste. Vielleicht, wenn er hörte, was sie alles gelernt hatte. Vielleicht würde er sie dann noch ein wenig bei sich lassen. Damit sie ihr Wissen in Reinhausen einbringen konnte.

Nun lachte Gernot. »Nein. Wir kommen nicht in Reinhausen vorbei. Euer Vater lässt ausrichten, dass er Euch erst zur Hochzeit wiedersehen will.«

Es war, als risse jemand Hrotsvits Eingeweide heraus und würfe sie achtlos auf die Straße. Sie war hohl, stumpf, legte ihre Hand auf das Holz des Wagens und starrte ins Nichts.

Sein Rappen Bero schritt munter des Wegs und Gernot wollte sich voll des Sieges fühlen. Es gelang ihm nicht. Dieses Weibstück, es hatte so eine Art an sich, die ihn beklemmte. Er schnalzte und trieb das Pferd.

Ja, so war es besser. Beros Körper unter ihm hüpfte im Takt eines Trabs und Gernot musste seine Muskeln anspannen, den Körper aufrichten, er konnte seine Kraft spüren. Bero und er, ein Gespann für den Sieg. Auch dieses Mal hatten sie das Unmögliche geschafft. Gernot atmete tief ein. Doch, er konnte stolz auf sich sein. Er hatte eine fast Totgeglaubte gefunden – und nun brachte er sie zu ihrem rechtmäßigen Bräutigam.

»Euer Vater lässt ausrichten, dass er Euch bis zur Hochzeit nicht sehen will.« Das hatte er gesagt, auch wenn es nicht ganz der Wahrheit entsprach. Gernot hatte einfach dem Bedürfnis nachgegeben, ihr einen Schlag zu verpassen.

Graf Allo hatte fast nichts gesagt, als er von der Flucht seiner Tochter erfahren hatte. Nur: »Finde sie und bring sie zu Konrad.« Das Gesicht hart und bleich, die Stimme tonlos.

Also hatte Gernot die Schlüsse gezogen, die ihm zupasskamen. Er ertrug nicht eine Minute mehr in diesen Bergen. Hinter jedem Busch ein Flüstern. Schatten, die sich in den Felsen herumtrieben, zuckend und unstet, halb Mensch, halb Tier.

Waldgeister, die durch die Lüfte zogen; bereit, seine Seele mit sich zu nehmen.

Immerhin kam er nun ins legendäre Worms. Und er würde Konrad dem Roten nicht nur aus der Ferne sehen, vielleicht würden sie auch gemeinsam auf die Jagd gehen, einander besser kennenlernen.

Gernot pfiff ein Liedchen, eine der Hymnen, die die Ritter und Soldaten miteinander sangen, wenn sie auf das Signal zum Angriff warteten, der härteste Moment in jeder Schlacht. Wenn die Furcht vor dem baldigen Tod sie zu übermannen drohte und sie noch nicht das Schwert schwingen durften, um all das zu vergessen.

Worms, Herbst 945

Schon der Anblick des langsam voran trottenden Esels machte ihn wieder zornig. Seit Wochen schwelte in Konrad der Hass. Seit Graf Allo ihn unterrichtet hatte, seine Tochter sei gefunden und sie sei auf dem Weg nach Worms, »damit sich die zukünftigen Eheleute aneinander gewöhnen können«.

Als die Nachricht von Hrotsvits Verschwinden ihn erreicht hatte, war ihm nach Feiern zumute gewesen. Er hatte die bevorstehende Heirat mit diesem Mädchen immer so gut verdrängt wie möglich, aber sie lauerte im Hintergrund wie ein schwärender Furunkel. Sie mochte mal eine gute Partie gewesen sein, als er noch kein Mann und sie ein Säugling gewesen war. Aber nun war er Herr in Worms und er hatte seine Geschicke besser zu lenken gewusst als sein Vater. Mit dem neuen Titel als Herzog hätte er sogar eine Prinzessin ehelichen können. Aber sein Vater hatte diese Ehe arrangiert und seinen Lebensweg in eine Form gezwungen, die ihm nun viel zu eng war. Sein Vater hatte nicht seine Weitsicht gehabt. Und er musste nun mit den Folgen leben.

Eilig hatte es Konrad mit dem Heiraten sowieso nicht. Er fand Frauen anstrengend und verwirrend. Ja, der Herrgott hatte es so eingerichtet, dass sie Erben in die Welt brachten. Aber er ertrug sie nicht um sich. Sie schienen immer etwas zu wollen, etwas zu fordern, etwas zu erwarten. Vollkommen grundlos. Denn was hatten sie schon beigetragen? Ja, sie gebaren. Aber das tat seine Jagdhündin auch. Und die hatte ihm schon das Leben gerettet, als sie einem Eber die Kehle durchgebissen hatte, bevor der in seinem Blutrausch Konrad niederrennen konnte. Er hatte noch keine Frau getroffen, die zu so etwas fähig wäre.

Natürlich wollte auch er einen Erben. So musste es sein, denn er wollte die Früchte seiner irdischen Bemühungen weiterreichen.

Aber noch nicht jetzt. Und nicht so. Und schon gar nicht mit diesem Mädchen aus einer hinterwäldlerischen Grafensippe. Er begann zu schwitzen, wenn er daran dachte, dass er dieser Ehe nicht entkommen konnte.

Der Eselskarren hatte nun das Tor erreicht und verschwand im Schatten der Mauer. Es war Zeit in den Hof zu gehen und dieses Mädchen zu begrüßen. Das erwartete die höfische Sitte. Konrad legte sich die Siegelkette um den Hals und betrachtete sein Bildnis im Silberspiegel.

Nun war der Wagen sicher schon im inneren Hof angekommen. Doch je länger er in den Spiegel schaute, desto weniger schienen seine Glieder willens, ihn die Treppen hinabzutragen.

Konrad betrachtete sich gern. Gott hatte ihn nicht nur mit Stärke und Mut beschenkt. Er hatte ihn dazu noch mit Schönheit bedacht. Eine harte, unerbittliche, atemberaubende Schönheit. Kantige Formen, einen feurigen, bohrenden Blick. Einen mächtigen Körper mit breiten Schultern und starken Gliedern.

Konrad blickte stolz auf sein rotes Haar. Auch sein Bart war feuerrot, nicht von diesem seltsamen Blond, wie bei anderen Rothaarigen. Es war das Rot frischen Blutes.

Er griff nach seiner Herzogskrone. Ja, nun würden sie dort unten nervös werden, nicht wissend, wann sie die Bettelprinzessin aus ihrem Lastkarren bitten konnten. Denn er war ja nicht da, um sie angemessen in Empfang zu nehmen. Und wenn sie das Mädchen herausböten, ohne dass er da war … Ja, was dann? Ein Grinsen schlich über Konrads Gesicht.

Obwohl der Wagen stand, kam ihr Körper nicht zur Ruhe. Ihre Haut schien zu singen vor Anspannung. Zehn Tage hatte die Reise bis nach Worms gedauert, der Wagen so durchgerüttelt, dass Irmentraud und sie voller blauer Flecken waren. Tagelang war ihr übel gewesen, immer wieder hatte sie sich erbrochen, denn Ritter Gernot erlaubte keine Pause. Nur bei Dunkelheit ließ er ihnen und sich ein paar Stunden Ruhe. Sie hatte gelitten bis zur totalen Erschöpfung und doch gebetet, dass sie für immer weiterfahren mochten.

Gott hatte ihre Gebete nicht erhört. Sie waren angekommen. Sie hielt sich am Gestänge des Daches fest, ihr Körper schwankte im unrhythmischen Takt der Straße, den es nicht mehr gab. Erst durch Irmentraud wurde sie darauf aufmerksam, dass etwas nicht stimmte.

»Warum kommt denn da keiner?« Sie drückte Hrotsvits Hand fest in der ihren, die feucht von Schweiß war. »Da muss doch jemand kommen. Die haben uns doch gewiss kommen sehen. Schon von weitem«, murmelte sie. Hrotsvit konnte sich nicht erinnern, Irmentraud so nervös erlebt zu haben. »Da stimmt was nicht. Da stimmt was nicht«, murmelte ihre Begleiterin immer wieder.

Ein Flattern durchzog ihre Brust. Vielleicht hatte Gott sie doch erhört? Und sie waren eingefroren in der Zeit, an einem Ort, den niemand erreichen konnte, kein heiratswilliger Herzog, kein Ritter Gernot, keine Äbtissin Diemot. Sie warteten im Dämmerlicht der Plane, Hrotsvit versunken in ihrer Hoffnung, Irmentraud voller Sorge.

Als die Plane schließlich zurückgeschlagen wurde – es musste fast eine Stunde vergangen sein –, und Gernot auf sie blickte wie auf lästige Bettler, musste Hrotsvit ihre Hoffnungen aufgeben. Gernot sprach nicht mit ihnen, er ruckte mit dem Kopf und trat beiseite. So krochen sie aus dem Inneren des Wagens hinaus in den Hof, der in rotem Sandstein gemauert war; die tiefstehende Sonne warf ihr spätes Licht darauf und ließ ihn aufleuchten wie ein Meer aus Flammen. Hrotsvit war überwältigt von den Farben, der Weite des Hofes, der nicht aus festgetretener Erde, sondern ganz und gar aus Stein war.

An den vier Türmen hingen Fahnen in Blau und Gelb. Sogar der Himmel schien sich mit in das Getümmel der Farben zu stürzen und überzog sich mit einem schimmernden Purpur, das sie ganz schwindelig machte.

»Komm«, murmelte Irmentraud ihr zu und zog sie mit sich hinter Gernot her ins Innere der Burg.

Er spürte, wie sein Herz sich zusammenzog wie im tiefsten Schreck und dann haltlos hämmerte, seine Lippen begannen zu kribbeln.

Konrad hatte nichts erwartet und so war er für ein paar Sekunden diesem Sturm vollkommen ausgeliefert. Er, der in Schlachten brüllend voranstürzte, der im Angesicht des Feinds lachte, blieb stumm.

Dieses Haar, die dunklen Locken, die unter der Reisekappe hervorsprangen, der Kopf, leicht geneigt, sodass die Augen ihn seitlich anblickten, was dem Blick etwas Keckes, Aufreizendes gab. Die Farbe der Iris von einem so leuchtenden Blau, dass es übermenschlich schien.

»Ritter Gernot, zu Euren Diensten«, sprach er endlich, die Stimme voll und dunkel. »Ich überbringe Ihnen, ehrwürdiger Herzog, Ihre Verlobte, Hrotsvit, Tochter des Grafen von Reinhausen.«

Konrad betrachtete hingerissen, wie der Kehlkopf sich bei jeder Silbe bewegte, aber das Schönste war wohl, wie der Mann dort stand, stark und grazil zugleich; schöner, ja tausendmal schöner als die römischen Statuen, die er einmal in Italien gesehen hatte.

Der Anblick erschütterte ihn so sehr, dass er nur nicken konnte und mit seiner Hand auf die Stühle deutete, die für die Angekommenen bereitgestellt worden waren. Konrad hatte keine Worte für das, was ihn überkommen hatte, aber er wusste, dass er sich hineinstürzen würde, und wenn es ihn seine Seele kostete.

Irmentraud zog ihr sanft den Schleier vom Kopf. Itlin war in einen tiefen Schlaf verfallen, als stünde sie unter einem Zauberbann. Sobald sie ihr Haupt auf das prächtige Bett gelegt hatte, hatten sich ihre Augen wie von selbst geschlossen. Irmentraud war froh, denn nun konnte sie sich ihren Sorgen hingeben.

Das Land unter ihrem Fenster lag fast in Dunkelheit, Grau in Grau zogen sich sanft geschwungene Hügel tief unter der Burg hin, in der Stadt blinkte hier und da ein Licht. Wahrscheinlich waren es Fackeln von spät Heimkehrenden. Noch nie in ihrem Leben hatte Irmentraud so viele Häuser an einem Ort gesehen, dicht gedrängt und von einer Mauer umfasst, die sie sich in ihren kühnsten Träumen nicht hätte vorstellen können. Sie staunte über diese steingewordene Macht und fürchtete sich zugleich. Seelenlos und tot schien ihr alles. Wie anders eine Burg wirkte, wenn sie ganz und gar aus Stein gebaut war, wie hart und unnahbar.

Die Wände des Zimmers waren mit Teppichen behängt, gewebt in prunkvollen Farben, von denen sie gedacht hatte, sie seien Gott und der Natur vorbehalten.

Ja, sie selbst hatte sogar eine eigene Kammer mit einem echten Bett. In der ganzen Hast, im Licht der Schande, die Itlins Flucht auf ihre Familie geworfen hatte, hatte niemand daran gedacht, dem Mädchen angemessene Bedienstete in ihr neues Leben mitzugeben; nur eine Truhe mit würdigeren Kleidern hatte Gernot im Gepäck gehabt, mit einem Gruß von Notburgis. So als hätte sie das Kind in dem Moment in ihr Herz aufgenommen, als alle anderen es verstoßen hatten.

Es war niemand anderes da als Irmentraud, und so war sie, die einfache Stallmagd, plötzlich eine Dienerin am Hofe eines Herzogs. Aber das war nichts, was sie freute. Vielmehr machte es ihr Angst. Nur auf das Bett freute sie sich. Selbst Graf Allo hatte keine prächtigere Ruhestätte.

Was Hinnerk nur sagen würde, wenn er sie sehen könnte. Sine und Mieke, ihre Freundinnen, würden gewiss mit ihr in Gelächter ausbrechen über die Stallmagd Irmentraud im feinen Zwirn. Wie sehr sie die beiden vermisste. Wie sehr sie Hinnerk vermisste. Sie hatte sich nicht getraut, Gernot danach zu fragen, wie es ihnen ging. Ihr blieb nichts, als sie in ihre Gebete einzuschließen und leise zu hoffen, sie eines Tages wieder in Reinhausen wiederzusehen. Aber sie konnte sich nicht vorstellen, wie sie Itlin je wieder allein lassen könnte.

Irmentraud blickte auf die Schlafende, deren braune Klosterkleidung auf der bestickten Bettdecke aussah wie ein Schmutzfleck. Sie strich ihr sanft die Haare aus dem Gesicht.

Zum Glück hatte Itlin in ihrer Erschöpfung die Schmähungen des Herzogs nicht wahrgenommen.

Aber einmal hatte er das Mädchen angeschaut, sie gemustert, kaum einen Wimpernschlag lang. Und dieser eine Blick war schlimmer als alles, was Irmentraud befürchtet hatte.

Ihre Hoffnung waren die vielen Schlachten, die König Otto führen musste. Und die legendäre Kampfeslust dieses Herzogs Konrad. Wer so kämpfte, lebte nicht lang. Und auch wenn der liebe Herrgott Irmentraud dafür ins Fegefeuer schickte, sie würde nun jeden Abend dafür beten, dass Konrad einen frühen Tod fand. Ein blutiges Sterben voll Schmerz und Einsamkeit inmitten eines fürchterlichen Gemetzels würde sie herbeiwünschen, mit all ihrer Hingabe. Ja, sie war machtlos, aber Gott war allmächtig und vielleicht hatte er dieses Mal ein Einsehen.

Worms, Adventszeit 945

Eis und Schnee hatten die letzte Farbe aus der Welt genommen, die kahlen Bäume und Büsche steckten mit ihren Zweigen im Grau des Himmels fest. Schnee lag wie ein aufreizender Schleier über dem Wintergras. Nur der Fuhrweg zur Stadt und die ferneren Wege lagen derb und offen im bleichen Licht.

Hrotsvit kannte jede Elle dieses Ausblicks, sie hätte mit geschlossenen Augen jede Biegung der Äste, jede Windung des Weges, jede Hausmauer in der Ferne und auch den Wald dahinter beschreiben können. Sie presste ihr Gesicht gegen das Glas am Fenster. Dieses Material schien ihr wie ein einzigartiger Zauber. Sie hatte es erst hier in Worms kennengelernt. Auch wenn sie sich bereits hatte erklären lassen, wie dieses feste Nichts zustande kam, wirkte es auf sie noch immer wie Hexenwerk.

Sie liebte die glatte Kälte der Scheiben, die den Frost in sich aufsaugten, und legte oft ihr Gesicht daran, auch, weil es ihre Schwellungen wunderbar kühlte. Fast hatte sie sich daran gewöhnt, an das Ziehen der gespannten Haut, an den pochenden Schmerz, an den Geschmack von Blut in ihrem Mund.

Nach den ersten Malen hatte sie gedacht, sie könne seiner Hand mit Schweigen entkommen, doch sie hatte sich getäuscht. Auch wenn sie stumm blieb, konnte es ihn verärgern. Es war eher so, dass ihm das Schlagen mit jedem Tag leichter von der Hand ging.

Beim ersten Mal, das hatte sie gemerkt, war es über ihn gekommen, sodass sie einander überrascht angeschaut hatten. Für einen Moment waren sie gleich gewesen in ihrer Verwunderung. Danach hatten sie schweigend weitergegessen.

Von da an war ihm die Wut nach und nach weiter aus dem Leib gekrochen, sie konnte sehen, wie sie sich in seinen Zügen festsetzte, wenn er sie anschaute. Wenn sie nur verstehen könnte, was das war, was sie tat. Sie hatte Irmentraud gefragt.

Die hatte sie heftig an den Schultern gepackt. »Das ist der Unaussprechliche in ihm, nicht in dir«, hatte sie gesagt. »Bleib so weit weg von ihm, wie du kannst.«

Hrotsvit hatte genickt. Aber sie wusste einfach nicht, wie sie das tun solle. Von ihm fernbleiben. Es schien nur eine Hilfe zu geben: Gernot. Wenn er da war, legte sich ein Friede über Konrad und oft vergaß er sogar ihre Anwesenheit. Und Gernot schien daran zu liegen, Konrad zu besänftigen. Hrotsvit konnte in seinen Augen sehen. Gernot wollte, dass es ihr gut ging. Trotz allem.

Sie hörte das Knirschen der Tür in ihren Angeln und drehte sich um. Irmentraud. Es war Zeit, dass Hrotsvit für die Adventfeier hergerichtet wurde.

Schon wieder wurde es dunkel. Dabei war es kaum hell gewesen, die Sonne ein fahles Schimmern am grauen Himmel geblieben. Die Halle war in das Licht von Dutzenden Kerzen und Öllampen getaucht, köstlich-filigrane Objekte aus Silber, importiert aus der heiligen Stadt. Ja, er besaß sogar ein paar Laternen mit gläsernen Scheiben, die das Licht der Kerzen dreifach strahlen ließen und es nicht ertränkten, wie es die gewöhnlichen Laternenfenster aus dünnem Horn taten. Das Licht hob die Farben der Wandteppiche hervor, das satte Blau und das tiefe Rot, gefährlich nah am königlichen Purpur.

Der Saal duftete nach dem Harz von Kiefern- und Tannenzweigen, die den Boden bedeckten. Es war ein vorzüglicher Festsaal, voller Licht und Wärme und Gemütlichkeit. Die Fensterscheiben, die er vor ein paar Jahren hatte einsetzen lassen, eine maßlose Kostbarkeit, ließen das schwindende Licht des Tages hinein. Doch verschwamm durch sie auch der Blick hinaus. Nur wenn man ganz nah herantrat an die Scheiben, klärte sich das Bild.

Konrad schritt durch den Saal, die Hände fest auf dem Rücken. So gern hätte er um sich geschlagen, das Glas in den Fenstern zertrümmert, die Lampen, all den Firlefanz herausgerissen und die Mauern gleich mit. Er fühlte fast, wie seine Fäuste den Stein zerschlugen und er endlich im Freien stand, den Kopf im Wind. Der Winter war für ihn eine unerträgliche Zeit. Die Schlachten ruhten, die Welt stand still. Nur die Jagd bot von Zeit zu Zeit einen Ausweg. Dann war er frei, preschte mit einem Pferd über Felder und konnte die Enge der Burg hinter sich lassen.

Schon zwei Mal hatte er Gernot mitgenommen auf seine Jagden, hatte gehofft, dass sie loskommen würden vom Trupp der Diener und Günstlinge, die ihn umschwärmten, die etwas abhaben wollten von seinem frischen Ruhm als Held auf den Schlachtfeldern des Königs. Immer hingen ihnen zwei oder drei an den Fersen. Dass Gernot auch seine Nähe zu suchen schien, war ein Grund zur Freude. Nur was bedeutete das? Und was wollte er selbst? Was war das, was ihn trieb?

Gernot war wie ein Magnet, der ihn zog, dem er folgen wollte. Nein, das Bild war zu schal, zu flach. Er wollte nicht folgen, er wollte bei ihm sein, an ihm, nah, so nah wie möglich. Wollte sein Gesicht in seinem Haar verbergen, seinen Geruch, der ihn manchmal streifte, aufsaugen, tief in sich hinein, den ganzen Körper absuchen nach diesem Duft, der so köstlich war wie nichts, was er kannte. Er wollte sich an Gernot drängen, bis er sich ganz auflöste in einer nie endenden Umarmung. Er trat gegen das Pult, auf dem das Psalmenbuch lag. Eine Sitte seiner Mutter war das gewesen, den heiligen Text für alle einsehbar zu präsentieren, er hatte sie fortgeführt.

Er wusste, dass es falsch war, was er fühlte, er wusste, dass seine Gedanken des Teufels waren. Und doch war er sicher, er würde sich jedes Barthaar einzeln ausreißen lassen, wenn er dafür Gernot hätte nahe sein dürfen. Es drückte ihm in der Brust, als wollten seine Knochen auseinanderbrechen und sein Herz befreien, das ihm bis zum Halse schlug.

Er packte einen Stuhl und schleuderte ihn gegen die Wand. Das Geräusch von splitterndem Holz brach die träge Stille. Voller Genuss packte er den Stuhl ein zweites Mal und schlug ihn auf den Boden, sodass zwei der Beine abbrachen. Er sprang auf die Überreste, das satte Knacken im Ohr, immer wieder.

»Sind wir zu früh?« Die Stimme war klar und kräftig. Wie jedes Mal wunderte er sich, dass aus diesem kleinen Körper so eine Stimme kam. Und er hatte sie gerade vergessen.

»Nein. Ihr kommt genau richtig«, sagte er. »Setzt Euch.« Wie sollte er ihre Anwesenheit nur den ganzen Winter ertragen. Nein, wenn nichts geschah sogar ein ganzes Leben lang.

Sie sollte sich nützlich machen, hatte er gesagt. Lernen, was es hieß, die Frau an seiner Seite zu sein. Im Kloster hatte sie das Lautenspiel gelernt. Gesungen hatte sie auch, schon immer. Mit Irmentraud, wenn sie mit ihr durch die Wiesen gegangen war, auf der Suche nach Kräutern. Abends am Feuer in Reinhausen, mit den Nonnen im Kloster. Aber nie hatte sie darüber nachgedacht.

Das Singen war immer ein Teil gewesen von etwas anderem, ihre Stimme immer eine von vielen, getragen von den Menschen um sie herum, eingewoben in den Moment. Und jetzt sollte sie das ganz allein tun. Denn das sei ihre wichtigste Aufgabe, hatte er gesagt, neben dem Hervorbringen von Erben natürlich. Zu unterhalten, die dunklen Abende des Winters ein wenig erleichtern. Dafür war sie da.

Sie hielt den Hals der Laute fest umschlossen, mit der anderen Hand stützte sie den Körper des Instruments. Fest und rund lag er in ihrer Handfläche.

»Wo …«, soll ich sitzen, wollte sie fragen. Er wies mit der Hand in eine Ecke vor den Fenstern. Das letzte Licht des Tages fiel auf die Bank, die dort für sie bereitstand. Der Stoff rauschte um ihre Füße. Das Unterkleid war so leicht, sie hatte nicht glauben können, dass man Leinen so fein spinnen und weben konnte. Sie hatte sich den weißen Stoff vor die Augen gehalten und er war nur ein Hauch gewesen zwischen ihr und der Welt. Das grüne Überkleid war dafür umso schwerer, es drückte ihr auf die Schultern, so reich war der Halsausschnitt mit goldgelbem Faden und roten Glasperlen bestickt.

Sie tastete sich vorsichtig zu ihrem Platz. Irmentraud hatte ihr etwas in die Augen geträufelt, das sie schön machen solle.

Am Hof nannten sie es Bella Donna, es machte die Pupillen weit, den Blick sehnend, so wie die Männer sich das wünschten von einer edlen Frau, hatte Irmentraud ihr erklärt. Doch nun schoss ihr das Licht Pfeilen gleich in die Augen, die Kerzen brachen sich zu Strahlen, gleißend hell, und alles verschwamm.

Der letzte Blick in den Silberspiegel hatte sie erstaunt. Eine Fremde schaute ihr entgegen. Die Augenbrauen schwarz wie die Zeile in einem Buch. Die Lippen rot und aufgeworfen wie eine frische Wunde. Den weißen bestickten Schleier hatte Irmentraud kunstvoll um Haar und Hals geschlungen, sodass er nichts gemein hatte mit dem praktischen Tuch, das sie sonst trug. Entblößt schien ihr das Gesicht vor ihr, eine Einladung, die sie nicht aussprechen wollte. Aber sie versuchte, einzusehen, dass ihr Wille nicht zählte. Dass es nun darum ging, das Mosaiksteinchen zu werden, das sich einfügte in das Bild dieses Hofs. Ihr Schienbein stieß gegen das Holz der Bank und sie setzte sich, den Rücken zum Fenster, der Saal vor ihr ein Tanz von Farbflecken und Licht.

Dass sie kaum etwas sah, half. Sie konnte leichter so tun, als sei sie allein. Das Geplauder der Gäste, das Schaben der Messer auf den Metalltellern, das Klingen der Gläser ließ sie zum Geräusch der Küche werden, jenes geschäftige, aber gleichgültige Treiben ihrer Kindheit, in dem Mägde Hühner brühten und rupften, Gemüse wuschen und schnitten, Brot buken und dabei schwatzten und lachten. Und sie, Hrotsvit, saß dort in der dahingeträumten Welt und spielte ein wenig Musik, ohne dass irgendjemand sich dafür interessierte.

Sie schlug die Saiten der Laute an und lauschte. Unsichtbaren Vögeln gleich durchstrichen die Töne den Raum. Sie sang, was sie von Irmentraud gelernt hatte und was die Nonnen im Kloster sangen. Von der Himmelauffahrt Mariens, von Frauen, die um ihre Kinder weinten, vom Himmel, durchzogen von Mond und Sternen; sie sang und sang, bis ihr das Herz beinahe leicht wurde.

Er versuchte, die Köpfe zu zählen, aber es waren zu viele. Bestimmt drei Dutzend Gäste, vielleicht mehr; es war ein ewiges Hin und Her, Plätze wurden gewechselt, kleine Grüppchen oder Paare verschwanden für eine Weile, um ungestört ein paar Worte zu wechseln, den Mond zu bewundern oder was auch immer zu tun. Es war ihm gleichgültig, was seine Gäste trieben, solange sie nur zahlreich kamen und ihm Respekt erwiesen.

Er war erst seit kurzem Herzog, er musste darauf achten, wie die Welt ihn sah. Deshalb das Silberwerk, die vielen Lichter, der gute Duft, das üppige Essen. Er hatte zwei Harlekine an den Hof geholt und eine Gruppe von Tänzern. Musiker hatte er noch keine gefunden, die einem Herzogenhof würdig gewesen wären.

Sogar Granatäpfel hatte sein Handelsbeauftragter aus Italien mitgebracht. Sie lagen aufgebrochen auf einer silbernen Platte. Ihr tiefrotes Fruchtfleisch lag in kleinen Perlen zwischen der zerrissenen Haut und glänzte im Licht der Kerzen. Wer davon aß, hatte einen tiefroten Mund, als habe er eine Hirschkuh mit eigenen Zähnen gerissen.

Konrad hatte mit Freude den Schauer und die Erregung bemerkt, die bei dem Anblick der blutroten Münder durch seine Gäste fuhren. Er wollte ein Herzog sein, der im Gedächtnis blieb. Von dem voll Bewunderung erzählt wurde. Und den alle fürchteten. Denn Furcht bedeutete Respekt. Es bedeutete, dass man tun würde, was er wünschte.

Der Wein floss reichlich, was sicher ein stolzes Sümmchen kosten würde, aber der König sollte erfahren, wie gut man es an Konrads Hof hatte. Der König sollte wissen, wie begehrenswert Konrads Gesellschaft war, nicht nur auf dem Schlachtfeld – er wollte Berater sein und Freund, wollte dem König so nahekommen, dass jeder wusste: Konrad der Rote ist unantastbar, denn der König schätzt ihn wie einen Sohn.

Er fühlte, wie aufgewühlt sein Blut war, wie er umherspringen wollte und lachen vor Übermut. Dass er es so weit geschafft hatte. Viel weiter, als es seinem Vater und denen davor gelungen war. Er! Konrad der Rote brachte die Salier hinauf an den Tisch des Königs. Ja, tanzen wollte er. Und sein Haupt an Gernots Körper schmiegen.

Dieser Gedanke durchschoss ihn, lustvoll und schmerzhaft zugleich. Er hätte schreien mögen, so sehr traf ihn die Sehnsucht nach dem anderen. Doch er konnte Gernot nicht entdecken. Stattdessen saß *sie* da drüben auf ihrer Bank. Er hatte sie in den letzten Minuten fast vergessen. Hrotsvit von Reinhausen. Sie klimperte eine träge Melodie, sang wirre Texte von Maria und Märtyrern und, ja, tatsächlich, sogar vom Mond.

Sie blickte zur hölzernen Decke, als gäbe es da irgendetwas zu sehen, als ginge es hier um nichts. Als würde sie auf einer verdammten Wiese sitzen und nicht hier, an seinem Hof. Dem Hof von Konrad dem Roten. So hatte er sich das nicht vorgestellt, als er sie gebeten hatte, für ein wenig Kurzweil zu sorgen. War sie denn ganz und gar nutzlos?

Seine Faust knallte auf den Tisch. Natürlich hörte sie es nicht und klimperte weiter diese unerträglich weinerlichen Melodien.

»He«, rief er. Sie drehte nicht einmal den Kopf.

»He, du dummes Weib!«, schrie er jetzt. Einige Gäste begannen zu tuscheln. Dass sie ihn so weit brachte, dass er nach ihr schrie wie ein vernachlässigter Deckhengst. Seine Zähne rieben so sehr aneinander, dass die Spannung seiner Kiefer schmerzte. Er griff nach einem halben Brotlaib und warf. Sein vom Schlachtfeld geschulter Arm ließ ihn auch jetzt nicht im Stich.

Er traf sie direkt im Gesicht. Mit einem kleinen Schrei verstummte sie. Polternd fiel die Laute zu Boden. Sie blickte umher, verwirrt. *Wie ein Maulwurf, den man aus seinem Loch gezogen hat,* dachte er. Das Fädchen Blut, das aus ihrer Nase lief, hatte fast dieselbe Farbe wie ihr geschminkter Mund.

»Hörst du jetzt endlich, du alte Leiereule?«, rief er. Dann lachte er laut und donnernd und blickte im Raum umher. Hier und da stimmten Gäste in sein Gelächter ein. Andere blickten in ihre Weinbecher.

Er schritt auf sie zu. Ein Gefühl durchzog ihn, trüb und unangenehm; für einen Moment hätte er gern ungeschehen gemacht, was er gerade getan hatte. Er hob ihr Kinn mit dem

Finger, sanft, aber nicht zu sanft, für den Fall, dass er beobachtet wurde.

»Hmmm«, brummte er und besah sich die Nase. »Das ist doch nur ein kleines Kratzerchen. Auf dem Schlachtfeld würde das ja gar nicht zählen!«

Noch einmal lachte er, zog sie hoch und winkte einem der Pagen. »Bring Wein!«, und schnell huschte der junge Mann mit einem Silberbecher zu ihnen. »So, jetzt trinkst du mal einen Schluck. Du hast ja schon ganz heiser geklungen.«

Ein kleines Lächeln huschte über ihr Gesicht. Oder war es das Flackern der Kerzen? Aber sie nickte. »Danke«, sagte sie. Dann trank sie, bis der Becher leer war.

Sie standen im Raum, die Blicke ruhten auf ihnen. Stille breitete sich aus. Schließlich stand Gernot auf, reichte Hrotsvit ein Tuch für das Blut, das noch immer aus ihrer Nase troff, und schlug Konrad auf die Schulter.

»Dann lassen wir doch Euren Gästen mal ein wirkliches Lied zu Ohren kommen! Eines, das in die Glieder fährt! Eines, das von Euren Heldentaten erzählt!«

Und dann begann Gernot zu singen; ein Lied, das davon handelte, wie heldenhaft Konrad in die Schlacht zog. Und wie sehr die Frauen ihn liebten.

Aber der hörte kaum etwas davon. Denn die Hand. Nach dem freundschaftlichen Schlag hatte Gernot sie nicht wieder fortgenommen. Sie ruhte zwischen Konrads Schulterblättern, warm und fest, und Konrad war stumm vor Glück.

Er hatte es nicht gewollt, es war passiert ohne Konrads Zutun, seine Glieder hatten sich losgesagt von ihm, sein Kopf, benebelt von dem vielen Wein, hatte sich nicht gewehrt.

Nur noch vereinzelte Gäste hatten in der Halle gesessen, die meisten hatten sich schon in ihre Schlaflager zurückgezogen. Warum er noch dort saß, hatte er nicht gewusst. Vollkommen betrunken, seine Hände verwirrt, seine Gedanken noch mehr. Dann hatte *er* ihn angeblickt, durch den Raum hinweg und doch hatte es sich angefühlt, als stünden sie Haut an Haut. Und

Konrads Körper war diesem Blick gefolgt, bis hierher, zu den Ställen, in die Dunkelheit.

Das Weiß seiner Augen glänzte im Licht des Mondes, seine Hand strich durch sein Haar, die Wange hinab, so sanft und köstlich. Es war wie ein tonloses Singen, das Konrad durch das Blut klang, in die feinsten Adern hinein, sogar auf seinen Lippen spürte er es. Er kämpfte sich durch die Erstarrung, packte diesen Körper vor ihm, riss ihn an sich, verbarg sein Gesicht in der Beuge des Halses.

Dieser Duft! Er wünschte, er könnte sich tiefer darin vergraben, aber sein Gesicht, seine Hände wollten mehr, er ließ sich fallen, stürzte sich in dieses Gefühl, das ihm so fremd war, aber für das er es mit allen Dämonen und Drachen zugleich aufnehmen würde, nur um es einen Augenblick länger spüren zu dürfen.

»Gernot«, murmelte er, er wollte noch so vieles sagen, aber es kam nur dieser wunderbare Name, immer wieder, bis ihm der andere den Mund mit einem Kuss verschloss.

Sie hatte sich geschworen, nicht mehr zu weinen. Scham und Angst füllten sie ganz. All die Menschen, die sie gesehen hatten, dort in dem Festsaal. Bloßgestellt, blutbeschmiert, verstummt. Sie hatte das Lachen gehört.

»Was soll ich denn nur tun?«, murmelte sie und schaute in die Nacht vor ihrem Fenster, durchflossen vom unwirklichen Licht des Monds, das auf den Inseln aus Schnee schimmerte. Eine Landschaft wie das gescheckte Fell eines Tieres, wild und ungezähmt. Ein Tier, das sie verlachte, wie sie hier hinter Mauern eingesperrt war. »Was soll ich nur tun?«

Sie hatte gehofft, dass dieser Abend ein Schritt war. Dass sie genug verstanden hatte. Und dann bewarf er sie vor all seinen Gästen mit einem Kanten Brot.

Viele Männer schlugen ihre Frauen. Es war ihr Recht, ihre Aufgabe. Selbst die Pfarrer ermutigten die Männer dazu. So brachten sie die Frauen fort von der Sünde. Jedenfalls wenn Frauen nicht so wie Notburgis waren, die alles erfüllte, was ein

Graf sie sich nur wünschen konnte. Obwohl sie nicht glauben konnte, dass ihr Vater Notburgis schlagen würde, selbst wenn sie Fehler gemacht hätte.

Aber Konrad war nicht Graf Allo. Sie war nicht Notburgis. Sie wusste, dass sie noch viel zu lernen hatte. Und sie wollte demütig sein und annehmen, dass es Schläge brauchte, um ihr zu zeigen, wie das ging. Eine gute Ehefrau zu sein. Eine Burgherrin, eines Herzogs würdig.

Aber unter dieser Angst, unter dieser Scham tobte etwas in Hrotsvit, was noch stärker war. Ein Zorn, schwarz und tief und roh. Und so sehr sie es versuchte, er wollte nicht verstummen. Sie wollte nicht verstummen. Sie fühlte sich nicht falsch, stattdessen wühlte ihr die Wut die Eingeweide auf, bohrte sich durch ihr Innerstes, dass es sie fast zerriss.

Ja, er war ein Herzog, er konnte kämpfen, aber er war dumm und ungebildet. Ein Tier war er, ein gieriges, gottloses Tier, von seinen niederen Instinkten geritten, wankelmütig und ungestüm. Wie konnte es sein, dass sie sich dem unterwerfen sollte. Wie konnte das Gottes Wille sein? Es wollte ihr einfach nicht in den Sinn. Sie war Gott nahegekommen, das glaubte sie ganz bestimmt. Und dass dieser Widerling nun ihr Schicksal bestimmen sollte, dass Gott das wollte, nein, das konnte sie nicht glauben, das würde sie nicht glauben.

Es schnürte ihr den Hals zu. Hier für immer. Sie packte die Decke mit beiden Händen, verbarg ihr Gesicht darin und schrie, bis es schmerzte.

»Itlin. Meine kleine Itlin.« Irmentrauds Stimme. »Lass uns ausruhen. Lass uns vergessen, was war.«

Sie löste Hrotsvit den Schleier, entblößte das dunkle Haar, das in der Dämmernis des Zimmers wie ein eigenes Lebewesen schien.

»Nun ist es ja vorbei.« Sie wollte die Spangen am Kleid ihrer Herrin lösen. Doch die packte ihre Handgelenke mit einem eisernen Griff.

»NICHTS ist vorbei!«, zischte sie. »Gar nichts, du dummes, altes Weib!«

Hrotsvit stieß sie von sich, mit beiden Armen, sodass Irmentraud einen Schritt zurück machen musste, und dann trommelten die kleinen Fäuste auf sie ein.

Irmentraud wollte sie in die Arme schließen, sie herausholen aus ihrem Wahnsinn, sie beruhigen, aber Itlin schlug nur noch mehr um sich, warf die kostbare Haarbürste und den Silberspiegel durch das Zimmer, trat den Schemel um, riss an den Bettvorhängen und Irmentraud wich zurück, weiter und weiter, bis zur Tür.

»Verschwinde endlich! Du nutzlose Gans!«

Der Nachttopf zerschellte neben ihr an der Wand und Irmentraud schloss die Tür hinter sich, legte ihr Ohr an das Holz und wartete, ob die Wut ihrer Itlin sich legen würde. Irmentraud zitterte in der Kälte des Flures, sie hatte nichts als ihr Unterkleid an. Noch immer tobte Itlin.

»Herrgott im Himmel, was hast du dir nur dabei gedacht? Dieser Mann will eine stumme Frau, das spürt jeder – und du gibst ihm Itlin?« Sie sog die Luft ein. »Wie soll das angehen?«, schloss sie ihre Zwiesprache mit lauter Stimme – und erschrak, als die Worte zwischen den Steinwänden hallten.

Gott antwortete nicht. So waren die Dinge. In etwas mehr als einem halben Jahr sollte die Hochzeit sein. Wenn nicht ein Krieg dazwischenkam, der dieses rothaarige Untier von hier fortlocken und Itlin ein wenig Freiheit verschaffen würde. Vielleicht für immer. Auch wenn sie an dieses Glück nicht glauben mochte. Sie glaubte mehr daran, dass Konrad irgendwann nicht mehr nur Brot nach Itlin werfen würde.

Wie ein Schweben schien es ihr, ihr Kopf leicht von den Tränen, der Körper matt und ausgelaugt. Sie fühlte sich wie festgebundenes Tier. Sie wusste, Irmentraud war zu schwach für das, was sie hier erwartete. Und sonst gab es keinen.

Sie fuhr mit den Händen auf ihrem Bett herum. Zwischen den Falten der Laken streiften ihre Finger etwas Hartes. Sie tastete weiter, fühlte Kanten, die unruhige Fläche übereinander gebundener Pergamente. Ein Buch. Sie schlug es auf und trat an das Fenster.

Es dauerte eine Weile, bis ihre Augen in der Lage waren, das Licht des Mondes zu nutzen und die Worte vor ihr zu entziffern. Sie murmelte, erst leise, dann immer klarer und bestimmter, denn in ihrem Körper sammelte sich eine Kraft, ein Leuchten, das ihr durch die Adern bis in die Gedanken floss.

Sie las den Satz ein zweites Mal. »In principio erat verbum et verbum erat apud Deum et Deus erat verbum«.

Jeder Buchstabe hallte wider in ihr: Im Anfang war das Wort und das Wort war bei Gott und Gott war das Wort. *Gott war das Wort.* Und die Worte, die hatten schon immer zu ihr gehört wie ein Finger oder ein Arm.

Gott war bei ihr. Gott war verborgen zwischen diesen Deckeln und in allen Worten. Und sollten sie Schwerter schwingen und Brotkanten werfen, sie hatten keine Herrschaft über sie. Denn das Wort war bei Gott und das war ihre Heimat.

Worms, Neujahr 946

Er betrachtete den Zug, der sich über den Hügel schob. Von der Ferne glich er einem Wurm; noch konnte man sie nicht erkennen, die vielen hundert Menschen, die bald in seinen Hof strömen würden.

Seit Tagen wartete er darauf. Der ganze Hof wartete darauf. Die Ställe waren vorbereitet, die Speisekammern gefüllt, die Köche konnten vor Müdigkeit kaum noch stehen, die Waschweiber hatten blutige Hände, aber nun strahlte das ganze Schloss, alle Betten waren bereitet. Das Haupt des Reiches konnte sich hier niederlegen und stolz sein.

Eigentlich hätte der König schon im vorigen Jahr kommen wollen. Dann hatte es, wie so oft, Verzögerungen gegeben. Streitereien zwischen Adeligen, denen König Otto seine Aufmerksamkeit schenken musste. Doch nun war es endlich soweit. Otto I. besuchte seinen neuen Herzog. Es würde ein großer Erfolg werden, Konrad wusste es. Er würde dem König zeigen, was für ein Mann er war. Im Schutz ihrer Umhänge griff er nach Gernots Hand.

»Ich freue mich für Euch, mein Herzog«, raunte der ihm zu und strich sacht an der Seite von Konrads Schenkel entlang. Konrad spürte das Blut in seinen Kopf schießen und blickte angestrengt aus dem Fenster.

Die letzten Wochen waren ein Taumel gewesen, unerhört und überwältigend, einer wilden Jagd zu Pferde gleich, bei der die Welt herum verschwamm zu einem Rausch von Farben. Mit Gernot an seiner Seite schien alles möglich. Er würde auch die Ehe mit diesem freudlosen, blassen Mädchen ertragen. Er würde weiter emporsteigen, vielleicht würde er gar die rechte Hand des Königs werden. Die Welt stand ihm offen, er musste nur zugreifen.

—

Edgitha wischte sich eine Schweißperle von der Oberlippe und schluckte gegen die aufsteigende Übelkeit an. Nun zog sie schon seit über fünfzehn Jahren mit ihrem Mann von Hof zu Hof, aber an dieses Schwanken hatte sie sich noch immer nicht gewöhnen können. Ein flaues Gefühl begleitete jede einzelne Reise, jede beschwerliche Meile. Nur ertragen konnte sie es mittlerweile besser. Früher hatte sie manchmal geglaubt, sie müsse sterben.

Sie lächelte bei dem Gedanken an ihr früheres Selbst. Jung, ängstlich, aufgebracht und noch gar nicht bereit, eine Königin zu sein. Glücklicherweise war es ihrem Otto ähnlich gegangen, sie hatten sich gemeinsam in die Aufgabe hineingefunden, waren Vertraute geworden, die nichts auseinanderbringen konnte.

Nun hatten sie beide die ersten grauen Strähnen. Edgitha freute sich, nach dieser Station in Worms endlich eine Weile in Magdeburg zu bleiben. Sie strich ihrem Mann durch das Haar.

»Freust du dich auf unseren Besuch bei Konrad?« Sie wusste, er fühlte eine Zuneigung zu dem ungestümen, zügellosen Mann.

»Ich freue mich vor allem auf ein heißes Bad«, brummte er und blickte weiter aus dem Fenster.

Auch ihm kroch das Reisen nach ein paar Monaten in die Knochen. Aber seit einigen Tagen war er besonders wortkarg. Meistens ritt er, wie es sich für Männer gehörte, zu Pferde. Aber vor allem im Winter suchte er immer wieder ihren Wagen auf unter dem Vorwand, etwas mit ihr zu besprechen. Was er auch oft genug tat, aber genauso oft hatte er einfach das Bedürfnis nach Ruhe. Oder er hielt die wundgeriebenen Schenkel nicht länger aus.

»Bereitet dir etwas Sorgen?« Sie sprach vorsichtig, die Stimme ruhig und gleichmäßig. Als verabreiche sie ihm ein paar Tropfen Medizin, um die Wirkung zu testen.

Zuerst schwieg er. »Ich habe ihm nichts weiter anzubieten«, murmelte er schließlich in die aufgestützte Hand hinein.

»Wem? Konrad?«

Er nickte. »Er ist einer von diesen …«

Er machte eine Pause. Aber sie wusste, gleich würde es aus ihm herausbrechen und dann gab es kein Halten mehr, bis sie einen Weg finden würde, ihn zu beruhigen.

»Diesen Ungestümen! Die nie genug haben! Jetzt ist er seit drei Jahren Herzog, und er wird mehr wollen. Immer mehr. Aber was soll ich denn noch machen? Ihm meine Krone aufsetzen?«

Da war sie wieder. Seine ewige Angst, die Krone zu verlieren. Edgitha griff nach seinem Ohrläppchen und zog zärtlich daran, so wie er es mochte. Und sogleich schlossen sich seine Augen. Nur um sofort wieder aufzuspringen.

»Ich kenne diese jungen Wilden! Sie glauben, sie können alles, ihnen gehört alles! Sie haben keinen Respekt vor dem Alter! Es ist eine Schande!«

Nun lachte sie auf. »Du meinst, so wie du immer voller Respekt fürs Alter warst? Wie bei deiner Krönung?«

Immerhin hatte ihr Mann halb Sachsen vor den Kopf gestoßen, als er sich in Aachen in fränkischer Tracht zum König hatte salben lassen. Mehr als einem Sachsenfürsten hatte vor Empörung der weiße Bart gezittert.

»Das war etwas ganz anderes! Da ging es um Größeres!« Er schaute wieder zum Fenster der Sänfte hinaus. »Wenn wir ihn mit unserer Tochter vermählen könnten, das würde helfen. Aber sein kleingeistiger Vater musste ja diese jämmerliche Familie umgarnen. Mit diesem selbstverliebten Buchvergötterer von einem Provinzgrafen.«

Lesende Männer waren Otto suspekt. Sie hatte ihm zwar erklären können, dass Bücher und belesene Menschen eine Macht für sich waren, eine, die sie nutzen konnten, aber seine Verachtung war nie ganz gewichen. In den Augen des Königs waren Bücher etwas für Kleriker und Frauen. Er selbst konnte kaum schreiben. Die Korrespondenz überließ er zu großen Teilen ihr.

Otto begann auf seinem Polster herumzurutschen. Sie kannte das schon. Wenn er sich aufregte, konnte sein Körper kaum still bleiben.

»Und ich kann mir den Kopf zerbrechen, wie ich diesen Jungstier bei Laune halte.« Er starrte sie an, als habe sie persönlich die Vereinbarung der Heirat verhandelt. Dann wurde sein Blick weich. »Vielleicht kannst du ihn ja umgarnen, meine Königin.« Er legte seine Hand auf ihr Bein. »Deine Hexenkräfte einsetzen.« Er zwinkerte.

Sie nickte. Wie seltsam, dass er nicht verstand, was sie tat. Dass er halb im Scherz, halb im Ernst immer betonte, dass Magie im Spiel sein musste. Warum begriff er nicht, wie einfach die Dinge waren. Männer wie Konrad wünschten sich bloß ein wenig Bewunderung und ein offenes Ohr. Schon liefen sie wie ein gezähmtes Hündchen bei Fuß.

»Ich werde sehen, was ich tun kann.« Sie schaute hinaus auf die lieblichen Hügel, an denen hier und da Weinreben ihre nackt beschnittenen Leiber in die Wintersonne reckten. Einige sollten so alt sein, dass sie bereits zur Geburt des Herrn Jesu Christi wuchsen. So erzählten es sich die Menschen jedenfalls. Edgitha hielt das für Unfug.

Überhaupt hatte sie wenig übrig für die Geschichtenspinnereien, mit denen sich so viele Menschen die Zeit vertrieben. Aber sie hatte verstanden, dass sich damit wunderbar Politik machen ließ. Und so war sie die Edelmütige geworden. Die Gute. Sie spendete den Armen mehr, als der Glaube von ihr verlangte. Sie war immer gütig. Freundlich. Und bedachte all ihre Untertanen mit einem sanften Lächeln. Sie war das große Herz des Königreichs. Und dass die Menschen sie so sahen, erlaubte ihr vieles, was für andere unmöglich gewesen wäre.

Sie wusste, fast jede zweite Adelige glaubte, sie könne mindestens genauso gut Königin sein wie Edgitha und ihr Mann der König. Das war natürlich Unsinn. Ja, die Krone erringen vielleicht. Mit ausreichend Gewalt hatten das schon viele geschafft. Aber wirklich ein König zu sein, dem die Menschen folgten, für den sie Opfer brachten, das gelang nur wenigen. Und nur dann war man ein wirklicher König. Nicht umsonst war nach Karl dem Großen wieder Dunkelheit über das Land gezogen. Seine Nachfolger waren einfach keine wirklichen Könige gewesen. Und Konrad, das wusste sie, würde auch kein König sein. Aber man konnte ihn in dem Glauben lassen, er könnte es. Das schon.

Endlich rumpelte der Wagen durch die Toreinfahrt und auf das steinerne Pflaster des Hofes. Dann stand er still. Nacheinander verließen sie die Kutsche, der Hof war gefüllt von edel gekleideten Menschen mit geneigten Häuptern.

Konrad der Rote stand bereit, um sie zu führen. Er hatte sich verändert. Sein Gesicht schien wie geklärt, die sonst pickelige Haut rein, der massige Körper straffer, weniger aufgedunsen. Aber diese roten Haare, die hellen Wimpern hatte er noch immer. Sie fand ihn hässlich. Er sah aus, wie er war: ein ungezügelter Schlachtenbummler.

Edgitha nahm seine Verbeugung mit einem Nicken entgegen und schaute auf die Gestalt neben Konrad. Ein Ritter von ausnehmender Schönheit. So schön, dass es beinahe unanständig war. Blaue Augen und dunkles Haar, ein dichter, gut gestutzter Bart und in den Zügen eine fast übernatürliche Ebenmäßigkeit.

»Ritter Gernot«, erklärte Konrad, als er ihren Blick bemerkte. »Mein Berater.«

Edgitha lächelte und nickte wieder. Es stimmte also, was man sich von Konrad erzählte.

»Ist das Bad bereit?«, fragte sie. Ein Ritter war nicht unbedingt ein Gespräch wert und ihr schien es klug, einen gewissen Abstand zu wahren.

»Eines für den König und eines für Euch. Wie es die Boten ausgerichtet haben.«

Sie legte so viel Liebreiz wie möglich in ihren Blick. »Es ist eine Wohltat, einen so umsichtigen, zivilisierten Gastgeber zu haben, guter Herzog.«

Konrad sollte sich entspannen. Dann konnte sie in Ruhe überlegen, was ihre Möglichkeiten waren, den Herzog in sein Geschirr zu bringen. Mit unschuldigem Gesicht fragte sie: »Und Eure Verlobte, Herzog Konrad? Sie ist doch schon eingetroffen? Lebt sie sich gut ein?« Sie sah sofort, wie seine Miene sich verfinsterte.

»Doch, doch. Wir bereiten mit Freude die Hochzeitsfeierlichkeiten vor«, antwortete er.

Wie ungeschickt er doch war. Er ließ sich lesen wie ein offenes Buch. Er hasste seine Braut und war mit dem Kopf ganz woanders.

»Ist sie denn nicht gekommen, ihren König und ihre Königin zu begrüßen?« Sie zog ihre Augenbrauen ein wenig hoch und legte großes Erstaunen in ihre Züge.

»Sie … kränkelt. Verzeihung. Heute Abend wird sie kommen.« Er hatte seine Stirn in Falten gelegt. »Die Damen Mechthild und Reglind werden Euch jetzt zum Bad bringen.«

Er konnte es kaum erwarten, sie loszuwerden, das spürte Edgitha. Was für ein hilfloser Kerl. Nun, das würde sich ganz bestimmt nutzen lassen.

Sie ließ sich von den beiden jungen Edelfrauen, die fast noch Kinder waren, in ihr Gemach bringen. Die zwei kicherten vor Nervosität. Edgitha wusste, dass es ein Leichtes sein würde, sie zum Reden zu bringen.

Sie ließ sich von den Ungeschickten entkleiden. Reglind, sie war die Tochter eines Grafen im Lothringischen, verhedderte sich mit der Schnürung des Mantels, Mechthild trat auf das Unterkleid. Ihre Eltern, so erfuhr sie, waren aus einem alten Geschlecht bei Trier. Ihr Onkel sogar ein Bischof.

Edgitha lächelte, auch wenn ihr die beiden Gänse schrecklich aufs Gemüt gingen. Sie wusste jedoch, dass es kaum etwas Besseres gab, das Vertrauen von Menschen zu erlangen, als ihre offensichtlichsten Fehler zu übergehen.

Die ersten Minuten im heißen Wasser ließ sie in Stille verstreichen. Sie genoss, wie die Hitze das eisige Gefühl der Straße vertrieb. Die Reiserei sollte sie sich im Winter wirklich ersparen. So wackelig war Ottos Thron nun nicht mehr.

Mit geschlossenen Augen versuchte sie ein wenig auszuruhen. Doch sobald sie still wurde, spürte sie ein leises dumpfes Pochen in ihrem Kiefer, das sie nicht ruhen ließ. Je stiller sie wurde, desto klarer wurde das Bohren, das irgendwo tief in ihrem Knochen zu sitzen schien. Es war fast wie eine Stimme, die aus der Schwärze ihres Körpers zu ihr rief. Ein Schauder durchfuhr sie; keiner der Kälte, sondern einer der Furcht. Sie schob sich in der Wanne in eine sitzende Position und riss die Augen auf.

Die beiden Mädchen schauten sie an wie zwei Eulen, die von der Sonne geblendet wurden.

Stell dich nicht so an, herrschte sich Edgitha in Gedanken an. *Ein kleines bisschen Schmerz, was soll das schon.* Sie ließ sich wieder zurück ins Wasser gleiten.

»Nun, ihr zwei zauberhaften Vögelchen«, begann sie und beobachtete voller Genugtuung, wie sich auf beiden Gesichtern ein einfältiges Lächeln breitmachte. »Wollen wir uns nicht die Zeit mit ein wenig Plauderei vertreiben?«

Die beiden Mädchen blickten einander an und kicherten. Manchmal wünschte sie wirklich, die Menschen wären nicht so simpel. Dann wäre das alles nicht so vorhersehbar und fad. Es war mühsam, sich bei Laune zu halten. Sie setzte ihr friedvolles Lächeln auf. »Dann erzählt doch mal, meine kleinen Lämmchen. Wie ist der Winter in Worms?«

—

Das musste sie Konrad lassen: Er verstand es, sein Schloss einzurichten. Preziosen und Kuriositäten dekorierten die Räume. An den Wänden hingen Hörner aus Elfenbein, vermutlich von diesen riesigen grauen Tieren aus Afrika, gebogene Schwerter der Sarazenen und kostbarstes Webwerk, das durchaus mit den Wandbehängen in ihrer Pfalz in Magdeburg mithalten konnte.

Und die Lichter. In fast jeder Ecke schien es zu schimmern und zu leuchten. Das wollte sie sich merken. Mehr Lichter. Das schien einen Zauber zu verbreiten, der die Menschen geradezu ehrfürchtig machte.

Auf den Tischen standen die Speisen dicht an dicht. Wildbret gespickt mit exotischen Orangen, ein im Ganzen gebratener Schwan, der seinen geschmorten Kopf in die Luft reckte, als wolle er sich noch immer über sein Schicksal beschweren, Körbe voller Brotlaibe, und sogar das Wintergemüse aus verschiedenen Kohl- und Rübenarten sah einigermaßen schmackhaft aus. Sie wusste, dass der Wein, den sie hier bekommen würden, eine Köstlichkeit war. Die bereitstehenden Teller und Becher waren

Kunstwerke und auf ihrer polierten Oberfläche spiegelten sich die Kerzenflammen tausendfach.

Wenn Konrad es nun auch noch gelungen war, ein paar leidliche Tänzer, Musiker und Spaßmacher herzuholen, dann konnte das ein nicht ganz so trüber Abend werden, wie sie ihn oft auf ihren weiten Reisen hinter sich bringen musste.

Wie trist es auf den meisten Burgen, Schlössern und Klöstern zuging. Und um ihnen fernzubleiben, musste sie einen wirklich guten Grund haben. Sonst erzählte man sich ein paar Wochen später im ganzen Land, die Königin läge im Sterben.

Ja, ihr Leben war sehr viel mühseliger, als sie es sich vorgestellt hatte, damals, als sie begeistert davon gewesen war, auf den Thron zu steigen.

All diese Kleinigkeiten, auf die sie achten musste. Nie durfte sie die Zügel lockerlassen. Und dann war da noch Otto, der immer jemanden brauchte, damit er keinen Unsinn anstellte, Kriege anfing, die sinnlos waren, oder den falschen an den Galgen brachte.

Ihre Mutter hatte sie nicht vorgewarnt. Aber vielleicht war es ihr auch weniger schwergefallen. Sie hatte eine leichtfüßige Art gehabt und das Leben heiter genommen, bis sie schließlich, fast über Nacht, an einem Fieber gestorben war.

Edgitha schaute sich um. Viele der Gäste waren schon da, aber der Wein war noch nicht geflossen. Eine seltsame Stille lag über dem Saal, hier und da von verhuschten Gesprächen durchbrochen. Zwischen den Glasfenstern hatte Konrad eine eigene Tafel mit drei thronartigen Stühlen aufstellen lassen, daneben einige gewöhnliche Stühle. Otto hatte recht. Der junge Herzog wollte hoch hinaus und das schrie er auch noch in die Welt. Sie mussten sich tatsächlich etwas einfallen lassen. Wo war nur diese Braut? Vielleicht war mit ihr etwas anzufangen.

Das Licht der Kerzen fing sich in den Edelsteinen des Stirnbands, aber das war es nicht, was Hrotsvits Blick festhielt. Es war, wie sie ihren Körper bewegte, mit einer Anmut und Bestimmtheit, die sich doch eigentlich widersprachen, aber in dieser Frau ganz selbstverständlich zusammenkamen. Die Gruppen im Raum teilten sich vor ihr wie vor Moses das Meer. Keiner sprach sie an, aber alle warfen ihr Blicke zu. Der Schleier war straff um das Gesicht gezogen, was die schmale edle Nase und die hohen Wangenknochen hervorhob. Das musste die Königin sein.

Hrotsvit überfiel eine plötzliche Sehnsucht, die sie kaum in Worte fassen konnte. Das Bedürfnis, sich aus dem Fenster zu stürzen, um wie ein Vogel singend in die Nacht zu fliegen.

Sie wusste nicht, was dieser Abend bringen würde, ob Konrad sie nicht bemerken, oder ob sie wieder in den brennenden Strahl seines Zorns geraten würde. Ob Gernot dann das Schlimmste verhinderte, oder ob sich sein Mitleid erschöpft hatte.

In die Tasche ihres Kittels suchte sie nach dem Griff des Schmuckdolches, den sie in einer Schatzkiste gefunden hatte. Egal, was kommen würde. Diesmal war sie vorbereitet.

Mit Irmentrauds Milch hatte Hrotsvit es aufgesogen, das irdische Leben bedeutete Leiden und Prüfungen. Aber dies war nicht das Unglück, das sie leben wollte. Langsam erdrückt, immer kleiner und kleiner zu werden, bis sie nichts mehr war als ein Tier, das sich prügeln ließ. Nein, das war sicher nicht das Leid, das sie dem Himmel näherbrachte. Das konnte es nicht sein. Leiden konnte sie. Ganz gewiss. Aber sie wollte ein wilderes Leid, ein Leiden, das ihr gehörte.

Der Saal verstummte, als sie aus einer dunklen Ecke auf die Königstafel zutrat. *Das ist sie also, die ungeliebte Braut,* dachte Edgitha bei sich. Ja, dass diese Eheschließung in Frieden und Harmonie münden sollte, das konnte sie sich schwer vorstellen. In den Augen dieses Mädchens war etwas Störrisches, ein Feuer, nahe am Wahnsinn, aber doch nicht ganz, was allein schon irritierend war. Und nun stand sie da. Mit einem einfachen Schemel in der Hand. In ihrer Klosterkluft.

Sie stellte den Hocker mit einem Knall auf den Steinboden am anderen Ende der Tafel. Dann verneigte sie sich tief: »Mein König, meine Königin, ich bin geehrt, mit Euch an einer Tafel zu speisen.«

Na, ganz hat sie also nicht ihre Manieren verloren, dachte Edgitha und spürte, ganz gegen ihren Willen, dass sie diese junge Frau mochte. Zumeist fand sie Aufmüpfigkeit vor allem anstrengend. Aber diese Hrotsvit trug etwas in sich, das über Ungezogenheit hinausging. Es schien, als könne sie gar nicht anders.

»Die Freude ist ganz meinerseits, Gräfin von Reinhausen.« Sie lächelte ihr Königinnenlächeln und hob ihren Becher. »Nicht wahr, mein Gemahl?«

Otto nickte und hob ebenfalls sein Glas. Sie wusste, dass er in diesem Mädchen nichts sah. Es konnte kein Schwert halten, vermutlich schlecht reiten und buhlte nicht um seine Gunst. Das reichte, um seine Aufmerksamkeit sterben zu lassen. Fast bedauerte sie ihn. Er verstand so wenig von der Welt.

Die Musik setzte ein. Ein zartes Spiel von Psalterium, Laute und einer Knochenflöte, die der Musiker weich und klagend zu spielen wusste. Eine dunkle Trommel gab dem Lied Halt und Tiefe. Edgitha schloss die Augen und ließ sich für einen Moment von der sehnsüchtigen Melodie forttragen. Wenn man doch immer Musik hören könnte!

»Was soll das?«, schnitt ihr Konrads Stimme in die Gedanken. »Was trägst du diese Lumpen?«

Natürlich war es ungewöhnlich, dass Gräfin Hrotsvit in ihrem Habit zum Essen auftauchte. Aber durchaus nicht verboten. Ja, manche würden das einfach als Bekenntnis zu großer Gottesfurcht verstehen.

Edgitha öffnete ihre Augen. So war es immer. Kaum hatte sie ein wenig Zerstreuung, die ihr wirklich etwas bedeutete, dann kam gewiss wieder eine Schwierigkeit auf, die ihre Aufmerksamkeit brauchte.

Hrotsvit hatte ihr Haupt gesenkt, die Wangen rot. »Das sind keine Lumpen«, sagte sie schließlich. Edgitha sah, wie sehr die junge Frau sich schämte. Nicht, weil sie bloßgestellt wurde, das glaubte sie nicht. Vielmehr, weil sie nicht so stolz geantwortet hatte wie in ihrer Vorstellung.

Hrotsvit spürte die Ohren unter dem Schleier aufglühen. Sie hatte sich vorgenommen, seine Angriffe mit einem Lächeln abprallen zu lassen, geschützt von der Liebe Gottes. Wie Antonius im Angesicht der Dämonen. Aber sie schaffte es kaum, seine Worte zu parieren. Sie hätte sich die Haare ausreißen mögen zur Strafe.

»Was glaubst du eigentlich …« Konrads Stimme schien mit jedem Wort lauter zu werden.

»Nun, dann reicht mir doch ein Stück von diesem köstlich aussehenden Schwan«, fiel ihm die Königin ins Wort. Eine unerhörte Respektlosigkeit. Wäre sie nicht die Königin gewesen.

Hrotsvit blickte vorsichtig hinüber und es schien ihr, als zwinkerte die Königin ihr zu, aber sicher war sie sich nicht.

Konrad gehorchte, legte ein paar Stücke Fleisch auf den Silberteller der Königin. Zuerst hatten seine Bewegungen etwas Störrisches, aber dann fügte er sich; die Königin lobte noch einmal ausführlich die Dekoration des Saals, die Musik und überhaupt das gelungene Fest, was Konrad sichtlich freute und einfach so glitt der Augenblick aus Schrecken und Peinlichkeit hinaus und das Gelage ging weiter, als sei nichts geschehen. Der gleichmäßige Klang vieler Gespräche erfüllte erneut den Raum, das Spiel der Musiker wurde kräftiger, Messer, Geschirr und Becher klimperten im altvertrauten Takt. Fast hätte sie geschluchzt vor Erleichterung. Und vor Scham. So hatte sie es sich nicht vorgestellt. Sie hatte erhaben sein wollen, überlegen in Würde und Grazie des Glaubens. Sie hatte keine Hilfe gewollt. Auch nicht von der Königin.

Sie konzentrierte sich auf die Musik, die nun in heiterere Melodien gefunden hatte. Sicher kamen bald die Spaßmacher und die Gaukler und würden die Erinnerung an diesen erschreckenden Moment vertreiben, und was dann noch blieb im Geist des einen oder anderen Gastes, das würde der Wein auslöschen.

Hrotsvit betrachtete die Musiker. Verwoben mit ihren Instrumenten, als seien es Körperteile von ihnen. Und plötzlich fiel ihr ein, dass sie kaum mehr ein Buch in den Händen gehabt hatte, seit sie in Worms eingetroffen war. Konrad hatte lediglich eine Bibel, mehr ein Geschmeide als ein Buch, außen mit Edelsteinen besetzt und innen mit Schmuckbuchstaben in leuchtenden Farben und Blattgold. Sie traute sich kaum, es zu berühren. Und eine Bibel hatte sie selbst. Das einzige Buch, das sie besaß.

Sie hatte noch ihre Wachstafeln. Wieder und wieder hatte sie versucht, ein paar Zeilen zu schreiben. Sätze, die ihr manchmal in den Sinn kamen, sie nicht mehr losließen und an denen sie probierte, den Takt des Klanges fließen zu lassen wie bei den alten Römern. Sie mochte es so gern, wenn Klang und Bedeutung gleichermaßen schön waren. Worte und Sätze abzuwägen, neu zu formen, Sinn und Melodie umeinander tanzen zu lassen wie zwei Schmetterlinge. Es war ihr allerliebstes Spiel gewesen. Eines, von dem nur Irmentraud und Riccardis gewusst hatten. Doch seit sie in Worms war, war es stumm in ihr geworden. Als hätte das Leben in Konrads Schloss ihren Kopf gelähmt.

Tiefe Müdigkeit erfasste ihre Glieder. Gern hätte sie sich zusammengerollt unter dem Tisch, um nie wieder aufzuwachen, oder erst nach Jahrhunderten. So wie die sieben Schläfer, die mit Gottes Hilfe Zeit und Tod besiegt hatten. Fliehen, in eine Nische, und schlafen, bis es in der Welt einen Platz für sie gab, und wenn es für Jahrhunderte war, was konnte es Schöneres geben. *Maria, Mutter Gottes und Heilige Katharina, Schützerin aller Mädchen und Frauen*, betete sie leise. *Helft mir.*

»Warum isst du nichts?« Er konnte die Wut in seiner Stimme kaum unterdrücken. Wie sie dort saß, in ihrer Nonnenkutte, ohne jeden Schmuck, ohne jeden Reiz, ohne jeden Wert. Jetzt, wo der König bei ihm zu Gast war, musste sie ihn so vorführen. Stumm blieb sie auch noch. Anstatt das Gespräch zu bereichern! Wozu hatte sie denn sonst jahrelang im Kloster gesessen und irgendwelchen Unsinn gelernt! Nichts hatte er davon! Gar nichts. Und nun verweigerte sie auch noch das Essen! Er hatte ein wahrlich königliches Mahl zusammengetragen. Und sie zeigte nicht einen Funken Dankbarkeit.

Er wünschte, er wäre allein mit ihr und könnte sie mit dem Dolch aufschlitzen von unten nach oben, dass ihre Eingeweide herausquollen, während sie ihn mit diesem unsäglich dummen, ungläubigen Blick der Sterbenden anschaute. An den Haaren packen und herausschleifen, das sollte er tun. Oder ihr wenigstens das Maul stopfen mit einem Stück Braten, damit ihr diese überhebliche heilige Miene endlich verging. Er stellte sich vor, wie sie um Luft ringen würde, der Fleischsaft übers Kinn rinnend, ihre Augen vor Schreck geweitet.

»Warum isst du nicht?«, herrschte er sie noch einmal an, über den Tisch hinweg. Aber sie schwieg weiter, als sei sie ganz in sich gefangen. Ja, vielleicht hatte sie ihn nicht einmal gehört.

Er hatte das Gefühl zu platzen. Sie machte ihn zum Gespött, ein kleines Mädchen, das nichts war und nichts konnte.

Es war genug. Er stand auf, griff in die Schale mit dem aufgeschnittenen Wildschweinbraten und ging mit einer Faust voller Fleischstücke zu ihrem Platz. Sie würde büßen. Da mochte sie Gott anbetteln, wie sie wollte. Der interessierte sich nicht für aufmüpfige Weiber. Er hatte es nicht gewollt, aber sie gehörte ihm. Und das würde sie nun ein für alle Mal begreifen.

Sie sah seine Bewegung aus dem Augenwinkel. Vom Stuhl aufzuspringen und einen Schritt zurückzumachen war kein bewusster Entschluss gewesen, es war die Bewegung eines Tieres, das Schutz suchte. Sie riss den Dolch aus dem Gewand; es dauerte zwar, bis sie die Klinge aus der Scheide befreit hatte, doch er hielt inne für einen Moment, das triefende Fleisch in den Händen, und dann hatte sie den Dolch in der Hand, die blitzende Klinge hoch über ihren Kopf erhoben. Sie standen voreinander, zwei Ringer vor dem Zweikampf, und in diesem Moment war sie in der Lage des Stärkeren, sie hatte die Waffe, er stand nur da mit dem Fleisch.

Sie wollte ihm sein Gesicht zerschlitzen, dieses hassenswerte, liederliche Gesicht, ihm das Grinsen abschaben wie dem Fisch seine Schuppen. Die Lust ihn zu morden kitzelte sie, doch etwas bremste ihre Bewegung und als, nur Augenblicke später, eine sanfte Hand den Dolch aus ihren Fingern löste, schluchzte sie auf vor Erleichterung.

»Das sind ja heitere Sitten hier im Süden! Macht der gute Wein so ein hitziges Temperament, sagt? Dann muss ich meinem König wohl etwas Wasser drunter mischen?« Ein erleichtertes Gelächter huschte durch den Saal.

Hrotsvit blinzelte die Königin ungläubig an. Schweißtropfen blühten auf ihrer Stirn und sie hatte das Gefühl, eine weite Wüste durchwandert zu haben. Ihre Knie hielten ihr Gewicht nur widerwillig. Die Königin schob sie sanft auf ihren Hocker.

»Lieber Herzog, Eure Bescheidenheit von der Hand in den Mund zu leben ehrt Euch, aber meint Ihr nicht, Euch schmeckte das Fleisch noch besser, wenn Ihr es von einem Teller essen würdet?«

Wieder gab es Gelächter. Sie geleitete den nun lächelnden Konrad zurück zu seinem Platz und hielt ihm den Silberteller hin, worauf er auch brav seinen Braten ablegte. Hrotsvit betrachtete die Königin und es schien ihr wie Zauberei, was sie dort vollbrachte.

»Ich bin Euch überaus dankbar, dass Ihr die Stimmung ein bisschen in Schwung gebracht habt! Diese Feste werden doch allzu leicht etwas träge …« Sie ließ ihr glockenhelles Lachen durch den Raum zwitschern und nun lachten alle Gäste, einige hoben ihre Becher voll Wein, sie waren nicht mehr Zeuge eines dramatischen Streites zweier Verlobter, sondern Teil einer heiteren Einlage ihrer geliebten Königin.

Es war alles so einfach, dass es Edgitha langweilte. »Ritter Gernot!«, rief sie. »Man sagte mir, Ihr könnt ganz köstliche Lieder über den Herzog zum Besten geben! Lasst hören!«

Sie klatschte zweimal in die Hände und Gernot erhob sich, lächelte und begann zu singen. Ja, er hatte tatsächlich auch noch eine recht hübsche Stimme. So viele Tugenden in einem Mann. Es war wirklich schade um ihn.

Sie wartete noch ein paar Augenblicke, bis alle zu dem Sänger schauten und die meisten in das grobe Schlachtenlied eingestimmt hatten. Dann huschte sie leise zu Hrotsvit hinüber. Sie saß bleich und unbewegt auf ihrem Hocker, in ihrer Hand noch immer die prunkvolle Scheide des Dolches.

Edgitha nahm sie am Arm und führte sie hinaus. Willenlos ließ sie sich mitziehen. Zum Glück waren ihre Gemächer nun leer, auch ihre Dienerinnen ließen sich das Essen schmecken. Denn alles, was sie jetzt noch brauchte, waren ein paar Momente Ruhe mit diesem Mädchen und einen Ort, an dem sie sich sicher und geborgen fühlen konnte. Es war doch wirklich heiter, wie sich hier alles fügte. Edgitha wäre fast nach Singen zumute gewesen, wenn nicht dieser seltsame Schmerz zurückgekehrt wäre, der in ihrem Kiefer saß wie ein nagendes Tier.

—

Im Gesicht des Mädchens konnte man die Tränen des Vorabends noch sehen. Die Lider waren geschwollen, ihre Augen hatten den reingewaschenen Ausdruck der Erlösten. Sie saß aufrecht in der hinteren Ecke des Wagens, aufmerksam schauend wie ein Hündchen, das seiner Herrin gefallen will. Edgitha lächelte ihr aufmunternd zu. Vermutlich hatte Hrotsvit wenig geschlafen nach den aufwühlenden Ereignissen.

Die Königin strich über die zarte Mädchenwange. Mager war sie. Sie würde sie mit kandiertem Obst und süßem Wein auf der Reise füttern, das könnte vielleicht helfen. Ja, sie mochte dieses Kind. Was hilfreich war, denn bis sich die Wogen geglättet hatten, würde sie das Mädchen bei sich behalten müssen, damit die Geschichte von der gütigen Königin keine Kratzer bekam.

»Ruh dich ein wenig aus«, sagte sie und schob ihr noch ein Kissen in den Nacken, ein Geschenk aus Byzanz, goldbestickte, dunkelrote Seide, mit der Unterwolle von Kamelen gefüllt. Sie wollte ihr zeigen, was am Hof des Königs möglich war. Hrotsvit durfte auf keinen Fall das Gefühl bekommen, sie könnte einen schlechten Tausch gemacht haben.

»Ich muss noch einmal in das Schloss, ich habe etwas vergessen.« Sie versuchte es leichthin zu sagen, aber sie sah die Panik in Hrotsvits Augen aufglühen.

»Keine Sorge«, sie hielt ihre Hand für einen Moment. »Du musst nicht zurück. Ich stehe zu meinem Wort.« Die Anspannung in Hrotsvits Körper ließ nach. »Außerdem hat auch Konrad eingewilligt, dass die Verlobung aufgelöst wird.«

Dass die Begründung lauten würde, dass Hrotsvit nicht ehefähig war, erwähnte Edgitha nicht. Sie hatte es gestern Abend einfach so klingen lassen, als ob der Bruch dieser Verlobung eine Lappalie war. Etwas, dass sie als Königin mit einem Fingerschnippen in Wohlgefallen auflösen konnte. Dabei würde es einige Verwerfungen mit sich bringen, vor allem für Hrotsvit. Und vielleicht würde auch Edgitha noch Unannehmlichkeiten aushalten müssen, etwa den Zorn von Graf Allo. Aber das würde sich auszahlen am Ende und das Haus Reinhausen war viel zu unbedeutend, um wirklich Ärger machen zu können. Dieser Konflikt würde verblassen, so wie eigentlich alles irgendwann verblasste.

Edgitha schob den Vorhang zur Seite und rief: »Wache! Ritter Ignaz soll kommen, mich zu begleiten.«

Es war von großer Wichtigkeit für eine Königin, jemanden wie Ritter Ignaz zu haben. Treu, nicht nur bis zum Tod. Auch treu, wenn sich Gut und Böse nicht ganz so klar unterschieden, wie es sonst die Menschen gerne glauben wollten. Eine Treue ohne Wenn und Aber. Dass sie so jemanden brauchen würde, hatte sie von ihrer Mutter gelernt und sie war für den Rat schon oft dankbar gewesen.

Sie konnte seine Schritte erkennen, bevor sie ihn sah. Schwer vom Gewicht seines großen Körpers und der Rüstung, die er trug. Sie waren nie eilig und doch schaffte er es, immer zur rechten Zeit da zu sein.

Er half ihr aus dem Wagen. Sie mochte es, wie ihre Hand in der seinen fast verschwand. Und doch würde Ritter Ignaz ihr gehorchen, ohne Widerspruch, ohne zu fragen. Auch dieses Mal.

Sie nickten einander zu und gingen die Treppen zu Konrads Gemächern hinauf.

Er stand am Fenster, gemeinsam mit Gernot schaute er auf sein Land hinaus. Sie schienen eine Route zu besprechen, vermutlich eine Jagd, eine große Leidenschaft der beiden. Ohne ihre Gesichter zu sehen, konnte Edgitha es spüren, ihre Heiterkeit, die Erleichterung, dass das Schicksal sie von der unbequemen Verlobten erlöst hatte. Vermutlich fühlten die beiden sich frei in diesem Moment.

Konrad hatte ihre Schritte gehört und drehte sich um: »Meine Königin!«, rief er freudig, aber da war Ignaz schon bei ihnen angekommen. Edgitha bevorzugte zügiges Vorgehen in solchen Situationen. Tränen und Geschrei gab es sowieso, da war es ihr lieber, das Wesentliche gleich zu erledigen.

Ignaz hatte Übung, das war in jeder seiner Bewegungen zu erkennen. Gernot war ein erfahrener Kämpfer, groß und kräftig. Doch Ignaz ging so ruhig auf ihn zu und zückte das Messer so lautlos und schnell, dass Gernot erst zu begreifen schien, was ihm passiert war, als er um Luft ringend in seinem eigenen Blut kniete und versuchte, die Wunde mit seinen Händen zu verschließen. Es würde ihm freilich nichts nützen, die Luftröhre war durchtrennt, so wie die Halsschlagader. Und da fiel er auch schon um, den schreienden Konrad an seinem Körper zerrend. Aber es war zu spät.

Edgitha war ein paar Schritte zurückgeblieben. Blut konnte erstaunlich weit spritzen, wenn es aus menschlichen Körpern geschossen kam, und sie wollte ihre Reisekleidung nicht wechseln müssen. Das hätte nur unnötige Fragen aufgebracht.

»Du Biest! Du *Hexe*! Ich bringe dich um!« Konrad zog sein Schwert und wollte sich in ihre Richtung stürzen. Auch das hatte Ignaz im Blick; in solchen Situationen passierte meist dasselbe. Er hieb dem Fürsten mit seinem Schwertknauf auf den Arm, dann in den Rücken, sodass Konrad der Länge nach hinfiel, und stellte den Fuß auf sein Kreuz. Der Herzog wand sich in der Blutlache, weinte und fluchte, aber vorwärts kam er nicht.

»Hör mir zu, Konrad. Das ist jetzt für uns beide schwer.« Sie ging einen kleinen Schritt vorwärts, aber nicht zu weit, das Blut hatte sich schon im Raum verteilt. »Ich greife nur ungern zu so drastischen Maßnahmen, das kannst du mir glauben. Aber eure

Liebelei war schon Schlossgespräch und das kann ich nicht dulden.« Sie seufzte.

»Ich persönlich störe mich gar nicht daran. Obwohl ich mich schon frage, was …« Sie betrachtete den noch immer schluchzenden Konrad. Das rote Haar verklebt von rotem Blut, das Gesicht bleich und verzerrt. Ja, sie konnte sehen, wie sehr er litt, und sie überkam eine Ahnung, dass es da etwas Besonderes gab. Dass dieser rohe Mann etwas kennengelernt hatte, was ihr vollkommen fremd war. Aber das konnte sie nun auch nicht mehr ändern und eigentlich tat es nichts zur Sache.

»Du wirst es jetzt noch nicht sehen wollen, aber ich habe dir einen Gefallen getan. Der König weiß nichts von euren … Umtrieben. Er würde dir vermutlich dein Gemächt entfernen, es am höchsten Turm aufhängen und dich nackt durch die Stadt jagen. Also behalten wir es lieber für uns. Er hat da wenig Toleranz.«

Sie machte eine kurze Pause. Noch immer tobte der Herzog, schrie wilde Flüche und versuchte sich unter Ignaz' Fuß hervorzuwinden. Er hörte ihr überhaupt nicht zu. Natürlich würde er irgendwann aufgeben, die Kraft würde weniger werden. Aber sie hatte nicht so viel Zeit, der Hof würde nicht ewig auf die Königin warten, ohne sich zu fragen, was sie eigentlich noch im Schloss zu schaffen hatte.

Sie atmete tief aus und gab Ignaz ein Zeichen. Der drehte den Herzog auf den Rücken und bohrte im die Schwertspitze in die Haut des Halses. Ein Blutstropfen trat hervor, hell und frisch. Konrad erstarrte.

Sie blickte ihm in die Augen, wasserblau und blankgeputzt schauten sie zu ihr hinauf. Die Angst um das nackte Leben hatte immer wieder eine beeindruckende Wirkung auf Menschen.

»Willst du leben oder sterben?«, fragte sie.

Es dauerte ein paar Augenblicke, aber schließlich stammelte er: »Leben«.

»Wunderbar«, sie lächelte ihn mit ausgebreiteten Armen an. »Dann sind wir uns ja einig. Tu, was ich dir sage, und du wirst leben, und das gar nicht schlecht, glaub es mir.«

—

War sie tatsächlich frei? Der Albtraum der letzten Monate einfach vorbei? Alles schien ihr unwirklich, viel zu plötzlich. Sie befühlte die roten Kissen, die Vorhänge, betrachtete das eingefärbte Sonnenlicht, das auf ihre Hände fiel. Nein, das war kein Traum.

War das wirklich passiert? Die Königin hatte ihre zitternden Hände gehalten und ihre Tränen mit ihrem Schleier getrocknet. Und als es aus ihr herausbrach, dass sie lieber sterben würde, als diesen Mann zu heiraten, da hatte die Königin verständnisvoll genickt. Sie hatte nicht gesagt, dass ihre Aufgabe als Frau es doch war zu heiraten und wie gut es das Schicksal mit ihr gemeint hatte, dass sie, als kleine Grafentochter, einen Herzog ehelichen würde.

Sie würde sie unter ihren Schutz nehmen, hatte die Königin gesagt. Sie würde sie einfach mit nach Magdeburg in die Königspfalz nehmen. Dort würden sie zur Ruhe kommen, dem Frühjahr entgegensehen. Und dann würde sich schon ein Plätzchen finden für Hrotsvit.

Mit einem Federstreich hatte die Königin alles Leid aufgelöst. War das Gottes Hand?

Sie taumelte zwischen Freude und Angst. Sie stellte sich vor, wie er kam und sie an ihren Haaren aus dem Wagen schleifte, lachend ihren Leib blutig schlug. So echt, dass sie bei jedem Schemen, der hinter den Vorhängen ihres Wagenfensters vorbeihuschte, glaubte, nun müsste es soweit sein.

Erst als die Königin wieder in den Wagen stieg, wurde sie ruhiger. Die Schönheit dieser Frau, ihre Anmut, ihre Großherzigkeit, es überwältigte sie aufs Neue.

»Habt Ihr gefunden, was Ihr gesucht habt, Eure Hoheit?«, fragte sie schließlich, nervös, ob sie die richtigen Worte traf.

»Du gutes Kind«, lächelte die und strich ihr wieder über die Wange. »Ja, es hat sich alles ganz wunderbar gefügt. Nun können wir abfahren. Ich freue mich schon auf Magdeburg. Du wirst sehen, ein ganz wunderbarer Ort. Auch wenn die Königspfalz noch nicht fertig ist.« Sie ließ sich in die Kissen sinken.

»Manchmal wünschte ich, wir könnten für immer in Magdeburg bleiben. Auch wenn ich meinen Mann gern begleite, diese ganze …«, sie zog die Pelzdecke enger um sich. Im Wagen war es kaum wärmer als draußen, »… Reiserei ist doch recht beschwerlich. Aber ein König muss nun mal zu seinem Volk. Und eine Königin trägt ihren Teil bei.« Sie griff an ihren Hals und zog ein Fläschchen an einer langen Kette hervor.

»Du bist ganz blass, mein Kind. Nimm ein paar Tropfen von dieser Medizin. Dann kannst du besser ausruhen. Wir haben einen langen Weg vor uns. Und jetzt mach den Mund auf.«

Hrotsvit nickte und ließ sie die milchige, zähe Flüssigkeit auf die Zunge tropfen. Und tatsächlich, nach wenigen Minuten glitt sie in einen totengleichen Schlaf.

Edgitha atmete tief durch und holte eine Glaskaraffe mit süßem Wein hervor. Die ganze Geschichte mit Konrad und diesem Gernot hatte sie mehr aufgewühlt, als sie gedacht hatte. Den Tod zu sehen war eben doch etwas anderes, als nur von ihm zu hören. Auch deshalb versuchte sie Ignaz in solchen Momenten zu begleiten, wenn es möglich war. Sie wollte sich nicht vor dem Blut und der Körperlichkeit drücken. Es war nicht so, dass ihr nach dieser Gewalt gierte. Aber die Eindeutigkeit der Gefühle, die in diesen Situationen aufkamen, die Unabänderlichkeit ihrer Entscheidungen an diesem Punkt, wenn Ignaz einen Körper durchbohrte, das alles brachte etwas in ihr zum Schwingen, gab ihr das Gefühl, lebendig zu sein.

Zum Glück schlief dieses Mädchen. Sie hatte wirklich keine Geduld, sich weinerliches Geschwätz anzuhören. Sicher, es gab einfachere Ehen als mit diesem Schlachtentümmler und Männerfreund. Aber es gab auch schlimmere. Sie hätte sich nur ein wenig Mühe geben müssen, dann hätte sie diesen Mann schon in den Griff bekommen. Klug genug war sie ja.

Stattdessen diesen Klagegesang anzustimmen. Edgitha schnaubte. Na, die Kleine würde schon sehen, wohin sie das brachte, wenn sie erstmal in einem drittklassigen Kloster versauerte. Was für eine Verschwendung.

Vielleicht konnte sie das Mädchen doch noch ein wenig formen und sie dann als ihre Verbündete an einen Mann bringen.

Der Graf von Reinhausen würde sicher dankbar sein, wenn sie seine Tochter doch noch verheiratete. Obwohl sie nach dieser Angelegenheit so gut zu verheiraten war wie ein Ziegenbock mit Krätze. Aber das würde ihr auch noch gelingen.

Sie goss den Wein in den feinen Silberbecher mit goldenen Beschlägen und nahm einen Schluck. Eigentlich sollte sie feiern. Vor wenigen Tagen war Konrad noch ein unangenehmes Problem gewesen, das dem König den Schlaf geraubt hatte. Nun, nur eine glückliche Fügung und ein paar kluge Überlegungen später, hatte sie ihn voll und ganz in ihrer Hand, und wenn eine Weile ins Land gegangen war, würde Konrad ihre Tochter heiraten und dann hatten sie diesen Bluthund endgültig an die Kette gelegt. Otto würde zufrieden sein.

—

Konrads Hände zitterten so sehr, dass er mit dem Lappen geschwungene Linien auf Gernots blutverkrusteter Haut hinterließ. Er strich durch dessen dunklen Bart, berührte seine bleichen Lippen, die blaugeäderten geschlossenen Lider. Sein Körper wurde schon grau und kalt.

Sein Gernot, nichts mehr als eine Hülle, die Seele entflogen. Und doch, so schön. Auch im Tod so voller Liebreiz, dass es Konrad fast zerriss. Es war ein Schmerz, der für ihn neu und grausam war, so überwältigend, dass er glaubte, sterben zu müssen. Und wie konnte es anders sein? Wie konnte sein Leben weitergehen?

Aber sein Körper sog weiter den Atem ein, sein Herz weigerte sich, innezuhalten. Und so erlitt Konrad jeden Moment, Herzschlag für Herzschlag, während die Erkenntnis in ihn einsank, dass Gernot wirklich tot war. Und er allein und voller Leid. Er, der mutigste aller Krieger, überwältigt von einem Schmerz, der seinen Verstand überstieg.

Er verbarg sein Gesicht in Gernots Haar und sog noch einmal seinen Geruch ein, der mit nichts zu vergleichen war. Sein Körper krümmte sich in einem Schluchzen und er hätte sich gern eingeredet, dass es nicht stimmte, dass vor ihm kein Toter lag, dass Gernot sogleich seine Lider aufschlagen würde, mit einem

Lächeln, in dem er Freude sehen konnte, die Freude über ihn, Konrad. Er hätte es nie für möglich gehalten, dass ein Mensch ihn so sehen könnte. Dass in den Augen eines Menschen solch ein Glück aufleuchten könnte, nur weil er, Konrad, da war.

Er zog Gernot seine kostbarsten Gewänder an, steckte an jeden seiner Finger einen goldenen Ring. Er schmückte seinen Körper mit Ketten und um die Hände wand er einen Rosenkranz aus Edelsteinen.

Schließlich wickelte er ihn in ein weißes Seidentuch, dann in eines aus Leinen und machte das Zeichen des Kreuzes über dem Leib.

»Vergibst du mir, liebster Freund?«, seine Stimme war heiser vor Tränen. »Hätte ich gewusst …« Er verstummte. Die Last der Schuld war zu schwer für Worte.

Er hoffte, Gernots unsterbliche Seele würde ihn hören und wissen, wie es um ihn stand. Es war, als hätte der Schmerz ihn ganz ausgehöhlt, und nun wusste er nicht mehr, warum er vorhin nicht hatte sterben wollen. Doch dann flackerte es wieder auf. Er würde dieses Hexenweib und ihren feigen König hinfort fegen. Das war nicht leichtgemacht. Es würde ihm alles abverlangen, was er nicht hatte. Geduld und Maß. Aber er würde es schaffen. Und dann würde er ihr Blut schmecken.

Magdeburg, Januar 946

Ein Gebirge, das war ihr erster Gedanke. Ein gigantischer einzelner Fels, der aus einer weiten Ebene von Feldern und Waldflecken ragte. Grau und übermächtig thronte er über allem; wie geduckt schienen ihr daneben die Häuschen, die, halb eingegraben in die Erde, ihren Weg säumten. So hatte sie sich immer den Drachenfelsen vorgestellt, von dem Irmentraud manchmal erzählte. Einsam und umzogen von Düsternis.

Doch je näher der Zug des Königs kam, desto mehr zerfiel dieses Bild von einem Berg. Nein, das war kein einzelner Fels. Sie erkannte nun, dass die Formen zu geometrisch und klar waren. Schließlich sah sie Dächer, Seile, Gerüste.

Es war ein gigantisches, atemberaubendes Gebäude. Von Menschenhand gebaut, das verstand sie plötzlich. Sie sah die winzigen Umrisse von Vögeln, die die hohen Mauern umzogen, grau wie das späte Wintereis. Wie der Turmbau zu Babel, dachte sie und schrak dann gleich zusammen. So hoch, wollte hier wirklich jemand bis in Gottes Reich bauen? Obwohl sie sich schon dachte, dass das Unfug sei. Aber dennoch, es war schwindelerregend. Ihr wurde warm vor Aufregung. In was für einer Welt sie lebte, wo solche Dinge erschaffen wurden!

Sie zog ihren Kopf zurück in das Innere des Wagens und blickte die Königin an. »Was ist das?«, fragte sie.

Die Königin lächelte matt. Seit Tagen hatte sie mit Schmerzen in den Kissen gelegen und die Tinkturen, die ihr die eigens für die Gesundheit des Königspaares mitreisende Nonne verabreichte, halfen nur wenig.

»Das?«, sagte sie und schloss die Augen. »Das, mein Kind, ist Magdeburg. Mein geliebtes Magdeburg.« Sie streckte die Hand in Richtung des Fensters, als könne sie die Stadt dahinter streicheln.

»Dieses große …?« *Ding*, hätte sie fast gesagt. Denn es hatte mit nichts Ähnlichkeit, was sie kannte.

»Das ist unsere Pfalz. Dort leben wir.« Edgithas Worte klangen verwaschen und schwach. Die Mittel der Nonne machten sie schläfrig und seit einigen Tagen schwoll ihr Gesicht immer mehr an, was ihr das Sprechen zusehends erschwerte.

»Ich auch?«, stammelte sie.

»Ja, natürlich, du auch.« Die Königin sprach, ohne die Augen zu öffnen. »Ich habe dich unter meinen Schutz gestellt. Du musst ja irgendwo hingehören, jetzt, wo Konrad die Auflösung eures Bundes anfordert.«

Hrotsvit zuckte zusammen. Daran hatte sie nicht gedacht. Dass sie den Schutz ihrer Familie verloren hatte. Dass ihr Vater nicht die Tür öffnen und sie nach Reinhausen holen würde. Dass sie nun außen vor war, ein Samenkorn in der Wüste. Sie hatte nur fort von Konrad gewollt und an nichts anderes gedacht.

Edgitha richtete sich auf. »Keine Angst«, sagte sie. Ihr Lächeln war vom Schmerz durch die Bewegung verzerrt. »Ich passe auf dich auf. Und nach gegebener Zeit, wenn Ruhe eingekehrt ist, wird sich ein Platz für dich finden.«

Hrotsvit nickte und blickte zum Fenster, auch wenn der Vorhang die Sicht versperrte. Ein Platz für sie. Sie war doch hier. Auch jetzt. Mit Armen und Beinen. Den Gedanken. Einer Stimme, die man hören konnte.

Nein, tönte es in ihrem Kopf. *Außer dir hört dich keiner.*

Mit einer heftigen Bewegung riss sie den Vorhang beiseite und schaute zur Stadt hinaus. Die niedrigen Häuschen wurden immer mehr, so als ziehe das kolossale Gebäude sie an, als wollten sie sich an seine Mauern ducken. In der Nähe der Königspfalz standen Türme aufgereiht zu einem Halbrund, dazwischen ein Erdwall, aus dem angespitzte Baumstämme hervorstachen. Krähen machten sich in dem Erdreich zu schaffen, Hrotsvit atmete den scharfen Geruch von Exkrementen ein.

Edgitha wedelte mit der Hand vor ihrem Gesicht. »Es ist noch schlimmer geworden«, jammerte sie leise.

»Die Schmerzen?«, fragte Hrotsvit und beugte sich zu ihr, um sie besser zu verstehen. Sie wollte kein Wort verpassen und am Ende einen Fehler begehen, der die Königin verärgern könnte.

»Nein. Den Geruch meine ich«, antwortete sie matt. »Die Abort-Reste. Die Tiere. Magdeburg ist so voll geworden.«

Schweißperlen traten auf ihre Stirn. Hrotsvit nahm eines der feinen Tücher, die hier und da im Wagen verstreut lagen, und tupfte ihrer Königin die Stirn ab.

»Gott sei gedankt. Wir sind wirklich da. Hier werde ich mich erholen.« Die Stimme war kaum mehr ein Flüstern.

Hrotsvit beugte sich noch weiter zu Edgitha vor. Die Königin atmete aus und ein anderer Geruch drang in ihre Nase, nicht dominant, aber dennoch abstoßend süßlich und faulig.

Dann fiel ein Schatten über den Wagen und das Rumpeln der Räder veränderte sich.

»Wir sind da«, seufzte Edgitha, und tatsächlich hielten sie wenig später an. »Hilfst du mir?« Die Königin streckte ihr die Hand entgegen und blickte zu ihr hinauf.

Hrotsvit erstarrte. Die Haut der Königin war seltsam weiß und ihre Augen schienen sich in ihren Körper zurückzuziehen, so tief lagen sie in ihren Höhlen, umfasst von grauen Schatten. Die Lippen waren blassblau wie die einer Ertrunkenen und die Wange war nun so angeschwollen, dass das Gesicht grotesk verzogen war.

—

Sie hatten das Dunkel des Wagens gegen das Dunkel der Gemächer getauscht. Die Königin lag auf ihrer großen Bettstatt, gehalten von Decken und Kissen. Sie hatte seit Stunden die Augen geschlossen, der Schweiß auf ihrer Haut schimmerte im Licht der Fackeln.

Man hatte Hrotsvit in eine der Ecken verwiesen, um dort für die Genesung der Königin zu beten. Um das Bett sammelten sich Kleriker verschiedener Ränge. Hrotsvit schaute ihnen zu, wie sie murmelnd um die Königin herumstrichen. Edgitha wehrte sich gegen ihre Nähe, zuckte vor ihren Händen zurück und Hrotsvit schienen sie immer mehr wie ein Schwarm Krähen, die einen Galgenhügel umschwirrten und einander mit Flügelschlagen und Gekrächz zu imponieren suchten.

Ein junger Mann, kaum älter als Hrotsvit, lief mit einem schweren Silbergefäß an Ketten im Raum hin und her. Rauch quoll hervor, um sich träge zu verteilen. Die hellgrauen Schwaden verbreiteten einen seltsamen Geruch, der betörend und beklemmend zugleich war. Sobald Hrotsvit die Augen schloss, schien der Boden unter ihr wegzukippen, deshalb murmelte sie ihr Gebet unter halbgeöffneten Lidern.

So sah sie, wie die Nonne, die die Königin schon auf der Reise betreut hatte, zur Gruppe der Kirchenmänner trat. Ihre erdfarbene Kutte stach zwischen den dunklen Gewändern hervor. Sie sagte etwas, doch Hrotsvit konnte sie nicht verstehen, aber sie brachte eine Bewegung in die Gruppe, Köpfe wurden gedreht und geschüttelt, Hände gehoben, bis schließlich der anwesende Abt rief:»Das Weib soll gehen, wenn es denn wirklich die Braut Christi ist!« Und sie ging tatsächlich.

Hrotsvit hätte sie gern gefragt, was sie so Dringliches hatte sagen wollen. Auf der Reise war sie ihr so klug und gewandt erschienen. Voller Selbstgewissheit hatte sie Edgitha versorgt, ihr Tinkturen angerührt und verabreicht, die Gliedmaßen mit Kräuternwickeln bedeckt und mit klarer Stimme ihre Gebete dazu gesprochen. Hier huschte die Nonne hinaus, kaum mehr als eine Maus auf der Suche nach einem Unterschlupf.

Sie öffnete die Augen, ihr Körper schmerzte vom harten Boden, auf dem sie gelegen hatte. Für einen Moment wusste sie nicht, wo sie war. Ihr Blick fiel auf das große weiße Lager auf der anderen Seite des Raumes. Kerzen brannten auf hohen Leuchtern. Sie sah die Hände auf dem Leintuch, das nun offene rotblonde Haar der Königin. Zwei Nonnen lagen mit ausgebreiteten Armen neben dem Bett auf dem Bauch und beteten. Hrotsvit trat näher.»Ist sie …« tot, wollte sie fragen, doch bevor sie zu Ende sprechen konnte, zischte sie die ältere der beiden an:»Still! Bete um ihr Leben!«

Hrotsvit nickte und ließ sich sinken. Ihr fröstelte vor Müdigkeit und ihre Augen brannten von dem Rauch, der noch immer durch das Zimmer strich, nun gespeist von Schälchen, in denen Kräuter und Harzbrocken glommen. Sie lauschte auf das Singen der beiden Nonnen, damit sie die Melodie aufgreifen konnte.

Gesungene Gebete waren die mächtigsten, das hatte man ihr oft gesagt. Und doch wäre sie gern in ihrem Kopf geblieben, hätte die Königin mit ihren geheimen Worten umwoben und geschützt. Sie durfte nicht sterben. Die Königin war ihre Sicherheit.

Sie hob ihre Stimme und versuchte damit einen Platz zu finden, zwischen den schon heiseren Stimmen der Nonnen und dem Wimmern der Königin, das das Gebet begleitete.

»… gib mir in Deiner Gnade rechten Glauben und guten Willen, Weisheit und Klugheit und Kraft, dem Teufel zu widerstehen, und das Böse zu meiden und Deinen Willen zu verwirklichen.«

Schließlich fand sie einen klaren hohen Ton, der sich in die anderen fügte. Nur erschien ihr ihre Stimme seltsam laut zwischen den stillen Mauern. Nach einer Weile war ihr das sich immer wiederholende Gebet so vertraut, dass ihr Mund die Worte ganz von selbst zu formen schien und sie im Kopf ein eigenes Gebet schaffen konnte. Lass sie leben, Maria, Mutter Gottes, lass sie leben, lass sie leben.

Es graute schon in den schmalen, hohen Fenstern, als sie Schritte hörte. Leise, zögerlich, als wollten die Füße den Boden nicht stören.

»Was willst du! Der Abt hat dich doch fortgeschickt!« zischten die Stimmen der Betenden.

Die Nonne antwortete nicht. »Frau Königin, wie fühlt Ihr Euch?«

»Hermengild, hilf«, krächzte die Königin. »Es tut so entsetzlich weh.«

»Ich weiß, ich weiß«, sagte die Nonne und strich ihr mit einem der sudgetränkten Tücher über die grotesk geschwollene Wange.

»Edgitha, hör mir zu«, sprach die Nonne nun eindringlich. Hrotsvit beobachtete, wie sie das Gesicht der Königin sacht in ihre Hände nahm, so wie das eines Kindes, das die Worte seiner Lehrerin hören soll. »Das ist sehr wichtig. Der Zahn muss raus, sonst frisst sich der Zahnwurm immer weiter, und …« Sie brach ab. Aber es wussten alle, was für unausgesprochene Worte folgten. Sie hingen im Raum, auch ohne Stimme. Und dann kommt der Tod.

»Den heiligen Leib nicht antasten … sagt der Abt …«, sie stieß die Worte aus dem Mund, leise und gepresst. Es schmerzte Hrotsvit, sie so zu hören.

»Edgitha, vertraust du mir?« Die Nonne hatte nun ganz ihre Selbstsicherheit zurückgewonnen. Die beiden Alten am Boden murmelten weiter im Gebet. Die Königin nickte.

»Ich werde dir etwas zeigen, wenn du mich lässt.«

Wieder nickte die Gestalt im Bett.

»Aber es wird wehtun.« Sie blickte ernst auf Edgitha herab »Sehr.«

Es dauerte einen Moment, aber dann nickte die Königin wieder.

Die Nonne Hermengild sog die Luft ein. Dann nahm sie einen Lappen aus dem Topf mit dem Heilsud und hieß die Königin den Mund öffnen.

Der Schrei war markerschütternd, nicht besonders laut, aber so voller Schmerz, dass Hrotsvit den Kopf zwischen die Schultern zog. Ein übler Geruch breitete sich aus.

Die Königin lag mit geschlossenen Augen da und keuchte. Hermengild tupfte ihr die Flüssigkeit vom Kinn und reichte ihr einen Becher mit Tee. »Ist es besser?«, fragte sie und Edgitha nickte.

»Tausendmal besser …«, murmelte sie; erschöpft, aber ruhig.

»Dann schlaft jetzt. Schlaft in Frieden Gottes.«

Hermengild reichte Hrotsvit das Tuch und rückte der Königin die Kissen und Decken zurecht. »Ich lege ihnen noch ein Heilkraut unter die Kissen, damit der Zahnwurm nicht noch Hilfe bekommt«, murmelte sie.

Hrotsvit betrachtete das faul riechende Tuch in ihren Händen. Es war schwer und feucht, der helle Stoff verfärbt im Gelb und Rot.

Edgithas Atem wurde gleichmäßig und Hermengild wandte sich zum Gehen. Doch kurz vor der Tür drehte sie sich noch einmal um, blickte die beiden Nonnen, die seit einer Weile aufgehört hatten zu beten, an und sagte: »Wenn ihr sie wirklich retten wollt, dann bringt den Abt dazu, den faulen Zahn ziehen zu lassen. Sonst wird sich der Zahnwurm in den Kopf hineinfressen – und ihr wisst, was das bedeutet.« Sie drehte sich um, ohne eine Antwort abzuwarten.

Weil sie es weiß, dachte Hrotsvit. *Weil sie weiß, was sie reden werden.*

Es dauerte einen Moment, bis sich die Nonnen von ihrem Schreck erholt hatten.

»Den Abt zurechtweisen!«, sagte die Ältere. »Sie erhebt sich über unseren Höchsten!«

Die Jüngere setzte sich auf. »Die Äbtissin hat doch gesagt, Hermengild ist die Nähe zur Königin zu Kopfe gestiegen! Sie vernachlässigt ihre heiligen Pflichten und denkt, sie ist über das Gebet erhaben!« Sie schnaufte, während sie ihre schmerzenden Glieder streckte. »Sie hält sich für unersetzlich, das eitle Weib!«

»Aber seht doch! Wie ruhig die Königin jetzt ist! Sie schläft wie seit Tagen nicht!« Hrotsvit wusste, dass es ein Fehler war zu sprechen, und doch konnte sie es nicht lassen. Das Blitzen der Dummheit in den Augen der anderen, die Bosheit der Worte, denen sie natürlich erst freien Lauf ließen, nachdem ihre Glaubensschwester den Raum verlassen hatte, erzürnten sie.

Wie zwei Raubvögel wandten die Nonnen ihr die Köpfe zu. Stumm und böse war ihr Blick.

»Es hat ihr doch geholfen!«, versuchte es Hrotsvit noch einmal. Noch immer schwiegen die beiden.

»Was hat sie der Königin überhaupt ins Bett gebracht?«, fuhr die Ältere plötzlich herum und stürzte auf die Kissen zu. Wenig später zog sie ein merkwürdig verwachsenes Stöcklein in die Luft. Anklagend und stolz zugleich sagte sie: »Eine ALRAUNE!«

Die Jüngere schlug sich die Hände vor den Mund. »Sie ist des Teufels!!«, keuchte sie durch ihre Finger hindurch.

»Des Teufels!«, kreischte die Ältere im Echo und reckte das knubbelige Ding in ihrer Hand noch höher.

So sah also eine Alraune aus, dachte Hrotsvit, die schon viel von diesen Zauberpflanzen gehört hatte, aber gesehen hatte sie nie eine. Eigentlich sah das Ding aus wie jede andere Wurzel.

»Des Teufels! Des Teufels!« Die Rufe der beiden Frauen fanden in einen Rhythmus.

»Wir müssen ihn vertreiben!«, herrschte nun die Ältere die Jüngere an. »Fach du den Rauch an! Nimm mehr von der Myrrhe, alles, was du findest!«

Sie ging zum Bett der schlafenden Königin. »Wir müssen Euch reinigen, Eure Hoheit! Sie hat den Teufel in Euer Bett gebeten!« Mit diesen Worten zog sie den schlaffen Körper der Königin hoch, doch diese kämpfte sich zurück in ihre Laken.

»Ich bin doch längst des Teufels«, murmelte sie, so als spräche nicht die Königin, sondern nur ein betrunkener Teil von ihr. »Wisst ihr das denn nicht? Mein Leib ist voller Sünde und ich schäme mich noch nicht einmal.«

Mit einem erschrockenen Laut ließen beide Nonnen los.

»Er ist schon in sie eingedrungen, der Ziegenfüßige!«, flüsterte die Jüngere und schlug das Kreuz vor ihrem Gesicht, um dann hektisch ein Gebet zu beginnen.

Die Ältere war bleich geworden, ihre faltigen Wangen zitterten. Sie schlich zur Tür. »Wir müssen den Abt holen, sofort!«

Die Jüngere huschte hinüber zu ihr. »Wir dürfen die Königin unter keinen Umständen alleinlassen, wurde uns gesagt«, flüsterte sie aufgeregt der anderen zu.

Sie schauten voller Angst auf die Schatten, die die Kerzen durchs Zimmer huschen ließen. Der Morgen kam nur langsam, der Himmel blieb verdunkelt von Wolken. Ein plötzlicher Windstoß drückte sich durch den Kamin und ließ das Feuer auffauchen, hell flackerten die Kerzen im Luftzug.

»Soll sie doch bleiben!«, kreischte die Ältere auf, zeigte auf Hrotsvit und bevor die etwas sagen konnte, hatten sich die beiden Frauen aus der Tür gedrängt. Mit einem Knall schloss sich das schwere Eisenschloss wieder.

Hrotsvit spürte einen eisigen Schauer über ihre Haut kriechen. Ob das der Teufel war? Die Haare im Nacken richteten sich auf, als hätten sie Spinnenfinger zart gestreichelt. Sie wusste nicht, was die Königin getan hatte. Aber sie, Hrotsvit, hatte sie sich nicht gewehrt, gegen den Willen ihres Vaters, gegen die Anweisungen ihrer Oberin? Vielleicht war der Dunkle hier. Und nicht wegen der Königin. Vielleicht war er hier wegen ihr.

Der Rauch biss ihr in die Nase und ließ die Augen tränen. Sie kroch näher zum Bett, verbarg ihr Gesicht in den Laken und begann das Gebet von neuem.

»Jetzt ist es für Tränen auch zu spät«, hörte sie eine seltsam fremde Stimme krächzen. Sie blickte hoch. Die Königin hatte sich aufgesetzt. Die Augen geschwärzt von überweiten Pupillen, die Haut wächsern und feucht. Sie schien schon jetzt ein Geist zu sein. Hrotsvit tastete prüfend nach ihrem Arm, der sich aber noch greifen ließ und warm war.

»Das Geheule hinterher, das ist doch ohne Würde.« Edgitha zog geräuschvoll die Nase hoch. »Du hast dich nicht fügen wollen. Und ich wollte es auch nicht. Dafür wird uns jetzt der Teufel holen. So einfach ist das.« Sie sagte das leichthin, so als gebe sie einer Dienerin die Anweisung, ihr frische Kleider herauszulegen. Die Königin griff in ihr loses Haar und drehte es zu einem Strang.

War das so? Der Teufel sollte sie holen? Oder war er schon immer in ihr gewesen, seit ihrer Geburt, so wie die Leute in Reinhausen gemunkelt hatten?

»Ihr solltet Euch ausruhen.« Sie versuchte, Edgithas Oberkörper in die Kissen zu drücken, zuerst sanft, dann immer verzweifelter. Sie wollte, dass sie sich hinlegte, ihre Augen schloss und Ruhe gab.

Doch die Königin hielt dagegen, bis sie schließlich auf Hrotsvits Hände einschlug. »Ich will mich nicht ausruhen! Ich bin hellwach!«

»Aber Ihr braucht Ruhe! Ihr könntet sterben, das hat Hermengild sagen wollen!«

Ihr Gelächter knallte plötzlich und heftig durch den Raum. »Sterben? Ich?« Sie sprang auf und stand mit durchgestreckten Armen auf ihren Liegekissen aus feinem Rosshaar, das Unterlaken rutschte von ihrem Körper und so stand sie vollkommen nackt auf ihrem Bett. »Ich kann gar nicht sterben! Siehst du das nicht? Ich bin doch schon längst tot!«

Die Königin begann zu springen. »Siehst du das nicht?«, schrie sie. »Siehst du nicht?«

Hrotsvit sah auf ihren fast knabenhaften Körper, bleich wie Marmor. Nur der Bauch war überzogen von blauroten Linien der frühen Schwangerschaften. Es hatte einen eigenen Zauber, Edgitha so zu sehen. Losgelöst von ihrem Dasein als Königin. Als wäre sie irgendeine der Verrückten, Vogelfreien, die manchmal die Klöster und Schlösser umschwirrten und um Almosen bettelten. Denen es vollkommen einerlei war, ob man ihr Haar sah, oder die Haut ihrer Brust.

Nein, eigentlich war der Wahnsinn der Königin noch viel schöner. Denn ihre Gleichgültigkeit war nicht getragen von Mangel, Hunger und Kraftlosigkeit; ihre Gleichgültigkeit war ein vollkommenes Loslassen, als sei sie nichts mehr als ein Schmetterling, der darauf wartet, dass seine Flügel ihn trügen.

Hrotsvit zwang sich, ihren Blick von der nackt hüpfenden Königin loszulösen. Sie musste etwas tun. Bald würde die Tür aufgehen und der Abt hereinkommen. Wenn er die Königin so sehen würde, wären sie beide in Gefahr. Wieder zog ein Windstoß durch das Gemach, die Kerzen flackerten, das Feuer im Kamin duckte sich für einen Moment, um dann mit größerer Kraft aufzuflammen.

»Du Rehlein! Schau nicht so verschreckt!« Edgitha beugte sich hinab zu ihr, so weit, dass ihre wieder losgelösten Haare Hrotsvits Kopf umspielten.

»Es tut mir leid, mir war so unwohl. Da hab ich dir gar nichts beigebracht! Weißt du, es ist nicht so schlimm, dass du keine vollendete Schönheit bist; so wie du aussiehst, das ist schon genug! Die Haut so weiß und nicht pockig, die Nase ist doch auch ganz reizend. Die Lippen könnten natürlich verlockender sein …«

Sie sprach schnell und zischelnd. »Es kommt nur drauf an, was du daraus machst! Was du versprichst.«

Eifrig nickend begann sie an Hrotsvits Kutte herumzuziehen. Hrotsvit trat einen Schritt zurück. Verdutzt schaute Edgitha sie an.

»Was hast du erwartet?« Die Königin riss ihre Augen weit auf. »Du bist weg von deinem Mann? Du hast deinen Vater beschämt? Du wirst sehen müssen, wo du bleibst! Du hast es so gewollt!«

Mit den letzten Worten riss sie an der Nonnenkluft und schob Hrotsvits Brüste unter dem Stoff hin und her. »Du wirst dich herzeigen müssen, mein Vögelchen!« Dann kniff sie Hrotsvit so sehr in die Wangen, dass sie aufschrie.

»Da! Siehst du!« Sie klatschte in die Hände wie ein freudiges Kind. »Mit roten Wangen und geweiteten Augen und ein bisschen Furcht im Blick! DAS wollen die Männer sehen!« Sie rüttelte an Hrotsvit Schultern, als wollte sie sie aufwecken.

»Sie wollen dich retten und verschlingen! Beides zugleich – und du musst ihnen gerade genug geben, dass du noch überlebst und sie hungrig genug bleiben! Dann wirst du herrschen, mein Vögelchen! Dann werden sie sich vor dir im Staub winden!«

Sie war wieder aufgesprungen und ging rastlos umher auf ihrem Lager, die Brustwarzen steif hervorgereckt, den Finger erhoben. Die schwelende Wange verzerrte ihr Gesicht, der Mundwinkel verschoben und der untere Lidrand schaurig nach unten gezogen.

»Es ist ein Spiel, Hrotsvit. Um ihre Gier und deinen Tod. Und du musst deine Züge klug wählen! Du darfst keine Fehler machen! KEINE! Hörst du mich!« Spucke flog ihr aus dem Mund, so aufgebracht schrie sie.

»Sonst bist du tot! Noch bevor der Teufel dich holen kommt!« Sie packte Hrotsvits Gesicht und quetschte ihre Wangen, bis sich die Lippen öffneten. »Du kannst ihnen vieles schenken. Vor allem die Lippen sind gut. Ja, sie lieben Münder, kleine erschrockene Mädchenmünder, die sich wehren und ergeben!«

Hrotsvit spürte, wie Edgithas Zeigefinger zwischen ihre Lippen glitt und in ihrem Mund umherfuhr. Sie musste ihren ganzen

Willen aufbringen, um nicht zuzubeißen. Die Anstrengung ließ sie zittern.

»Sehr gut, Vögelchen!«, flüsterte die Königin ihr ins Ohr. »Du fängst an zu begreifen!« Sie schaute Hrotsvit in die Augen. »Gib ihnen! Gib ihnen! Nur DAS!«

Ein Schmerz schoss ihr durch den Körper, so fest packte Edgitha ihr zwischen die Schenkel. Hrotsvit jammerte auf, aber die Königin hielt ihre Scham wie in einer Zwinge.

»DAS behältst du für dich. Hörst du?«

Endlich löste sich der Griff und Hrotsvit hielt schützend ihre Hand vor ihr Geschlecht. Sie spürte die Wärme der Tränen, die nun ihre Wangen hinabflossen.

»Bis es nicht mehr anders geht.« Die Königin wurde endlich ruhiger. »Dann gibst du auch das.« Sie setzte sich hin. »Wenn du es richtig anfängst, hörst du, dann morden sie auch, wenn du es willst. Dann gehorchen sie. Gehorchen wie die Hunde, die sie sind.« Sie warf den Kopf in den Nacken und keckerte.

Hrotsvit blickte zur Tür. Wie viel Zeit ihr wohl noch blieb? Plötzlich krümmte sich Edgithas Körper zusammen, ein Schwall Erbrochenes schoss aus ihrem Mund, ergoss sich über Kissen und Decken. Die Königin keuchte, wischte sich mit der Hand über das Gesicht und lachte. »Was für ein Ritt!«, murmelte sie. Edgitha schaute zu Hrotsvit, das Licht der Kerzen spiegelte sich in den feuchten Augen der Königin, das Blau war fast vollständig verschwunden, wie Moorseen darin die Pupillen.

Hrotsvit konnte sich kaum diesem Blick entziehen, was konnte sie tun, um diesem Sog zu entkommen. Ihr Blick wanderte im Zimmer umher und blieb an dem Tisch mit Tinkturen und Getränken hängen. Sie griff nach einem Becher Wasser und reichte ihn der Königin.

Edgitha trank in gierigen Zügen, dann sank sie zurück. Ihr Atem ging schwer, das Haar klebte ihr feucht an den Schläfen, obwohl es kühl im Zimmer war.

»Weißt du, Hrotsvit, mein kleines Kätzchen, ich war mir nie ganz sicher: Ist er das, der Teufel? Flüstert er mir in die Gedanken hinein? Bin ich deshalb so? Ich habe ihn wohl immer gespürt.

Aber jetzt. Schau!« Ihr Finger zeigte hin und her, als versuchte sie den Flug eines Insekts nachzuzeichnen. »Jetzt ist er da!« Sie setzte sich wieder auf. »In all seiner Schönheit!« Ein Jauchzer entfuhr ihr. »DA! DA! DA!« Die Königin drehte sich hin und her, erst voller Freude, doch nach und nach kroch etwas Angstvolles in ihre Züge. Schließlich schrie sie auf, begann an ihrem Körper zu zerren, zu kratzen, schüttelte ihr Haar, riss daran, als könnte sie es abnehmen. »Hilf mir! Du kennst ihn doch auch! Nimm ihn weg von mir! WEG VON MIR!« Lauter und lauter war ihre Stimme geworden, heiser und schrill zugleich.

Da flog die Tür auf, Hermengild kam hinein. »Das Bilsenkraut«, murmelte sie. »Ich hätte vorsichtiger damit sein müssen.« Sie griff nach den Fläschchen auf dem Tisch. »Halt sie fest!«, schrie sie über das Gebrüll der Königin hinweg. »Schnell! Wir haben nicht viel Zeit!«

Hrotsvit versuchte, dem sich windenden Körper Herr zu werden, schließlich legte sie sich mit ihrem ganzen Gewicht auf die Tobende und drückte ihre Arme hinunter.

»Ruhig, ganz ruhig«, murmelte Hermengild, als spreche sie zu einem verirrten Lämmchen. »Das haben wir gleich.« Sie presste mit einer gekonnten Bewegung die Lippen der Königin auseinander, träufelte milchige Flüssigkeit in den Mund und hielt ihn zu, bis der Kehlkopf sich bewegt hatte.

»Es wird gleich aufhören«, sagte sie, nun ganz gefasst, zu Hrotsvit. Diese nickte und für einen Moment wurde es ruhig in dem Zimmer.

Hrotsvit spürte auf einmal, wie erschöpft sie war. Doch gleich darauf zuckte sie zusammen. »Hermengild! Der Abt, er wird kommen!« Sie hatte es ganz vergessen. »Du … du …«, sie suchte nach Worten, »bist mit dem Unaussprechlichen, sagen sie.«

Die Nonne blickte auf, die Augen geweitet vor Schreck. »Die Alraune«, sagte sie schließlich. Hrotsvit nickte. *Der Teufel*, hallte es in ihr. *Der Teufel. Der Teufel.*

»Mit dir ist er auch. Der alte Ziegenfuß«, krächzte da die Königin. »Mit uns allen! Hört ihr? Ihr werdet nicht entkommen. Genauso wenig wie ich.«

Ihre Stimme bäumte sich noch einmal auf, ein Grinsen zuckte über ihre Mundwinkel, wissend und gemein. Dann sackte sie in sich zusammen.

Hermengild atmete tief und lange aus. »Sie ist nun ohnmächtig. Und das wird eine Weile anhalten.« Sie stand auf und durchsuchte die Flaschen. Zwei drückte sie Hrotsvit in die Hände. »Eigentlich muss der Zahn rausgerissen werden. Wenn die Schmerzen sehr stark sind, versuch ihr mit einem Tuch und Druck auf den Knochen etwas Eiter abzulassen. Das nimmt die schlimmsten Qualen für eine Weile.«

Hrotsvit nickte schwach. Es grauste sie bei dem Gedanken, in Edgithas Mund herumfuhrwerken zu müssen.

»Ich befürchte, der Zahnwurm ist schon gewandert. Aber der Saft in dem roten Glas bekämpft ihn, solange er da ist. Allerdings kann sie davon auch ein bisschen …«, Hermengild blickte auf die schlafende Königin, »… außer sich geraten.«

Sie zeigte auf die größere der Flaschen, die dunkelblau und klobig war. »Das beruhigt sie und bringt Schlaf.«

Hrotsvit ließ die beiden Flaschen in die Taschen ihrer Kutte gleiten.

»Du musst gehen«, sagte sie tonlos zu der Nonne und ihr wurde bewusst, wie allein sie dann sein würde. Nur sie und die halb wahnsinnige Königin und ein Hof voller Menschen, denen sie im besten Fall gleichgültig war.

Die Nonne nickte kurz. »Ich gehe zurück ins Kloster St. Emmeram. So schnell kommt der Arm des Abts nicht dahin. Und die Äbtissin weiß, was sie an mir hat.«

Sie griff nach einigen anderen Flaschen und steckte sie in einen ledernen Beutel.

»Wird sie wieder gesund?«

Hermengild hielt für einen Moment inne. »Ich bete dafür«, sagte sie schließlich.

—

Drei Tage verließ sie das Zimmer der Königin nicht. Es hatte ihr keiner befohlen. Aber es hatte ihr auch niemand gesagt, wohin sie sonst gehen sollte. Sie traute sich nicht zu sprechen, sie wusste, wie gefährlich jedes Wort werden konnte. Das Leben der Königin stand auf Messers Schneide. Und noch hatten sie keinen Schuldigen dafür. Kaum war der Abt eingetroffen und hatte von Hermengilds Taten gehört, ließ er Häscher ausreiten, sie zu finden. Noch gab es keine Nachricht von ihnen.

Hrotsvit betete inständig dafür, dass Edgitha nicht wieder so außer sich geriet wie in der ersten Nacht. Und tatsächlich redete sie nicht noch einmal vom Teufel.

Dafür wand sie sich Tag und Nacht unter Wimmern und Stöhnen in ihren Laken. Das ständige Rascheln des Stoffes, das heisere Weinen war die Melodie von Hrotsvits Leben geworden.

Ein Dutzend Nonnen beteten im Wechsel vor dem Bett der Königin. Der Abt selbst las Messen für sie. Und doch besserte sich der Zustand nicht.

»Das muss ein mächtiger Dämon sein«, murmelte der Abt, während er das Krankenzimmer mit Weihwasser besprengte.

Von Zeit zu Zeit gelang es Hrotsvit, Edgitha heimlich etwas von Hermengilds Medizin einzuflößen. Jedes Mal schien sich die Königin ein wenig zu beruhigen. Doch viel half es nicht. Der Geruch, der die Königin umgab, war nur noch schwer zu ertragen und ihre geschwollene Wange nahm nach und nach eine Farbe an, die an geschwärztes Silber erinnerte.

»Die Pestilenz, Gott erbarme dich, es ist die Pestilenz«, flüsterte der Abt bei seinem nächsten Besuch.

Der Zahn!, wollte Hrotsvit schreien. *Es ist ihr Zahn!* Aber sie ahnte, dass jedes Wort jetzt ihr Leben bedrohen konnte. Der Abt stand mit dem Rücken zur Wand, da seine Gebete die Königin nicht genesen ließen, und hätte sicher dankbar jeden als Schuldigen eingekerkert, der sich ihm in den Weg stellte.

—

»Sie haben sie! Sie haben sie!« Das Gekreisch der Nonnen war schon durch die geschlossene Tür zu hören, dann stürzten sie zu fünft mit flatternden Schleiern herein.

Der Abt hielt in seinem Gebet inne. »Die Teufelsanbeterin?« Er stammelte die Worte, seine Hand wischte fahrig über seine schmalen Lippen. Und da verstand Hrotsvit, wie groß seine Angst vor Hermengild war. »Wir wollen sie bezwingen, dass sie den Bann auf die Königin löst!« Er hatte noch nicht zu Ende gesprochen, da drängten die Nonnen einander zur Seite, um durch die Tür zu kommen.

Die plötzliche Stille überwältigte Hrotsvit beinahe. Es war, als hätte man das Zimmer von einer schweren Last befreit. Selbst das spärliche Licht von außen wirkte nun heller. Sie ging zum Kamin und legte ein paar Scheite auf die Glut. Das Feuer knisterte dankbar und leuchtete auf. Was sollte sie jetzt tun? Es machte ihr Angst, was der Saft im roten Fläschchen aus der Königin machte. Aber sie wusste, darin lag die eigentliche Heilung.

Sie nahm ein Schälchen mit Salbeisud und ging zum Lager der Kranken. Vorsichtig betupfte sie die gespannte Haut der Wange. Seit dem Morgen gab dort das Gewebe nach, blinkte das rötliche Fleisch, durchzogen von Eiter, durch die fahle Haut.

Der Zahnwurm, dachte Hrotsvit, *er frisst sie nach und nach von innen auf.* Sie musste ihr etwas aus der roten Flasche geben, sie musste alles tun, was ihr im Heimlichen möglich war. Vorsichtig setzte sie das Fläschchen an Edgithas Lippen und ließ sie von dem Saft trinken.

»Das Vögelchen«, ihre Stimme war schwach und kaum hörbar. »Du bist ja noch immer da.«

Hrotsvit nickte, auch wenn die Augen der Königin geschlossen waren.

»Das ist gut«, sagte die. »Das ist gut. Sind die anderen fort?«

»Ja«, antwortete Hrotsvit diesmal. »Sie sind fort.«

»Dann wirst du mir jetzt helfen.« Mit Hrotsvits Hilfe gelang es ihr, sich mühsam in den Kissen aufzusetzen. Die Königin öffnete die Augen. Das Weiß der Augäpfel hatte einen merkwürdig gelben Farbton bekommen. Darin sah das Blau ihrer Iris fast violett aus. Hrotsvit musste an die Veilchen denken, die nun bald wieder wachsen würden. In ein paar Wochen, wenn endlich der Frühling kam.

Die Königin streckte ihre Hand aus. »Gib mir die Medizin von Hermengild«, sagte sie. »Beide Fläschchen.«

»Was habt Ihr vor?« Hrotsvit schloss ihre Hände fest um das Glas.

»Ich werde dem ein Ende bereiten. Ich ertrage keinen Schmerz mehr, und kein weiteres Gebet. Ich ertrage das alles nicht mehr. Nichts davon.«

Sie sprach ohne Aufregung, gleichtönig und heiser. »Ich muss sagen, die Welt war mir schon so lange zuwider, ich bin froh, dass es jetzt zu Ende geht.«

Noch immer hielt Hrotsvit die Flaschen fest in ihrer Tasche. »Wenn Ihr sterbt, dann wird man Hermengild töten, da bin ich sicher. Und mich dazu.«

»Hmmm«, die Königin schloss die Augen und sackte zurück in ihre Kissen. »Du hast recht. Das habe ich nicht bedacht. Und das hat die gute Hermengild nicht verdient. Aber ich weiß einen Weg.« Sie zeigte zur anderen Seite des Raumes. »Da hinten, der Tisch. Dort ist eine geheime Klappe. Nimm den Ring, der darin liegt. Der König wird wissen, dass du in meinem Namen sprichst.«

Der Ring lag schwer in Hrotsvits Hand. Ein leuchtend roter Edelstein umfasst von feinen Girlanden aus Gold in der Form einer Raute.

»Schön, nicht wahr? Otto hat ihn mir geschenkt. Es ist unser geheimes Zeichen. Er wird wissen, dass ich dich schicke.« Die Königin nickte zufrieden. »Und nun gib mir die Fläschchen.«

Tränen stiegen Hrotsvit in die Augen. »Aber Ihr werdet in die Hölle kommen! Euer Körper darf dann nicht in geweihte Erde!« Was für eine schreckliche Vorstellung.

Die Königin lachte trocken. Ihre Lippen waren weiß verkrustet und aufgesprungen. »Ach, Vögelchen. Du verstehst so wenig. Niemand würde eine Königin in einem ungeweihten Acker verscharren. Diese Schande will kein Königreich. Ganz gleich, was ich anstelle. Und was Gott angeht …« Edgitha schloss wieder die Augen. »Er weiß, warum ich es tue.« Sie tastete nach Hrotsvits

Hand, aber bekam nur den Ring zu fassen. »Der Teufel ...«, ihre Stimme versagte für einen Moment, »zerfrisst mir mein Gesicht, meine Seele. Wie kann es schlimmer werden.«

Hrotsvit hätte ihr gern etwas Hilfreiches gesagt. Aber ihr kam nichts in den Sinn.

»Glaub nicht, dass du gewinnen kannst. Glaub nicht, dass du etwas Besseres bist.« Wieder blitzte in den Augen der Königin dieser Ausdruck auf. War es Grausamkeit? Wahnsinn? Der Teufel? »Du warst dumm genug, dich gegen Konrad zu entscheiden. Hast wohl geglaubt, du kannst deine eigene Herrin sein!« Sie lachte heiser, die Wunde bewegte sich, als sei sie ein eigenes Wesen. »Schau nicht so erschrocken! Du wirst schon sehen! Du wirst den Preis dafür bezahlen. Und jetzt gib mir das verdammte Gebräu!«

Die letzten Worte schrie sie, dass Hrotsvit zusammenzuckte. Sie warf die Flakons auf das Bett und rannte aus dem Zimmer.

Sie lief durch einen langen Flur, dann eine gewundene Treppe hinauf, immer hinauf. Ans Licht wollte sie. Hinaus. Und möglichst niemandem begegnen. Ja, am liebsten wäre es ihr, sie wäre tatsächlich ein Vögelchen, das nur die Flügel ausbreiten musste, um einfach hinfort zu fliegen. Nach Reinhausen, nach Hause. Weg von alldem hier. Doch plötzlich hielt sie inne. Der Ring! Sie hatte den Ring bei Edgitha zurückgelassen.

Langsam öffnete sie die Tür. Das Feuer knisterte heiter vor sich hin. Die Nacht war hereingebrochen und die Dunkelheit in den Fenstern vollkommen.

Sonst war es still und Hrotsvit konnte sofort spüren, dass noch niemand zur Königin zurückgekehrt war.

Die Stille war mehr als die Abwesenheit der Betenden. Es war ein seelenloses Schweigen. Hrotsvit drehte ihren Kopf zum Lager der Königin. Das lange Haar lag wie ein eingefrorener Wasserfall über der blutleeren Haut. Nichts rührte sich. Nur das Feuer war zu hören, wie es sich mit seinem unstillbaren Hunger durch die Holzscheite fraß.

»Edgitha«, ihre Stimme klang so dünn, dass sie selbst erschrak und nicht weitersprach. Der Kopf der Königin hing von der

Bettkante, die Augen starrten zu ihr hinauf, als könnten sie nicht glauben, in was für einer misslichen Lage sich alles befand.

Hrotsvit sah sofort, dass Edgitha tot war. Sie tastete nach dem Ring und ohne ihn noch einmal anzusehen, steckte sie ihn ein.

Dann hob sie den Leib der Königin von der Bettkante. Schwer war sie; zweimal entglitt ihr der Körper und sackte wieder zurück in seine verdrehte Haltung. Schließlich gelang es ihr, Edgitha auf ihre Bettstatt zu legen. Sanft drückte sie ihr die Augen zu, doch die Lider glitten wieder auf, als wollte der Körper noch nicht verstehen, dass es zu Ende war. Hrotsvit drehte ihren Kopf zur Seite, sodass die entstellte Wange verborgen war.

Mit Edgithas Bürste, aus Elfenbein geschnitzt, mit hellen Borsten, ein kostbares Stück, kämmte sie vorsichtig das Haar der Königin, bis es glänzend und glatt auf den Kissen lag. Dann setzte sie sich auf einen Hocker neben das Bett und wartete.

—

Ein Tier, dachte Hrotsvit. Er klingt wie ein sterbendes Tier. Sie schaute auf den König, wie er den Körper Edgithas in seinen Armen hielt und schrie. Keiner in dem Raum, in dem Momente zuvor noch eine ehrfurchtsvolle, aber rege Geschäftigkeit geherrscht hatte, traute sich etwas zu sagen. Die Königin musste gewaschen und gesalbt werden, ihr Leib bekleidet, was schwer genug war, da sich die Glieder schon versteift hatten. Der König war zwischen die Helfenden gestürmt, hatte Krüge und Stühle umgestoßen auf seinem Weg zu ihrem Bett und sie an sich gerissen, als hätte er noch irgendeine Macht, als wäre das letzte Wort nicht bereits gesprochen.

Man hatte ihn von der Jagd zurückgeholt. Er war mit seinen Rittern auf die andere Seite der Elbe gezogen, um Biber zu jagen und auf die Suche nach einem weißen Hirsch zu gehen, den Bauern angeblich gesehen hatten. Der König, so hieß es, hatte nicht wahrhaben wollen, wie krank Edgitha gewesen war.

Der Abt zog sich in eine Zimmerecke zurück, in der Hand die Karaffe mit dem Öl, um Edgithas Leib zu salben. Hrotsvit sah, wie die Nonnen zu dem Geistlichen hinüberblickten. Sie alle wussten es. Er hatte sich schuldig gemacht. Er hatte die

Königin nicht gerettet. Es war seine Aufgabe gewesen und er hatte versagt.

Aus dem Geschrei des Königs wurde ein Schluchzen. Keiner sagte ein Wort. Es verging fast eine halbe Stunde, bis schließlich die Nonnen begannen, die umgeworfenen Dinge aufzuheben und flüsternd und auf Zehenspitzen die Spuren von König Ottos Ausbruch zu beseitigen. Zwei Jagdgesellen kamen und führten den nun stillen König hinaus.

Und plötzlich verstand Hrotsvit. Niemand würde es ihm sagen. Niemand würde dem König offenbaren, welchen Weg seine Frau gewählt hatte. Edgitha hatte Recht behalten. Man würde sie in allen Ehren zu Grabe tragen.

Also hatte sie mit allem anderen vermutlich auch recht gehabt. Sie erhob sich und ging zu dem noch immer erschütterten Abt. In ihrer Hand trug sie den Ring der Königin.

Hrotsvit neigte ihr Haupt, er war der Abt, und was sie tun wollte, war ohnehin schon eine Unverfrorenheit. Dann streckte sie die Hand mit dem Ring vor.

»Die Königin hatte einen letzten Wunsch. Hermengild, ihre heilkundige Nonne, soll unverzüglich und unversehrt in ihr Kloster St. Emmeram zurückkehren.«

»Sie hat ... Sie hat ...« Der Abt rang um Fassung. Er brauchte die Nonne Hermengild als Schuldige. Wenn es nicht einen anderen Weg gab für ihn.

»Und ich soll dem König ausrichten, Ihr hättet alles in Eurer Macht Stehende getan, die Königin ist in Dankbarkeit zu Ihnen von dieser Welt geschieden.«

Hrotsvit staunte über ihre Worte. Woher kam diese Kühnheit, ja Frechheit? Es war, als wäre der Geist der Königin in sie gefahren.

»Dieser Ring macht mich zur Botschafterin der Königin«, sprach sie weiter. »Und ich kann dem König von Eurem Kampf um die Seele der Königin berichten.«

Der Abt starrte unverwandt auf den Ring. Schon hatte Hrotsvit Angst, er würde nach den Wachen rufen. Schließlich nickte er, sein Kopf sank schwerfällig hinab.

»Der Nonne Hermengild gebührt großer Dank. Wir alle haben um das Leben der Königin gekämpft. Doch Gott wollte es anders. Er wollte diese gütige Seele zu sich holen.«

———

Der Himmel spannte sich hoch und grau über Magdeburg. Hrotsvit blickte hinauf und fragte sich, wo Gott wohl war, der sie doch sehen musste, denn immerhin trugen sie hier die Königin zu Grabe, die Frau des wichtigsten Kämpfers für die Christenheit. König Otto bekehrte die Slawen, bekämpfte die Magyaren und Sarazenen, er hatte seine Königspfalz an den Rand der christlichen Welt gebaut, damit er den Glauben weiter hinaustragen würde, im Namen des Vaters, des Sohnes und des heiligen Geistes. Gott musste ihnen an diesem Tag ganz nah sein.

Der Weg zum Mauritiuskloster war nicht weit, doch der Leichenzug kam nur langsam voran; noch immer waren die Straßen in Magdeburg vereist und die vielen Mitgänger machten den Weg für die Nachfolgenden beschwerlich, denn jeder Schritt wühlte den Boden mehr auf und schliff die Eisplatten glatt, die hier und da im Weg waren. So hielten sich die Menschen aneinander fest und schlichen langsam hinter dem Sarg her, der, prächtig geschmückt mit kostbaren Stoffen und duftenden Zweigen, von sechs Rittern zur Kapelle getragen wurde. Die Liturgiegesänge wogten zwischen den Menschen hin und her, getragen vom Spiel der drei bronzenen Glocken, die unter dem Dach des Klosters aufgehängt waren. Eine unerhörte Kostbarkeit, die Hrotsvit noch immer staunen ließ.

Sie ging im hinteren Teil des Zuges, dort, wo alle mitliefen, die irgendwie noch zum Hof gehörten, Knappen und Hofdamen niederen Ranges, aber denen eben nicht weiter Beachtung geschenkt wurde. Und so war die Kapelle voll, bevor sie auch nur in die Nähe ihrer Mauern kam.

Der Menschenstrom floss vor der Kirche in die Breite. Jeder drängte sich an das Gotteshaus heran. Darin lag die Königin, ihre geliebte Herrscherin, Seele und Herz des Reiches und von einer Schönheit, die schon zu Lebzeiten überirdisch schien.

Die Tore ließ man offen und so drangen Fetzen von dem heraus, was im Inneren geschah: die gesungenen Gebete, die beschwörende Stimme des Abtes, dessen Worte hier draußen nicht zu verstehen waren; doch seine Inbrunst, die konnte Hrotsvit hören – und auch seine Angst.

Schnee fiel. Mitten aus dem Grau heraus, das doch so undurchdringlich schien.

Ein Geräusch drang ihr durch Mark und Bein. Sie brauchte ein paar Augenblicke, bis sie verstand, dass es Musik war, die aus dem Inneren der Kapelle drang. Die Töne schwollen an, wurden schneller, tanzten umeinander, pausierten, doch immer blieb dieses Rauschen. Wie der Atem Gottes, so kam es ihr vor. Ein Klang, der ihr Fleisch auflöste und ihr Innerstes öffnete.

»Was ist das?«, fragte sie.

»Die Musik? Das ist eine Orgel. Die Königin hat sie dem Kloster gestiftet«, flüsterte die junge Frau neben ihr. Und dann blickten sie beide in den grauen Himmel und lauschten schweigend den Tönen, die Edgitha aus dem irdischen Leben verabschiedeten. Auch wenn Hrotsvit die Dunkelheit in ihrer Seele erblickt hatte, so betete sie inbrünstig dafür, dass Gott sich erbarmen würde und vor allem das Licht sah, das die Königin in die Welt gebracht hatte.

———

Es war nur ein Wimpernschlag gewesen, aber sie hatte sie erkannt. Ihre kleine Itlin, verborgen zwischen all den Hohen Herrschaften im Beerdigungszug. Blass sah sie aus und noch kleiner als sonst, die Wangen hohl, Schatten darin. Sie wollte gern zu ihr stürzen, aber sie wusste, das sollte sie nicht tun. Es war nicht ihr Platz.

In den ersten Tagen hatte sie noch Erleichterung gespürt. Hrotsvit war unter den Fittichen der Königin untergekommen. Sie war versorgt und das erste Mal seit langem musste nicht sie, Irmentraud, dafür Sorge tragen, dass das Mädchen die Tage überstand. Denn so fühlte es sich an. Als strampelte sie in einem tiefen, dunklen Gewässer und musste dabei noch versuchen, den Kopf dieses Kindes über Wasser zu halten, während Itlin um sich schlug und versuchte, bis in die Tiefen zu tauchen, bis auf den Grund, wo es keine Wiederkehr gab.

Irmentraud hatte sich frei gefühlt, so frei. Das Gesinde am Hof hatte sie freundlich aufgenommen, Arbeit gab es genug und niemand hatte gefragt, warum sie denn nun da war. Draußen hatte es geschneit und gestürmt, aber sie hatte es warm und unterhaltsam mit den Mägden in den weitläufigen Küchen und Vorratsräumen.

Doch dann waren die Geschichten aus den Räumen der Königin bis hinab zu ihnen gesickert, dem Gesinde. Die Königin war schwer krank, dem Wahnsinn nah. Und bei ihr saß von früh bis spät dieses seltsame Mädchen, von dem keiner wusste, was die Königin mit ihm wollte. Gerüchte begannen sich um Hrotsvit zu ranken, dass sie eine Hexentochter sei, ein leichtes Mädchen. Schließlich kam es heraus, sie hatte ihren Verlobten vor den Kopf gestoßen, sie hielt sich für etwas Besseres und die Königin hatte in all ihrer Güte das Mädchen bei sich aufgenommen.

Irmentraud hatte für ihre Itlin einstehen wollen, hatte erklären wollen, wie es wirklich war, was Itlin hatte ertragen müssen von Konrad.

Aber sie war stumm geblieben. Sie schämte sich dafür, aber noch mehr fürchtete sie, dass die anderen sie verstoßen würden, wenn sie sich zu erkennen gab. Und wohin hätte sie dann gehen sollen? Denn Hrotsvit war auf einmal unerreichbar für sie.

Sie hatte ein paar Mal versucht vorzudringen zu den königlichen Gemächern, um nach ihrem Mädchen zu sehen. Aber man hatte sie aufgehalten und hinausgeworfen. Sie war eine Stallmagd, jeder sah es ihr an. Die anderen fanden es rührend, wie sie auch das halb verrottete Gemüse kochen wollte, anstatt es den Bettlern vor den Toren zuzuwerfen; wie sie nicht aufhören konnte zu staunen über das Übermaß an Wild und Geflügel, das jeden Tag gebraten und hinausgetragen wurde. Ihre Worte waren altmodisch und ihre Geschichten fremd.

Aber die anderen neckten sie nur sanft, denn alle sahen, dass sie half, wo sie konnte. Und all das hätte sie verlieren können, wenn sie gesagt hätte, wer sie wirklich war und dass sie wusste, was es mit diesem seltsamen Mädchen auf sich hatte. Obwohl sie sich mit jeder Stunde weniger sicher war, ob sie Hrotsvit wirklich kannte. Dachte die denn gar nicht an sie? Was tat sie da nur bei der Königin? Ihre Itlin? Mit der Königin?

Dann kam der Tod. Eine stumme Welle, die über das ganze Schloss hereinbrach, alles Lachen ersterben ließ, jede Freude. Die Königin, die Mutter des Volkes, die gütige Edgitha war gestorben. Auch Irmentraud hatte ihr Haupt tief gebeugt und in die Klage eingestimmt. Aber sie kannte sie nur einen Gedanken: Was war mit ihrer Itlin?

Wie viele Menschen hier vor dem Kloster standen, das ganze Land schien seine Trauer zeigen zu wollen; denn so viele Leute, jung und alt, reich und arm, schön und hässlich, alle auf einem Fleck, das hatte Irmentraud sich nicht in ihren kühnsten Träumen vorstellen können. Dass es so viele Menschen überhaupt geben konnte. Eine Zahl hatte sie jedenfalls nicht dafür, mehr als ein paar Dutzend hatte sie nie zählen müssen in ihrem Leben. Ob dies die Abertausenden waren, von denen in manchen Geschichten die Rede war? Es war überwältigend.

Als dann noch das Schneetreiben einsetzte, Flocken, die Irmentraud die Sicht verwirrten, die sich auf ihre Wimpern setzten, da hatte sie für einen Moment das Gefühl ertrinken zu müssen in all dem Durcheinander. Sie ließ sich von der Menge treiben, tatsächlich brauchte sie kaum ihren eigenen Körper zu halten, so dicht standen die Menschen. Manchmal drangen Töne aus der Kapelle, schiefe Laute, und dann fiel die gesamte Menge um sie herum in das Gebet der Gebete: *Vater, der du bist im Himmel …* Irmentraud fasste sich ein Herz. Irgendwo vor ihr in dem Gedränge musste Itlin sein.

Sie presste sich zwischen Körpern hindurch, begleitet vom Murren und den Knüffen der anderen; schließlich ließ sie sich auf den kalten Boden sinken und krabbelte auf allen Vieren zwischen den Trauernden hindurch. Als die Säume der Gewänder um sie herum mit Schmuckborten besetzt waren, die Stoffe feiner wurden, richtete sie sich wieder auf. Hier bei den Herrschaften würde sie Itlin finden. Und tatsächlich. Dort stand sie.

Inmitten all der Menschen stand sie da, ihr Gesicht zum Himmel gereckt, die Augen geschlossen, als wollte sie jede Schneeflocke willkommen heißen.

»Itlin, mein Kind«, flüsterte sie und ergriff ihre Hand.

»Irmentraud! Hörst du das? Die Musik? Es müssen Engel hier sein, ganz gewiss.«

Irmentraud nickte und spürte die Wärme ihrer Tränen. »Ja«, sagte sie. »Das muss wohl so sein.«

Pavia, Frühsommer 947

Unruhig huschten die kleinen Augen des massigen Mannes umher, keinen Moment schienen sie stillzustehen. Seit Wochen ging das nun schon so, Missmut und Unruhe gruben sich tief in das Gesicht von Berengar.

Liutprand beobachtete seinen Herrn ganz genau. Seit einem Jahr nun war Hugo nicht mehr König und Berengar hatte dessen jugendlichen Sohn Lothar, den Thronfolger, vollkommen in der Hand. De Facto regierte Berengar die Lombardei.

Übellaunig fingerte der Markgraf in einer Schale Erdbeeren. Er stopfte sich eine Faust voll Früchte in den Mund. Dann begann er, die Beeren nach dem Äffchen zu werfen, das neben ihm an einer Stange festgekettet war. Ein anderer Fürst hatte es Berengar als Geschenk überreicht. Doch Liutprand war sich nicht sicher, ob es nicht eigentlich eine Beleidigung sein sollte.

Der kleine Affe, sein Fell hatte die Farbe von Honig, bleckte seine Reißzähne und stieß ein helles Kreischen aus.

»Du elendiges Mistvieh«, schrie Berengar, griff die bronzene Obstschale und warf sie nach dem Tier. Das rettete sich mit einem Sprung auf einen Stuhl. Scheppernd knallte die kostbare Schale an die Steinwand.

»Ist ihnen nicht wohl, mein Herr?«, fragte Liutprand mit einer Stimme, die er sich über die letzten Monate nur für Berengar angewöhnt hatte. Weich und ausgeglichen.

Er wusste sehr genau, was Berengar ärgerte. Lothar würde morgen heiraten. Und zwar die Tochter eines Königs, während er, Berengar, nur die Tochter eines Herzogs bekommen hatte. Viel schwerer aber wog wahrscheinlich, dass morgen also Lothar als der König vor den Traualtar treten würde. Berengar regierte de facto, ja. Aber den Titel ›König von Italien‹ trug Lothar, Hugos Sohn. Und Berengar würde morgen wieder nichts weiter sein als ein Gast bei den Feierlichkeiten zu Ehren des Königs.

Berengar durchschritt ungestüm den Raum. Seltsam, dachte Liutprand. Er war so viel selbstsicherer und bedrohlicher gewesen, als er noch weniger Einfluss gehabt hatte. All seine Intrigen hatten ihn näher zum Herzen der Macht gebracht. Er war einer der wichtigsten Männer Italiens. Aber er führte sich auf, als müsste er sein Leben als kleiner Provinzfürst fristen.

Liutprand blickte durch die Verschattungen der Fensteröffnungen in das Laub der Zitronenbäume und sammelte seine Gedanken.

Es hatte eine Weile gedauert, aber nun war die Zeit gekommen, Berengar seinen Vorschlag zu unterbreiten. Seit Jahren hatte er mit seinem Stiefvater auf diesen Moment gewartet. Sie hatten geplant und überlegt und er war in Berengars Nähe geblieben, hatte seine Launen ertragen und sich seine Unverschämtheiten gefallen lassen. Aber er war sich sicher gewesen. Gott hatte einen Plan für ihn. Und er würde nicht als Münzenzähler auf irgendeinem Gut enden.

»Wisst Ihr eigentlich, was große Könige macht?« Er versuchte die Frage beiläufig zu stellen und gleichzeitig dem Ton seiner Stimme etwas Spielerisches, ja Heiteres zu geben. Nichts durfte zu anstrengend und schwer sein für Berengar. Sein Geduldsfaden war dünn.

»Wenn du was zu sagen hast, dann sag's!« Der Herzog bekam eine ungesunde Gesichtsfarbe, seine ohnehin schon rötliche Haut färbte sich nun fast purpur. Es war wohl höchste Zeit, Berengar ein wenig Hoffnung einzuflößen.

»Ein König, der dauerhaft überleben will, braucht mächtige Verbündete«, sagte Liutprand und versuchte nun seinen Worten mit einer kräftigen Stimme Nachdruck zu verleihen.

»Spuck es aus oder lass mich in Frieden!«, schrie Berengar.

Liutprand fluchte innerlich. Er hatte eine so wunderbare Rede vorbereitet, sich in Cicero und Seneca eingelesen. Und dieser Hurenbock von einem Banausen machte alles kaputt. Aber er lächelte und kam zum Wesentlichen.

»Ihr solltet diplomatische Beziehungen mit Byzanz aufnehmen.«
Berengar hielt inne, die Augen voller Wut.

Liutprand schluckte. »Ihr selbst.« Er blickte zu Boden. Nun würde er mit den nächsten Worten Verrat begehen müssen.

»Nicht der König.«

»Wie soll das gehen, ohne dass ich am nächsten Galgen lande?« knurrte Berengar. Liutprand hatte seine Aufmerksamkeit.

»Nun«, er lächelte, »nicht jeder muss alles erfahren«, fuhr er fort.

Diese Schnelligkeit hätte er ihm gar nicht zugetraut. Kaum hatte er das letzte Wort gesprochen, spürte er schon den eisernen Griff von Berengars Faust an seiner Kehle.

»Schluss, hab ich gesagt! Noch ein rhetorisches Spielchen und ich zieh dir die Eingeweide aus dem Arsch, darauf kannst du dich verlassen!«

Mit der anderen Hand hatte er seinen Dolch zwischen Liutprands Beine geschoben. Dieser spürte, wie ihm die Kontrolle über seinen Körper entglitt und ein warmes Rinnsal die Innenseite seiner Schenkel hinabfloss.

»Ich …«, stammelte er.

»WAS WILLST DU MIR SAGEN!« Spucke regnete auf sein Gesicht nieder.

Liutprand stammelte hastig: »Ich fahre als Botschafter nach Byzanz. Offiziell für den König. Inoffiziell für Euch, Berengar.« Die Umklammerung um seine Kehle löste sich.

»Geht doch«, knurrte der Herzog. Sein Gesicht war Liutprand so nah, dass er dessen ergrautes Nasenhaar erkennen konnte. Berengar ging zu seinem Thronsessel und ließ sich darauf fallen. Nichts an seinem Gebaren hatte etwas Königliches, Erhabenes, dachte Liutprand. Und dann dachte er daran, wie er die Schmach verbergen konnte, dass er sich eingenässt hatte. Wenn er fortging, würde ein Fleck am Boden zurückbleiben. Der dunkle Stoff seines Habits verbarg glücklicherweise den Rest.

»Hmmmm.« Berengar zupfte an seinem Bart. »Das ist vielleicht kein ganz so dummer Plan«, sagte er schließlich. »Erklär es mir genauer.«

Liutprand ließ sich auf die Knie fallen. »Danke für die Gelegenheit, mein Gebieter«, sagte er. Berengar liebte Unterwerfung. Und während er kniete, konnte seine Kutte den Urin vom Boden saugen. Niemals wollte er Berengar die Genugtuung geben zu sehen, was für eine unaussprechliche Furcht er vor ihm hatte.

»Es ist wirklich kein komplizierter Plan.« Liutprand neigte sein Haupt, schloss die Augen und spürte, wie die Feuchtigkeit unter seinen Knien in den Stoff zog. »Wir werden nur ein wenig Zeit für die Vorbereitungen brauchen«, erklärte er weiter.

»Wie lange?« Berengars Stimme klang wie das Gebell eines Kettenhundes.

»Vielleicht ein oder zwei Jahre?«, antwortete Liutprand. Eigentlich rechnete er eher mit drei Jahren.

»Mmmmmh«, brummte Berengar. »Dann sieh zu.«

—

Liutprand saß auf seinem Lehnstuhl, den Körper von Kissen gestützt, die Füße auf einem Schemel, und blickte in die Nacht. Sein Gemüt schwankte zwischen lähmender Müdigkeit und euphorischer Erleichterung. Er hatte es geschafft. Der entscheidende Schritt war getan. Er hatte den Auftrag für eine bedeutende Botschaftsreise. Obwohl er kaum Griechisch beherrschte. Aber das war erst einmal nebensächlich. Er würde schon einen Übersetzer auftreiben. Berengar war nicht gescheit genug, ihm auf die Schliche zu kommen. Immerhin kannte Liutprand einige Höflichkeitsfloskeln. Der Rest würde sich fügen. Überhaupt gab es kaum jemanden in Italien, der wirklich gut Griechisch konnte. Vielleicht eine Handvoll Kleriker. Wer sollte ihn schon an Berengar verraten.

Er fröstelte. Berengar. Dieses Tier.

»Wollt Ihr noch etwas Wein?« Luccas Stimme klang in seinen Ohren wie das Winseln eines Hundes. *Was für eine Jammergestalt*, dachte Liutprand. Wortlos streckte er Lucca seinen Becher hin und lauschte dem hellen Plätschern des Weins. Er zuckte nur kurz, als etwas davon auf seine Finger tropfte.

»Verzeihung Herr, Verzeihung!« Lucca tupfte hektisch an seiner Hand herum.

»Lass gut sein, Lucca.« Früher hätte er ihn dafür vermutlich geohrfeigt. Und ja, die schier grenzenlose Dummheit seines Dieners machte ihn noch immer wütend. Aber in den Monaten ohne Lucca hatte er verstanden, dass der schmächtige Mann eine Eigenschaft hatte, die ihn überraschend kostbar machte. Er war loyal. So loyal, dass er vielleicht sogar für Liutprand sterben würde. Jedenfalls hatte er sich von Hugos Folterknecht ein Ohr abschneiden und die Finger der rechten Hand brechen lassen, ohne Liutprand zu verraten.

Das hat ihn leider nicht gerade geschickter werden lassen, dachte Liutprand und wischte den letzten Rest Feuchtigkeit an der Decke ab. Aber Lucca hatte alles über sich ergehen lassen und war, nachdem Hugo das Interesse an ihm und der ganzen Angelegenheit verloren hatte, geflohen und zu Liutprand zurückgekehrt, die Reste des Ohrs vereitert, der Körper noch grün und blau. Aber am Leben.

Liutprand schloss die Augen. Dieses Klingen in seinen Nerven. Er konnte es fast hören, aber doch nicht ganz. Was das wohl war? Seine Haut schien überzuquellen, als hielte sie ihn nur noch mit Müh und Not zusammen. Er versuchte zu ergründen, woher dieses seltsame Vibrieren, oder was auch immer es war, herkam. Er wünschte sich, dass es eine Segnung war. Er wollte wieder Bilder von Gott geschickt bekommen. Er wollte die Nähe des Heiligen Geistes spüren. Doch alles, was er bekam, war Dunkelheit. Ruckartig trank er den Becher in drei großen Zügen leer.

»Noch einen«, rief er, streckte Lucca ein weiteres Mal den Becher hin und leerte ihn ebenso schnell.

Weiber. Das kam ihm jetzt in den Sinn. Wieder lenkten sie seinen Geist ab. Diese rothaarige kleine Schlampe, die ihn damals bei Berengar so niedergezwungen hatte. Seine Königin. Bertha. Die sich nun davongemacht hatte, nach Burgund.

Er konnte es nicht verhindern, der Gedanke an Bertha war für ihn so voller Scham und unvergessener Leidenschaft, dass es ihn in den Eingeweiden kniff. Sie war nun sicher endgültig verblüht. Aber dennoch. Er hätte sie so gern gehabt, sie mit Haut und Haaren besessen. Ihr Geruch schien ihn plötzlich zu umwehen und er sah ihr liebevolles Gesicht auf dem nackten Körper der roten Hure. Er sah sich, wie er sie packte und aufs Bett warf, der lachende Berengar daneben.

Liutprand griff die Lehnen seines Stuhles so fest, dass seine Knöchel schmerzten. *Herr, oh Herr*, dachte er. *Warum prüft Ihr mich so schwer? Was habe ich getan? Ich will doch nur Euer würdiger Diener sein.*

Er bekam keine Antwort. Nur die Bilder. Sie verstummten nicht. Nein, sie wurden immer lauter, immer wilder. Leiber, die sich vereinigten, lustvoll aufgerissene Münder, nackte Brüste und Hinterteile, die sich ihm entgegenreckten. Er stand auf und griff nach seinem Umhang.

»Lucca, ich gehe noch«, er räusperte sich, »in die Kapelle. Zum Gebet.«

»Soll ich mit Euch gehen, Herr?«

»Nein, das muss ich allein tragen«, sagte er und schlug die Tür hinter sich zu. Im Gang wartete er einen Moment, um sicher zu sein, dass Lucca ihm nicht folgte. Er wollte zu den Häusern, unten am Fluss. Manchmal war es eine Erlösung, eine Frau zu sehen, ihre echte Nacktheit hemmte die Bilder. Er hatte eine Regel: Er handelte nicht. Er ließ nur geschehen. Sie sollte ihn auswählen. So war es nicht seine Sünde, sondern ihre. Und um die Seelen dieser Frauen brauchte sich ja keiner mehr zu sorgen. Frauen hatten die Ursünde über die Menschheit gebracht, sie standen mit einem Fuß bereits in der Hölle. Das wusste jeder Kleriker. Frauen waren des Teufels Werkzeug.

Er verließ den Hof und ging die dunkle Straße hinab. Mit jedem Schritt wurde es ihm leichter ums Herz. Ja, das war gewiss das Richtige. Er brauchte nun all seine geistige Kraft. Er musste sich reinigen von diesen Bildern. Um bereit zu sein für seine großen Aufgaben.

Schon konnte er die Lichter der Häuser am hinteren Teil des Flusses sehen, dort, wo die Stadt eigentlich aufhörte, aber das Leben nie stillstand. Ohne es zu merken, beschleunigte er seine Schritte noch einmal. Vielleicht würde er der Kirche noch etwas stiften. Ein Buch vielleicht. Den kommenden Tag dem Gebet widmen.

Aus dem Schatten der Sträucher trat die erste Dirne. »Wie schön! Ihr habt mal wieder den Weg zu uns gefunden, heiliger Vater«, sagte sie und kicherte. Sie öffnete die Bänder ihres Kleides noch ein wenig und hob ihre Brust hoch, sodass er ihre rosafarbenen Brustwarzen sehen konnte.

Heiliger Vater, den Spitznamen hatten sie ihm hier gegeben, als er unvorsichtigerweise einer von ihnen von seinem geheimsten Traum erzählt hatte. Aber was machte das schon, ihnen glaubte niemand.

Er schaute der Dirne ins Gesicht. Sie war jung, ihren Eckzahn hatte sie schon eingebüßt. Aber sonst war ihr Anblick ganz passabel. Ja, sie erinnerte ihn ein wenig an Bertha.

»Dreh dich um«, herrschte er sie an.

Sie folgte seinen Worten und wackelte dabei mit den Hüften. »Gleich hier, heiliger Vater? Habt Ihr es so eilig dieses Mal?«, gurrte sie. Doch, von hinten erinnerte sie noch mehr an Bertha.

»Lass das Geschwätz.« Er hieb ihr auf das Hinterteil. Sie quietschte auf, wehrte sich aber nicht weiter. »Wir gehen zu deiner Wirtin.«

Sie nickte nur und ging voran. Das war das Schöne an diesen Mädchen. Sie wussten, wofür sie gebraucht wurden. Er packte eine Handvoll Haarsträhnen und riss daran. Wieder jaulte sie auf.

»Jetzt führ dich nicht so auf«, sagte er. »Du weißt, ich zahle gut.«

Sie nickte erneut. Er spürte wieder dieses Singen in sich, nur viel klarer und reiner dieses Mal. Ja, er hatte das Richtige getan. Heute Nacht würde er sich befreien von diesem Fluch der Weiber. Ein für alle Mal.

———

Die Sonne schien, die Vögel sangen, der Wind trug ihm den Duft der Zitronenbäume zu. Liutprand fühlte sich so leicht und stark, ja, unverwundbar. Die Erinnerung an die gestrige Nacht, wie er die Dirne hatte um Vergebung schreien lassen – irgendwann hatte er darin Berthas Stimme gehört, so deutlich, dass er wusste, sie trauerte um ihn. Natürlich hatten ihn danach Zweifel geplagt, er hatte auf dem Weg nach Hause sogar Tränen vergossen.

Sein Schlaf war tief und traumlos gewesen, vielleicht durch die körperliche Erschöpfung. Und dann hatte Gott am Morgen einen Beweis seiner übergroßen Liebe geschickt.

Lucca hatte ihm die Nachricht im frühen Morgengrauen überbracht. Hugo, der alte König, war tot. Gestorben vor ein paar Tagen, während er seine Rachepläne vorangetrieben hatte, gegen Berengar, seinen Sohn Lothar und damit natürlich auch gegen Liutprand. Die Boten waren Tag und Nacht geritten, um die Nachricht von Arles möglichst schnell in alle Welt zu verbreiten. Denn dieser Tod änderte vieles.

Es hieß, Hugo sei an seiner Wut erstickt, man habe ihn mit Schaum vor dem Mund in seinen Gemächern gefunden. Es konnte natürlich genauso gut Gift gewesen sein, denn es gab wahrlich genug Menschen, die ihn gehasst hatten. Aber wie er schließlich sein mickriges, liederliches, gotteslästerliches Leben ausgehaucht hatte, war Liutprand vollkommen gleichgültig. Hugo war tot und das war ein weiterer Beweis, dass Gott seine schützende Hand über Liutprand hielt. Er würde nach Byzanz reisen. Als Vertreter des Königs von Italien. Im Geheimen als Vertreter von Berengar. Aber mehr noch als Vertreter seiner selbst. Er würde niemals vergessen werden. Nun musste er noch einmal nach Vigevano reiten. Den Stiefvater an sein Versprechen erinnern.

Ein Seufzer entfuhr Liutprand. Einmal würde er sein Haupt noch beugen müssen. Einmal noch sich erniedrigen. Unfrei und gebunden. Aber das würde sich nun ändern. Und dann würde ihn sein eigener Glanz tragen.

Der Ritt nach Vigevano war dieses Mal nicht nur beschwerlich gewesen, er glich einem Besuch in der Folterkammer. Je näher er der Stadt kam, desto mehr hatten sich Schmerzen in seinem Körper ausgebreitet; ausgehend von der rechten Seite seines Kopfes hatten sie ihn fast gelähmt, sein Denken überlagert. Als er endlich die Villa seiner Eltern erreicht hatte, mussten ihn die

Bediensteten halb ins Haus tragen und legten ihn in einen der Räume im Gästeflügel nieder.

Das Fenster war halb verschlossen. Ein einsamer Vogel sang.

Liutprand wagte nicht, sich zu bewegen, Er schirmte seine Augen mit der Hand ab. Alles war zu viel, unerträglich, ausweglos, auch die letzten Körnchen Licht.

Doch unter dem Schmerz lag sein Verstand wach und er wusste, er lief Gefahr, seinen kleinen Erfolg zu zerstören, wenn er sich nicht schnell sammelte. Schweiß brach ihm aus. Nichts verachtete sein Stiefvater mehr als Schwäche.

Unvermittelt fühlte er Kälte auf seiner Haut, er griff danach und erkannte sofort die Hand seiner Mutter, die sein Gesicht mit einem feuchten Tuch abtupfte.

»Er kommt«, flüsterte sie. »Bald!« Ihre Stimme gehetzt, in Tränen schwimmend. »Wir müssen vorsichtig sein! Er erträgt uns so nicht!« Ihre Worte glitten in ein Wimmern ab.

»Mutter«, setzte er an, doch jedes weitere Wort war zu kompliziert, zu anstrengend. Selbst in diesem Zustand stieg dieselbe Wut auf, die er immer spürte, wenn seine Mutter zu ihm kam. Ihre Schwäche machte ihn so unendlich hilflos, es war ihm unerträglich. Er schob ihre Hand weg, so heftig er konnte.

»Trink das«, sie hielt ihm eine Phiole an die Lippen. »Es nimmt die Grausamkeit des Schmerzes.«

Zuerst wollte er auch die Phiole wegschieben, doch die Hoffnung, etwas von dieser Folter zu verbannen, war zu groß. Gierig trank er die bittere Flüssigkeit.

»Er ist im Stadtrat, aber zum Essen ist er zurück. Ich werde versuchen, ihn abzulenken«, flüsterte sie und stand auf.

Immer flüstert sie, dachte er zornig. Kein Wunder, dass der Stiefvater ihre Anwesenheit kaum ertrug. Dann glitten seine Gedanken fort ins Nichts, unmerklich nahm der Schmerz ab, bis er schließlich einschlief, ohne es zu merken.

»Herr!« Für einen Moment wusste er nicht, wo er war, aber dann erkannte er den Diener, der ihn aus dem Schlaf gerissen hatte. »Euer Herr Stiefvater fragt nach Euch!«

»Ich komme. Sofort«, murmelte er und stemmte sich von der Bettstatt. Der Boden unter ihm schien zu schwanken, Farbschlieren glitten durch die Luft, beinahe wollte er danach greifen. Noch etwas war anders. Er hielt inne. Der Schmerz. Er war fort.

Er wankte aus der Tür, hielt sich an den Mauern fest, während er sich Schritt für Schritt auf das Büro seines Stiefvaters zubewegte. Erst nach einer Weile ging er fast gerade, gemessenen Schrittes.

Er sah sie, bevor er ihn sah. Seine Mutter, zusammengesunken in einer Ecke. Sein Stiefvater hatte sich schon wieder hinter seinen Schreibtisch zurückgezogen. Doch er ahnte, was sich hier abgespielt haben musste.

Grimald von Vigevano blickte auf. »Liutprand«, bemerkte er tonlos mit seiner hohen Stimme. Er musterte ihn, unbewegt. »Seltsam siehst du aus. Hast du getrunken? Das solltest du nicht tun.«

Liutprand ging die letzten Schritte zum Stuhl und hielt sich so unauffällig wie möglich an der Lehne fest. »Ich …«, setzte er an, doch sein Stiefvater hieß ihn mit einer Handbewegung schweigen.

»Weib«, befahl Grimald von Vigevano. »Geh. Wir haben zu reden.«

Liutprand sah zu, wie seine Mutter sich mühselig aufrichtete. Sie verbarg ihr Gesicht hinter ihrem Schleier. Für einen Moment fühlte er den Drang zu ihr zu rennen und sie zu stützen. Der Wunsch, ihren Schmerz nehmen zu können, sie zu schützen, wurde beinahe übermächtig. Doch dann siegte wieder der Zorn. Warum musste sie auch immer so eine jämmerliche Gestalt abgeben? Immer nur Tränen und Flüstern. Nicht ein einziges Mal hatte sie sich aufgelehnt.

»Und sieh zu, dass du die Flecken aus den Kleidern bekommst«, sagte Grimald mit gleichbleibender Stimme. »Ich möchte nicht schon wieder Geld für neue ausgeben.«

Die Frau nickte unmerklich und ging lautlos aus dem Zimmer.

Mit einem Schulterzucken wandte Grimald sich seinem Stiefsohn zu. »Deine Mutter findet einfach kein Maß. Meist verschlossen wie eine Auster. Aber manchmal bedrängt sie mich vollkommen unangemessen.«

Liutprand merkte, wie ihm das Blut in den Kopf stieg. Der Schwindel überkam ihn erneut, plötzlich und heftig.

Sein Stiefvater seufzte und blickte durch das Fenster in den Hof, wo die Feigen zu reifen begannen. »Sie braucht einfach eine harte Hand, sonst geht es mit ihr nicht.«

Er heftete seinen durchdringenden Blick wieder auf Liutprand. »Meine Sorge ist, dass du ihre Schwäche geerbt hast, Liutprand.« Er musterte ihn. »Deine Züge sind so … weich. Dein Körper war immer schon schwach im Vergleich zu den anderen Knaben.« Grimald von Vigevano lehnte sich vor. »Bist du denn schwach? Liutprand?«

Noch immer schwankte die Welt um ihn. Eine leichte Übelkeit lag ihm im Magen. Er hätte sich liebend gern auf dem Sessel niedergelassen. Nein, viel lieber noch hätte er sich zurück in das abgedunkelte Zimmer verkrochen und geschlafen.

Er nahm die Hände von der Lehne. »Nein«, erwiderte er und versuchte gleichmütig zu klingen. Mit Mühe presste er ein schnaubendes Lachen hervor. »Eine seltsame Annahme, Vater«, sagte er.

Zum Glück kannte er all die Winkelzüge, all die Prüfungen. Jetzt war die Zeit für einen Angriff. Verdammt! Er war stark. Er hatte *nichts* von diesem Weib geerbt.

»Ja, vielleicht habe ich keinen bäuerlichen Körper, aber mein Geist ist stärker als der von zehn Rittern. Darauf kommt es doch an. Was sollten mir pralle Muskeln nützen? Alles fügt sich: König Hugo ist an seinem eigenen Zorn erstickt. Und Berengar wird eine Gesandtschaft nach Konstantinopel schicken. Wie besprochen habe ich ihm unseren Plan unterbreitet. Und wie erwartet hat er alles gierig geschluckt.«

Ein feines Lächeln breitete sich über das Gesicht von Grimald von Vigevano.

Unwillkürlich begann auch Liutprand zu lächeln. »Natürlich

ist Berengar alles zu teuer und er jammert von früh bis spät«, fuhr er fort. Er sah seinen Stiefvater zustimmend nicken. Offensichtlich wollte er, dass Liutprand weiterredete. Seine Benommenheit verschwand und der Schmerz war nur noch eine vage Erinnerung. Nun fühlte er, wie ihn der Moment trug. »Berengar will König sein und er weiß, eine starke Verbindung nach Konstantinopel kann den Weg ebnen.«

»Und ohne es zu wissen, ist er vollkommen abhängig von dir, weil *du* die Fäden zu den Byzantinern in den Händen hältst«, fiel nun Grimald von Vigevano ein. »Und dann muss er dir eine herausgehobene Stelle geben.«

Liutprand nickte eifrig. »Ja, er wird nicht anders können. Ich werde fordern können – und er wird es mir ermöglichen müssen.«

Sein Stiefvater erhob sich. »Ich werde den Schatzmeister rufen. Du brauchst die beste Ausstattung. Und vor allem herausragende Geschenke für den Kaiser von Byzanz.«

Er hielt inne und betrachtete Liutprand. Dieser spürte den alten Fluchtinstinkt, der einsetzte, sobald dieser Blick zu lange auf ihm ruhte.

»Das hast du gut gemacht, Sohn«, sagte Grimald von Vigevano schließlich.

Und für einen Moment war es Liutprand, als ob er fliegen könnte. Wenn es die Situation zugelassen hätte, er hätte getanzt. Aber das war, bei aller Freude, vollkommen unmöglich. Also summte er stattdessen in Gedanken einen der alten Choräle. Gloria! Gloria in excelsis Deo!

In den Hügeln vor Pavia, Frühling 947

Der letzte Hieb traf Piero an der Schulter, ein dumpfer Schmerz durchschoss seinen Knochen. Er ließ sich in die aufgewühlte Erde fallen und blieb liegen. Seine Haut war rot von der Sonne, die Beine und Arme zitterten, in seinen Augen brannte der Schweiß. Das dunkle Holz seines Stockes ließ er los.

Rot flackerte es vor seinen geschlossenen Lidern. Er roch den Schweiß der anderen, ihre Erschöpfung, ihre Angst. Er sah es in ihren eingezogenen Köpfen, in ihrem stummen Gehorsam, ihrer Unterwürfigkeit. Natürlich tat er auch, was von ihm verlangt wurde. Er wollte ja nicht sterben.

Trotz seines müden Körpers überrollte ihn eine Welle aus Wut. Wie ein Tier hatten sie ihn abgeholt. Jedes Dorf musste zwei junge Männer für den König abtreten. Ausgesucht hatten sie ihn und den Sohn des Müllers, beide kräftig und gesund.

»Ich bin kein Vieh«, murmelte er, aber leise genug, dass ihn niemand hörte. Er wusste, dass er der Einzige war, der das so sah. Alle anderen sahen ihn als genau das: ein Stück Vieh, dem sie eine billige Rüstung anzogen, um ihn für König Lothar oder Berengar oder wer auch immer gerade an der Macht war in den Krieg zu treiben.

»He! Piero! Weiter!« Der Söldner, der seine Gruppe führte, hatte ihn am Boden entdeckt. »Oder bist du verletzt?«

»Nein, es geht.« Er rollte sich langsam zur Seite. Der Schlag war schmerzhaft gewesen, aber nicht wirklich schlimm. Er würde weitermachen müssen. Seine Schlag- und Stoßtechnik üben, damit er auf dem Schlachtfeld lange genug durchhielt.

Er blickte auf die Kämpfenden links und rechts von sich. Sein Partner stand da, auf seinen Übungsspieß gestützt, und beäugte ihn ohne großes Interesse, offenbar dankbar für die Pause. Der

Mann blinzelte in die Sonne und kaute auf einem Grashalm, so als wäre alles gut in der Welt. Wie machten sie das nur alle? Wie konnten sie alles so hinnehmen? Sie waren doch auch Menschen, nicht nur mit Armen und Beinen, sondern auch einem Kopf zum Denken. Sie hatten doch auch ein Leben, das ihnen wichtig war? Menschen, die sie liebten?

»Jetzt mach schon, Piero!«

Er rollte sich auf alle Viere und drückte seinen Körper hoch. Er war zäh, er hielt viel aus. Jeder vom Dorf hielt viel aus. Aber deshalb wollte er noch lange nicht sein Leben für einen König hinwerfen, der nichts für ihn getan hatte, außer ihm mit seinem Heer die Schweine zu zertrampeln. Wäre dieser Fremde in der Mönchskutte nicht gekommen und hätte ihnen die Goldmünze geschenkt, das halbe Dorf wäre im kommenden Winter verhungert. Das konnte er nicht vergessen. Marco, der liebe, vorsichtige, ängstliche Marco, hatte ihm immer wieder gut zugeredet: »Aber Piero, es ist doch nichts passiert. Gott hat die Schweine genommen. Und Gott hat den Mönch mit der Goldmünze geschickt. Es ist doch nichts passiert!«

Aber war das so? War nichts passiert? Und Soldaten, die Schweine zertrampeln und Fremde, die Gold verteilen? Das sollte Gott sein?

Der Tritt in den Hintern traf ihn unerwartet, er fiel wieder in den Staub.

»Jetzt beweg dich, du verblödeter Hund!«, schnauzte der Söldner. Piero ballte seine Fäuste. *Sei klug und bleib still*, dachte er bei sich. *Du kannst hier nicht gewinnen.*

»Du willst doch im Kampf nicht gleich ins Gras beißen«, brummte der Söldner beschwichtigend und zog ihn am Arm hoch.

»Nein«, sagte Piero. »Das will ich nicht.«

»Siehst du.« Er hielt ihm einen Trinkbeutel mit Wein hin. »Ihr sollt doch eine Chance haben, wenn wir im Krieg sind.«

Piero nickte stumm. Der Krieg. Seit Monaten rechnete Italien mit dem Einfall von Hugos Truppen. Und wenn der Krieg kam, dann konnte das leicht sein Ende sein.

Piero hob seinen Stock auf und wog dessen Gewicht in seiner Hand. Das Holz war glatt von den vielen Händen, die ihn schon geführt hatten.

»Dann komm doch!«, rief er seinem Partner lachend zu und dann drosch er mit dem Stock von oben auf ihn ein. Der andere parierte gekonnt und trat ihm direkt nach der Parade gegen das Bein. Piero ignorierte den Schmerz, drehte seinen Körper und hieb nach dem Rücken seines Gegners. Ein Schmerzensschrei. Er hatte getroffen. Schwankend zwar, aber er hatte getroffen. Piero sammelte sich, fand seine Balance und hob den Stab zum nächsten Schlag. Er würde sich nicht unterkriegen lassen.

Da rauschte eine Unruhe durch ihr Lager. Ein Satz, der immer weiter gerufen wurde, wie ein Leuchtfeuer, das von Hügel zu Hügel weitergereicht wird. Und schließlich konnten sie auch auf dem Übungsplatz die Worte verstehen: »Hugo ist tot! Hugo ist tot!« Piero ließ den Stab sinken.

Hugo war tot. Es würde keinen Krieg geben. Für jetzt war es vorbei. Es würde der nächste König und der nächste Krieg kommen. Aber jetzt, heute, war es vorbei.

Die Dunkelheit lag schwer über dem Land, es schien sich in die Schatten zu ducken. Piero staunte, wie lebendig die Nacht war. Überall raschelte und knisterte es in den Zweigen. Die Nachtvögel riefen sich zu und natürlich konnte es sein, dass irgendwo hier ein Bär durch die Wälder strich oder ein Irrlicht auf der Suche nach einem Opfer. Aber er fühlte keine Angst, er fühlte sich leicht und frei. Die Nacht, ihre Schönheit, überraschte ihn. Er konnte sich nicht daran erinnern, wann er ihr je so nahe gewesen war.

Er hatte kein Feuer, keinen Mantel, kein Obdach. Er hatte nur sich und den Weg zu seinem Dorf. Man hatte ihm ein paar kleine Münzen in die Hand gedrückt und ihn nach Hause geschickt.

Wie oft hatte er davon geträumt, hinauszukommen, mehr zu sehen als das Dorf. Aber jetzt hatte er verstanden. Die Welt hier draußen hatte ihm nichts zu bieten. Stattdessen würde sie ihn eines Tages zermalmen. Ja, Piero war sich da ganz sicher. So würde es kommen, aber bis dahin würde er in seinem Dorf bleiben. Er würde träumen. Von einer Welt, in der auch dumme Bauern wie er lesen durften. Er würde davon träumen, alle Fragen zu stellen, die in seinem Kopf herumtobten. Er träumte von einem Ort, an dem er andere Menschen traf, die auch solche Gedanken hatten wie er. Die ihn nicht schlugen, wenn ihm einer davon herausrutschte, sondern nachdenklich nickten, bevor sie mit einem anderen Gedanken antworteten. Diese Welt würde es nie geben. Zu wild, zu abwegig war das. Aber träumen, das konnte er.

Er reckte sich und spähte in die Schattierungen der Dunkelheit. Er konnte die Umrisse von Dächern erahnen. Er war zu Hause. Seine Schritte wurden schneller und er begann zu schreien: »Hugo ist tot! Es gibt keinen Krieg! Habt ihr gehört? Es gibt keinen Krieg!«

Es dauerte ein paar Augenblicke, aber dann öffneten sich die Türen und sie traten verschlafen in die Nacht hinaus. »Hört ihr?«, rief er noch einmal. »Hugo ist tot! Es ist kein Krieg!«

Noch ein kurzer Moment Stille. Und dann brachen sie in ein lautes Jubeln aus. Sie alle hatten sich so gefürchtet. Vor den Soldaten von König Lothar, von Berengar und diesem König Otto von nördlich der Alpen, die kommen würden, mit Brief und Siegel, um ihre Vorräte für die Truppen zu holen. Vor den gegnerischen Soldaten, welche Seite auch immer das war, die danach kommen würden, um ihre restlichen Vorräte zu stehlen, ihre Häuser anzuzünden, die Frauen zu schänden und, wenn ihnen danach war, sie alle zu töten.

»Kein Krieg!«, riefen sie. Und dann holte einer seine Flöte, der nächste die Fidel und schließlich tanzte das ganze Dorf. Der Kelch war an ihnen vorübergegangen. Jedenfalls für den Moment. Und der war alles, was zählte.

Piero fühlte, wie jemand an ihm zog und seinen Namen flüsterte. »Mama«, antwortete er.

»Dass ich dich nochmal seh«, sagte sie und der Rest erstickte in einem langen Schluchzen.

Er legte seine Arme um ihren knochigen Rücken und die krumme Schulter, die sie nach einem Sturz vom Heuwagen behalten hatte. »Ja, jetzt bin ich wieder da.«

Sie machte sich los und lachte. »Da hat der Hugo endlich mal was richtig gemacht und ist verreckt, bevor sie euch ins Gemetzel geschickt haben.«

Sie nahm sein Gesicht in ihre Hände. Im Licht des Feuers, das jemand auf dem Platz entzündet hatte, konnte er sehen, wie sie ihn studierte. Ihre Augen wanderten über sein Gesicht, als müsse sie sich jede Linie seiner Züge einprägen. Er ließ es geschehen und genoss still, so gesehen zu werden. Laut hätte er das nie zugegeben. *Die Verborgenheit der Gedanken ist etwas Wunderbares*, dachte er bei sich.

»Du brauchst was zu essen«, sagte sie schließlich. Und er nickte vorsichtig. Seit seinem Aufbruch am Morgen hatte er nichts gegessen. »Ich werd dir was richten«, sagte sie und verschwand in ihrem Haus.

Das ganze Dorf war auf den Beinen, die Kinder, ja sogar den bettlägerigen Nino hatte man herausgetragen. Piero riss die Arme hoch und schaute zu den Sternen. Er stampfte mit den Füßen über den Dorfplatz und ließ sich von der Melodie treiben. Die Musik war wild und schräg und tobte schier durch die Nachtluft; jemand hatte vergorene Erdbeeren geholt, der Himmel über ihm begann zu tanzen.

Magdeburg, Sommer 948

Das helle Grau der Steine war wie Eis; tiefes, schlummerndes Eis, das alles einhüllte. Hrotsvit legte eine Hand an die Wand und trotz der großen Sommerhitze draußen war sie kühl.

Sie konnte die Luft hinter den Fenstern flirren sehen, seit Wochen glühte das Land. Manchmal musste sie an Reinhausen denken und was die Hitze wohl aus der Ernte machte, die so wichtig war für das Überleben. Früher war sie wie eins gewesen mit den Wiesen und Feldern; sie wusste, wann welche Pflanze reifen würde und wann vergehen.

Hier drinnen, in den Mauern der Königspfalz von Otto, war das alles so weit weg wie ein Traum. Manchmal trug der Wind den Geruch von trockenem Gras herein, oder den von regennasser Erde. Dann schloss sie die Augen und erinnerte sich an ihre Zeit vor alledem.

Wenn sie und die anderen Damen hinauswollten, dann gab es einen Garten im Hof und einen Spazierweg an der Elbe.

Es war schön, über das große Wasser zu schauen. Besonders im Frühjahr oder auch manchmal im Herbst, wenn es so weit wurde, wie sie sich das Meer vorstellte. Obwohl sie wusste, dass das Meer noch anders war, denn es hatte kein Ufer gegenüber und an der Elbe konnte man die andere Seite immer noch erahnen, egal wie sehr sie anschwoll.

Sie hatte sich an diese andere Art des Hinausgehens gewöhnt. Ein Hinausgehen, das immer noch ein Drinsein war. Aber es fühlte sich noch immer seltsam an, auch nach so langer Zeit. Der gemessene Schritt, die Welt wie einen Wandteppich in der Ferne an sich vorüberziehen lassen.

Nun war sie schon das zweite Jahr in Magdeburg. Manchmal schien ihr die Zeit unendlich zu sein, manchmal schnurrte sie in ihrem Kopf wie zu einem einzigen Moment zusammen. Es war, als lebte sie hier immer den gleichen Tag. Sie irrte durch die Flure, sie ging zu den Mahlzeiten im großen Saal, sie saß in der Bibliothek und las. Sie verbrachte Nachmittage mit Irmentraud in dem Zimmer, das man ihr zugewiesen hatte. Aber vor allem saß sie stundenlang bei dem schweigenden König. Der nach ihr rufen ließ, damit sie bei ihm blieb, in absoluter Stille.

Der Hof tuschelte über sie. Keiner wollte glauben, dass er nicht Unzucht mit ihr beging. Seit der Nacht, als die Königin gestorben war und sie ihm schließlich den Ring zeigte, hatte er sie in Beschlag genommen.

Sie war für den König nun der letzte Faden, der ihn mit seiner Frau verband. So, wie die heilige Kraft von einer Jesus-Reliquie auf einen sonst gewöhnlichen Gegenstand überspringen konnte. Nur fühlte sie das nicht. Sie fühlte nichts als Leere. Aber der König rief und er war der König. Also setzte sie sich zu ihm und wartete. Manchmal legte er seinen Kopf in ihren Schoß und weinte und sie strich ihm über das Haar. Manchmal nannte er sie »Edgithas letzter Schatten« und dann lächelte sie, obwohl es ihr Angst machte.

Die Wahrheit war, es gab sonst nichts, was sie hielt, keinen Ort, zu dem sie gehörte. Und wenn der König sein Interesse verlor, dann hatte sie nichts, wohin sie gehen konnte. Von ihrer Familie vernahm sie nur Schweigen.

»Es ist ein Spiel, Hrotsvit. Um ihre Gier und deinen Tod.« Sie hörte Edgithas Stimme. Sie hatte ihre Augen offengehalten, hatte beobachtet, was die Edelleute bei Hofe trieben. Und sie hatte gesehen, was die Königin meinte. Sie hatte beobachtet, wie Männer ihre Blicke über die Jungfrauen gleiten ließen. Und manche über die Knappen. Auch wenn das etwas verborgener geschah. Wie sie abschätzten und abwägten. Wie die Frauen diese Blicke aufnahmen, sie versuchten einzuordnen. Wie sie Blicke zurückwarfen. Wie an manchen Abenden, wenn der Wein reichlich floss, die Hände die Arbeit der Augen übernahmen. Wie sich Verbindungen entsponnen und wieder lösten. Und manchmal Frauen oder auch Knappen verschwanden. Keiner sagte wohin und keiner redete davon. Vielleicht wurden

sie zurück zu ihren Familien geschickt. Vielleicht kamen sie in ein Kloster. Vielleicht wurden sie verheiratet. Sie wusste es nicht. Und in diesen Fragen war ihre Irmentraud keine Hilfe, die sonst immer ihr Felsen war.

»Du darfst keine Fehler machen! KEINE! Sonst bist du tot!« Ja, ein Spiel. Wie Edgitha es gesagt hatte. Doch wusste sie noch immer nicht so recht, nach welchen Regeln. Und der Einsatz war hoch.

Sie hatte zu üben begonnen. Mit ein paar der Knappen, die konnten nicht so gefährlich werden. Knappen konnten niemanden verschwinden lassen. So hatte sie nach Blicken gesucht und Blicke losgeschickt. Und mit zweien von ihnen hatte sie sich in Ecken herumgedrückt, um zu sehen, was dann passierte. Nicht, weil sie ihr gefielen. Sie musste lernen. Sonst würde der Moment kommen, an dem sie ins Bodenlose fiel. Eine Frau ohne alles.

Hrotsvit legte ihre Stirn an den kalten Stein und schloss die Augen. Die Kühle schien ihr die Gedanken zu klären. So etwas wie Stille trat ein. Der Stein hatte einen eigenen Geruch, sie fand nur keine Worte dafür. Er roch ein wenig wie Metall, aber auch nach Staub, nach gefrorenem Staub. Er roch nach der Abwesenheit von Leben. Sie legte ihre Nase an den Stein und atmete noch einmal tief ein.

Ein schrilles Kichern platzte hinter ihr hervor. Sie schnellte herum.

»Was *machst du* denn da?!«

Hrotsvit spürte, wie ihr Gesicht rot wurde. Zwei junge Frauen standen hinter ihr und bogen sich vor Lachen.

»Sie spricht mit den Steinen«, sagte die Größere und japste nach Luft.

Die Kleinere, aber vielleicht Ältere, stieß ihr in die Seite. »In diesem Schloss wurden gewiss schon größere Dummheiten begangen.«

Hrotsvit musterte die beiden. Irgendwo am Hof hatte sie schon einmal ihre Gesichter gesehen.

»Entschuldige, aber du sahst einfach zu lustig aus.« Die Kleinere machte einen Knicks. »Ich bin Gisela und das ist Malfrida.«

Ein feines Grinsen spielte auf ihren Lippen. »Und du bist also dieses Mädchen, von dem der ganze Hof spricht. Die den König verhext hat und ihn bis zur geistigen Umnachtung reitet, sodass er sich um nichts mehr kümmert.«

Gisela ließ ihre Hüften kreisen und hielt in ihren Händen imaginäre Zügel. Sie stieß kleine spitze Schreie aus, bis das Gelächter aus ihr platzte.

Hrotsvit spürte, wie ihr das Blut in den Kopf schoss. »Das ist nicht wahr!«, rief sie. »Das ist eine Lüge!« Sie hörte ihre dünne Stimme und wusste, sie klang wie ein Scherz. Wut flammte in ihr auf. Warum mussten die zwei sie so überfallen? »Was wollt ihr überhaupt?«

Gisela ignorierte ihre Frage, schob ihren Arm unter den von Hrotsvit und zog sie den Gang entlang. »Entschuldige. Wir sind manchmal außer Rand und Band, wenn man uns lässt.« Wieder kicherte sie. »Ehrlich gesagt ist es uns vollkommen einerlei, mit wem du was treibst. Wir müssen alle sehen, wo wir bleiben.«

Sie musterte Hrotsvit. »Trotzdem. Der König … nicht schlecht, ich muss schon sagen.« Dann wandte sie den Blick wieder nach vorn. »Du siehst irgendwie gar nicht so aus. Ich hätte eine andere Art von Frau erwartet.«

»Jetzt lass sie in Frieden, Gisela«, schalt Malfrida von hinten und schloss zu ihnen auf. Sie hakte sich bei Hrotsvit an der anderen Seite ein. »Hör nicht auf ihr Geschwätz. Gisela ist nichts weiter als eine versaute Fränkin. So einfach ist das. Da drüben denken sie nur ans Kopulieren.«

»Weil ihr Nordfrauen ja so furchtbar anständig seid! Mit blanken Brüsten seid ihr noch vor kurzem in den Krieg gezogen!«, rief Gisela mit gespielter Empörung. »Du musst nämlich wissen, die gute Malfrida hier ist aus Schweden. Und Bischof Adaldag hat sie hergeschickt, damit sie ein bisschen Anstand lernt und einen guten Mann findet.« Sie klimperte mit ihren Wimpern und spitzte die Lippen, was sie so albern aussehen ließ, dass Hrotsvit lachen musste.

»Hahaha«, schnaubte Malfrida. »Das mit den nackten Busen, das ist doch ewig her, meine Großmutter war schon Christin.

Gisela will nur davon ablenken, was für ein durchtriebenes Stück sie ist. Sie hat schon in Frankreich nur Unfug angerichtet. Weißt du, sie sollte eigentlich schon verheiratet sein. Aber dann hat sie der Mutter ihres Verlobten so einen versauten Brief geschrieben, dass die die Heirat aufgekündigt hat! Und weil kein Kloster sie wollte, musste sie hierher. Denn Königin Edgitha, Gott hab sie selig, war ihre Tante.«

Nun war Gisela empört. »Der Brief war kein bisschen versaut. Ich habe nur die reine Wahrheit niedergeschrieben. Daraufhin hat sie entschieden, dass ihr versoffener Sohn mit einer anderen Frau besser bedient ist.«

Hrotsvit war gebannt von dem Geplänkel der beiden, das mit nichts Ähnlichkeit hatte, was sie bisher kannte. »Was hast du ihr denn geschrieben?«

»Ich habe mir nur erlaubt zu fragen, mit wem ich denn die Thronfolger zeugen soll, wenn ihr Sohn tatsächlich keinen hochbekommt. Ob ich selbst einen Begatter aussuche, oder ob sie das lieber übernehmen möchte.«

Hrotsvit bekam den Mund nicht mehr zu. »Das hast du wirklich gemacht?«

Gisela blickte ihr ernst ins Gesicht. »Ich kann einen besseren Fang machen. Außerdem wäre das tatsächlich ein Problem geworden. Oder ist es noch immer. Nur nicht mehr meins.«

Die Unverfrorenheit dieses Mädchens ließ Hrotsvit Kopf vor Verwirrung und Begeisterung gleichermaßen summen.

»Ich habe es natürlich etwas anders formuliert«, räumte Gisela ein. »Darauf kommt es immer an. Die richtigen Worte zu wählen. Dann kannst du fast alles sagen.«

Hrotsvit grinste vor Freude. Wer auch immer diese Wilde war, sie begeisterte sich auch für Sprache. *Ich habe eine Schwester bekommen*, dachte Hrotsvit. *Ich bin nicht allein.*

»Warum bist du so verwundert über Giselas Brief?« Malfrida blickte sie an. Sie schien es wirklich wissen zu wollen. »Du hast doch nach allem, was wir wissen, sogar das Messer gezückt? Und man sagt, du hast den Geliebten deines Verlobten entmannt und dann ermordet? Und irgendwie die Königin auf deine Seite gebracht? Und dann staunst du, weil Gisela ein paar forsche Zeilen zusammengefuscht hat?«

»Ich pfusche niemals!«, rief Gisela und zwinkerte Hrotsvit verschwörerisch zu. »Jedenfalls nicht mit Worten.«

»Nein! Das war alles ganz anders! Ihr müsst mir glauben!« Galle stieg in Hrotsvits Speiseröhre empor. Solche Dinge wurden über sie gesagt? Wie konnte das immer wieder passieren, dass ihr Leben so sehr außerhalb ihrer Kontrolle lag? Aber die beiden Mädchen schien das überhaupt nicht zu sorgen.

»Es ist doch ganz einerlei, wie es wirklich war. Die Leute erzählen und glauben, was ihnen in den Kram passt.« Gisela beugte sich vor, damit sie an Hrotsvit vorbei zu Malfrida sprechen konnte. »Also mich hat die ganze Geschichte ja sehr beeindruckt.« Sie warf noch einen Blick auf Hrotsvit. »Nur hätte ich mir die Protagonistin ein bisschen spektakulärer vorgestellt.«

»Ich auch«, pflichtete Malfrida bei. »Aber vielleicht ist ja trotzdem etwas mit ihr anzufangen. Wer weiß.«

Gisela riss sie plötzlich aus Malfridas Arm und umfasste mit gespielt dramatischer Geste Hrotsvits Hände. »Edelfrau. Kannst du ein Geheimnis für dich behalten?«

»Ich glaube schon«, stotterte Hrotsvit und überlegte, was wohl für Gisela ein Geheimnis war, wenn sie solche Briefe an ihre zukünftige Schwiegermutter schrieb. »Es kommt vielleicht ein bisschen darauf an«, schob sie deshalb hinterher.

Gisela schaute sie an. »Eine weitere Geschichte besagt, dass du ganz vernarrt in Bücher bist. Dass sie dich im Kloster kaum aus dem Skriptorium herausgebracht haben und du auch hier ständig deine Nase in die Bücher steckst.«

Hrotsvit nickte langsam.

Gisela grinste. »Dann wirst du dieses Geheimnis ganz sicher für dich behalten können. Denn du wirst danach dürsten, du wirst es ganz für dich haben wollen und selbst Folter könnte es dir nicht entlocken.« Während sie redete, blickte Gisela mit verdrehten Augen zur Decke empor, umschlang ihre Hände, um dann schließlich, am Ende ihrer Rede, mit ganz dramatischer Geste in sich zusammenzusacken.

»Du wirst dich dran gewöhnen«, murmelte Malfrida. »Gisela ist einfach etwas verdreht im Kopf. Bald fällt es dir gar nicht mehr auf. Und sie ist sehr unterhaltsam.«

Wieder nickte Hrotsvit nur. Diese beiden schienen ihr wie eine Erscheinung aus einer anderen Welt. Sie spürte, wie ihr jeder Gedanke im Kopf durchgeschüttelt wurde. Mit jeder Minute fühlte sie sich leichter und freier.

»Wo sind wir hier?«, staunend drehte sich Hrotsvit um sich selbst. Sie befanden sich in einem Keller. Durch die hochliegenden Fensteröffnungen fiel staubiges Sommerlicht. Der Geruch von in der Sonne getrockneter Erde und durstigen Pflanzen kroch zu ihnen und vermischte sich mit der feuchten Luft des Gemäuers zu einem angenehmen Gefühl von Geborgenheit. Der Raum hatte niedrige Gewölbedecken, die von breiten Säulen getragen wurden. Auf ihnen lastete die gesamte Pfalz. Es war warm hier, aber nicht heiß.

Im ganzen Raum waren Regale und Schränke aufgestellt. Hrotsvit versuchte die Fülle an Gegenständen zu begreifen, die sie dort sah. Ballen von leuchtenden Stoffen. Das Skelett eines Tieres, dessen riesige Augenhöhlen sie anzustarren schienen. Glasfläschchen verschiedener Größe und Farbe, Bündel getrockneter Kräuter. Schimmernde Brocken, die sie näher besah, um festzustellen, dass es Kristalle ganz unterschiedlicher Farben waren. In einer Ecke stand ein seltsam geformter Kessel über einer Feuerstelle.

»Gefällt es dir?«, fragte Gisela. Um ihre Lippen spielte wieder dieses feine Lächeln, das unverkennbaren Spott zeigte, doch konnte Hrotsvit nicht entschlüsseln, gegen wen er sich richtete.

Ja, es gefiel ihr in diesem Raum. Auch wenn sie nicht verstand, welchem Zweck er diente. Am ehesten erinnerte er sie an den Verschlag in Reinhausen, wo die Knechte ihre Arbeitsgeräte aufhoben.

»Was ist das hier?«, fragte sie noch einmal.

»Das hier«, Gisela streckte die Arme aus und ließ sich auf eine Liege sinken, die in der schattigsten Ecke stand, »ist meine Krypta.«

»Deine Krypta!«, rief Hrotsvit und zuckte zusammen. Was für eine Lästerei, sie konnte es kaum glauben. Wie konnte sie solch einen Raum mit dem heiligsten aller Ruheorte vergleichen.

Malfrida legte Hrotsvit die Hand auf den Arm. »Ich sagte doch, du wirst dich daran gewöhnen. Gisela foppt nur gern. Ich glaube manchmal, sie ernährt sich von der Aufregung anderer Menschen.« Sie blickte zu ihrer Freundin. »Gisela, du wolltest sie unbedingt kennenlernen. Und wenn du so weitermachst, dann vertreibst du sie, bevor wir richtig miteinander geredet haben.«

»Ist ja gut.« Gisela sackte noch ein bisschen weiter in die Kissen. »Ich wollte doch nur sagen: Dies hier ist … besonders. Außerdem sieht es hier fast aus wie in einer Krypta. Nun, vielleicht ist die Decke ein wenig niedriger und die Wände sind nicht so fein behauen. Eigentlich sollten hier auch Kohlköpfe oder Weinfässer liegen und keine vertrockneten Märtyrer.«

Malfrida lachte. »Das stimmt! Stell dir vor. Es sollte ein Vorratsraum sein. Aber dann haben sie gemerkt, dass die Fenster zu groß sind und nach Süden zeigen. Hier ist es viel zu warm. Und da ist ihnen alles verrottet.« Sie schaute Hrotsvit an, aber die war noch ganz gelähmt und sagte gar nichts.

»Ist das nicht eine großartige Geschichte? Dann wollte niemand mehr etwas davon wissen. Bis unsere gute Gisela vor lauter Langeweile diesen Raum entdeckt und ihn ihrer lieben Tante abgeschwatzt hat. Zur Kontemplation.« Sie riss ihre ohnehin schon großen blauen Augen noch weiter auf und reckte ihre Hände im gespielten Gebet nach oben.

»Es dient doch auch der Kontemplation, dem höchsten christlichen Ziel, wie der heilige Augustinus so trefflich formuliert hat«, sagte Gisela und bewegte die Hände langsam und elegant, als würde sie eine Rede vor großem Publikum halten. »Ich gebe mich hier der Betrachtung von Gottes Welt hin, so wie er sie geschaffen hat.«

»PlappPlappPlapp«, rief Malfrida und wedelte mit der Hand vor Gisela herum. »Uns brauchst du nichts vormachen. Du bist einfach ein Unruhegeist. Also lass den armen Augustinus da raus.«

Sie wandte sich zu ihrer Freundin und gab ihr einen Kuss auf den Mund, lang und zärtlich. Für einen Moment lagen sich die beiden in den Armen. Hrotsvit, die auch schon im Kloster diese Art der Nähe unter Frauen erlebt hatte, war wenig überrascht, aber doch peinlich berührt. Die Zuneigung zwischen den beiden war so klar und ohne Zweifel, Hrotsvit wusste nicht, wann sie das zuletzt erlebt hatte.

»Ich mag es, wenn du so dramatisch bist«, murmelte Malfrida schließlich, als sie Gisela aus der Umarmung entließ. Dann zwinkerte sie Hrotsvit zu.

»Und nun zu dir, Hrotsvit. Ich finde, Gisela hat ein paar unterhaltsame Dinge zusammengetragen, die Gute«, fuhr Malfrida fort. »Aber eine Sache dürfte dich besonders interessieren. Wir sehen dich immer am Buchpult stehen. Und deshalb dachten wir, wir weihen dich ein. Es ist wirklich etwas …«, sie warf Gisela einen durchdringenden Blick zu und nahm ihre Hand, »… ganz besonderes.«

Von einem Moment auf den anderen war die Albernheit aus den Zügen der beiden gewichen. Eine heilige Stille senkte sich über den Raum. Mit andächtigen Schritten ging Gisela zu einem Schrank und öffnete ihn. Er war fast leer. Nur wenige Pergamentrollen lagen über die Bretter verteilt. Sie nahm eine heraus und trug sie zu dem Pult unter den Fenstern.

»Das ist eine Schriftrolle«, flüsterte Hrotsvit tonlos. Sie wusste, dass es solche gab. Sehr alte Texte waren manchmal so verfasst. Gesehen hatte sie nur in Wendhusen hin und wieder eine. Sie erinnerte sich daran, dass sie mit Riccardis eine Rolle mit den Schriften des Prudentius studiert hatte, während eine Delegation in ihrem Kloster Station gemacht hatte.

»Es wird noch besser, Hrotsvit. Viel besser. Höre und staune.« Gisela entrollte das Schriftstück. Sie öffnete ihre Lippen und heraus kam ein Fluss wundersamer Laute. Nein, so etwas hatte Hrotsvit noch nie gehört. Sie wusste nicht, wo ein Wort aufhörte, das andere begann. Aber sie hörte die Melodie in all dem, die unendliche, ewige Schönheit, die in diesen Lauten verborgen war.

Ein Drang überkam sie, sich diese Laute zu eigen machen zu müssen, ihre Schönheit zu verstehen, ihre Rätsel aufzubrechen.

Schließlich verstummte Gisela. Es dauerte noch einen Augenblick, aber dann dämmerte es Hrotsvit.

»Waren das griechische Worte?«, fragte sie.

Gisela nickte stolz. »Und nicht irgendwelche. Warte, ich werde sie dir übersetzen.«

Selig, gleich den Göttern im Himmel, scheint mir
die zu sein, die dir gegenübersitzt.
Die dich aus der Nähe hört
und auch dieses süße Lachen,
was mir
dieses Herz in meiner Brust erschüttert;
sobald ich dich nur kurz betrachte,
kann ich nicht mehr sprechen;
Und meine Zunge ist mir gebrochen,
ein feines Feuer fließt unter meiner Haut,
mit den Augen kann ich nicht mehr sehen,
mir dröhnen die Ohren;
Schweiß rinnt an mir herab
Ein Zittern ergreift mich ganz
Blasser als Gras bin ich
Fast schon zu sterben scheine ich
Aber alles muss gewagt werden.
Alles muss gewagt werden.

Nachdem Gisela geendet hatte, schwiegen sie. Die Spatzen tschilpten draußen in den Efeuranken. Ein Karren fuhr ächzend vorüber. Hrotsvit schaute dem schimmernden Staub zu, wie er im Licht der Sonne tanzte. Eine Erinnerung blitzte auf. Damals, in Reinhausen, als ihr Vater sie in den Stall gesperrt hatte und die Worte zum ersten Mal mit aller Gewalt über sie kamen, sodass sie sie niederschreiben musste. Ihre eigenen Worte. Nur ihre allein.

Dasselbe Sehnen überfiel sie jetzt. Was Gisela da vorgetragen hatte – es schien ihr, als hätten diese fremden Worte einen

Schleier zerrissen und nun lag etwas in ihr da, nackt und bloß. Diese Worte waren so ganz anders als das, was sie sonst aus Büchern kannte. Lebendig und nah. Und trotzdem so erhaben im Klang. Die Melodie der griechischen Worte klang noch immer in ihr und zur gleichen Zeit hatte sie das verstörende Gefühl, nichts davon wirklich verstanden zu haben.

»Was war das für ein Gedicht?«, fragte sie schließlich in die Stille im Zimmer hinein.

»Das, liebe Hrotsvit«, sagte Gisela mit feierlicher Stimme, »war meine bescheidene Übersetzung der unübertrefflichen Dichterin Sappho, die die Liebe zu einer Frau besingt.«

———

Die Sterne leuchteten im schwarzen Tuch der Nacht. Dieselben Sterne wie gestern, und doch war alles anders. Eine neue Welt lag vor ihr.

Sie hatte es nicht mehr ausgehalten in ihrem Zimmer und hatte sich, an der schlafenden Irmentraud vorbei, hinausgeschlichen, bis in den Hof. Noch lieber wäre ihr jetzt ein freies Feld, sodass sie den ganzen Himmel hätte sehen können und nicht nur diesen einen kleinen Ausschnitt, den die Mauern der Königspfalz ihr ließen. Doch der Weg war zu weit, die Tore verschlossen. Sie wusste noch nicht einmal, in welche Richtung sie dafür hätte gehen müssen. Und sie hätte auch nicht gewusst, ob es für sie überhaupt einen Weg hinausgab. Denn jede Tür war von Soldaten bewacht. Also saß sie nun hier und starrte in das ferne Leuchten der Sterne.

Plötzlich waren auch diese Himmelskörper fast mehr, als sie aushalten konnte. Schon im Kloster hatten die Lektionen zur Astrologie ihre Gedanken immer wieder in wortlose Abgründe gestürzt. Warum all diese geheimen Zeichen darin? Warum verbarg Gott so vieles vor ihnen, sprach in Rätseln, die ihre Gedanken zum Zerspringen brachten?

Wenn über ihnen der gespannte Himmel war, der die Fläche der Erde hielt, warum bewegte er die Sterne darin? Und wie das wohl aussah? Wie war der verborgene Mechanismus gebaut, der sie bewegte? Wurden sie von den Engeln verschoben? Oder war es eine sich selbst erneuernde Kraft? Der Finger Gottes? Und wie sah es wohl hinter dem Himmelsgewölbe aus? Es musste doch ein Dahinter geben? War dort das Paradies? Aber was folgte darauf? Hier war der Moment, an dem ihr immer der Gedanke riss und sie keine Worte mehr fand.

Denn weder konnte sie sich vorstellen, was es dahinter geben sollte, noch konnte sie sich vorstellen, dass dort nichts war. Wie könnte das sein, etwas, das gar nicht ist? Natürlich wusste sie, dass Gott es so eingerichtet hatte, wie es richtig war. Dass es nicht an ihr war, Fragen zu stellen. Und doch. Wie sollte sie nicht fragen? Jedes einzelne Leuchten dort oben war eine brennende Frage.

Hrotsvit tröstelte. Ob das die Kühle der Sommernacht war, die nun doch zwischen den Mauern hervorkroch? Oder waren es noch immer diese Worte? Diese überwältigenden, alles umstoßenden, bis in die Unendlichkeit erhabenen Worte.

Natürlich kannte sie Sappho. Die Hure, die Ungläubige, die Vermessene. Ihre Werke waren aus allen Klöstern verbannt und wurden blankgeschabt, um über sie hingehuschte Abschriften von kirchlichen Lehrtexten zu setzen.

Das war Sappho für sie gewesen. Ein Makel, den es auszumerzen galt. Bis heute Nachmittag. Aber sie hatte ja nicht gewusst, dass diese Frau solche Worte gefunden hatte. Solch eine unbeschreibliche Grazie im Klang. Worte für ein Fühlen, dass seine Leser geradezu hineinstürzte in das Beschriebene. Natürlich war es gotteslästerlich, was sie schrieb. Mehrere Götter! Unerhört. Und zur gleichen Zeit so überragend schön. Und war es nicht so, dass die Rede den Menschen machte? Konnten so erhabene Worte wirklich lästerlich sein?

Aber alles muss gewagt werden … Diese Zeile ließ sie nicht mehr los. *Alles muss gewagt werden.* Es war, als hätte diese Frau, die vor so unvorstellbar langer Zeit gelebt hatte, mit ihren Zeilen einen Finger durch all diese Jahre gebohrt bis tief hinein in ihr Herz. Und hinterlassen hatte sie ein glühendes Mal in Hrotsvits Seele, dass nun unaufhörlich loderte.

Sie zog ihr Wachsbuch heraus, das sie so lange verschlossen mit sich herumgetragen hatte. Vertraut schmiegte sich der Drachenkopf des Schreibstabes in die weiche Haut zwischen Daumen und Zeigefinger.

Die ersten Linien verrutschten durch ihr Zittern ein wenig. Doch mit jedem Strich wurde sie ruhiger. Wort für Wort floss in das Wachs, ohne dass sie Gedanken darauf verschwenden musste, sie setzten sich zusammen, scheinbar ganz von allein. Und dann las sie im Licht der Kerze ihre eigenen Worte, unverkennbar.

Maria, einzige Hoffnung der Welt
Erbarme dich deiner Dienerin Hrotsvit beizustehen, segne ihr Vorhaben,
ihre neuen kleinen Gedichte.
Dir will ich voller Eifer dienen und fasse des Weibes Dichtung
Dir ergeben, im Klang der reinen Verse.

Sie las die Zeilen wieder und wieder. Ihre Worte. Sie hatten nicht diesen unvergleichlichen Klang, den sie in dem Gedicht wahrgenommen hatte. Sie waren nicht so rund. Aber alles musste gewagt werden. Und alles musste beginnen. Irgendwo.

Hrotsvit blickte auf die Zeilen wie eine Mutter auf ihr Kind. Sie waren zu früh geboren. Sie würde sie noch eine Weile im Herzen tragen. Bis ihre Zeit gekommen war, geschrieben zu werden, und irgendwann vielleicht auch gelesen.

Sie drückte die Fläche auf das Wachs und strich es mit unnachgiebigen Zügen wieder glatt.

Gleich morgen würde sie Gisela bitten, sie diese geheimnisvolle Sprache zu lehren. Es gab nur wenig Menschen jenseits des Byzantinischen Reichs, die des Griechischen wirklich mächtig waren, sie kannte keinen. Und sie würde eine davon werden. Denn Gott hatte ihr Gisela als Lehrerin geschickt.

Ihr schwirrte der Kopf von ihrer eigenen Kühnheit. Aber zur selben Zeit war darin etwas Klares, wie ein Ruf, der aus weiter Ferne kam und der dennoch nicht zu überhören war. Sie würde lernen, bis sie eine Meisterin der Worte war und dann würde sie all diese Schönheit nehmen und sie in den Dienst Gottes stellen.

—

Jede ein Wachsbuch auf den Knien, saßen sie unter einer mächtigen Linde. Gisela hatte einen niederen Grafen beschwatzt, sie ins Land mitzunehmen. Und so waren sie, während er Hermelinen nachstellte, unter dem Baum in die Griechisch-Lektionen vertieft.

Gisela hatte ein ausgezeichnetes Gespür für Sprache und gleichzeitig nicht die geringste Befähigung zu lehren. Sie war ungeduldig und scharfzüngig und übergoss ihre Schülerinnen mit Spott, sobald sie etwas nicht sofort begriffen.

»Das ist ein kurzer Laut! Also Omikron, nicht Omega, du dummes Schaf!«, schimpfte sie und schlug Hrotsvit auf die Finger, dass es schmerzte.

Malfrida warf ihre Tafel ins Gras und erhob sich. »Also, mir reicht es jetzt mit diesen alten Griechen. Und den neuen auch. Nach Byzanz komme ich eh nie.«

Sie zupfte ein paar Grashalme und begann sie zu flechten. »Du bist übrigens die furchtbarste Lehrerin, die es je gegeben hat. Wir müssen dich ganz schnell verheiratet kriegen, sonst kommst du am Ende ins Kloster und wirst Generationen von Mädchen bis zum Wahnsinn quälen.«

Gisela schnippte ungehalten mit den Fingern. »Es ist nicht meine Schuld, dass du den Verstand eines geköpften Hühnchens hast! Geh mit dem Grafen possieren, fang dir ein Reh, was weiß ich. Wir haben hier zu arbeiten«, schimpfte Gisela und wandte sich Hrotsvit zu. »Hast du jetzt verstanden? Kurzes e Omikron, langes e Omega.«

Weil Hrotsvit sah, dass sich Gisela zu einem Lächeln durchrang, zwang sie sich zurückzulächeln. Sie hätte schreien mögen. Aber noch mehr wollte sie dieses Griechisch endlich lernen.

»Ich will eigentlich vor allem wissen, was den Klang so vollkommen gemacht hat. Der Klang des Gedichts«, setzte sie noch nach.

»Warum interessiert dich das so?« Giselas Blick schien ihr grob und schneidend. Sie überlegte, ob sie ihrer neuen Freundin von dem Abend erzählen sollte, nachdem sie zum ersten Mal Sapphos Gedicht gehört hatte. Was diese Zeilen für sie bedeutet hatten.

Wie sehr sie bis heute in ihr nachklangen. Nein. Sie wollte diese Gedanken nicht preisgeben. Und sie hätte auch nicht gewusst, wie sie darüber hätte sprechen sollen. Vieles davon, was die Zeilen von Sappho in ihr hervorbrachten, war in Worte nicht zu fassen.

Hrotsvit zuckte mit den Schultern. »Wieso bist du eigentlich des Griechischen mächtig?«, fragte sie stattdessen zurück.

»Meine Mutter wurde aus Byzanz hierher verheiratet. Sie hat nie etwas anderes als Griechisch mit mir gesprochen.« Gisela hielt sie weiter im Blick.

Aus Byzanz. Vom Schwarzen Meer. Eine Reise von vielen Wochen. Hrotsvit hatte schon davon gehört, dass Prinzessinnen nicht nur aus England und Italien zum Heiraten hergeschickt wurden. Aber tatsächlich jemanden zu treffen, der aus Byzanz, diesem fremden Königreich stammte, das hatte sie nicht erwartet.

»Können wir diese Lektionen jetzt lassen? Es hat doch keinen Sinn.« Gisela lehnte sich zurück und gähnte. »Es spricht eh kaum jemand Griechisch. Und es interessiert keinen, ob du es sprichst. Falls du noch einen Ehemann findest, kannst du froh sein, wenn er mehr als drei Sätze Latein geradeheraus sprechen kann. Von Griechisch ganz zu schweigen.«

»Deshalb lerne ich es doch nicht.« Sie rief die Worte fast. So unterhaltsam Gisela war, so sehr strengte sie Hrotsvit auch manchmal an. Jeder Satz ein Zweikampf, jeder ausgesprochene Gedanke brachte einen in Gefahr, dass Gisela sich lustig machte.

»Es gibt genau zwei Gründe, um Dinge zu tun: Entweder sie amüsieren uns. Oder sie bringen uns eine gute Heirat. Dir Griechisch beizubringen, ist weder das eine noch das andere. Warum also sollte ich weitermachen damit?«

»Aber es gibt doch noch etwas anderes!« Hrotsvit hatte das Gefühl, sie müsste sich selbst verteidigen, ihr ganzes Leben. »Etwas Größeres!«, stammelte sie schließlich.

Giselas Lachen schallte wie das Keckern des Grünspechts durch den lichten Waldrand.

»Etwas Größeres!« Sie warf sich auf den Boden, die Arme ausgestreckt wie eine Nonne im tiefsten Gebet. »Wirklich, Hrotsvit? Etwas Größeres? Du glaubst, da darfst du mitmischen?

Du bist eine Frau. Genauso wie wir. Glaub ja nicht, dass du etwas Besseres bist.« Giselas Stimme war zu einem Zischen geronnen. Leise und böse.

»So habe ich das nicht gemeint. Ich meinte, für uns alle. Für jeden gibt es etwas Größeres.«

»Und was hat das mit dem Griechisch zu tun?« Noch immer troff ihre Stimme von Feindseligkeit.

»Nichts«, sagte Hrotsvit und hoffte, dass Gisela ihr nicht ansah, dass sie log. »Es macht mir einfach Freude, es zu können. Nicht das Lernen. Einfach zu wissen, dass ich es kann.« Sie lächelte und sah, dass Gisela das besser verstand.

»Hmmmm«, brummte sie schließlich. »Und was hab' ich davon?«

»Ich …«, Hrotsvit fiel nichts ein. Was könnte sie Gisela bieten? Alles, was diese wollte, beschaffte sie sich selbst. »… weiß es nicht. Was möchtest du denn?«

Gisela bohrte mit ihrer Schuhspitze in der sandigen Erde herum.

»Ich könnte dich zusätzlich darin unterrichten, wie Frauen sich miteinander vergnügen – aber das wird dir ja keine Freude machen, nach allem, was ich weiß.« Sie schob die Unterlippe vor und schaute Hrotsvit an, die schnell den Blick abwandte.

Plötzlich strahlten Giselas Züge auf. »Du lässt mich bei dir und dem König zuschauen!« Sie klatschte vor Vergnügen.

»Zuschauen? Wie meinst du das?«

»Na, wenn ihr es miteinander treibt!« Sie kicherte und schlug sich die Hände vors Gesicht. »Oh, was für eine ganz und gar lustige Idee!«

Hrotsvit sprang auf. »Was für eine ganz und gar schreckliche Idee!« Ihre Kopfhaut kribbelte vor Scham. Sie warf eine Handvoll Erde nach Gisela. »Du furchtbarer Mensch, du! Du Biest!«

Nun lachte Gisela aus vollem Halse. »Hrotsvit! Du bist ja doch lebendig! Ich dachte schon, wir hätten hier eine Heiligenstatue im Schlepptau! Was ist denn schon dabei, wenn du mich ein wenig zuschauen lässt? Es weiß doch eh der ganze Hof.«

Sie zwinkerte Hrotsvit zu und wischte sich die Erdkrumen vom Kleid und aus den Haaren. »Nur wie ihr es ganz genau macht, das weiß noch keiner! Ich wette, der König rammelt wie ein wilder Eber, so gern wie er jagt.«

»Wir machen gar nichts!« Hrotsvit schrie so laut, dass Malfrida, die ein Stück von ihnen entfernt Blumen pflückte, ihren Strauß hinwarf und zurückgelaufen kam.

»Was ist geschehen?«

»Nichts ist geschehen«, erwiderte Gisela ruhig. »Hrotsvit treibt es nicht mit dem König. Sagt sie.«

Malfrida und Gisela schauten sich an und lachten.

»Gut«, sagte Hrotsvit so streng sie konnte. »Ihr sollt euren Willen haben. Und ich hoffe, ihr langweilt euch um euren Verstand.«

Malfrida und Gisela grinsten triumphierend.

»Aber du schwörst, dass du mir Griechisch beibringst. Alles, was du weißt, jede einzelne Vokabel.«

Gisela kicherte. »Jedes Wort sollst du lernen. Jedes einzelne, langweilige Wort.«

»Und was das Griechische so rhythmisch macht, das bringst du mir auch bei!«

»Den Daktylus meinst du? Ja, in Gottes Namen, das bringe ich dir auch bei.«

———

Was hatte sie nur getan. Hrotsvits Herz schlug so schwer, dass sie Angst hatte, der Soldat würde das Zucken unter ihrem Kleid sehen.

»Könntet Ihr wohl nach einer Karaffe süßen Weins schicken?«, fragte sie die Wache vor der Tür. Sie versuchte zu lächeln, aber es gelang nur schwer. Der Soldat zog die Stirn kraus.

»Der König wird schon nicht gleich davonlaufen. Ich passe ja auf«, fügte sie hinzu und der Mann setzte sich in Bewegung. Das Schwert an seinem Gürtel wackelte bei jedem Schritt. Er würde sicher der nächsten Wache den Befehl geben und dann sofort zurückkehren.

»Schnell!«, zischte sie Gisela und Malfrida zu und die beiden huschten aus der Ecke, in der sie gekauert hatten. Nun sahen sie gar nicht mehr so keck und verwegen aus, sondern angespannt und ängstlich. Hrotsvit schloss die Tür hinter ihnen. Sie krochen auf allen Vieren zum Vorhang rechts davon, ein flohverseuchter alter Walkteppich, aber in seinen Beulen ließen sich zwei Menschen verbergen.

Dämmernis umfing sie. Sonst fiel ihr das weniger auf, aber nun, direkt nach ihrem Ausflug, im Kopf noch das milde Sonnenlicht, war das Dunkel im Gemach des Königs schwer zu ertragen. Ihr stieg der Geruch unausgeleerter Nachttöpfe in die Nase.

»Schatten«, hörte sie seine Stimme, leise und brüchig. »Komm.«

Sie ging hinüber zu seiner Liege, wo sie ihn meistens fand. Sein Bart war schon lange nicht mehr gestutzt worden, die Haare verfilzt vom vielen Liegen.

Sie roch den Wein in seinem Atem. Die Augen geschlossen, schüttelte er sacht sein Haupt. Sie hatte über die Monate gelernt, was die Geste hieß.

Also hob sie seinen Kopf leicht an, sodass sie ihren Körper darunter schieben konnte. Er bewegte seinen Schädel, bis er eine komfortable Position gefunden hatte.

Sie zögerte einen Moment, sein Haar war ungepflegt und verströmte den Geruch von fettiger Kopfhaut. Dann langte sie in ihre Kleidtasche und zog das Fläschchen mit Edgithas Heilöl heraus, eine Anfertigung von Hermengild. Sie ließ ein paar Tropfen auf ihre Fingerspitzen fallen und roch daran. Der harzigsüße Geruch von Rosmarin, gemischt mit Rose und Lavendel, verdrängte den Gestank und beschwor die Erinnerung an die Verstorbene herauf. Hrotsvit hörte, wie auch er tief einatmete, und begann ihm seine Kopfhaut zu kraulen.

»Erzähl mir, Schatten. Erzähl.« Und sie begann zu erzählen, wie sie es in den letzten Monaten gelernt hatte. Sie erzählte ihm Irmentrauds Geschichten, die sie von ihren Jahren in Wendhusen erinnerte. Sie redete und strich ihm durchs Haar, bis ihre Finger und ihre Zunge taub waren und sie an seinem ruhigen Atem erkannte, dass er eingeschlafen war. Sie wand sich unter Ottos schwerem Kopf hervor, bettete ihn auf ein Kissen und öffnete die Tür einen Spaltbreit.

»Der König verlangt Brot und Wasser«, sagte sie zur Wache. Diesmal ging er ohne Zögern. Dann schnipste sie mit den Fingern. Malfrida und Gisela schlichen hinter dem Vorhang hervor. Sie gingen, ohne sie anzuschauen.

Hrotsvit blieb noch eine Weile sitzen und betrachtete das fahle Gesicht des Königs. Wenn er aus diesem Zimmer hinausging, dann sahen die Menschen einen ganz anderen Mann. Einen Herrscher. Einen mit festem Blick und Schritt. Das Elend ließ er hier. Bei ihr. Vielleicht hatte sogar er selbst die Gerüchte über ihre Tändelei in die Welt gesetzt. Dabei war sie nicht sicher, ob er überhaupt wusste, wie sie aussah. Fast immer hatte er die Augen geschlossen. Sie war für ihn nichts weiter als der duftende Schatten der Frau, die es nicht mehr gab.

Magdeburg, November 948

Die Elbe zog düsterblau an Magdeburg vorbei. Wolken türmten sich darüber, wilde, bauchige Formen, so entfesselt und frei, dass es Hrotsvit fast zerriss, sie nicht berühren zu können. Es musste wunderbar sein, diese Macht zu spüren, die so unerreichbar war wie die Sonne und die Sterne dahinter.

Der späte Herbst hatte dem Land die Leichtigkeit genommen. Die Sommermonate waren fortgewischt, als hätte es sie nie gegeben. Die gelblichen Steine am Elbstrand knirschten unter ihren feinen Lederschuhen. Sie hatte sich noch immer nicht daran gewöhnt, so feine Kleidung zu tragen. Aber sie wusste, dass es Teil ihrer Rolle war, hier am Hof. Und sie traute sich nicht mehr, die abgesteckten Grenzen zu verlassen. Zu einsam war ihr Leben, zu unsicher ihre Zukunft.

Malfrida war zuerst vom Hof verschwunden. Ein Graf aus dem Reich der Franken und ihr Vater hatten sich auf eine Ehe geeinigt. Man erhoffe sich starke Erben durch das Wikingerblut, welches die junge Braut mit einbringe, hieß es von der Familie des Bräutigams. Etwas besorgt war man wohl gewesen, ob Malfrida auch wirklich eine gute Christin sei und nicht mehr heidnischen Bräuchen nachhinge. Es wurde vereinbart, sie zurückzuschicken, sollte sie bei Hexerei oder Teufelsanbetung erwischt werden.

Drei Tage nach dem Brief mit der frohen Botschaft verließ die junge Braut Magdeburg mit einer Gruppe von Botschaftern, die zum König von Burgund reisten.

Malfrida war still aus Magdeburg gegangen, blass, aber doch froh, so schien es Hrotsvit. Die Ehe mit einem Franken aus einer Familie, die schon Jahrhunderte dem Christentum angehörte, empfand Malfrida als Auszeichnung.

Giselas Abreise wiederum war ein bitterer, hoffnungsloser Kampf gewesen. Ihre Familie hatte sich doch noch mit dem ursprünglichen Verlobten geeinigt. Giselas Brief hatte die ganze Angelegenheit für ihre Familie zwar teurer gemacht, aber am Ende war die Eheschließung für beide Seiten doch zu attraktiv gewesen. Die Ländereien lagen günstig beieinander, die Allianz war vielversprechend für einflussreiche Nachkommen. Und die Königin, die Gisela hätte bewahren können, war tot.

Gisela hatte die Ehe nicht akzeptieren wollen, sie hatte sogar versucht, zu fliehen. Da hatte man sie kurzerhand in ihr Zimmer gesperrt und nach einer Woche, als der Tross für die Reise bereit war, hatten zwei Soldaten die fluchende und spuckende Gisela zu ihrem Wagen geschleift.

Hrotsvit hatte das starke Bedürfnis gehabt, ihrer Freundin zu helfen, sie hatte sich schuldig gefühlt, weil sie nichts unternahm. Doch ihr war nichts eingefallen, außer durch die Tür zu flüstern und ihr zu sagen, wie leid es ihr tat und dass sie hoffte, es werde am Ende alles gut werden. Gisela hatte nicht geantwortet, aber Hrotsvit hatte sie wimmern gehört und die Erinnerung daran quälte sie immer wieder. Giselas Schmerz war nicht nur der einer Frau, die verloren hatte. Es war der Schmerz einer verratenen Liebe und Hrotsvit stellte ihn sich grausam vor. Auch wenn sie Malfridas Erleichterung darüber verstehen konnte, aus der Zwischenwelt der unverheirateten Frauen zu entkommen.

Sie hoffte, dass Gisela die Schriftrolle mitgenommen hatte, dass sie Sapphos Zeilen weitergeben würde, sie weitergelesen würden. Und noch mehr hoffte sie, dass sie diese kostbaren Worte, ihre Eleganz und ihren Zauber in sich bewahren konnte. Sie war froh, dass sie sich das Gedicht so gründlich eingeprägt hatte. Es begleitete sie, arbeitete in ihr. Und manchmal, in aller Heimlichkeit, sogar verborgen vor Irmentraud, schrieb sie in ihr Wachsbuch.

Wieder blickte sie zu den Wolken empor und dann über das graue Wasser des Flusses. Das Ufer der Elbe war ihr Zufluchtsort in einem Magdeburg, das ihr ohne Gisela und Malfrida hohl und leer vorkam. Im Wasser entdeckte sie einen Stein, zwischen den leckenden Wellen blitze er ihr entgegen. Schwarz und glänzend war er und durch seine Mitte fuhr ein weißer Blitz. Sie streckte die Hand nach ihm aus. Die Kälte biss ihre Haut, als sie ihn aus dem Wasser fischte. Sie schloss ihre Hand fest um den Stein und flüsterte »Fast schon zu sterben scheine ich, aber alles muss gewagt werden« in ihre Faust. Dann holte sie aus und warf den Stein in einem weiten Bogen hinaus, über den Fluss, dem anderen, fernen Ufer entgegen.

Er verlor sich im Dunst. Sie stellte sich vor, wie er hinabtaumelte und musste daran denken, wer wohl der nächste Mensch war, der ihn wieder zu Gesicht bekam. Oder ob er für immer dort unten liegen würde, im Dunkel.

Venedig, August 949

Wie Wolken, die das Wasser unterwerfen, dachte Liutprand und ließ seinen Blick über den Hafen schweifen und die vielen Segel im Meer dahinter. Alle Schiffe legten eines Tages hier, in Venedig, an. Sie war die mächtigste Hafenstadt, die Gottes Erde je gesehen hatte.

Seit er nach Venedig gekommen war, fühlte er dieses Hochgefühl in sich, eine heilige Ahnung, dass das Gesicht der Welt sich endlich ihm zuwandte!

Die Sommersonne hatte das Blau des Himmels gebleicht, die Hitze trieb den Gestank aus den Kanälen in die Häuser und so war es hier am Hafen, wo der Wind vom Meer her kam und frische Luft brachte, übervoll von Menschen.

Wieviel bunter und reicher das Leben hier war als in Pavia! Ein Taumel der Farben und Möglichkeiten. Eine Versammlung der Völker, die hier zusammenkamen, um Handel zu treiben und sich auszutauschen. Venedig war der Brückenkopf in eine andere Welt und gleichzeitig schon ein Teil von ihr, das byzantinische Erbe schlummerte in jedem der gelb-weißen Steine.

Liutprand atmete tief ein. Er hatte Lucca angewiesen, in Pavia zu bleiben. So hatte er ein Paar Augen und Ohren an Berengars bedrohlichem Hof. Aber vor allem wollte er einen neuen Anfang. Luccas Gesellschaft erinnerte ihn an so viele Niederlagen, an so viele Monate der Bedeutungslosigkeit. Er war dankbar, ohne alte Fesseln zu reisen.

Venedig war ein zügelloses Biest von einer Stadt und Liutprand genoss es. Was für ein Getümmel, was für eine Pracht. Sogar Sarazenen waren hier und da zu sehen. Nicht als Feinde, sondern als Handeltreibende. Sie hatten die kostbarsten Güter, besonderes Kunsthandwerk, das kein anderer zustande brachte, Gewürze, die in Italien nicht wuchsen. Sie brachten sogar Wissen über Mathematik, Medizin, Astronomie und Astrologie, das, so hieß es, überwältigend war. Ein so anderes Wissen, dass die Kleriker munkelten, es käme vom Unaussprechlichen selbst. Nur weniges war bisher aus ihren seltsamen Schriftzeichen übersetzt. Auch die Stoffe ihrer Kleider versetzten Liutprand in Staunen. Sie waren von so kräftigen Farben, dass es ihm übernatürlich schien. Die Sarazenen gingen mit einem Stolz und einer Erhabenheit durch die Straßen von Venedig, dass es schwer war, sie als das zu sehen, was sie am Ende doch waren: gottlose Teufel, die die Herrschaft des Christentums bedrohten.

Und dann durchfuhr es ihn. Bei den Sarazenen würde er Geschenke für den König von Byzanz finden! Bisher hatte er nur allzu Gewöhnliches im Gepäck. Ein wenig Geschmeide, eine Bibel mit Schmuckbuchstaben und verziertem Einband, einige Ballen seidenen Stoff. Nichts, das die Aufmerksamkeit eines solchen Herrschers auch nur eine Sekunde fesseln konnte.

Plötzlich stieß ihn etwas an, er strauchelte. Er wollte empört rufen, da traf ein Schein sein Auge, der ihm für einen Moment alle Sicht nahm. Suchend blickte er sich um und erkannte drei festlich gekleidete Sarazenen, die mit schnellen Schritten an ihm vorbeigezogen. Als sein Blick ihnen folgte, blitzte am Gürtel des einen noch einmal ein Dolch so heftig und hell auf, dass er nichts anderes darin sehen konnte als ein Zeichen. Seine Füße trugen ihn fast von selbst vorwärts.

Es pochte in seinen Lenden, fast wie beim Anblick einer Frau, und doch war es anders, ein Taumel in seinem Kopf. Es zog ihn hinter den Sarazenen her, tiefer und tiefer in das dunkle Gewirr der Gassen. Liutprand frohlockte. Gott führte seine Schritte und nun würde ein weiterer Stein hinzukommen, der seinen Weg zum Ruhm ebnen würde. *Halleluja*, hallte es in seinen Ohren. Beinahe hätte er es laut gesungen, als er um eine Ecke hastete, um die drei Männer nicht zu verlieren.

»Was willst du?«

Er spürte das Metall an seinem Hals, scharf und warm von der Sonne.

»Warum verfolgst du uns?«

Er staunte, wie rein das Latein des Sarazenen war, und staunte über sich selbst, dass er so abwegige Gedanken hatte, während ihm der Mann eine Klinge an den Hals hielt.

»Ich …«, Liutprand rang um Worte. Er wusste doch selbst nicht, was es genau war, dass er wollte. »Gott hat meine Schritte gelenkt.«

Die drei Männer brachen in schallendes Gelächter aus.

»Gott?«, sagte der Krieger und ließ das Messer sinken. »Ist der jetzt auch unter die Taschendiebe gegangen?«

Noch einmal schwoll das Gelächter der Männer an und Liutprand überlegte fieberhaft, wie er sich verständlich machen sollte, als ein weiterer Sarazene aus einer Tür trat. Er war älter, der dunkle Bart durchzogen von silbernen Haaren, sein Körper zeigte die erste Schwerfälligkeit des Alters. Die jüngeren Sarazenen verbeugten sich und blieben still.

»Gott also«, sagte der Ältere. Er musterte Liutprand unverhohlen. Seine braunen Augen glitzerten voller Intelligenz. Die Situation schien ihn zu amüsieren.

»Lasst die Messer«, sagte er zu den Kriegern. »Der hier ist keine Gefahr, der ist tatsächlich auf der Suche.«

Er zwinkerte Liutprand zu und machte eine einladende Bewegung.

»Dann komm herein, wir wollen sehen, ob dein Gott recht hatte und du hier findest, was du suchst.«

Liutprand trat durch den dunklen Torbogen. Drinnen war es kühl und roch angenehm. So gut, dass er jetzt erst merkte, wie elendig es sonst um ihn herum stank.

»Was ist das?« Er sog die duftende Luft tief ein. Sie berauschte seine Sinne.

»Sandelholz«, sagte der Mann. »Aus Indien. Sehr teuer. Aber der Gestank in diesen Städten ist einfach unerträglich.« Seine Kleider raschelten leise. »Doch ich mache gute Geschäfte. Und helfe mir mit Sandelholz über die Tage.«

Die beiden musterten einander.

»Also. Was hat dein Gott dir gesagt, was du hier findest, junger Mann?«

Genaugenommen hatte er nichts gesagt. Es war eine wortlose Gewissheit gewesen. Aber das wollte Liutprand diesem Mann gegenüber nicht eingestehen.

»Ein Geschenk«, antwortete er schließlich. »Ich brauche ein Geschenk. Etwas Besonderes, Einmaliges. Eines mächtigen Königs würdig. Und mein Gott hat mich zu Euch geführt.« Mit jedem Wort wurde er selbstgewisser. Er war hier als Gesandter des Königs von Italien. Er war auf dem Weg nach Byzanz. Er war kein dahergelaufener Junge. Er war jemand. Ein Mann Gottes auf dem Weg zu großen Taten.

»Hmmm. Eines Königs. Soso.« Der Sarazene nickte. Liutprand wunderte sich, wie das Tuch um seinen Kopf hielt. Seine Farbe war von einem tiefen Türkis, wie er es noch nie gesehen hatte.

Der Mann führte Liutprand weiter in das Haus hinein und sie traten in den Innenhof. Vogelgezwitscher erfüllte die kühle Luft, Orangen- und Zitronenbäume senkten ihr Laub über ausstaffierte Liegen. In der Mitte stand ein Becken mit Wasser, in dem Seerosen schwammen. Ein Mädchen huschte herbei, stellte Becher und einen Krug auf einen Tisch und goss ihnen ein.

»Minztee mit Zitrone und Honig«, sagte der Alte. »Hilft in der Hitze.«

Plötzlich spürte Liutprand, wie durstig er war, und er stürzte den Tee hinab, als ginge es um sein Leben.

Der Mann lachte. »Köstlich, nicht wahr?«

Liutprand nickte lächelnd. Gleichzeitig überkam ihn das Gefühl, wie ein Hund mit wedelndem Schwanz vor diesem Mann zu stehen, der doch der gottlose Wilde war.

»Hast du denn Geld?«

Erneut nickte Liutprand, während er sich immer weiter in das Gefühl verstrickte, ein Schullümmel am Tag der Prüfung zu sein. Aber es gelang ihm nicht herauszufinden, wie das eigentlich passierte. Seine Gedanken wanderten immer wieder zu den möglichen Kostbarkeiten, die er hier als Geschenk für den König bekommen könnte.

Der Sarazene klatschte in die Hände. »Ja, du siehst aus, als wärst du zwischen Gold und Silber geboren«, sagte er, und schon traten drei Männer in kostbaren, gestreiften Kleidern ein. Vor sich balancierten sie drei Tabletts, deren Fracht mit Tüchern verhüllt war. Ihre Haut war braun und glänzend, und sie rochen nach kostbaren Essenzen. Für einen Moment war Liutprand ganz gebannt von der Grazie ihres Auftritts. Es wirkte wie ein einstudierter Tanz und vermutlich war es so etwas ähnliches. Der Händler wusste, was er tat.

Drei Tabletts standen nun vor ihm und wieder fühlte er etwas, das er als die Hand des Heilands beschreiben wollte, die ihm auf der Schulter lag.

»Du hast mich neugierig gemacht und ich habe etwas, das noch die richtigen Hände sucht. Also spielen wir ein Spiel«, flüsterte der Mann, und erst jetzt merkte Liutprand, wie nah er ihm war. »Wollen wir sehen, wie gut du deinen Gott wirklich verstehst.«

Liutprand nickte langsam. Er hatte das Gefühl, auf das Rad des Schicksals geflochten zu sein, und es trug ihn in diesem Moment in höchste Höhen. Es würde sich etwas Großes ereignen.

»Hier siehst du drei Dinge, verborgen unter den Tüchern«, sprach der Mann weiter. »Wenn dein Gott dir deine Hand leitet und du – ohne die Tücher zu berühren – das kostbarste der drei auswählst, dann schenke ich es dir.« Der Mann lächelte weiterhin, aber Liutprand meinte, in den Augen ein bedrohliches Funkeln zu sehen.

Ihm wurde heiß. Er ahnte, vorgeführt zu werden. Gott sollte seine Hand führen? Natürlich! Er hatte ihn ja auch hierhergebracht. Er war an seiner Seite. Ganz gewiss. Liutprand wischte sich über die Stirn.

»Nun?«, fragte der Mann. »Wie sehr vertraust du deinem Gott? Wenn er der ist, der du glaubst, der er ist und wenn du bist, der du glaubst, der du bist, dann müsste dieses Spiel doch ein leichtes für dich sein, nicht wahr?«

»Ich vertraue dem heiligen Vater im Himmel mit meinem Leben!« Er schaute den Sarazenen an, und die Gewissheit, von Gott geführt zu sein, flammte heller denn je.

Siegesgewiss blickte Liutprand auf die Tücher. Darunter waren nur kleine Erhebungen, aber von unterschiedlicher Form. Die erste, ganz links, war kaum zu sehen. In der Mitte schien ein konturloser Haufen zu liegen. Ganz rechts waren die Umrisse klarer. Vermutlich stand unter dem Tuch ein kleines Gefäß.

Was sagte Gott?

Sein Blick glitt die Reihe zurück, und dann wieder von links nach rechts. Im Raum war es so still, dass ihm sein eigener Atem ohrenbetäubend vorkam. Er fühlte das Zittern seines Herzes unter seiner Kutte. *Heiliger Vater im Himmel, hilf!*, begann er im Geiste ein Gebet. Doch plötzlich es schien ihm schal.

Herr, hilf!, rief er noch einmal in seinem Kopf. Es blieb leer und stumm. Ein Schwindel überkam ihn, wie war er nur hierher geraten? Wie konnte das passieren? Und was sollte er tun? Er verfluchte sich, dass er die Männer verfolgt hatte.

Es drängte ihn, einfach zur Tür hinauszustürzen und sich nie wieder umzudrehen. Aber er konnte diesem Heiden nicht einfach einen Sieg vor die Füße werfen! Gott würde das nicht verzeihen. Und vielleicht war dies die Aufgabe. Dass er, Liutprand, diesen siegesgewissen Mann überwand. Dass er ihm sein überhebliches Grinsen aus dem Gesicht wischte, allein mit der Kraft seines Geistes, mit seiner von Gott gegebenen Intelligenz.

Er betrachtete die Tücher noch einmal. Das Wertvollste. Der erste Impuls war doch, das Größte zu wählen, weil das das meiste versprach. So dachte bestimmt der Sarazene. Also war es nicht das Tuch ganz rechts mit der Schachtel. Wahrscheinlich hatte der Sarazene auch bedacht, dass Liutprand diesen Gedanken hatte. Für ganz dumm hielt er ihn vermutlich nicht. Der nächste Schluss wäre natürlich, das Kleinste zu wählen, das Gegenteil von der Wahl des schlichtesten Geistes. Aber auch das war natürlich eine Falle. Denn es war das Nächstlogische.

»Ich wähle das Tuch in der Mitte!« Liutprand rief die Worte so laut, dass seine Stimme im Innenhof widerhallte, fremd und dünn schien sie ihm.

Der Sarazene nickte nur, mit keiner Miene ließ er erkennen, ob Liutprand richtig gewählt hatte, und zog das Tuch vom mittleren Tablett.

Ein wunderbares Geschmeide lag darunter. Eine starke Kette ganz aus Gold und daran ein schweres Medaillon, in dessen Mitte ein blutroter Stein funkelte, umschlungen von feinster Ziselierarbeit. So elaboriert gearbeitet, dass es fast unwirklich schien.

Liutprand fühlte sein Herz in der Brust springen. Er hatte es geschafft! Ihm war es gelungen, diesen scheußlichen Menschen zu bezwingen. Allein mit der Kraft seines Geistes! Er hatte Gottes Fingerzeig verstanden und war ihm ein guter Diener. Und sein Geschenk war dieses köstliche Kleinod. Seine Hände zitterten, als er seinen Schatz vom Tablett hob, um es aus der Nähe zu bewundern.

»Nun?«, der Sarazene sah ihn wieder an. Unverwandt war sein Blick, so als sähe er nicht Liutprand, sondern etwas ganz anderes. »Du hast also gewonnen?«

Liutprand nickte, langsam, ein einziges Mal, und dabei sank das Gefühl auf ihm nieder, schwer wie Blei und kaum zu ertragen, dass er übertölpelt worden war und noch nicht einmal wusste, wie.

»Willst du denn gar nicht wissen, was unter diesem Tuch hier ist?«, fragte der Sarazene und zeigte auf das linke Tablett.

»Aber wie kann dies wertvoller sein als solch ein Geschmeide?«, antwortete Liutprand. Und mit jedem Wort wurde das bleierne Gefühl, ganz und gar unterlegen zu sein, schwerer.

Der Sarazene lachte. Nicht laut; es war ein feines, fast helles Lachen, das Liutprand erschauern ließ.

»Ob das Geschmeide wertvoller ist … diese Entscheidung überlasse ich ganz dir«, sagte der Sarazene und hob vorsichtig das Tuch von dem linken Tablett. Ein graues Häufchen kam zum Vorschein. Vor Erleichterung bekam Liutprand weiche Knie.

»Asche«, murmelte er. »Es ist nur Asche.«

Wieder lachte der Mann. »Ja, das ist Asche.« Er legte seine Hand auf Liutprands Schulter, warm und schwer. »Aber willst du denn gar nicht wissen, was für eine Asche das ist?« Er fuhr mit sanfter Stimme fort, als spräche er mit einem kleinen Kätzchen, das sich zu weit von seiner Mutter wegbewegt hatte. »Nun, ich werde es dir verraten. Und dann sollst du entscheiden, ob du wirklich das Kostbarste ausgewählt hast.« Seine Augenbrauen zuckten belustigt. »Es sind die Überreste des heiligen Laurentius. Er ist dir sicher ein Begriff? Ich habe sie neulich einem Händler abgekauft, der sie wohl, sagen wir, gefunden hat. Seitdem suche ich gute Hände für diese sterblichen Überreste. Sind deine Hände gute Hände, Kirchenmann? Welchen Wert hat diese Asche für dich?«

Stille senkte sich über den Innenhof. Selbst die Vögel in ihren Käfigen schwiegen. Die Asche des heiligen Laurentius. Liutprand blickte auf die Kette in seiner Hand, dessen Stein nun aussah wie ein höhnisch starrendes Auge.

»Also, mein Guter«, ergriff der Sarazene endlich wieder das Wort und drückte seine Hand noch einmal kräftig in Liutprands Schulter. »Sag mir. Ist diese wunderbare Kette in deinen Händen wertvoller als die Asche des heiligen Laurentius?« Er zog die Augenbrauen hoch und Liutprand konnte sehen, welches Vergnügen der Sarazene offenbar hatte. »Oder hast du die falsche Wahl getroffen, weil dein Gott dir nichts zu sagen hat? Oder hast du nicht zugehört?«

Er blickte Liutprand in die Augen. Tief und ernst. »Im Übrigen erzählt man sich, der heilige Laurentius habe gelacht, als man ihn verbrannte, und seine Peiniger verhöhnt.« Der Mann schüttelte den Kopf. »Ich muss sagen, ich habe noch keinen so mutigen Christen kennengelernt. Ich kenne nur gierige Feiglinge, die ihre Kirchen voller Gold stopfen und Kinder vor ihren Toren hungern lassen.« Er schnalzte missbilligend mit der Zunge. »Du bist der erste Christ seit langem, bei dem ich wenigstens den Eindruck habe, Gott bedeutet ihm was. In deinen Augen kann ich es sehen, wenn du von ihm sprichst. Auch wenn du nicht weißt, was genau du von ihm willst.«

Liutprands Gedanken nahmen kaum noch Form an, alles war durchzogen von Zorn. In die Ecke getrieben hatte ihn dieser widerliche Gotteslästerer. Hatte ihn verführt und in eine Falle gelockt! Wie konnte er es wagen, so mit ihm zu reden!

»Du dreckiger Sarazene! Du steckst doch mit dem Teufel im Bunde!« Er spuckte vor dem Mann auf den Boden. Er wollte ihm Schmerzen zufügen, ihm sein grässliches Grinsen aus dem Gesicht wischen. Wenn schon nicht mit dem Dolch, dann wenigstens mit Worten.

Der Mann schnipste Liutprand mit einer feinen, aber sehr schmerzhaften Bewegung unter die Nase. Tränen schossen in Liutprands Augen.

» Ich bin kein Sarazene. Ich bin Abbaside. Aus Sizilien.«

Er seufzte. »Ich weiß doch auch, dass du kein Franke bist, Kirchenmann, sondern Italiener. Etwas Bildung jenseits der Bibel würde dir guttun. Aber vielleicht gefällt es ja eurem Gott, dass ihr Augen und Ohren für die Welt verschließt. Ihr lasst sogar eure Kranken sterben, weil ihr lieber betet, als sie mit echter Medizin zu behandeln. Dabei ist doch auch Wissen ein Gebet.« Er seufzte noch einmal, bevor er fortfuhr. »Es fällt mir immer wieder schwer zu glauben, dass so ein unkultivierter Haufen wie ihr Kirchenmänner sich tatsächlich für von Gott auserwählt hält.« Er zuckte die Schultern. »Eines Tages werdet ihr an eurer Überheblichkeit verrecken. Aber am Ende ist es mir egal.«

Etwas hatte sich im Gesicht des Mannes verändert. Sein Blick wanderte lustlos umher. Es brauchte einen Moment, bis Liutprand verstand: der Mann hatte das Interesse an ihm verloren. Mit einer nachlässigen Bewegung zog er das Tuch vom rechten Tablett. Eine runde Dose kam zum Vorschein, der durchlöcherte Deckel war mit glitzernden Steinen besetzt.

»Keine Sorge, das sind Glassplitter. Nicht so wertvoll wie deine Kette.« Er nahm den Deckel ab und eine Schlange erhob ihren Kopf. Langsam stieg ihr Körper immer höher. Mit einer gekonnten Bewegung drückte der Abbaside sie wieder zurück in ihre Behausung.

»Eine Uräusschlange. Manchen sehr heilig. Aber noch mehr Lektionen bekommen dir vermutlich nicht.«

Er winkte seinen Helfern und wies sie in einer Liutprand fremden Sprache an, sodass sie begannen die drei Gegenstände einzupacken. Die Asche schütteten sie vorsichtig durch einen Trichter in ein feines Glasgefäß, das sie in Schafwolle gewickelt in ein unscheinbares Kästchen legten. Liutprand folgte stumm ihren Bewegungen und ließ es geschehen, dass sie ihm die Kette aus den Händen nahmen und mit den anderen Dingen in einem Tragebeutel verstauten.

Der Mann klatschte in die Hände. »Mein Schiff fährt bald. Ich muss noch einige Ware loswerden. Du gibst mir, was du in den Taschen hast. Bedingung ist, dass du alle drei Dinge mit dir nimmst und die Asche würdevoll behandelst. Ich möchte die Last dieses Heiligen nicht mit in die Heimat nehmen.«

Liutprand nickte, aber blieb stumm, als er dem Mann seinen Beutel mit den Goldmünzen reichte. Er wusste, er machte ein einmaliges Geschäft. Aber freuen konnte er sich nicht. Noch immer schmerzte seine Nase von dem Fingerschnipser, aber schlimmer war, dass ihm alles zu entgleiten schien. Er wusste, er hatte verloren, nur hatte er nicht verstanden, was. Mit tauben Fingern nahm er die Kostbarkeiten entgegen.

Der Mann schaute Liutprand in die Augen und ihm ging auf, dass es ein Blick voller Mitleid war. Und diese Erkenntnis traf ihn hart.

»Ach, Kirchenmann, nun schau nicht so drein. Du wolltest Geschenke, die hast du bekommen. Ich dachte, du kannst ein geistiges Ringen vertragen.« Er murmelte einen Gruß in seiner Sprache, gab ihm einen väterlichen Klaps auf den Arm und schob ihn hinaus in die Gasse.

Das hölzerne Tor fiel mit einem lauten Schlag zu und Liutprand stand allein. Sein Herz raste und seine Hände schwitzten so sehr, dass ihm beinahe seine Schätze entglitten.

Der Schmerz in seinem Gesicht schien nicht weniger, sondern mehr und mehr zu werden. Er kroch von der getroffenen Nase seine Wange entlang zum Auge, bis er schließlich die ganze rechte Hälfte seines Gesichts in einem festen Griff hatte.

Zitternd tastete er sich an den Häuserwänden entlang, den Beutel fest umklammert. Als er endlich die dunkle Gasse verließ und zum Hafen kam, traf ihn das Licht wie ein Schlag. Für ein paar Augenblicke glaubte er, sich übergeben zu müssen.

Mit letzter Kraft schleppte er sich zu seiner Unterkunft in einem Kloster, wo er, ohne den Fortgang der Zeit zu bemerken, vor sich hindämmerte, ohne Fieber, aber in tiefem Schmerz, der ihn umklammert hielt, während eine Frage durch seine wortlosen Gedanken rollte: Gott, bist du noch bei mir?

—

Ein Sturm kündigte sich an, mit bleigrauem Himmel und schweren Wolken, aber Liutprand wollte noch nicht das Deck verlassen. Er war auferstanden und das wollte er mit jeder Faser spüren.

Er hielt sein Gesicht in den rauen Seewind und meinte, die Hand des göttlichen Vaters darin zu spüren, die ihm die Wangen streichelte. Zarte Tropfen fielen aus den Wolken, er wurde nass und ließ es geschehen. Voller Dankbarkeit genoss er jede Empfindung, das Flüstern des Windes in seinem Ohr.

Er hatte gedacht, er müsste sterben. Man hatte ihn aufs Schiff getragen, gekrümmt wie ein Wurm hatte er auf der Bahre gelegen. Der Kapitän hätte ihn wohl nicht mitgenommen, wenn er nicht das Siegel des italienischen Königs bei sich getragen hätte. Er hatte nur noch einen Wunsch. Dieser Stadt zu entkommen, die in der Hand des Teufels war. Denn anders konnte Liutprand sich die Ereignisse nicht erklären.

Doch nun stand er hier. Er strahlte, wenn er sich vorstellte, dem Kaiser von Byzanz das Geschmeide zu überreichen und dann, wenn dieser sich für reich beschenkt hielt, als Krönung die Asche des Laurentius.

Nur diese Schlange. Der Himmel schien ihm noch etwas dunkler geworden zu sein. Ein Frösteln kroch ihm die Glieder hoch. Was sollte er nur mit dieser Schlange tun. Er hatte überlegt, sie einfach über Bord zu werfen, vielleicht nachts, wenn es niemand sehen konnte. Aber etwas hielt ihn zurück. Als könnten die anderen beiden Dinge zu Staub zerfallen, wenn ihr dunkler Gegenpart von dieser Welt verschwand. Als halte er mit der Schlange ein Gleichgewicht, das er nicht verstand.

Er schlug die Kapuze über sein Haupt, es fröstelte ihn mittlerweile sehr an der Tonsur. In ein paar Wochen würde er den Hof des Kaisers erreicht haben. Er hatte gedacht, er sei vom Weg abgekommen. Aber er hatte ihn wiedergefunden. Es war nur eine Prüfung gewesen und er war daraus hervorgegangen, er, Liutprand, ein Phoenix, geboren aus Feuer. Stärker und schöner denn je.

Konstantinopel, Herbst 949

Gold. Alles um ihn herum. Gold. Gold. Gold. Seine Augen flossen über davon, fast war es schmerzhaft, es zu betrachten, wenn es nicht so wahrhaftig und schön gewesen wäre. Er genoss jeden Lichtstrahl, der ihn von dem Gold und Edelsteinen anfunkelte. Und dann setzte sein Herz aus für einen Moment. Eine Erinnerung aus Kindertagen am Hofe König Hugos. Die Vision, die der göttliche Vater ihm, Liutprand, dem so tief Verzweifelten geschickt hatte. Der zu ihm gesprochen hatte: »Es wird mehr für dich geben. Sorge dich nicht. Denn ich begleite dich auf deinem Weg.«

Ein Saal voller Gold. Nun war er angekommen. Die Vision hatte sich erfüllt. Er hatte es immer gewusst, aber nun war es bewiesen: Gott stand ihm bei.

Liutprand wollte auf die Knie sinken, sich unter all dem Gold vor Gottes Antlitz niederwerfen. Aber er musste widerstehen, denn ein Gesandter warf sich nicht zu Boden. Er war hier der Stellvertreter des Königs von Italien. Also ließ er nach höfischer Sitte sein Haupt sinken, damit es so aussah, als erwiese er dem Kaiser von Konstantinopel Respekt. Aber eigentlich dankte er seinem Gott.

Nach und nach nahm sein Geist auf, woher dieses Strahlen im Einzelnen kam. Und es war fast noch überwältigender. Ein lebensgroßer Baum stand dort. Jedes Blatt war fein gehämmertes Gold. In den Zweigen saßen juwelenbesetzte Vögel. Zuerst glaubte er, dass ihn seine Sinne täuschen mussten, aber es stimmte. Diese kleinen Goldgestalten bewegten ihre feinen Schnäbelchen. Von der fast himmelhohen Decke hingen größere Vögel im Flug und darüber goldene Sterne. Er entdeckte zwei Statuen von Tieren, von Löwen, die ihn aus ihren Juwelenaugen unverwandt anzustarren schienen.

Liutprand fühlte einen Schwindel, er vergaß, wo er war.

Doch dann stieß ihn jemand von hinten an.

»Überwältigend, nicht wahr?«

Liutprand blickte in die blauen Augen von Sigafrid, dem Kaufmann von jenseits der Alpen, aus Mainz. Sie waren gemeinsam auf dem Schiff nach Byzanz gekommen. Liutprand hatte ihn von der ersten Sekunde gehasst. Er war wie einer dieser tollpatschigen Hundewelpen, bei denen alle in Verzückung gerieten und endlos über die Kunststückchen lachten, obwohl es alles nur dumme Sabberei und Gehechel war.

Auch Sigafrid war Gesandter. Für König Konrad von Burgund. Er war blond und von riesenhafter Größe. Liutprand hatte heimlich ausprobiert, wie groß. Und tatsächlich, er, der Schmächtige, konnte sich vollständig in seinem Schatten verstecken.

Natürlich zog Sigafrid jeden Blick auf sich. Und noch schlimmer war, dass er wusste, was er damit anzufangen hatte. Er zwinkerte und lächelte, wo er nur hinkam. Dabei konnte er kaum zwei vernünftige Sätze in Latein von sich geben. Doch im Gegensatz zu Liutprand verstand er recht gut Griechisch, war schon viele Male in Byzanz gewesen und hatte keinen Dolmetscher mehr nötig. Am liebsten hätte Liutprand ihn zwischen den Vögeln an der Decke aufgehängt.

»Ja, es ist doch recht nett gemacht, das ganze Spielzeug hier«, sagte Liutprand und ging einen Schritt zur Seite, um Sigafrids Hand auf seiner Schulter zu entkommen. Er spürte den Hass, der ihn zu überrollen drohte.

»Gleich sind wir dran«, flüsterte ihm Sigafrid zu. Und tatsächlich waren sie in der langen Reihe an Botschaftern, Bittstellern und Gesandten recht weit nach vorn gekommen.

Sigafrid klatschte lautlos in die Hände und nickte in Richtung seiner Gefolgschaft. Sein Moment war gekommen und er ergoss eine schier endlose Flut von Kostbarkeiten vor den Kaiser. Stoffe, Geschmeide, Duftwerk, exotische Tiere. Sogar einen Käfig voller schillernder Schmetterlinge, deren hilfloses Geflatter den Kaiser tatsächlich zu erheitern schien. Und mit jeder

Preziose, die der zauberhafte Sigafrid mit einem verlockenden Lächeln hervorzog, sackte das Glück über diesen Ort des Goldes in Liutprand zusammen. Denn er wusste, die Geschenke, die er im Gepäck hatte, waren hiernach nur eine Langweiligkeit. Selbst die wunderbare Kette war nichts in diesem Raum.

Die Asche des Laurentius würde er behalten, das hatte er sich noch auf dem Schiff geschworen. Er hatte die Reliquie befreit, er sollte sie weiter beschützen. So nah an Gott wie er waren die Byzantiner nun einmal nicht.

Sein Geist raste. Was konnte er noch tun? Da fielen ihm die Diener ein, die mit auf die Reise gekommen waren. Eigentlich waren sie Diener des Kapitäns gewesen, aber Liutprand hatte Hilfe beim Tragen seines Gepäcks gebraucht und sie mitgenommen. Drei Jungen mit blasser Haut, schwarzem Haar und ebenmäßigen Gesichtszügen. Man erzählte sich, der Kaiser war stolz, Sklaven aus aller Herren Länder zu besitzen. Liutprand würde ihm die Jungen überlassen. So stand er etwas besser da. Für den Kapitän würde ihm schon eine Entschädigung einfallen.

Sigafrid endete seine unerträgliche Vorstellung mit einem Hermelin, das darauf dressiert war, sich seinem Halter wie ein Pelzkragen um den Hals zu legen, was den Kaiser zum Lachen brachte.

Nach einer Ewigkeit hatte Sigafrid endlich seinen Tand überreicht und zwinkerte Liutprand zu. »Ihr seid dran.«

Liutprand lächelte zurück und winkte den Jungen, dass sie die Geschenke herbeitrügen. Dann verneigte er sich ein weiteres Mal vor dem Thron des Kaisers.

Konstantinopel, März 950

Der Abend senkte sich über das Gästehaus. Im Hof lärmten die anderen Gesandtschaften. Sie hatten schon am Nachmittag mit der Trinkerei begonnen. Wie jeden Tag. Davon hatte ihm sein Stiefvater nicht berichtet. Überhaupt hatte er viel zu wenig von der Wahrheit erzählt. Der Langeweile. Der Sinnlosigkeit. Der Erniedrigung. Der endlosen Warterei.

Liutprand hatte sich vorgenommen, hier Griechisch zu lernen. Es war ein Schlüssel, das wusste er. Latein konnten viele. Griechisch so wenige, dass ein Stammplatz als Berater an einem Königshof sicher war. Aber dieses Land war über ihn gekommen wie eine Lähmung.

Er vertrug das Wetter nicht. Die Schmerzen, die ihn in Venedig befallen hatten, waren nun regelmäßige Besucher in seinem Körper. Das Essen vertrug er noch weniger. Voller seltsamer Gewürze, die ihm nicht schmeckten, die seinen Darm zum Revoltieren brachten. Er hätte sich gern auf das nächstbeste Schiff begeben, um nach Hause zu segeln.

Im Hof wurde es lauter. Ein freudiges Gejohle brandete zu ihm hoch und er trat an das Fenstergitter.

Sigafrid. Liutprand erkannte seinen blonden Haarschopf sofort. Er war der König unter den Gesandten, kannte Konstantinopel fast so gut wie seine Heimat und wusste, wo der beste Wein floss und in welchem Palast ein Fest gefeiert wurde.

Gerade schien er die anderen mit Witzchen zu unterhalten. Die Stimmung wurde immer ausgelassener. Und er hatte ein paar sehr schöne Dienerinnen mitgebracht, die aus großen bronzenen Karaffen Wein ausschenkten. Sie trugen eine seltsame Tracht, die ihren Bauch entblößte, während um ihr Haupt ein Schleier so lose geschlungen war, dass es aufreizender kaum sein konnte.

Liutprand spürte die Reaktion seines Körpers, wie sein Fleisch sich aufbäumte. Mit einer heftigen Bewegung trat er fort vom Fenster und verließ sein Zimmer. Vielleicht würde ihm ein Spaziergang am Hafen von Konstantinopel etwas Erleichterung verschaffen und seine Gedanken ordnen.

Doch er kam nicht durch die Tür. Dass Sigafrid köstlichen Wein ausgab und schöne Frauen dabeihatte, sprach sich schneller herum als die Auferstehung des Heilands. Und so rannte Liutprand geradewegs in eine Gruppe junger Delegaten, die ihn johlend mitzogen in den Hof.

Er saß auf einer Bank in einer hinteren Ecke. Jemand hatte ihm einen Becher Wein in die Hand gedrückt und er schmeckte vorzüglich. Feste waren Liutprand schon immer zuwider gewesen. Wie unter jedem Schluck Wein der Mann mehr zum Tier wurde, alles von ihm abfiel, was ihn unterschied von den niederen Geschöpfen dieser Welt. Auch dieses Fest ging denselben unvermeidlichen Gang. Schluck für Schluck wurden die Gesandten lauter und ausgelassener.

Eine zweite Gruppe Frauen wurde hereingeleitet. Musikerinnen, die schöne, fremde Weisen zum Besten gaben und äußerst kunstvoll ihre Instrumente spielen konnten. Ja, Liutprand geriet für einige Augenblicke in äußerste Verzückung darüber.

Doch der zauberhafte Klang ertrank urplötzlich in einem frenetischen Gebrüll, als Sigafrid die nächste Attraktion hereinführte. Eine Schlangentänzerin, deren Gewand einzig aus einem fast durchsichtigen Schleier bestand. Ihr Haar lag vollkommen frei, abgesehen von ein paar hineingesteckten Blüten.

Gerade hatte er sich ein wenig gefangen, als die Frau durch die Menge zu tanzen begann, die Männer nur durch die bedrohlich züngelnde Schlange in Schach haltend. Und dann stand sie schließlich vor ihm.

»Für einen Kirchenmann seid Ihr viel zu schön«, gurrte sie, während ihre Hüften unablässig kreisten. »Wie ist Gott denn dieser Fehler unterlaufen?«

Sie sprach in einem Latein mit schwerem Akzent, aber es war von makelloser Grammatik und geschickter Wortwahl. Auf ihrer bronzefarbenen Haut schimmerten die Lichter der Kerzen. Langsam schob sie ihr Bein zwischen die seinen, ohne für eine Sekunde ihren Tanz zu unterbrechen.

Liutprand konnte nichts mehr sehen außer ihrem hin und her schwankenden Leib. Aber das Gelächter der anderen Männer, ihr anzügliches Gemurmel, das konnte er noch immer hören.

»Immer kriegen die mit den hübschen Augen und den zarten Händen die Titten!«, schrie einer. Gelächter brandete durch den Hof.

Liutprand schoss das Blut in den Kopf.

»Wie wäre es, mein Kirchenmann«, gurrte die Tänzerin in sein Ohr. »Wollen wir uns ein ruhiges Plätzchen suchen?«

Er kam erst wieder zu Sinnen, als er durch die Gassen der Stadt taumelte. Es war dunkel geworden und ein schwerer Mond hing über den Häusern.

Ein Schluchzer entfuhr ihm. Wie hässlich dieses Geräusch war. Wie jämmerlich und klein. Aber es passte zu ihm. Anstatt diese Hure mit einem Lächeln und einem intelligenten Wortspiel in ihre Schranken zu weisen, war er davongestürzt wie ein Schuljunge. Denn bei ihr war es schlimmer gewesen.

Nicht ihr Körper. Er hatte sie gar nicht so einladend gefunden. Ihn zogen die zarten eher an als die üppigen. Aber er hatte es in ihren Augen gesehen, dass er sich in Acht nehmen musste. Sie hätte ihn bloßgestellt. Mit ihrem makellosen Latein und einem messerscharfen Verstand. Und er wäre geschwächt in diesen Kampf getreten. Vielleicht wäre er ihr unterlegen. In einem Rededuell. Er, der Kirchenmann. Einer Hure unterlegen.

Für ein paar Augenblicke hatte ihn diese Erkenntnis erstarren lassen. Und dann hatte er sie umgestoßen und war aus dem Gästehaus gestürzt. Verfolgt vom Gelächter der anderen. Nie wieder würde er ihnen unter die Augen treten können, den anderen Gesandten. Vermutlich saßen sie nun weiter mit Wein bei den Weibern und hatten endlich jemanden, über den sie lachen konnten, bis ihnen die Bäuche schmerzten.

Er hätte sich auflösen mögen, hier und jetzt. Was war sein Leben anderes als eine Aneinanderreihung von Beschämungen und Niederlagen?

Er griff nach seinem Dolch. Vielleicht sollte er dem Ganzen ein Ende bereiten. Er war so müde von all diesen Kämpfen, die doch nur zu Niederlagen wurden. So sehr er versuchte, sein Fleisch zu bezwingen und seinen Geist in den Dienst Gottes zu stellen. Die Teufel lauerten überall und waren bereit, ihn mit giftspritzenden Zähnen zu zerreißen.

Nun schluchzte er lauthals, er hatte aufgegeben, seinen Schmerz an sich zu halten. Die Tränen flossen in Strömen über seine Wangen, mit seinem Ärmel wischte er sich die triefende Nase. Plötzlich öffneten sich die Gassen, die Häuser schienen zurückzutreten und sein Blick war frei.

Vor ihm lag die Meerenge, beschienen von einem Mond, dessen Licht eine Zauberwelt erschuf. Erleuchtete Boote zogen auf dem ruhigen Wasser vorüber. Lautenklänge waren zu hören. In jedem Winkel schien ein Liebespaar zu lauern, verschlungen im Spiel. Es war, als spuckte ihm die ganze Welt ihr Glück ins Gesicht.

Gelähmt von diesem Schauspiel der Nacht stand er am Uferstein. Ins Wasser zu gehen und nie mehr wiederzukehren. Was würden sie weinen um ihn. Dieses große Talent, zerschellt an der Grausamkeit der Welt. Ein weiterer Schluchzer entrang sich seiner Kehle. Doch … Würden sie trauern? Würde überhaupt jemand bemerken, dass er fehlte?

»Liutprand!«

Er hörte den Ruf erst, als er schon ganz nah war.

»Liutprand, da bist du ja!«

Er fuhr herum. Vor ihm stand Sigafrid, das blonde Haar sah im Licht des Mondes aus wie ein Helm aus Silber. Seine Brust hob und senkte sich, er musste den ganzen Weg gerannt sein.

Die letzten Schritte näherte er sich langsam. Immer langsamer.

»Liutprand«, Sigafrid flüsterte fast. »Es tut mir leid. Aufrichtig.«
Nun standen sie sich gegenüber.

Liutprand schniefte und schluckte. Er versuchte, seinen Körper zu beruhigen, aber es gelang ihm nicht.

Sigafrid legte ihm die Hand auf den Arm.

»Ich wollte dich nicht beschämen. Wenn ich gewusst hätte …«

»Wenn du was gewusst hättest?« Die Worte schossen mit eisiger Klarheit in Liutprands verwirrte Gedanken.

»Die Tänzerin. Das … das war gar nicht ihre Idee?« Er stieß mit aller Kraft gegen Sigafrid.

»Das warst du? *Du hast sie angestiftet?*«

Sigafrid Gesicht schien zu zerfallen, noch immer schön, aber jetzt zerrissen von ehrlichem Schmerz.

»Ich wusste mir nicht anders zu helfen! Es tut mir so leid.«

Stille breitete sich zwischen ihnen aus, während Sigafrid unbeholfen an Liutprands Arm nestelte. Dann zog er ihn an der Schulter näher zu sich. So nah, dass Liutprand die Wärme seines Körpers spüren konnte. Er ließ es starr geschehen, versuchte zu ordnen, was gerade geschah. Was ging hier vor sich? Durch den Stoff seiner Kleider spürte er das nervöse Zittern von Sigafrids Händen.

»Ich wollte doch nur wissen. Du hast mich bei unserer ersten Begegnung so verzaubert und es machte mir so große Angst, dass ich mich täusche und wenn ich mich dir dann nähere … Die Gefahr.«

Was sagte er da? Sagte er das wirklich?

»Und dann plötzlich dieser Gedanke … Wenn eine Frau sich dir nähert, dann sehe ich vielleicht … was es mit dir macht.« Er ging wieder auf Liutprand zu. »Verzeih mir, dass ich dich so bedrängt habe. Niemals wollte ich dich so beschämen.« Nun hob er die Hand und berührte Liutprands Gesicht, strich ihm das tränennasse Haar von den Wangen. »Deine Schönheit hat mich nur so … erschüttert.« Sigafrid flüsterte nun wieder, seine Lippen so nah an Liutprands, dass kaum ein Pergament dazwischen gepasst hätte.

»Fass mich nicht an, du schmutziges Tier!« Sein Schrei schmerzte ihn, riss an seinem eigenen Trommelfell, und doch schrie er weiter und weiter, während seine Fäuste auf Sigafrid eintrommelten. Der hob schützend die Hände vor das Gesicht. Liutprand meinte ein Schluchzen zu hören und geriet noch mehr in Rage. Wie konnte dieser widerliche Wurm glauben, er könnte sich der Liebe … zwischen Männern … der Gedanke allein brachte in ihm einen glühenden Zorn hervor. »Du bist der Teufel in Menschengestalt!«

Nun stieß Sigafrid ihn zurück, mit einer Kraft, dass Liutprand beinahe stürzte. »Das ist nicht wahr!«, brüllte Sigafrid. Wild starrend rang er nach Worten. »Aber du! Du, du bist ein Hochstapler, der nicht mal Griechisch kann und dem byzantinischen Kaiser jämmerliche Geschenke macht!« In Sigafrids Augen glitzerten Tränen. »Alle lachen über dich! Und ich werde dafür sorgen, dass dein König es erfährt!«

Liutprand riss den Dolch unter seinem Habit hervor, zitternd hielt er ihn Sigafrid an den Hals. »Schweig!«, kreischte er.

Sigafrid stand vor ihm und lachte, die Stimme voller Schmerz. »Was willst du machen? Mich töten? Du kannst mich nicht töten! Ich bin der einflussreichste Gesandte hier.«

Liutprand hörte die Angst hinter seinen Worten und ihm kam eine Idee.

»Vielleicht hast du recht«, sagte er schließlich. »Es wäre dumm, dich zu töten. Denn du wirst jedem erzählen, was für ein herausragendes diplomatisches Genie ich bin. *Jedem*! Hörst du?«

»Warum sollte ich das tun?« schnaubte Sigafrid und schaute unsicher umher.

»Weil ich nun die Wahrheit über dich weiß.« Liutprand fühlte, wie ihm wieder die Macht über den Moment zufloss. »Und ich weiß, in jedem Hurenhaus dieser Stadt gibt es auch ein paar Männer. Und die kennen ganz gewiss auch dich, nicht wahr?«

Sigafrid blickte zu Boden und Liutprand frohlockte. Er hatte ihn erwischt.

»Und die werde ich einladen. Alle. Zu einem Fest mit allen Diplomaten und byzantinischen Adeligen. Ich werde jeden finden, der deinen Trieben gedient hat. Und dann werden sie Bericht erstatten. Öffentlich. Wie du Unzucht mit ihnen getrieben hast. Für jedes schmutzige Detail bekommen sie ein Goldstück extra von mir. Und dann, Sigafrid, bist du nichts mehr. Schon gar nicht der wichtigste Gesandte.«

Mit Genugtuung sah Liutprand, wie Sigafrids mächtiger Körper bebte. Er hielt das Schweigen aus. Sie wussten es beide. Liutprand hatte gewonnen. Sigafrid hatte dieser Drohung nichts entgegenzusetzen.

»Gut. Ich werde allen erzählen, was du willst«, murmelte Sigafrid schließlich.

Der Mond hing noch immer über ihnen, rund und hell und erhaben. Und für einen Moment schlich sich in Liutprands Kopf der Gedanke, etwas zerstört zu haben, etwas Kostbares, Einzigartiges. Doch er rief sich zur Ordnung. Das war der Teufel, der ihm das einredete. Er durfte nicht weich werden. Dieser blonde Riese lästerte Gott. Und er hatte ihn, Liutprand, damit beschmutzt. Wieder fühlte er Wut in sich aufsteigen, brennend und gerecht.

»Und jetzt knie nieder«, murmelte er mit kalter Stimme.

»Was?«, fragte Sigafrid überrascht.

»Ich sage: Knie nieder vor mir, du Wurm!«, schrie Liutprand und spuckte Sigafrid mit aller Wucht ins Gesicht.

Pavia, November 950

»Er lässt mich nicht mehr zu sich, weißt du«, murmelte Berengar und Liutprand staunte, dass dieser Mann so kleinlaut klingen konnte. »König Lothar sagt es mir zwar nicht ins Gesicht, aber alle Zeichen sprechen dafür, dass er mir seine Gunst entzogen hat.«

Der Kerzenschein flackerte unruhig auf Berengars Gesicht. Es war kalt geworden in den letzten Wochen, ein dunkler und träger Herbst, der einen heißen, trägen Sommer abgelöst hatte.

Liutprand hatte gehofft, dass seine Rückkehr nach Italien etwas in Bewegung setzen würde, dass es vorwärtsgehen würde. Für ihn. Für Gott. Seinetwegen auch für Berengar. Auch wenn er ihn mit jedem Tag mehr hasste, ihn für seine Erpressungen und Intrigen verachtete, am meisten dafür, dass er ihm ausgeliefert war. Aber ihm war mittlerweile auch ein Fortschritt für Berengar recht. Nur sollte endlich irgendetwas passieren. Die Tage in Pavia zogen sich noch zäher als die Zeit in Konstantinopel. Und er hatte sich in seinen dunkelsten Stunden nicht vorstellen können, dass das möglich war.

Immer wieder blitzte die Erinnerung an die Begegnung mit Sigafrid auf. Die Scham. Und, auch wenn er das kaum vor sich zugab, das Gefühl, diesem Mann zu viel zugemutet zu haben. Zu grausam gewesen zu sein. Jeder wusste von Männern, die mit Männern das Bett teilten. Und immer wieder gab es Stimmen, die, wenn auch leise, sagten, Liebe zwischen zwei Männern könne geduldet werden. Und natürlich wusste Liutprand davon, dass einige der antiken Philosophen diese Liebe selbst praktiziert hatten.

Aber warum hatte Sigafrid ihn auch so erniedrigen müssen. Warum hatte er versucht, sich zwischen ihn und Gott zu stellen. Er hätte doch wissen müssen, dass das kein gutes Ende nehmen konnte. Dass Gott jene strafen musste, die seine Diener verlockten.

»Hörst du überhaupt zu?«

Berengars Stimme klang aufgebracht. Er war besonders reizbar in der letzten Zeit. Und er hatte allen Grund dazu. König Lothar hatte sich verändert, er fällte eigene Entscheidungen, berief eigene Berater und nun hielt er Berengar sogar fern vom Hof.

»Was ist nur in ihn gefahren?« Berengar stellte diese Frage wieder und wieder.

Liutprand wurde nervös. Er wusste aus Erfahrung, wenn Berengar ein Problem nicht lösen konnte, dauerte es nicht lange, bis er einen Schuldigen fand. Oder zumindest jemanden, an dem er seine Wut auslassen konnte.

Berengar schob den schweren Vorhang beiseite und blickte hinaus. »Was glaubt er eigentlich, wer er ist?«

Die kühle Abendluft drängte sich ins Zimmer. Liutprand fröstelte. Er hatte sich immer gefragt, warum Lothar sich Berengars Bevormundung überhaupt je gefallen lassen hatte. Obwohl dessen Einfluss auf den italienischen Adel natürlich schwer zu brechen war.

»Dieser dreckige Bengel«, murmelte Berengar und ließ seine Faust gegen die von Teppichen gepolsterte Steinmauer prallen. »Ob es dieses kleine Flittchen von Königin ist, die ihm solche Flöhe ins Ohr setzt?« Er drehte sich zu Liutprand. »Was meinst du? Wäre das möglich?«

Liutprand wurde trotz der kalten Luft heiß. In dieser Stimmung wollte er auf keinen Fall etwas sagen, das Berengar verärgern konnte.

»Nun, die Königin ist noch recht jung …«

Berengar machte eine wegwerfende Bewegung. »Du hast recht. Ein ganz einfältiges Weib, hübsch, aber dumm. Und das Kind ist ja auch noch klein. Da haben die Frauenzimmer meist nichts anderes im Sinn.« Mit jedem Wort wurde seine Stimme leiser. »Aber sie ist nun einmal Königin …«

Er blickte wieder hinaus. Ein Nebel war vom Fluss aufgestiegen und schluckte nun das letzte Licht und stand undurchdringlich und grau um die Häuser.

»Sie ist die Königin …«

Stille senkte sich auf das Zimmer.

Liutprand blieb auf seinem Sitz und wagte nicht, sich zu bewegen. Er wusste, wie gefährlich die Launen Berengars waren.

Das Feuer knackte, als die Scheite in sich zusammensackten. Es müsste jemand neues Holz auflegen, dachte Liutprand. Aber er würde es sicher nicht sein. Er würde hier sitzen und hoffen, dass aus diesem brütenden Schweigen kein Wüten würde.

»Man hat mir berichtet, du hättest etwas von deiner Reise mitgebracht.«

Als Berengar endlich wieder sprach, sein Gesicht noch immer der Nacht dort draußen zugewandt, klang seine Stimme hohl und unheimlich. Es war etwas mit ihm passiert. Liutprand spürte es ganz klar.

»Ich weiß nicht, was Ihr meint«, stammelte er. Panik stieg in ihm auf.

»Du solltest niemals die Sklaven und Diener unterschätzen. Wenn du etwas geheimhalten willst, dürfen es auch die nicht wissen. Du hast etwas aus Venedig mitgebracht.«

»Die Reliquie? Die wollte ich Euch als Geschenk überreichen! Zum … Namenstag!«

Er war erleichtert und erschrocken zugleich. Natürlich hatte er gewusst, dass ein Mann in seiner Position keine Reliquie behalten durfte. Auch wenn Gott sie ihm in seine Hände gelegt hatte. Aber Liutprand hatte einfach noch keine Gelegenheit gefunden, bei der er diesen Schatz gut zur Geltung hätte bringen können.

Berengar schnalzte ungeduldig mit der Zunge. »So ein Unfug. Das wolltest du nicht. Aber davon rede ich nicht.«

Liutprand riss die Augen auf. Er wollte etwas sagen. Aber er konnte nicht.

Berengar lächelte dünn.

»Genau«, sagte er. »Ich glaube, du verstehst, mein lieber Liutprand.«

———

Seine Bewegung waren seit Tagen fahrig gewesen. Doch heute waren sie ruhig. Es war soweit. Und in Liutprand war eine Stille eingekehrt. Eine Totenstille.

Er nahm das Buch, das ihm Berengar für den Zweck dieses Besuches hatte anfertigen lassen. Da klopfte es an der Tür und Lucca steckte seinen Kopf hinein.

»Herr, es ist Zeit.« Er flüsterte fast. »Die Stundenkerze zeigt 11 Uhr an.«

Liutprand nickte stumm.

»Gehen wir«, sagte er. »Du begleitest mich bis zum Tor. Dann wartest du auf meine Rückkehr.«

Lucca nickte. Der arme Dummkopf. Keine Ahnung hatte er. Gern hätte sich Liutprand ihm anvertraut. Nicht ihm im Besonderen. Einfach irgendwem. In welcher Not er war. Wozu Berengar ihn trieb. Aber er musste es verschlossen halten, die Last allein tragen.

Sie schritten durch das hölzerne Tor des Hauses und gingen stumm durch die krummen Straßen zum Königsschloss.

Mit jedem Schritt schwand Liutprands Hoffnung, jemand möge helfend einschreiten. Ihn beschützen vor dem, was kam.

Und so ließ er Lucca am Eingangstor zurück, ließ sich begleiten vom Hofmeister, durch Flure, an Wachen vorbei, bis zum Zimmer des Königs. Dort legte er das Buch auf einen Schemel und ließ sich nach Waffen durchsuchen. Der König hatte Angst um sein Leben. Jeder König hatte immer Angst um sein Leben. Und fast immer zu Recht.

Der Hofmeister trat wieder heraus. »Der König ist nun bereit«, sagte er und lächelte Liutprand an.

Lasst mich nicht hinein! Schickt mich wieder fort!, wollte er rufen. Aber er blieb stumm und trat durch die Tür.

Der König, jung und milchgesichtig, saß an einem Tischchen am Fenster. Heute waren ein paar milde Sonnenstrahlen durch die Novemberkälte gedrungen. Eine kurze Atempause, bevor der Winter Einzug halten würde.

»Liutprand!«, sagte Lothar und blickte zum ihm. »Ihr wolltet mich sprechen? Bezüglich Konstantinopel?«

Er goss etwas Wein in einen zweiten Becher und reichte ihn Liutprand, der das Zimmer in Augenschein nahm.

Das Bett. Nun sah er es. Es stand etwas zurückgesetzt in einer Nische des Zimmers. Ganz Pavia wusste, der König ruhte gern und viel. Ja, so könnte es gehen.

»Vielen Dank, Eure Hoheit!«, er verbeugte sich und nahm den Wein entgegen. In der dunklen Flüssigkeit konnte er sein Spiegelbild sehen.

»Vielen Dank«, rief er noch einmal etwas zu laut und stürzte den Wein hinunter.

Der König runzelte die Stirn, und natürlich war das hier ein fürchterliches Schauspiel, aber nun gab es kein Zurück mehr.

Liutprand taumelte, versuchte es nicht zu übertreiben, und doch musste es bedrohlich aussehen. Er hielt sich die Hand an den Kopf.

»Verzeiht Hoheit … verz-«, er taumelte zwei Schritte zurück und hielt sich am Bett fest. Es war viel schwerer, als er gedacht hatte. Denn es reichte nicht, das Buch zum Bett zu bringen. Er musste es auch unbemerkt öffnen. Jetzt lag es neben den Stütz-kissen. Geschlossen und unnütz.

»Liutprand!«

Der König war aufgesprungen, aber blieb fern von ihm ste-hen. Vielleicht ahnte er die Bedrohung. Vielleicht wollte er sich aber auch nicht einem so unwichtigen Diener nähern, dachte Liutprand grimmig.

»Soll ich Hilfe rufen?«, fragte König Lothar mit dünner Stimme.

»Es geht schon«, antwortete Liutprand und versuchte, er-schöpft zu klingen, während er sich langsam auf das Bett stützte.

»Ich habe viele Nächte gebetet. Da überkommt mich manch-mal eine Schwäche. Und dann der Wein …«

Er kniete nun vor dem Bett und tastete vorsichtig nach dem Buch, hob den Deckel an und hielt die Öffnung an die Kissen. Und tatsächlich, er sah den Schatten herauskriechen und zwi-schen den Polstern verschwinden. Vor Erleichterung gaben seine Knie nach und er drückte sein Gesicht in die schwere Wolldecke, die über das Bett gebreitet war. Dann stemmte er sich hoch und drehte sich zum König.

»Verzeiht, Hoheit. Gott mit ganzem Herzen zu dienen erfordert manchmal viel Kraft.« Er verdrehte die Augen. »Und dann ist da auch noch Berengar.«

Der König machte ein widerwilliges Geräusch.

»Er ist wirklich ein anstrengender Zeitgenosse«, flüsterte Liutprand und wusste, das Misstrauen des Königs würde jetzt abflauen.

»Aber damit will ich Euch nicht langweilen, Eure Hoheit. Ich will Euch nur noch einmal darin bestärken, einen weiteren Brief an den Kaiser von Konstantinopel zu senden. Damit sich nicht Berengar dazwischen stellen kann. Ich werde gern alles Weitere veranlassen.«

Der König nickte und lächelte freudig. Seine Augen waren so rund und unschuldig, sein Gesicht noch so jung, dass es Liutprand für einen Moment würgte.

»Danke, Liutprand. Mir war nicht bewusst, dass ich in Euch so einen Verbündeten habe. Darauf lasst uns noch einen weiteren Becher trinken.« Schwungvoll goss er noch mehr von dem Wein ein. »Wisst Ihr, ich werde mir dieses Land Stück für Stück erobern, um es dann endlich in Anstand zu führen. Denn das hatte Italien so lange nicht. Einen anständigen König.«

Er lächelte Liutprand versonnen an und trank seinen Becher leer. Liutprand erhob seinen ebenfalls, aber es war ihm unmöglich, etwas zu schlucken. Er hielt das Metall an seine Lippen und hoffte, der König würde nicht merken, dass er allein trank.

Pavia, Januar 951

»Diese dreckige kleine HURE!« Berengars Halsadern traten bedrohlich hervor, während er schrie. »Was glaubt dieses verdammte Flittchen, wer sie ist?«

Liutprand schloss die Augen. Ja, das hatte sich Berengar anders vorgestellt. Nach Lothars Tod sollte dessen Witwe Adelheid Berengars Sohn heiraten. Das war fester Teil des Plans. Denn die Witwe trug die eigentliche Königswürde. Da konnte Berengar sich so viel zum König erklären, wie er wollte, so war das langobardische Gesetz. Das machte selten Probleme, die Witwe wurde verheiratet, ging ins Kloster – es fand sich immer ein Weg. Nur dieses Mal nicht.

Auch Liutprand hatte es ihr nicht zugetraut. Die kleine blonde Adelheid mit dem runden Gesichtchen hatte Berengar die Stirn geboten und weigerte sich, seinen Sohn zu heiraten.

»Sie wird schon zur Vernunft kommen«, versuchte Liutprand ihn zu besänftigen. Ihm wurde vor Angst übel. Er hatte immer weniger Kraft für Berengars Wutausbrüche.

»Soll ich sie zur Vernunft prügeln, oder wie stellst du dir das vor?« Berengar war außer sich. »Ach, was! Totprügeln sollte ich sie! Einfach erschlagen, dieses Biest!«

Der Gedanke kam mit Ruhe und Klarheit über Liutprand.

»Wie wäre es, wenn man sie fürs Erste einfach einsperrte? Dann wird sie schon zu Sinnen kommen«, schlug er vor.

Berengar stutze für einen Moment. Dann stürmte er auf ihn zu und umarmte ihn.

»Du hast recht, Liutprand! Schließen wir das teuflische Flittchen einfach ein. Ich habe einen netten Turm bei Como, nahe der Alpen. Da ist es jetzt schön kalt. Das Balg geben wir ihr mit. Dann bekommt sie doppelt Furcht.«

In Berengars Augen glitzerte Begeisterung. Er packte Liutprands Nacken und schüttelte ihn wie ein freudiger Jagdhund seine Beute.

»Ein paar Wochen bei Frost, Wasser und Brot wird sie schon Demut lehren. Und dann wird Hochzeit gefeiert!«

Liutprand wand sich aus Berengars Griff. »Dann werde ich ein paar Soldaten holen lassen«, sagte er, während er seinen schmerzenden Nacken rieb.

»Sehr weise, Liutprand! Wir sollten nicht lange warten. Damit sich das kleine Vögelchen nicht am Ende davonmacht.«

Berengar schlug ihm auf die Schultern und diesmal machte der Schmerz Liutprand kaum etwas aus. Er war zu erleichtert, eine Lösung gefunden zu haben, die Berengar besänftigte. Und irgendwann würde er auch einen Weg finden, der ihn fort von diesem brutalen Menschen ohne jede Moral führte.

In den Dolomiten, April 951

Schwer hing der Schnee an ihrem Kleid, die Füße nass und wund, das viele Gehen waren sie nicht gewöhnt. Die Krieger hatte Adelheid fortgeschickt. In den Bergen waren sie zu langsam mit ihrer Ausrüstung und zu leicht zu sehen. Und wenn Berengar sie einholte, dann könnten die paar Männer auch nichts ausrichten.

»Mama«, sagte Emma. Immer wieder »Mama«.

Ihr Gewicht zerrte an ihr, machte jeden Schritt schwerer. Aber hier oben in den Schneewehen konnte das kleine Mädchen noch weniger selber laufen als unten im Tal, im Schlossgarten, damals, vor wenigen Monaten, in einem anderen Leben.

»Es ist gut, mein Kind«, Adelheid versuchte heiter zu klingen. »Bald haben wir es geschafft.«

Sie hatte nicht bedacht, dass in den Bergen noch so viel Schnee sein würde. Aber sie hätte auch nicht gewusst, wohin sie sonst hätte gehen sollen.

Berengars Einfluss reichte weit. Wie weit genau, war schwer zu sagen. Auf jeden Fall viel weiter, als Adelheid noch vor kurzem geglaubt hatte.

So viele hatten sich von ihr abgewandt. Seit Wochen floh sie durch Italien und nirgendwo fand sie Schutz. Hinter ihr Berengar und vor ihr die Berge.

Natürlich hatte sie die Berge gewählt. Denn Adelheid wusste, was er war. Ein Königsmörder und ein Verräter. Er hatte ihren Mann, den König von Italien, hingemeuchelt wie einen lästigen Straßenköter. Wie er es genau geschafft hatte, das wusste sie nicht, aber sie wusste, Lothar war auf seinen Befehl hin vergiftet worden. Keiner sonst hatte den Wagemut und die Unverfrorenheit. Und Berengar zog den größten Nutzen aus dieser Lage. Jedenfalls wenn sie, die rechtmäßige Königin von Italien, sich ihm fügte. Aber das Letzte, was Adelheid tun wollte, war, sich seinem Willen zu beugen. Lieber würde sie hier sterben. Zwischen Eis und Schnee und über ihr Gott und der Himmel, ihr letzter Ausweg. Denn für Berengar war sie nichts als ein Stück Fleisch, das er nach Belieben verschachern würde.

»Mama«, Emma flüsterte nun fast. »Mama, ich habe Hunger.«

Adelheid tauchte die Hand in den Schnee. Sie umschloss seine Kälte und reichte eine Faust voll zu ihrer Tochter.

»Hier, lutsch daran.«

Sie ließ sich auf eine schneefreie Stelle zwischen ein paar Steinen fallen, ihre Tochter hielt sie dabei fest und hob sie auf ihren Schoß.

»Bist du müde, mein Mädchen?«

Das Kind nickte nur und schmiegte sich zwischen die Falten ihres Mantels.

Adelheid schloss die Augen. Die Wut. Sie musste die Wut loswerden. Sie umwölkte ihre Gedanken, so kam sie nicht weiter.

War das hier der Weg? Immer weiter in Eis und Schnee? Bis zum Ende? War das wirklich, was sie wollte?

Nein. Sie wollte nicht sterben. Sie wollte weder Emma allein in Berengars Händen zurücklassen, noch wollte sie das Kind mit in den Tod nehmen.

Sie drückte den kleinen Körper enger an sich. Sie war die Schwächere. Aber gewiss nicht die Dümmere. Das wusste sie. Dies war nicht der richtige Moment. Diese Partie hatte sie verloren, das musste sie sich nun eingestehen. Oder sie würde sterben. Aber sie würde einen Weg finden, Berengar in die Knie zu zwingen. Nur war es noch nicht soweit. Sie brauchte Zeit. Sie brauchte einen Plan.

»Es wird alles gut, mein Mädchen«, flüsterte sie. »Es wird alles, alles wieder gut.«

Dann hob Adelheid die Kleine auf ihre Arme und stellte sich in die Sonne auf einen Felsen, sodass man sie von weithin sehen konnte. Wenn Berengar sie holen wollte, dann sollte er ruhig etwas dafür tun und hier heraufsteigen.

Gardasee, Sommer 951

Der Wind. Immer dieser Wind. Er zerrte an Adelheids Nerven, ließ sie nicht schlafen. Schien sich in jeden Gedanken hineinzugraben. Stunden verbrachte sie hier oben am Fenster des Turms und schaute hinab auf die Welt. Auf der Suche nach einem Zeichen, dass sich etwas ändern würde, dass jemand kommen würde, dass sich der bleierne Schleier der gleichförmigen Tage endlich heben würde und sie wieder entließ, ins Leben.

Es gab Momente, da verlor sie ihr Gefühl dafür, hier zu sein. Traum und Wirklichkeit konnte sie dann kaum voneinander unterscheiden. Sie wusste nicht mehr, welcher Tag war, welcher Monat.

Wie lange war es her, dass Berengars Männer sie aus dem Schnee den Berg hinabgetragen und in Fesseln hierher an den Gardasee gebracht hatten? Sie konnte es nicht mehr sagen. Hätte sie sich nur einen Kalender gemacht. Für jeden vergangenen Tag einen Strich. Doch zu Beginn ihrer Gefangenschaft hatte sie sich vor Verzweiflung kaum rühren können. Jeden Funken Lebenswille, jeden klaren Gedanken hatte sie für ihre Tochter gebraucht. Doch nun war sie verloren in der Zeitlosigkeit der Tage.

Dafür hatte sie ihren Willen zurück. Und ihr Wille würde sie aus dieser Gefangenschaft herausbringen. Sie würde nicht klein beigeben. Niemals.

Es war nun heiß geworden. Also war es Sommer. Aber wie lange schon? Das Einzige, was sie hielt, war Emma. Sie nahm ihr Leben im Nichts langmütig hin, genau wie sie ihr Leben als Prinzessin in Pavia hingenommen hatte.

Dana, ihre Dienerin, hatte sich Spiele ausgedacht, für die sie nur Steine brauchten oder Stöckchen, und es schien Emma an nichts zu fehlen. Selbst das karge Essen, das Berengar ihnen zugestand, schien dem Kind nichts auszumachen.

Adelheid schloss die Augen, um die Weite unter ihr nicht mehr sehen zu müssen. Sie wünschte, sie hätte die Langmut ihrer Tochter. Aber die hatte Gott ihr nicht gegeben. Sie konnte Tag und Nacht kaum an etwas anderes denken als daran, wie sie diesem verfluchten Turm auf diesem hassenswerten Berg entkommen könnte.

Es könnte so einfach sein. Sie brauchte nur eine Nachricht an Berengar schicken, dass sie seinem Sohn das Jawort geben würde. Aber der Gedanke daran, sich zu ergeben, war noch schlimmer als das Leben hier oben.

Sie hatte ihre erste Ehe hinnehmen müssen, weil es so entschieden war. Und das Schicksal hatte es gut mit ihr gemeint. Lothar war ein Mann gewesen, der sie schätzte und mit dem sie voller Freundschaft das Leben geteilt hatte. Sie waren beide so jung gewesen, Lothar neunzehn und sie fünfzehn Jahre. Und sie waren miteinander gewachsen. Als König und Königin.

Und als Königin von Italien war es an ihr zu entscheiden. Das würde sie sich nicht nehmen lassen. Niemals. Auch wenn Berengar sich widerrechtlich den Titel angeeignet und sich tatsächlich zum König erklärt hatte.

Ihre Nerven schienen sich durch ihre Haut wühlen zu wollen. Wie lange würde sie das noch aushalten können? Wann war eine Ehe mit Berengars Sohn doch besser als die Gefangenschaft hier?

Zudem war ihre Zeit begrenzt. Das wusste sie. Irgendwann konnten sie ihr einfach Emma nehmen, ihre Tochter an ihrer Stelle in die Ehe zwingen und sie, Adelheid, dann nutzlos und verbraucht, in ein Kloster stecken, oder einfach die Klippen hinab in den Gardasee stoßen.

Sie blickte auf das dunkle Wasser, dessen Oberfläche von weißen Linien durchzogen war. Der Wind ließ selbst ihm kaum einen ruhigen Moment.

Es musste doch einen Weg geben! So viele Briefe hatte sie an befreundete Königshäuser und mächtige Fürsten geschickt.

Dana hatte immer einen Weg gefunden, sie hinauszuschmuggeln. Im Gegensatz zu ihrer Herrin durfte sie hin und wieder hinaus, dringende Besorgungen erledigen, Wäsche waschen und kochen. Doch niemand war bisher auf ihre Briefe hin gekommen. Ihre Dienerin hatte ihr zugetragen, dass immerhin Liudolf von Schwaben einen Feldzug gegen Berengar versucht hatte. Aber er war Berengar innerhalb kürzester Zeit unterlegen. Weil dieser Idiot wohl hatte beweisen wollen, dass er auch ohne seinen Vater, König Otto, etwas erreichen konnte. Nur mit dem Ergebnis, dass sie noch immer hier saß und Tag für Tag mehr ihren Verstand verlor.

Aus dem Hof drangen die streitenden Stimmen ihrer Wächter empor. Die Soldaten waren dem Wahnsinn ähnlich nahe wie sie. Tag für Tag saßen sie in dem engen Burghof, tranken die sauren Rotweinvorräte der umliegenden Dörfer leer und betrogen einander beim Würfelspiel. Blutige Raufereien waren an der Tagesordnung. Solange sie noch als die Braut von Berengars Sohn gehandelt wurde, war sie wenigstens sicher vor ihnen. Und bisher hatte das auch Dana geschützt.

Doch sie lebten hier wie auf einer einsamen Insel. Fernab von den Geschehnissen in Pavia, Burgund, Rom, Konstantinopel, Magdeburg und all den anderen Zentren der Macht. Wenn die Welt dort draußen für die Soldaten im Hof noch mehr in Vergessenheit geriet, wenn der Wein sie eines Abends noch tiefer berauschte, wenn sich noch leichter vergessen ließe, wer sie war, wenn die Einsamkeit noch größer wurde. Wer wusste, was dann passieren würde.

Sie lehnte sich aus dem Fenster und blickte ein weiteres Mal die Felswand hinab. So konnte sie den Geräuschen der streitenden Soldaten für eine Weile entkommen und sich dem Schwindel hingeben, der Nähe des Abgrunds, der ihr manchmal so verlockend erschien.

—

Gegen Abend, die Sonne hing golden und schwer über den Bergen, die Grillen zirpten träge im vergilbten Gras, hörte sie etwas, das sie schon lange nicht mehr gehört hatte. Musik. Kein

Gegröle von Soldaten, nein, richtige Musik, Fideln, Schellen und Flöten, die Singstimmen von Männern und Frauen.

»Gebt uns Geld, wir geben euch Wein und Musik!«, hörte Adelheid einen lauten Ruf, dann vielstimmiges Gelächter.

Am liebsten wäre sie an das Fenster zum Hof gestürzt, um jedes Wort aufzusaugen. Sie war darauf bedacht, auf die Soldaten ruhig und würdevoll zu wirken. Dabei sehnte sie sich nach jeder kleinen Abwechslung. Aber sie zwang sich, weiter hinaus auf den See zu schauen und auf die Stimmen zu lauschen. Ein Geplänkel aus Rufen und Gelächter entspann sich und schließlich hörte sie das Quietschen der Tore. Adelheids Herz schien sich zu öffnen, die Welt trat zu ihr in Form eines Festes und auch wenn sie nur wenig davon erleben würde, denn die Soldaten würden sie kaum dazubitten, so würde sie dennoch die Musik hören, das Gelächter, die Lebendigkeit und sie würde jede Sekunde genießen.

———

Seine Füße schmerzten. Der Hals brannte vor Durst, seine Augen waren halb blind von Sonne und Staub. Liutprand musste sein Pferd hinter sich herziehen. An Reiten war seit Tagen nicht mehr zu denken. Auch das Tier war am Ende seiner Kräfte. Wieso ließ er das immer wieder geschehen? Dass ihn Berengar, jetzt der König, losschickte wie einen dummen Hund, ohne ihn für die Reisen auszustatten? Der hatte ihn unter Drohungen gezwungen, allein zu reiten, damit er kein Aufsehen erregen würde. Das musste aufhören. Er war nun fast dreißig Jahre alt. Ein gestandener Mann aus gutem Hause, der mit Dienstboten reisen sollte.

Er hörte das Fest, bevor er die Burg sah. Der Wind trug die ausgelassene Musik zu ihm und das Gelächter und Gerede vieler Stimmen, während der Himmel im Licht der untergehenden Sonne glühte. Das konnte nur die Burg auf dem Rocca di Garda sein.

Wie war das möglich? Waren die Soldaten vollkommen verrückt geworden? Er strauchelte vorwärts. Und tatsächlich. Die

Tore waren verschlossen, aber davor standen bunt geschmückte Wagen, wie sie das fahrende Volk benutzte, und es gab keinen Zweifel, aus dem Inneren der Burg drangen die Geräusche ausgelassener Menschen.

Am liebsten hätte Liutprand sie alle auseinandergepeitscht. Aber es dauerte sicher eine halbe Stunde, bis ihn jemand hörte und ihm die Tür öffnete. Und das geschah so beiläufig, dass Liutprand nicht sagen konnte, wer das gewesen war, denn derjenige hatte die Tür einfach angelehnt gelassen und war fortgegangen.

Im Hof waren Seile gespannt, daran schaukelten ein paar dralle Damen in kurzen Röcken und machten seltsame Verrenkungen. Ein Spaßmacher sprang zwischen den Feiernden umher. In den Händen hielt er einen billigen Blechspiegel, den er immer wieder Menschen vors Gesicht hielt und dabei kreischte wie ein Affe.

Liutprand langte nach einem Weinkrug. Wasser wäre ihm lieber gewesen. Er hatte das Pferd vor der Tür gelassen, dort war genug für alle Tiere da. Und als er auf die Tanzenden im Hof schaute, überkam ihn eine befreiende Gleichgültigkeit.

Natürlich war er hier im Namen des Königs von Italien. Aber der war weit weg. Und alle anderen seiner Diener hatten offensichtlich auch beschlossen, auf seine Befehle zu pfeifen und stattdessen ihr Leben zu feiern. Überhaupt. Was hatte Berengar ihm schon Gutes getan. Und was sollte dieses Fest auch schaden? Er konnte Adelheid ja dennoch vor die Entscheidung stellen, endlich Berengars Sohn zu heiraten oder für immer im Kerker zu verschwinden. Ohne Tageslicht. Bei Wasser und Brot.

Das hätte sie sich vorher überlegen sollen. So oder so würde diese Ehe kein Vergnügen werden. Der König und seine Familie hassten Adelheid aus tiefstem Herzen für ihre Unbeugsamkeit und wenn die Ehe mit ihr nicht die kostbare Legitimation für den Titel bedeutet hätte, wäre sie sicher schon lange tot.

Liutprand goss sich ein weiteres Mal Wein ein und setzte sich auf eine der Bänke.

»Ein Kirchenmann in unserer heiteren Runde!« Der Soldat ließ sich schwer neben Liutprand plumpsen. Sein Bart war dicht und schwarz, Essenskrümel hingen zwischen den borstigen Haaren und sein Wams war fleckig. Er beugte sich zu Liutprand hinüber und nuschelte: »Aber verdirb uns nicht den Spaß, hörst du? So flotte Weiber hier.«

Er versuchte mit der Zunge zu schnalzen, aber er war schon betrunken und es gelang ihm nur halb. Sein Geruch nach altem Schweiß, Wein und ranzigem Öl war so überwältigend, dass Liutprand ein Stück von ihm wegrückte.

»Was ihr treibt, ist mir vollkommen gleichgültig.«

Er ließ seinen Blick durch den Hof schweifen, der ein einziges Durcheinander torkelnder, trinkender und tanzender Menschen war.

»Ich bin im Auftrag von König Berengar hier, um mit der Gefangenen zu sprechen.«

»Ach, das störrische, lustlose Weib, wegen dem wir hier seit Monaten festsitzen!« Seine gerade noch freundlich verschwommene Stimme war plötzlich voller Zorn. »Diese alte Hexe. Der würde ich gern selbst zwischen die Beine steigen, damit sie wieder weiß, wo sie hingehört.« Er schrak zusammen und starrte Liutprand aus wässrigen Augen an. »Natürlich nur, um dem König zu helfen! Ich … du weißt schon, Vater!«

Liutprand wandte seinen Blick ab. Er hätte diese Aufgabe nicht bekommen sollen. Das war unter seiner Würde. Aber Berengar hatte darauf bestanden. Es sollte keiner wissen, wie verzweifelt er auf die Ehe wartete, wie sehr er nach der Legitimation lechzte, die ihm die Witwe geben konnte. Und Liutprand hatte als Vertreter Gottes die Vollmacht, die Ehe zu erklären, sobald Adelheid endlich nachgab. Auch ohne die Anwesenheit des Bräutigams.

Liutprand erhob sich wieder. »Bring mich zu ihr. Dann kannst du von mir aus deine Seele im Wein ertränken.«

Im Inneren der Burg waren die Geräusche des Festes nur noch gedämpft zu hören. Keiner der Feiernden verirrte sich hierher. Es war staubig und kühl und ein Gefühl von tiefer Traurigkeit schien zwischen den Mauern zu hängen. Liutprand fröstelte.

Die Erschöpfung von der weiten Reise wollte ihn ein weiteres Mal überwältigen.

»Hier ist es«, sagte der Soldat und schaute sich nervös um. »Ich bin hier nicht gern. Dieses Weib … Es ist einfach …«

Er fingerte nervös nach dem richtigen Schlüssel. Erst versuchte er ihn vom eisernen Ring zu lösen, an dem noch ein Dutzend weitere hingen, dann drückte er Liutprand schließlich den ganzen Bund in die Hand.

»Schließt sie einfach wieder ein, wenn Ihr mit ihr fertig seid …«

Dann ging er schnellen Schrittes hinaus.

Auf der Treppe hörte Liutprand ihn schreien: »Und wehe, ihr habt schon alles ausgesoffen, ihr alten Hurenböcke!« Die Antwort war ein Gejohle und die Musik wurde schneller und lebhafter.

Liutprand schob den Schlüssel in das Schloss und öffnete die schwere Eichentür.

Ihr Rücken war kerzengerade aufgerichtet und ihre Kleider so sauber und hell, dass es ihn fast zu blenden schien. Sie blickte ihn an, das klare, runde Gesicht war ernst, die Augen geweitet.

»Wer seid Ihr? Was wollt Ihr?«

Er zuckte zurück. Ja, das war Königin Adelheid. Und doch erinnerte sie nur noch entfernt an das Mädchen, das er in Pavia getroffen hatte. Er musste sich an der Tür festhalten, um nicht einen Schritt zurückzutreten. Er wusste schon jetzt, dass seine Mission gescheitert war.

»Berengar schickt mich«, sagte er dennoch und fühlte sich dabei wie ein Trottel.

Ein feines Lächeln umspielte ihre Lippen. »Mein Möchtegern-Schwiegervater. Wie geht es ihm? Ist er endlich an seiner Gier erstickt?«

Die Müdigkeit ergriff Liutprand noch mehr. Er hatte geglaubt, er würde das Mädchen schnell in den Griff bekommen. Schließlich konnte er sie mit dem Tod bedrohen. Mit dem Schicksal ihrer kleinen Tochter. Aber ohne es auszusprechen wusste er, dass Adelheid für ihn unangreifbar war.

Und dann kam ihr Gatte dazu. Lothar trat aus den Schatten hervor, wie jedes Mal, wenn sein Geist müde wurde. Sie konnte ihn nicht sehen, niemand konnte ihn sehen, aber Liutprand wusste, Lothar würde bei ihm bleiben.

»Ihr wisst, Berengar hat Mittel und Wege …«, begann er. Aber die Worte klangen so kraftlos und leer, dass er den Satz unvollendet ließ.

Er schaute zum Fenster. Und wenn er sie einfach hinausstürzte? Sie stand recht nah. Eigentlich müsste es leicht gehen. Dann war sie aus dem Weg. Aber im gleichen Moment wusste er, dass ihm die Kraft dazu fehlte. Nicht nur, weil er erschöpft von der Reise war. Erst jetzt, hier in diesem Raum, fühlte er, wie müde sein Geist war. Und dass ihm das alles hier furchtbar sinnlos erschien. Er war zu einem dummen Handlanger eines dummen Königs geworden, der eigentlich keiner war. Er war am Ende angekommen und konnte vor sich nichts weiter sehen als tiefschwarze Nacht.

Es war der Blick, der sie verriet. Adelheid schaute neben ihn, sodass ihm klar war: dort steht ein weiterer Mensch. Im letzten Moment sah er den Tonkrug auf seinen Kopf zusausen und federte den Schlag ab, doch traf ihn das Gefäß an der Schläfe; ein Jaulen entfuhr ihm. Er ballte seine Faust und schlug der Gestalt hart ins Gesicht; als sie vor Schmerz zurücktaumelte, erkannte er, dass es eine Frau war. Er holte zu einem zweiten Schlag aus, doch da wurde es schwarz, denn zwei Finger pressten sich in seine Augen, dass er fürchtete, seine Augäpfel würden zerplatzen, und während er versuchte, sich von diesen Händen zu befreien, bekam er einen so heftigen Tritt zwischen die Beine, dass er vor Schmerz zusammensackte. Ein Tritt gegen den Kiefer folgte, er schmeckte Blut. Seine Zähne! Er wollte seine Zähne nicht verlieren, eine Faust traf ihn auf die Nase, noch mehr Schmerz, ein tiefer, wütender Schmerz, der ihm die Kraft gab, endlich die Hände von seinen Augen zu reißen und so sah er noch, wie die zierliche Frau den schweren Krug über dem Kopf hielt und mit aller Kraft auf seine Stirn niedersausen ließ.

Adelheid und Dana schauten sich an, ihr Atem ging schwer, sie waren es nicht gewöhnt, zu kämpfen.

»Du blutest«, sagte die Königin und reichte ihrer Dienerin ein Tuch.

Stöhnend betupfte Dana ihre Nase und sagte: »Ihr auch, Frau Königin.«

Und da erst spürte Adelheid den Schmerz, sie betrachtete ihre Unterarme und sah die tiefen, blutigen Kratzer, die Liutprands Fingernägel hinterlassen hatten. Fast als hätte ein wildgewordener Luchs versucht, ihr die Haut von den Knochen zu reißen. Ein Lachen entfuhr ihr. Sie konnte nicht glauben, dass ihre Arme, die Arme einer Königin, so aussahen. Die Spuren brannten und einige waren so tief, dass sie vermutlich deutliche Narben davon behalten würde. Aber der Schmerz schien ihr lächerlich. Sie war lebendig. Und die Tür ihrer Zelle stand offen. Sie wagte kaum dorthin zu blicken, aus Angst, sie hätte sich getäuscht. Sie versuchte, ihre Gedanken zu ordnen. Alles war so schnell gegangen.

Sie blickte auf den schmächtigen Mann mit dem schönen Gesicht. Fast tat er ihr leid. Er hatte etwas Schmerzerfülltes an sich. Als trüge er eine erdrückende Last. Nun erinnerte sie sich. Das war Liutprand, ein langobardischer Adliger aus Vigevano, einer von Berengars vielen Beratern. Aus der hässlichen Wunde auf seiner Stirn floss dunkles Blut hervor und breitete sich auf dem Steinboden aus.

»Lebt er noch?«, flüsterte sie.

Dana stieß ein dumpfes Geräusch aus, das deutlich machte, wie sehr sie Adelheids Sorge missbilligte. »So schnell stirbt es sich nicht. Außerdem gehört er zu den Schweinen, die Euch hier eingesperrt haben.«

Dana hatte recht. Mitleid hatte dieser Mann nicht verdient.

»Zum Glück schläft Emma schon«, murmelte sie. »Meinst du wirklich, das ist unsere Gelegenheit? Sollen wir jetzt fliehen?«

Liutprands plötzlicher Auftritt in ihrer Zelle hatte eine einmalige Möglichkeit eröffnet. Dabei hatte Adelheid es gar nicht begriffen, was das Schicksal ihnen da zuwarf. Aber Dana dafür umso schneller. Die Entscheidung war nur durch einen Blick gefallen, den sie sich über Liutprands Schulter hinweg zugeworfen hatten.

»Ich würde ungern hier darauf warten, dass der junge Herr wieder zur Besinnung kommt«, antwortete Dana und begann ein paar Habseligkeiten im Zimmer zusammenzuraffen. »Natürlich werden wir fliehen …« Das Zögern in ihrer Stimme verriet, dass auch Dana zweifelte, ob diese Flucht gelingen würde. »Wir haben gar keine andere Wahl und eine bessere Gelegenheit werden wir nie wieder bekommen.«

Adelheid nickte und begann Liutprand vorsichtig abzutasten. Vielleicht trug er noch etwas bei sich, das ihnen nützen konnte. Sie rechnete mit ein paar Briefen, die ihr Hinweise darauf geben könnten, wie die Lage war. Stattdessen erfühlte sie etwas Hartes in seinen Taschen. Ein Strahlen breitete sich auf ihrem Gesicht aus. »Dana!«, flüsterte sie aufgeregt. »Er hat den Schlüsselbund!« Den Schlüsselbund, den sie so oft gehört hatten, wenn die Tür zu ihrer Zelle aufgeschlossen wurde. Und sogleich wieder verschlossen. Sie hätte sein schweres, dumpfes Klimpern im Schlaf erkannt. Die Schlüssel zu allen Türen in dieser verfluchten Burg lagen in ihren Händen und damit die Freiheit.

»Schnell, lehn die Tür an, falls jemand kommt!« Ihre Dienerin zischte vor Aufregung.

Sie lauschten auf die Geräusche von draußen. Noch immer schien das Fest anzudauern, eher wilder als vorher.

»Wir werden uns durch den Hof schleichen müssen, an all den Leuten vorbei«, flüsterte Dana.

Für einen Moment schwiegen sie, jede in ihre Gedanken versunken.

»Wir machen es so, als wären wir im Krieg«, sagte Adelheid schließlich.

Und Dana wusste, was damit gemeint war. War eine Schlacht verloren und gingen die Soldaten auf Beutezug, wurde der Krieg am gefährlichsten für eine Frau, denn sie war Beute. Je jünger und sauberer, desto wertvoller. Also machte sie sich so alt und hässlich, wie sie nur konnte, zog Lumpen an, suhlte sich im Schlamm, beschmierte sich mit Kot. So wurde sie zu einem unsichtbaren Geist, konnte sich frei bewegen, wo eine Frau, die Begehren weckte, geschändet und erschlagen wurde.

Adelheid band sich die schlafende Emma mit einem Tuch auf den Rücken und zog ihren Mantel darüber, sodass ihre Silhouette etwas Unförmiges, Buckliges bekam. Dana stopfte sich ein Kissen unters Kleid. Wer sie sah, würde rätseln, ob sie fett oder schwanger war. Dann holte sie den Hammeltalg, aus dem sie Seife kochten, und verrührte ihn mit Asche. Sie bestrichen ihre Gesichter und Hände damit.

Als sie fertig waren, hätte jeder auf den ersten Blick geglaubt, Landfrauen vor sich zu haben, die sich auf den Weinbergen krumm und hässlich geschuftet hatten.

—

Die Nacht senkte sich über ihr Versteck. Doch der Mond schien so hell vom wolkenlosen Himmel, dass es fast so licht war wie am Tag, nur ohne die Farben. Nun hatten sie schon einen ganzen Tag hier verbracht. Sie hätten schon lange weit fort sein sollen. Weg von diesem elenden See. Doch sie standen seit Stunden bis zur Hüfte in seinem Wasser, das auch im Sommer eiskalt war.

Sie waren zu langsam gewesen. Sie hatte unterschätzt, wie weit der Weg war und wie schwer ein schlafendes Kind. Als der Tag anbrach, waren sie in das Pflanzenmeer im flachen Wasser gehuscht, denn die Nachricht von ihrer Flucht hatte sich schon verbreitet und Soldaten schwärmten durch das ganze Gebiet.

Immer wieder hörte sie Männer vorbeigehen, sich Befehle zurufen. Sie schienen ihr schrecklich nah. Was sollte nur werden? Hinter ihr war das eisige Wasser des Gardasees, in dem sie nur ertrinken konnte.

Das Schilf bog sich, Halme knackten. Sie wusste sofort, dass es nicht Dana sein konnte. Adelheids Herz schlug ihr bis zum Hals. Sie fingerte nach ihrem Dolch. Wenn es nur einer war, hatte sie vielleicht eine Chance. Doch wohin sollte sie das Kind legen? Emma würde schlafend im Wasser versinken. Sie musste all ihre Kraft aufbieten, ihre Angst nicht laut herauszuschreien.

Dann stand er vor ihr. Ein Junge fast noch, kaum zwanzig Jahre alt, die Züge weich, auch wenn sein Körper kräftig war. Er schaute sie an und sie staunte, wie sanft sein Blick war. Als hätte er mehr Angst als sie. Doch er trug die Uniform von Berengars Soldaten. Die Metallbeschläge auf der Ledermontur blitzten schwach. Sie standen voreinander wie zwei Bummler auf dem Markt, die sich aus Versehen in die Quere gekommen waren und nun nicht entscheiden konnten, wer ausweichen musste.

»Schhhhhh«, machte er schließlich und legte den Finger an die Lippen.

Da entfuhr Adelheid doch ein kleiner Schluchzer.

Er kannte seinen Auftrag. Die entflohene Witwe des Königs einfangen und ins Verließ bringen. Und Piero wusste, er würde reich belohnt werden. Adelheid war im Moment der wertvollste Mensch in ganz Italien. Und hier stand sie. Bis zu den Knien im Wasser, mitten in einem Meer aus wogendem Schilf. Und in ihren Armen schlief ein Kind. Niemand hatte ihm von dem Kind erzählt. Winzig sah es aus, die Backen rund und weich. Er konnte nicht aufhören, sie anzustarren. Eine echte Prinzessin. Eine echte Königin. Sie sah einfach aus wie ein Mensch. Ihre Haut war schmutzverschmiert, aber darunter war sie viel blasser als die Dorfrauen. Die Hände zart und ohne Schwielen, die Kleider kostbar. Aber sonst. Ein Mensch.

»Habt Ihr Hunger?«, flüsterte er. Sie zögerte einen Moment, dann nickte sie. Aus seinem Wams zog er ein Stück Brot und Dörrfleisch. Sie nahm es ungeschickt in die rechte Hand und beinahe rutschte ihr dabei das Kind aus dem Arm.

»Gebt sie mir«, sagte er ohne nachzudenken. »Ich halte sie eine Weile für Euch.« Er versuchte sich vorzustellen, wie müde ihre Arme sein mussten, wenn sie das Kind so seit Stunden hielt.

Sie schüttelte den Kopf und musterte ihn prüfend. Was sie wohl sah, wenn sie ihn betrachtete? Sah sie auch einen Menschen? Vielleicht dachte sie, er sei ein minderwertiges Wesen, weniger nah an Gott als sie selbst. Oder war er für sie nur eine

Bedrohung? Konnte sie sehen, was er sah? Würde sie ihn verstehen? Es war das erste Mal, dass er einen Menschen ansah und sich vorstellen konnte, dass in diesem Kopf ebensolche Gedanken umhergeisterten, wie sie ihn manchmal quälten. Es überkam ihn der übergroße Wunsch, das herauszufinden. Hatte diese Frau auch Gedanken über Gott, über das Leben, die niemand haben sollte? Hatte auch sie schon auf Kieseln knien und beten müssen, weil sie die falschen Fragen gestellt hatte?

»Piero!«, schallte plötzlich ein Ruf vom Ufer. »Wo steckst du denn, du verdammter Dorfbengel?«

»Jetzt lasst mich!«, rief er zurück und zwinkerte Adelheid zu. »Kann man hier nicht mal in Ruhe kacken?«

Gelächter war die Antwort. »Ja, dann kack mal schön! Und dann suchst du da im Sumpf. Wir ziehen weiter. Wahrscheinlich ist das durchtriebene Weibsbild schon über alle Berge!« Der Soldat jenseits des Schilfes stöhnte entnervt auf. »Sind diese Weiber nicht einfach fürchterlich, Piero?«

»Jawohl, Hauptmann!«, antwortete er grinsend. Er fühlte sich beschwingt und leicht.

»Danke«, flüsterte die Königin und strauchelte. Und nun wehrte sie sich nicht mehr, als er ihr das schwere Bündel abnahm. Sie nahm das Essen aus seiner Hand und murmelte noch einmal: »Danke«.

Lange würde sie nicht mehr durchhalten, das konnte er sehen. Ein wenig sollten sie aber noch warten, bis sie sich ans Ufer wagen konnten, damit sie sich hinsetzen konnte.

Wie sollte er nun weiter machen? Piero hatte keine Ahnung. Was hatte er mit der Königin zu schaffen? Wenn es nach ihm ging, konnten die Herrscher von den Höllenhunden hinweggerafft werden. Niemals würde er vergessen, wie im Namen des Königs die kostbaren Schweine totgetrampelt worden waren.

Doch jetzt stand er hier, mit einem schlafenden Kind im Arm und neben sich eine Frau, die einen Blick hatte, als wüsste sie auch, dass es Fragen gab, die man nicht stellen durfte, aber es doch musste. Und so konnte er sie doch nicht allein lassen, obwohl sie eine Königin war. Jeder der Soldaten wusste, dass

Berengar rasend war vor Wut und geschworen hatte, Adelheid ein Leben voller Qualen zu bereiten.

»Keine Bewegung, oder ich schlitz dich auf!«, zischte jemand hinter ihm. Er spürte kaltes Metall an seinem Nacken.

»Ich halte das Kind«, sagte er nur. Wenn er jetzt sterben würde. Wäre das nicht passend? Es überraschte ihn, wie wenig ihn der Gedanke beeindruckte.

»Es ist gut, Dana, er hilft uns«, flüsterte die Königin und dann sackte sie zusammen. Piero hörte, wie das Messer ins Wasser fiel und Dana nach vorn stürzte, um ihre Herrin aufzufangen.

Er musste grinsen. Was für ein heilloses Durcheinander. Und nur, weil ein paar sehr reiche und mächtige Menschen sich nicht einigen konnten, wer von ihnen noch mehr bekommen sollte? Wieder überkam ihn das Gefühl, gar nicht in einer Wirklichkeit zu leben, sondern in einem fiebrigen Traum, dessen Handlung wirre Haken schlug.

Nein, dachte er und blickte auf das friedlich schlafende Kind. Es musste etwas anderes geben. Vielleicht war das Gott. Vielleicht war das der Tod. Endlich an einen Ort zu kommen, wo es Ordnung gab. Und Sinn.

Neben ihm hatte sich das Geplätscher beruhigt. Die Königin hing im Wasser kniend im Arm ihrer Dienerin.

»Kannst du sie ans Ufer schleppen?«, fragte er die junge Frau. Kräftig genug schien sie jedenfalls. Dana nickte.

»Und habt ihr etwas von Wert? Gold? Schmuck?«

Wieder nickte Dana. »Ein wenig, ja«, raunte sie mit heiserer Stimme.

»Gut«, sagte Piero. »Dann besorge ich uns einen Wagen und ein paar Waren.«

Wie einfach Geld alles machte. Einen Wagen zu kaufen, das war bisher in seinem Leben eine Unmöglichkeit gewesen. *Was mache ich da nur?*, fragte er sich. Aber das hatte er sich vorher auch gefragt, als Soldat von Berengar. In der Uniform hatte er sich gefühlt wie ein Fremder.

»Und dann bringe ich euch hier raus«, sprach er weiter. Das fühlte sich endlich gut an.

»Wir müssen zum Lager von König Otto. Dann sind wir sicher«, flüsterte Dana. »Er wartet auf uns.«

»Na, dann auf zu Otto«, sagte Piero und zwinkerte wieder. Eine Leichtigkeit erfüllte ihn. Er hatte die Schnüre zerrissen, die ihn gebunden hatten. Er handelte, weil er, Piero, es wollte.

———

Er fuhr den alten Ochsenkarren durch die Nacht. Vor seinen Sitz hatte er eine Fackel gesteckt, doch das flackernde Licht half kaum in der Dunkelheit des Waldes.

Piero warf einen Blick über die Schulter. Die Frauen schliefen. Er hatte sie gefesselt. Auch das Kind, was ihm schwergefallen war, aber es schlief und musste keine Angst haben. Sie hatten gemeinsam überlegt, dass es das Sicherste für alle war. Falls sie auf andere Männer von Berengar trafen, konnte er sich besser herausreden, dass er die Frauen gefangen hatte und sie direkt zu Berengar bringen würde.

Nun hatten sie es sowieso fast geschafft. Hinter diesem Wald vermutete er Ottos Lager. Er wusste nicht, warum, aber er war froh, hier zu sein. Er war froh, diesen Frauen zu helfen. Auch wenn er immer gedacht hatte, eine Königin bräuchte keine Hilfe, höchstens einen Strick. Er genoss das Gefühl, gebraucht zu werden. Und er mochte Adelheid. Vielleicht, weil sie viel mehr ein Mensch war, als er je für möglich gehalten hätte.

Sicher würde er einen Lohn dafür bekommen, dass er Adelheid zu König Otto brachte. Dann könnte er eine ganze Herde Schweine kaufen. Nicht nur drei oder vier für den Winter. Und Land, um darauf ein Haus zu bauen. Er würde nicht mehr Soldat sein müssen, ständig in Angst vor einer Schlacht und im Dienst für eine Sache, die ihm vollkommen gleichgültig war. Vielleicht würde er Marco bitten, mit ihm zu leben. Dann konnten sie zusammen sein, wie früher. Und nichts würde sie mehr trennen.

Er war so in Gedanken, dass er zuerst nicht begriff, was geschah. Wie aus dem Nichts saß plötzlich ein Mann neben ihm, riss ihm die Zügel aus der Hand und schlug ihm mit dem Schwertknauf ins Gesicht. Seine Zähne brachen heraus, ein singender Schmerz raste durch seinen Körper.

»Los, hierher! Das ist einer von Berengars Soldaten! Er hat die Königin in Fesseln!«, hörte Piero eine Stimme schreien. Und dann kam ein neuer Schmerz, tiefer, viel tiefer. Er blickte an sich hinunter und sah etwas aus seiner Brust ragen. Metall. Die Klinge eines Schwertes. Er konnte nicht glauben, dass das sein Körper war, der so schmerzte, und wollte auflachen, doch es quoll nur Blut aus seinem Mund und dann spürte er, wie seine Sinne schwanden. *So ist das*, dachte er. *Das war es also schon.* Und dieser Gedanke machte ihn leicht und frei. *Das war es also schon.*

Magdeburg, Sommer 951

Gelächter und das verzerrte Spiel einer Laute weckten Hrotsvit. Es dauerte ein paar Augenblicke, bis sie wusste, wo sie war.

Sie kniff die Augen zusammen. Ihr Kopf fühlte sich schwer an und zugleich leer und alt, so als hätte sie ihn schon hundert Jahre getragen und alles daraus hervorgeschöpft, was er zu geben hatte.

Bald musste sie wieder hinausgehen. In diese Welt, die sie nun noch weniger verstand. Es war, als hätte eine unsichtbare Hand die Königspfalz weit von sich geschleudert – und nun zerfiel der festgefügte Fels in kleine Splitter, die sich in alle Himmelsrichtungen verstreuten.

Hrotsvit zog ihr Wachsbuch unter einem Kopftuch hervor und strich vorsichtig über die Verse, die sie gestern hineingeritzt hatte. Dieses Bündel aus Wachs und Holz war die Säule, die ihre Welt noch hielt, während alles um sie herum zu zerfallen schien. Wann immer sie konnte, formte sie Verse, strich sie wieder aus, formte neue. Und immer hatte sie im Gedächtnis die übermenschlichen Zeilen der Sappho. So wollte sie sein, so schöne Klänge finden, die den feinsten Sinn trugen, aber sie wollte die Worte in den Dienst Gottes stellen.

Von ihrem Fenster aus erspähte sie eine Gruppe Schlafender. Ob sie zuvor miteinander in einer Schlägerei oder einer Liebelei verstrickt waren, vermochte sie nicht zu sagen. Alle Grenzen schienen zu zerfließen. Nichts hatte mehr Bestand.

Auch wenn König Otto im Geist oft abwesend gewesen war, so hatte seine Präsenz dem Hof doch Halt gegeben. Aber jetzt war er nach Italien aufgebrochen, die Königswitwe Adelheid befreien und das Land zu einem Teil seines Reiches machen. Das Regiment in Magdeburg hatte er Heinrich Billung überlassen. Und nun sah Hrotsvit die Blumen des Chaos blühen, wohin sie nur ging. Billung befeuerte das alles noch durch endlose Feste und offene Weinkeller. Er schien die Zersetzung zu genießen.

Die Königspfalz taumelte und Hrotsvit mit ihr. Sie war nun siebzehn Jahre alt. Und sie hatte nichts und niemand. Mit Ottos Feldzug nach Italien war auch dieser Faden gerissen. Er hatte sie kein einziges Mal mehr zu sich gerufen, seit die Nachricht die Runde gemacht hatte, Adelheid, die Witwe des Königs von Italien habe König Otto um Hilfe angefleht und er würde nun ausziehen, sie retten, heiraten und sein Reich erweitern.

Noch lebte Hrotsvit hier. Aber wie lange würde man sie dulden? Sie wusste, man redete über sie.

Mit einem Ruck setzte sie sich auf. Sie musste es in Ordnung bringen. Sie hatte sich in diese Situation gebracht. Sie hatte sich aufgelehnt. Nun musste sie sehen, was sie mit dem Leben, das jetzt blieb, noch anfing.

Sie füllte Wasser in ihre Waschschüssel und begann sich zu reinigen. Sie kämmte ihr Haar und wand es zu Zöpfen, die sie sorgfältig unter dem Kopftuch verbarg. Das Tuch hielt sie mit einem fein geschmiedeten Reifen an seinem Platz.

Im Handspiegel betrachtete sie ihr Gesicht. Seit ein paar Monaten verlor es die runden Formen. Sie hatte noch nie so recht glauben können, dass das Spiegelbild wirklich sie war. Wie konnte sich das, was sie fühlte, dieses ganze Durcheinander, dieser ständige Kampf, in diesen Zügen verbergen, die so schlicht waren. Ihr Gesicht und das, was sich dahinter verbarg, schienen ihr nicht zusammenzupassen. Aber das war nun gleichgültig. Sie würde daraus machen, was möglich war.

»Irmentraud?«, rief sie. »Kannst du mir die Tollkirschen-Augen machen?«

Und Irmentraud kam und träufelte ihr die Flüssigkeit in die Augen. Und dann weißte sie ihr die Haut, zog die Augenbrauen dunkel nach und legte das Rot auf ihre Lippen.

Zum Schluss nahm Hrotsvit den Ring der Königin aus ihrer Schachtel und steckte ihn an den Finger.

Sie würde hinausgehen und sie würde sich ihren Platz suchen. So wie es ihr Edgitha, Gisela und Malfrida hatten beibringen wollen.

———

Heute war der Tag, an dem Maria gen Himmel aufgefahren war. Es würde ein Fest in der Pfalz geben und auf Festen konnte man sich einfacher begegnen. Mit etwas mehr Wein würde es ihr vielleicht auch leichter fallen.

Nach langer Überlegung war sie zu dem Schluss gekommen, dass sie sich an Graf Reginald halten würde. Er würde eine unbedeutende Grafschaft irgendwo im Frankenland erben. Seine Braut war gestorben, kurz vor der Hochzeit. Er brauchte also jemanden. Seine Stiefmutter, so hatte es ihr Irmentraud erzählt, wollte ihre eigenen Kinder beim Erbe bevorzugen. Also war es wichtig für ihn, bald Nachkommen zu zeugen und zu beweisen, dass er die Linie seiner Familie fortführen würde.

Man munkelte, er interessiere sich nicht fürs Kämpfen, in jedem Fall hatte er keine Begabung dafür und Otto hatte ihn nicht auf den Feldzug mitgenommen. Bei Hofe war er also vollkommen unbedeutend und er war ein friedlicher Zeitgenosse. Reginald hatte damit alles, was sich Hrotsvit an einem Mann wünschte.

Die Beleuchtung war mehr dunkel als festlich. Und auch die Speisen, die die Feiernden nach dem Gottesdienst erwarteten, hatten nichts von der Erlesenheit bei früheren Festen.

Hier versammelten sich die Zurückgebliebenen. Die, die es nicht auf den großen Zug nach Italien geschafft hatten. Und das war zu spüren. Die Feste waren mehr zu Trinkgelagen geworden, die den Zweck hatten, sich die eigene Bedeutungslosigkeit aus dem Gedächtnis zu saufen.

Hrotsvit spürte, wie ihr unter dem weißen Puder der Schweiß ausbrach. Sie fühlte sich unwohl und lächerlich in ihrem Putz.

Sie hatte im hinteren Teil des Saales Platz genommen, der für die niederen Adeligen vorgesehen war. Und in dem sich auch Graf Reginald einfinden würde. Wenn nicht eine Laune des

Schicksals Hermann Billung dazu veranlasste, ihn zu sich zu zitieren. Sie musterte den Statthalter verstohlen. Sein fleischiges Gesicht hatte etwas Grobes, aber sie konnte verstehen, dass der König ihm den Auftrag gegeben hatte, für Ordnung am Hof zu sorgen, obwohl er eigentlich nicht vom Rang eines Königs war und viele Gegner hatte. Die Art, wie er sich hielt, wie er sprach, zeigte, dass er am oberen Ende der Tafel seinen natürlichen Platz sah. Er würde Magdeburg beherrschen, weil er es beherrschen wollte.

Sie nahm sich Brot und Fleisch und betrachtete das Hin und Her der Ankommenden. Die Spielleute taten ihr leid. Sie schienen sich kaum auf den Beinen halten zu können. Vermutlich hatten die Feiernden sie in den letzten Tagen gezwungen, bis in den Morgen zu spielen.

Da bellte Hermann Billungs Stimme durch den Raum »Spielt anständig, verdammt!«

Alle Gäste im Saal zuckten zusammen.

Tatsächlich wurde die Musik mit einem Schlag besser, aber die Angst stand den Spielleuten ins Gesicht geschrieben.

Ihre Augen wanderten wieder zu Hermann Billung zurück und sie erschrak, als er sie ebenfalls anschaute. Es war ein Blick, der ihr das Gefühl gab, nicht da zu sein.

»Wie schön, Euch hier zu sehen, Hrotsvit von Reinhausen!«

Graf Reginald trat an ihren Tisch. Er hatte sie tatsächlich bemerkt. Seine Ankunft wurde vom Gekicher ihrer Sitznachbarinnen begleitet.

Sie musterte ihn. Er lächelte sie an. Ihm schien zu gefallen, was er sah, und dann war es wohl richtig, dass Irmentraud und sie solch einen Aufwand betrieben hatten. Reginald beäugte die feixenden Sitznachbarinnen und beugte sich zu Hrotsvit.

»Wollt Ihr tanzen«, flüsterte er und wurde rot. Sie hätte ihn gern dafür umarmt, dass er sich offenbar genauso unwohl fühlte wie sie.

Gemeinsam traten sie auf die mit Holzspänen und Laub bestreute Fläche, die für den Tanz vorbehalten war. Hrotsvit hatte nur selten in ihrem Leben getanzt, aber es oft genug beobachtet in den letzten Jahren.

Sie hatte wenig zu tun, mit kleinen Schritten zu ihm trippeln und dann wieder zurück. Dabei musste ihr Kopf möglichst anmutig zur Seite gelegt sein und die Arme sollten vogelhaft und grazil emporgereckt werden.

Reginald umtanzte sie, an seiner krausgezogenen Stirn konnte sie erkennen, dass er sich sehr bemühte, seine Sache gut zu machen. Allerdings schien es nicht viel zu helfen, er sah ein wenig aus wie ein bockiges Pferd auf dem Acker, das keine Lust mehr hat, den Pflug zu ziehen, aber doch weiß, dass es keinen Ausweg gibt.

Als sie dann bei der nächsten Umdrehung aneinander stießen, anstatt sich anmutig zu umrunden wie zwei ›Schwalben im Flug‹, das war der Name des Tanzes, brachen sie in Gelächter aus. Und Hrotsvit konnte sich zum ersten Mal vorstellen, dass das mit der Ehe vielleicht gar nicht so eine schlimme Sache sein musste. Ja, vielleicht war das sogar eine schöne Aussicht. Gemeinsam mit einem anderen Menschen das Leben zu teilen, in Gelächter und in Schmerz.

»Na, dann zeig ich euch mal, wie das richtig geht.«

Sie hatten Hermann Billung nicht kommen hören. Er hielt ihren Arm fest umschlossen und bedeutete Reginald mit einem Winken, sich zu entfernen. Reginald ging, ohne sich noch einmal umzudrehen.

Die Musiker spielten weiter und auch die Gäste taten, als sei nichts passiert. Es war auch nicht ungewöhnlich, dass die Partnerinnen wechselten. Und Hrotsvit tanzte weiter, nun mit Hermann Billung. Ihre Bewegungen, das Neigen des Kopfes, das Schwenken des Beines, alles, was vorher freudvoll und leicht gewesen war, schien ihr nun unnatürlich und obszön unter den Blicken des Statthalters. Sie hatte das Gefühl, nackt und bloß in diesem Raum zu stehen.

»Ich habe Durst«, sagte sie schließlich und wollte zu ihrem Tisch hasten. Doch wieder hielt er ihre Hand fest und zog sie zu seinem Ende des Raumes, dort, wo die Mächtigen des Hofes saßen.

»Mädchen, trink lieber meinen Wein. Der ist besser. Glaub es mir. So guten hast du noch nicht einmal von Otto bekommen. Der versteht nämlich nichts davon und weiß nicht, was er dem Mundschenk befehlen soll.«

Hermann Billung lachte und seine großen, geraden Zähne blitzten zwischen seinem Bart hervor. Sie ließ sich ziehen. Die Blicke, die sie in den Raum warf, fanden kein Gegenüber. Wer hätte ihr auch helfen sollen? Und so saß sie schließlich an Hermann Billungs Seite und hielt einen Becher voll mit Wein.

»Und? Ist er nicht köstlich?«

Sie nickte lächelnd, während sie nippte. Wein konnte gefährlich werden. Einen Aufbrausenden weiter anstacheln. Eine Schwache noch willenloser machen. Irgendwann brach der Wein sie alle. Es war nur eine Frage, wie viel es brauchte. Sie musste nur ihren Wein loswerden und dafür sorgen, dass Hermann Billung möglichst viel davon trank. Also bückte sie sich und ließ den Wein zwischen ihren Füßen auf die duftenden Holzspäne am Boden rinnen.

»Könnte ich noch ein bisschen mehr haben?«

Er nickte mit einem zufriedenen Lächeln und ließ nachschenken.

Der Boden unter ihren Füßen fühlte sich an wie ein Sumpf. Hermann Billung war mittlerweile schwer betrunken. Doch schläfrig war er noch nicht. Stattdessen wanderten seine Hände ihren Rücken hinab und ihr Bein hinauf, Kriechtiere auf der Suche nach Unterschlupf. Er nästelte an den Lagen ihres Rockes.

»Dass ihr Weiber euch auch immer so einpacken müsst«, stieß er nuschelnd hervor.

Sie versuchte seinen Händen auszuweichen, doch es gelang ihr nicht.

»Wollen wir noch ein wenig tanzen?«, fragte sie, während ihr der Schweiß den Rücken hinabkitzelte.

»Ach was, tanzen. Ich zeig dir gleich ein richtiges Tänzchen! Das hast du beim Otto nicht erlebt, das sag ich dir!« Er lachte laut. Ein paar der Umhersitzenden stimmten ein.

Hrotsvit wollte sie alle ohrfeigen.

»Habt Ihr denn noch anderen Wein? Vielleicht etwas Besonderes? Ihr sagtet doch, Ihr kennt da so vieles.«

Er nickte und winkte mit seiner Hand, ohne hinzuschauen. Sein Gesicht vergrub er an ihrem Hals, pustete seinen Weinatem in ihren Nacken, dass es sie schauderte. Sie ließ ihre Tränen laufen, denn es würde nichts ändern, das wusste sie.

»Noch etwas Wein?«, die Stimme, sie erkannte sie sofort. Irmentraud. Ihre Irmentraud. Sie musste einen der Diener dazu bewogen haben, sie den Wein einschenken zu lassen. Der Krug wackelte, als sie die Becher befüllte, aber Hermann Billung merkte es nicht. Er stürzte den Wein hinab.

»Woher ist denn dieser?«, raunzte er.

»Aus … Byzanz«, stammelte Irmentraud. Sie hatte keine Ahnung, wo das lag. Aber es war die entfernteste Gegend, die sie sich vorstellen konnte.

»Kann man mal sehen. Schmeckt genauso wie die Pisse, die sie in Italien machen. Sind wohl doch nicht so überlegen, die alten Häretiker.«

Wieder lachte er, laut und haltlos. Wieder lachten die anderen mit. Er stürzte den Becher hinunter, dass der Wein zu beiden Seiten an seinem Kinn hinabfloss.

»Genug gesoffen«, raunte er Hrotsvit ins Ohr. »Ich will dich ja nicht enttäuschen.«

Er packte sie und warf sie unter dem Gejohle des Saales über die Schulter.

»Eine gute Nacht euch allen!«, er schrie die Worte, Hrotsvit spürte sie in seinem massigen Rücken vibrieren. »Ich werde mich nun bemühen, den König in all seinen Aufgaben bestens zu vertreten! Ich nehme meinen Auftrag genau! Nicht dass das Weib glaubt, sie käme zu kurz!«

Gelächter rollte durch den Saal.

Er kam nicht weit. Kurz nach dem Ausgang schwanden ihm die Kräfte und er ließ Hrotsvit runter. Er atmete schwer, seine Schläfen waren feucht von Schweiß.

Für einen Moment standen sie voreinander wie Kämpfer in einem Ringkampf.

»Komm her, du«, sagte er schließlich, schlang seinen Arm um ihren Leib und drückte sie gegen die Mauer. »Den Weg können wir uns doch sparen.«

Hrotsvit wollte strampeln und um sich schlagen. In ihrem Kopf sah sie sich mit fliegenden Fäusten und weit aufgerissenem Mund. Aber es war, als hätte eine unsichtbare Macht sie zur Salzsäule erstarren lassen. Sie wusste nicht einmal, ob sie noch atmete, so wenig regte sich in ihr. Ihr Geist kroch aus ihr heraus, bis sie schließlich von oben beobachtete, wie Hermann Billung sich an ihr wie an einer Puppe zu schaffen machte.

»Na, du Honigtöpfchen, das hat dir gefehlt, was?« Mühevoll hielt er sich aufrecht, mit einer Hand stützte er sich gegen die Mauer, mit der anderen schob er ihr Gewand hoch und Hrotsvit wunderte sich, warum sich die Frau da unten so gar nicht wehrte. Warum sie geschehen ließ, wie er sich abwechselnd zwischen ihren Beinen und unter seinem Gewand zu schaffen machten.

»Gleich«, sagte er immer wieder. »Gleich«.

Ja, gleich, dachte sie. *Gleich. Dann ist es vorbei.* Und jetzt schien es ihr, als hätten sich all die letzten Jahre auf diesen Moment zubewegt. Dass sie jahrelang gelaufen war, versucht hatte, genau diesem hier zu entkommen. Dass ihr jemand nicht nur seinen Willen, sondern gleich seinen ganzen Körper aufzwang. Und nun war es vorbei. Sie hatte keine Kraft mehr zu laufen, sich zu wehren, sich zu verstecken.

»Verdammt, jetzt steh doch nicht so stocksteif da, du blödes Weib«, raunzte er und fummelte wieder unter ihrem Kleid herum. »So kann das ja nichts werden, wenn du nicht richtig mitmachst.« Wieder glitt seine Hand zu seinem Glied, das er nun mit hektischen Bewegungen rieb.

»Komm, lass doch das junge Ding.«

Hrotsvit spürte, wie ein Gewicht sie einfach beiseiteschob, sie rutschte an seinem schweren Körper vorbei und plumpste auf den Boden.

»Guck mal, hier gibt es doch viel mehr zu holen«, gurrte die Stimme weiter. »Und du siehst auch so durstig aus.«

Die Stimme war ihr ganz vertraut und vollkommen fremd zugleich.

Er sagte nichts, er grunzte mehr. Hrotsvit schaute hinauf auf ein Knäuel aus halb abgeworfenen Kleidern, Haaren und hellem Fleisch. Hermann Billung hing über einer üppigen Gestalt, die ihm mit der einen Hand einen Becher Wein an die Lippen hielt und mit der anderen Hand sein Geschlecht bearbeitete, das geschwollen und rot unter seinem Wams hervorschaute. Hinter ihnen hatte sich eine Traube von Zuschauern versammelt, die kichernd das seltsame Treiben beäugten.

»Na, so ist es doch viel besser, oder?« Die Frau schob Billungs Kopf zwischen ihre großen, weißen Brüste. Sie hatte ihr Gewand gerade so weit aufgelassen, dass ihr Busen hervorquellen konnte. Und nun drehte sie ihren Kopf, sodass Hrotsvit sie endlich erkennen musste. Irmentraud. Es war Irmentraud, die dort stand, mit der einen Hand den Kopf des Statthalters zwischen ihre Brüste pressend, während die andere hektisch unter seinem Wams hin und her glitt.

Ein Schluchzen kam aus Hrotsvits Kehle. Sie schob sich hoch und suchte nach etwas, womit sie hätte zuschlagen können. Aber Irmentraud blickte ihr in die Augen und schüttelte streng den Kopf. Dabei ließ sie keine Sekunde von Billungs Geschlecht ab.

»Hmmm, das ist gut, nicht wahr?«, raunte sie ihm ins Ohr, während sie Hrotsvit mit einer Kopfbewegung streng bedeutete, sie solle sich davonmachen.

Hermann Billung grunzte auf, sein Kreuz drückte sich durch und begleitet von einem Zittern seiner schweren Schenkel spritzte milchiger Samen aus seinem Glied.

Endlich. Zwei Damen aus dem Kreis der Gaffer kreischten auf und stürzten zurück in den Saal. Allmählich zogen sich auch die anderen zurück.

Irmentraud ließ Hermann langsam zu Boden sinken. »Hmm, jetzt bist du müde, mein Großer, nicht wahr?«

Hermann Billung nickte, nahm noch ein paar tiefe Züge aus dem Becher, den Irmentraud ihm reichte, legte seinen Kopf auf den Arm und begann zu schnarchen.

—

Das Mädchen stand da wie zu Stein geworden. Der Mund offen, das Rot verschmiert. Die Kleider hingen an ihr, zerknittert und schief. Die rechte Schulter schaute hervor, der Schleier war ihr vom Haar gerutscht.

Irmentraud schob hastig ihre Brüste zurück in das Kleid und wischte die Hände an Hermann Billungs Rock ab. Der Samen hinterließ dunkle Streifen auf der kostbaren Seide.

»Hrotsvit!«, rief sie, aber das Mädchen schien sie nicht zu hören.

»Itlin, mein Mädchen!«, sagte sie noch einmal und dann zog sie sie einfach hinter sich her.

Hrotsvit folgte wie ein Schaf am Strick.

»Wir müssen jetzt schnell fort und den Morgen abwarten«, murmelte Irmentraud.

Vielleicht war der Trunk, den die Köchin ihr gegeben hatte, stark genug und er konnte sich morgen nicht mehr erinnern. Die Köchin kannte sich aus mit starkem Gebräu und immerhin hatte der Trunk Hermann Billung schnell genug die Sinne verwirrt.

Irmentraud versuchte, das Beben zu kontrollieren. Vor allem ihre Arme und ihre Zähne vibrierten, als stecke ihr ein Geist in den Knochen, der sie nun unablässig schüttelte. Ihre Hand, mit der sie sein Glied bearbeitet hatte, fühlte sich taub an, fast wie tot.

Sie würgte ein Schluchzen hinunter, sodass es schmerzhaft in der Kehle stecken blieb. Sie drehte sich zu Hrotsvit um, die sich noch immer ziehen ließ mit einem Blick, der im Dämmer der nächtlichen Flure leer und stumpf wirkte.

»Herr im Himmel, gütiger Vater, ich bitte dich wie nie zuvor, lass sie nicht daran zugrunde gehen«, murmelte sie, während sie weiter mit gesenktem Haupt durch die Flure schlich, immer in der Angst, dass gleich eine Wache zu ihnen kommen könnte, um sie ins nächste Verlies zu stecken. Irmentraud wusste, es war unverzeihlich, was sie getan hatte. Und doch hatte sie keine andere Wahl gehabt. Hrotsvit hatte sonst keinen, der sie schützte. Hier am Hofe war sie nichts weiter als die Dirne des Königs, der sie nun fallengelassen hatte. Irmentraud hatte es tun müssen.

Vielleicht hüllte der Hof den peinlichen Vorfall in eine Decke des Schweigens und sie und Hrotsvit würden sich einfach ein paar Tage in ihren Zimmern verstecken und dann könnte alles wieder weitergehen wie zuvor.

Endlich stand sie vor der Tür zu ihrem Schlafgemach. Sie schloss sie mit einem Schlag, als müsse sie einen blutrünstigen Bären draußen aussperren.

»Itlin, mein Itlin klein …« Sie zog ihr den Schleier vom Kopf und nahm das äußere, schwer bestickte Gewand ab. Hrotsvit ließ alles mit sich geschehen. In ihrem Gesicht rührte sich nichts.

Erst als sie unter der Decke lag, die Schminke fortgewaschen und das Gesicht bleicher als zuvor, sagte sie: »War es schlimm für dich?«

Irmentraud schluckte wieder den Schmerz hinunter und verbarg die taube Hand unter ihrem Rock. Mit der anderen strich sie Itlin lächelnd übers Haar.

»Iwo, mein Mädchen.«

Sie schaute in die weit geöffneten Augen, die sie nun wieder ansahen wie damals, vor so langer Zeit, auf Burg Reinhausen. Aus ihren Augen schaute nun wieder das Kind, als hätten die letzten Stunden alles ausradiert, was an ihr erwachsen war. Sie brauchte eine Geschichte. Ihre Itlin brauchte immer eine Geschichte.

Irmentraud lächelte und überlegte ihre Worte wohl. Itlin sollte wissen, dass es weitergehen konnte. Dass es weitergehen musste.

»Weißt du, das war wie schmutzige Töpfe spülen.« Sie wartete einen Moment, damit die Scham ihr nicht die Stimme brach. »Es ist nicht angenehm. Aber eine muss es ja machen.«

—

Er konnte es hören. Überall. Das Gekicher. Das Getuschel. Das Gelächter. In den Fluren, beim Morgenspaziergang im Hofgarten, zwischen den Dienern, die das Morgenmahl herbeitrugen. Sogar seine Wachen wussten offenbar Bescheid. Sie blickten mit roten Gesichtern zu Boden, sobald er sich näherte.

Er hatte nur verschwommene Bilder, Bruchstücke, die in seinem schmerzenden Schädel umherschwammen, die sich auflösten, sobald er danach greifen wollte. Aber er wusste genug. Diese kleine Hexe hatte ihn mit einem Bann belegt und ihn dann gemolken wie einen Zuchtstier, der zu alt ist, die Kühe selbst zu besteigen.

Sein Magen marterte ihn, sauer stiegen ihm die Leibsäfte in den Mund, aber die Furcht vor noch mehr Häme ließ ihn durchhalten. Diese Genugtuung wollte er dieser kleinen Schlampe auf keinen Fall geben. Sie hatte ihn einmal bezwungen. Es sollte kein zweites Mal geben.

Aufschlitzen sollte er sie. Von ihrem schmutzigen Geschlecht bis zu ihrer Nasenspitze, diesen triefigen Glotzaugen, das Hurenmaul sollte er ihr stopfen, sie am höchsten Turm aufhängen, damit die Raben ihr Gesicht zerhackten, während sie langsam und qualvoll verhungerte. Dieses versaute Teufelsweib! Wie auch immer sie es angestellt hatte, sie hatte ihm etwas in den Wein getan, sonst wäre es niemals so gekommen. Ja, er wollte ihr alle Gliedmaßen ausreißen und dann auf sein Pferd steigen und ihre blutigen Überreste in den Staub trampeln.

Aber da war Otto. Er hatte sie hier zurückgelassen. Das Mädchen, das er so oft zu sich in die Gemächer gerufen hatte, hatte er vor seiner Abreise mit keinem Wort erwähnt, hatte nicht befohlen, was mit ihr geschehen sollte. Keiner konnte sagen, wie der König wirklich zu ihr stand. Er musste sie unversehrt lassen. Trotz der Schmach. Nur ertrug er sie auf keinen Fall weiter bei Hofe.

»Hofmeister!« Er schrie die Worte so laut, dass er selbst fast erschrak.

»Hofmeister!«, schrie er noch einmal. Vor allem, um sich zu bestätigen, dass es sein Recht war.

Mit vielen Verbeugungen kam der alte Herr herbeigestolpert. »Was kann ich für Euch tun?«

»Welche Delegation reist heute ab?«, schnauzte er. Er spürte, wie es nun weiter unten in seinem Gedärm rumorte. Es würde jetzt schnell gehen müssen, damit er es noch rechtzeitig zum Abort-Erker schaffte.

»Ich … da ist eine Gesandtschaft, die nach Córdoba ziehen soll.« Er runzelte die Stirn. »Und mit ihnen reist auch eine Nonne. Die soll zurück an ihr Kloster. Nicht in Córdoba natürlich.«

Hermann Billung richtete sich ein wenig auf. Ein Kloster. Das war es. Warum war dieses Teufelsweib nicht schon seit Wochen an so einem Ort. Wo sie keinen Schaden anrichten konnte. Er ballte seine Fäuste, um nicht laut loszuschreien.

»Welches Kloster?«

»Ich glaube, Gandersheim, Herr.«

Gandersheim also. Eigentlich ein wenig zu prominent. Etwas abgelegeneres wäre ihm lieber gewesen.

»Sonst bricht niemand auf?«

»Nicht in den nächsten Wochen, soweit mir bekannt.« Der alte Mann verbeugte sich tief, vermutlich spürte er seine Wut und hatte Angst, dass sie ihn traf.

»Dieses Weib … Diese von Reinhausen. Setzt sie mit auf den Wagen.«

Der Hofmeister öffnete den Mund.

»Keine Widerworte! Von niemandem.« Hermann Billung schrie. »Hörst du? Wenn ich dieses Ding hier noch einmal sehe, dann hänge ich dich an deinen verdammten Eiern am Stadttor auf, hast du das verstanden?«

Dann stürzte er hinaus. Aber Hermann Billung hatte lange genug am Hof gelebt, dass er wusste, es würde nun geschehen, was er wollte.

—

Ihr Wagen fuhr ein Stück hinter den anderen. Nur ein Soldat ging noch weiter hinter ihnen, zum Schutz. Obwohl Überfälle auf dieser vielbefahrenen Straße selten geworden waren. Doch an der Spitze des Zuges fuhr der Botschafter. Und natürlich wurde er mit allen Ehren begleitet.

Hrotsvit schlief, wie fast die ganze Zeit seit jenem Abend. Drei Tage war das nun her. Zusammengerollt wie eine erschöpfte Füchsin nach der Hatz lag sie zwischen dem wenigen Gepäck.

Irmentraud schob den Vorhang beiseite und blickte auf das sanfte Land hinaus. Bewaldete Hügel, dazwischen Felder und kleine Dörfer. Sie spürte eine Ahnung von Heimat. Die Sehnsucht nach Reinhausen war nun, nach all den Jahren, nur mehr ein dumpfer Schmerz, der sich tief in ihre Eingeweide verkrochen hatte. Aber spüren konnte sie ihn dennoch. Ein Ziehen und Winden in ihrer Brust.

Sie strich Hrotsvit über den entblößten Knöchel. Dieses Kind. Nun war sie eigentlich längst eine erwachsene Frau und schon lange hätte Irmentraud die Verantwortung abgeben sollen. Hätte Hrotsvit schon ihren eigenen Hausstand haben sollen. Aber irgendetwas war mit diesem Mädchen. Wollte sie nicht erwachsen werden? Alles, was sie trieb, waren ihre Kritzeleien in die Wachsbücher, die sie hütete wie ein Bischof seine Reliquie.

Und nun waren sie hier. Schlimmer als in Magdeburg konnte es kaum werden. Sie wusste nur, Gandersheim war ein feines Pflaster. Sicher waren sie dort reich genug, dass es ausreichend Bücher für Itlin gab, und bestimmt hatten sie auch eine Küche, in der sich Irmentraud verkriechen konnte, um zu kochen und zu warten, dass es dem Gott im Himmel gefiel sie zu sich zu rufen. Oder würde er sie doch noch nach Reinhausen zurückkehren lassen? Irmentraud verbot sich den Gedanken sofort. Hoffnung vergrößerte nur den Kummer.

Es würde besser werden mit der Zeit. Das wusste sie. Es war nicht das erste Mal, dass sie Dinge tat, die sie nicht wollte. Die Tage legten sich über das Geschehene wie eine Decke von Schnee, hüllten die Bilder ein, bis nur noch Schemen zu sehen waren. Und ganz selten, wenn ein wilder Sturm durch die Seele fuhr, entblößten sie sich. Sie würde es schaffen und sie hoffte, Itlin auch. Nicht jeder Frau gelang das, sie hatte schon mehr als eine Magd ins Wasser gehen sehen.

—

Es war tiefe Nacht, als der Rhythmus des Wagens sich plötzlich änderte und sie über Steine holperten. Gandersheim. Gewiss war es Gandersheim. Sie waren da. Irmentraud stieß einen Seufzer der Erleichterung aus. Dann blickte sie vorsichtig unter dem Stoff des Wagendaches hervor.

Sie waren in einem Gesindehof, stumm luden müde Diener das nötigste Gepäck ab. Es war ein großes Durcheinander. Die Gesandschaft reiste mit Dutzenden Menschen, vielleicht sogar mehr als hundert, Irmentraud konnte es schwer sagen.

Sie schüttelte Itlin wach und zog sie mit sich hinter der alten Frau her, die ihnen den Weg zu einem einfachen Zimmer leuchtete. Sie gab ihnen eine Kanne Kräutertee und ein paar frische Glasäpfel, die milchig-grün im Licht der Talglampe leuchteten.

»Wir haben nicht mit Euch gerechnet und wir müssen sehen, wohin mit Euch. Aber erstmal: Ruht Euch aus. Morgen sehen wir weiter.« Die Nonne blickte auf Hrotsvit, die sich schon wieder auf der einen Pritsche im Zimmer zusammengerollt hatte und weiterschlief.

»Machst du dir Sorgen?«, fragte die Alte und schaute sie interessiert an, so als würde sie mit ihresgleichen reden. Irmentraud zuckte zusammen. Sie war es nicht gewöhnt, dass jemand von Rang so mit ihr sprach. Sie nickte bloß.

»Ich verstehe«, sagte die Nonne. »Sie ist nicht die erste, die so hier ankommt. Und sie wird nicht die letzte sein. Es wird dauern. Aber es wird wieder werden. Glaub es mir. Es wird alles wieder werden.« Ein feines, fast hintersinniges Lächeln zog über ihr faltiges Gesicht. »Ich bin Schwester Rahild und in Gandersheim für die Heilkunde verantwortlich. Und nun schlaft.«

—

Sie konnte nicht hinaus. Wenn sie es versuchte und über die kühle Schwelle treten wollte, hinaus in den offenen Klostergang, erstarrte ihr Körper und ein Käfig legte sich um ihre Gedanken.

Alles, was sie brauchte, brachte Irmentraud ihr in die Kammer. Es gab hier nichts, was sie aufregen konnte. Nur weiße Wände und einen Blick aus dem Fenster, hinaus in den Kräutergarten. Sie konnte das Summen der Insekten hören, auch die Bienenkörbe standen im sonnenbeschienenen Hof und sie hörte das Treiben, wie die Bienen emsig hin und her flogen und einander dabei zuzumurmeln schienen: »Ich bin hier, ich bin hier …«

Die Worte, die sie nicht über die Lippen brachte, goss sie ins Wachs. Immer wieder strich sie die Buchstaben fort, um noch einmal von vorn zu beginnen, kleiner zu schreiben, Platz zu gewinnen, mehr Worte hineinzubringen in diese kleinen Holzplatten. Sie ließ sie schrumpfen, die Worte zusammenrutschen, fand Abkürzungen. Und doch reichte es nicht. Mehr und mehr Worte wollten hinaus, schrien in ihr, wollten niedergeschrieben werden.

Sie brauchte ein paar Tage, äugte immer wieder umher. Aber schließlich, eines morgens, nahm sich Hrotsvit ein Stück Kohle und schrieb auf die Wand, was als erstes herausdrängte:

Domine, unde venistis

Herr, wo bist du.

Sie trat einen Schritt zurück und betrachtete ihr Werk. Aber nur für einen Moment, dann zog die neugewonnene Freiheit sie zurück, sie stürzte sich auf den weißen Kalk. Wasser und Schwamm waren ihr Spatel, die Wand wurde grau unter ihren Versuchen und Änderungen. Sie schrieb, bis ihre Finger steif waren vom Halten der Kohle, die Kuppen blutig vom Schaben über den gekalkten Lehm und sie erschöpft auf ihre Pritsche sank.

Ein Friede legte sich über diese Nacht, trug die im Halbschlaf dämmernde Hrotsvit, die das Gefühl hatte, einen hohen Berg bestiegen zu haben, und nun endlich sehen konnte.

Gandersheim, Sommer 952

»Vielleicht ist sie nicht ganz dicht, wenn Ihr mich fragt«, sagte Schwester Rahild trocken. »Aber vom Teufel besessen … Also, das müsste schon ein bisschen spektakulärer sein.«

Gerberga lachte auf und legte den Arm um die alte Frau. Was für ein Segen dieses knorrige alte Weib doch war. Als Äbtissin, die selbst gerade erst sechzehn Jahre alt war, waren die Befindlichkeiten der ihr Unterstellten zu viel für sie. Es interessierte sie nicht, welches Mädchen warum schlecht schlief und ob irgendwer angeblich einen Dämon getroffen hatte. Deshalb überließ sie der Älteren das Alltagsgeschäft des Klosters.

Gerberga hatte andere Ziele. Dieser Ort hatte Macht und jeder sollte es hören. Über ein Jahr war sie fortgewesen, hatte den Feldzug nach Italien begleitet, mit ihrem Trupp an Soldaten, als Vertreterin ihres Vaters, dem bayerischen Herzog. Es war eine gute Gelegenheit gewesen, dem König als loyale Dienerin zu begegnen und ihre Bedeutung zu unterstreichen.

Gerberga nahm ihren Brustschutz ab und seufzte. Sie hätte gern zuerst ein Bad genommen. Aber gut. Wenn halb Gandersheim fest davon überzeugt war, dass der leibhaftige Teufel bei ihnen eingezogen war, dann musste sie sich darum kümmern. Sofort. Direkt nach ihrer Ankunft aus Italien.

Sie bogen um die Ecke des Kreuzganges und standen vor der Tür. Sie war mit einem Kreuz und allerlei Heiligensymbolen bemalt und eine ganze Kette von Kräutern hing über dem Türsturz. Die Nonnen hatten nichts unversucht gelassen, um den Teufel in Schach zu halten. Immerhin hatten sie die Zelle samt der Frau nicht in Brand gesteckt. Gerberga sah gern das Positive.

»Sie hat doch nichts getan!« Die rundliche Dienerin hatte sich ihr plötzlich vor die Füße geworfen und versperrte nun den Weg zur Zelle. »Ihr dürft sie nicht strafen!«

Gerberga versteinerte. Solch überschwängliche Gefühlsäußerungen waren ihr schon immer zuwider gewesen. So kam man ja auch nicht weiter.

Rahild zog die Frau auf die Füße. »Schluss mit der Flennerei, Irmentraud.« Selbst wenn sie schimpfte, blieb ihre Stimme ruhig. »Niemand tut deiner Itlin irgendwas. Die Äbtissin will nur nach dem Rechten schauen.«

Rahild schob die Magd den Flur hinunter. »Und nun geh. Hol Honigwein und Kräuterkuchen. Die Äbtissin hat seit ihrer Ankunft noch keine Pause gehabt.« Die Dienerin blickte sie aus verheulten Augen an und nickte.

Gerberga stand nun vor dem dunklen Holz der Tür. Der Teufel also … Sie war wie Rahild und glaubte eher an das, was sie mit eigenen Augen sah. Aber die Geschichten über diese Hrotsvit waren doch besorgniserregend. Man hatte sie sogar erwischt, wie sie mit ihrem eigenen Blut an die Wände schrieb. Wie konnte sie da keine Hexe sein.

Aber Rahild war eisern in ihrer Ansicht. Verrückt sei sie schon. Aber der Teufel. Nein, der war sie nicht. Und auch nicht von ihm besessen. Sie redete nicht in Stimmen, niemand war im letzten Jahr gestorben, die Ernte war gut gewesen, auch dem Vieh ging es wunderbar. Nein, wenn der Teufel zu Gast in einer Gegend war, dann liefen die Dinge anders.

Gerberga atmete tief ein und stieß die Tür auf. Ein Schwall abgestandener Luft drang ihr entgegen. Es roch nach ungewaschenen Kleidern und dem Schweiß derer, die hungern.

Im Inneren der Kammer herrschte Dämmernis und ihre Augen brauchten einen Moment, bis sie sich an das schwache Licht gewöhnt hatten. Vor allem eines nahm Gerbergas Sinne ein. Ein nervtötendes Geräusch, das sie sich nicht erklären konnte. Ein Kratzen und Quietschen zugleich, so grob und schräg im Klang, dass es Gerberga beinahe schüttelte.

»Hrotsvit von Reinhausen?«, sagte sie und versuchte bestimmt und doch freundlich zu klingen.

»Die ist tot.« Die Stimme klang seltsam fern und zerbrechlich.

»Wie meint Ihr das?«

»Es gibt nur noch Hrotsvit. Reinhausen hat sie verlassen.«

Nun verstummte das kratzende Geräusch. Gerberga schaute sich um. Sie sah eine Frau, die in groben Gewändern aus schwarzer Wolle auf dem Boden kniete, das Haar jedoch bar liegend, der Zopf zerwühlt. In der Hand hielt sie ein angespitztes Stück Kohle, Hände und Arme waren schwarz verschmiert. Auch im Gesicht hatte sie Kohlespuren. Um ihre Augen dunkle Ringe, die Wangen hohl. Mit der angerußten Nase erinnerte das Gesicht der Frau an einen Totenkopf.

Gerberga atmete tief aus. Sie konnte nun verstehen, warum diese Gestalt Furcht verbreitete. Und auch die Kammer war verstörend, nicht nur wegen des Geruchs. Alle Wände waren beschrieben, die Buchstaben und Wörter stürzten förmlich auf sie ein, schrien von den Wänden herab.

Sie begann hier und da zu lesen. Von Gewalt war die Rede. Von Ritten durch die Dunkelheit. Dem Tanz des Feuers. Tränen der Erlösung, die nie kamen. Mit jedem Wort, das sie las, verstand Gerberga die Angst der Nonnen mehr.

Je länger sie auf die Wände schaute, desto mehr konnte sie Ordnung im Chaos erkennen. Das, was auf den ersten Blick wie ein bedrohliches Durcheinander an Buchstaben aussah, hatte tatsächlich Struktur.

Alles, was Gerberga las, war in gewähltem Latein geschrieben. Hin und wieder waren sogar ein paar griechische Worte dabei. Doch das Wichtigste war nicht die exquisite Wortwahl. Die besonderen Vokabeln, die Kenntnisse von Astrologie und Legenden. Gerberga las ein paar aufeinander folgende Zeilen wieder und wieder. Was war es nur, das sie so fesselte? Wieso hatte sie das Gefühl, diese Worte aufheben zu müssen, sie sich einzuverleiben?

Ein weiteres Mal las sie die Zeilen, dieses Mal bewegte sie ihre Lippen, flüsterte die Worte beim Lesen mit. Und da erkannte Gerberga, was sie vor sich hatte. Worte, die nicht allein ihrem Sinn nach geordnet waren, nein, sie folgten alle einem Takt, die Sätze durchzog ein Rhythmus, der jeden Lesenden und Hörenden in den Bann schlagen mussten. Die Sprache war wie durchdrungen von Musik. Dies waren nicht die Worte eines Menschen im Wahn. Hier hatte ein klardenkendes Wesen Verse komponiert. So, wie Gerberga es bisher nur von fernen, längst verstorbenen Gelehrten kannte. Doch war es nicht das vollendete Latein der heidnischen Römer, es war das Latein ihrer Zeit, modern und nah. Und zugleich hatte es doch die Erhabenheit von Texten, die sich sonst nur in Bibliotheken fanden.

Eine unbändige Freude breitete sich in Gerberga aus. Vor ihr kniete eine von Gott geküsste. Und diese Frau gehörte nun zu ihrem Stift. Gerberga wusste noch nicht, wie sie es nutzen könnte und was der Zweck war. Aber sie war sich ganz sicher, Gott hatte ihr ein Juwel in die Hände gelegt. Alles, was sie tun brauchte, war, es zu polieren und in eine goldene Fassung zu bringen.

»Ich bin nicht verrückt«, sagte Hrotsvit, ihre Stimme noch immer rau vom wenigen Sprechen.

»Ich weiß«, antwortete Gerberga ganz beiläufig. Sie wartete einen Moment, ließ ihre allererste Begeisterung verstreichen. Sie musste diese Hrotsvit nicht unnötig aufscheuchen. Es war besser, wenn sie sich selbst nicht für allzu großartig hielt. Gerberga wollte sie für sich haben und sie würde Zeit brauchen, um zu überlegen, was sie mit diesem einzigartigen Talent anfangen konnte. Ruhig zeigte sie auf eine Abfolge von Worten.

»Dieser Satz hier, er hat so einen … besonderen Rhythmus, er klingt, als hättet Ihr sie aus einem Buch kopiert.« Sie drehte sich um und schaute Hrotsvit direkt ins Gesicht. »Es kommt mir aber gar nicht bekannt vor.« Sie musterte Hrotsvit weiter, als könnte sie in ihren Zügen die Fortsetzung dessen lesen, was an der Wand nicht stand.

»Sagt. Woher stammt dieser Text?«, setzte Gerberga nach, als sie keine Antwort erhielt.

Hrotsvit räusperte sich. »Das ist von mir«, sagte sie mit leiser Stimme. Dann erhob sie sich. Offenbar hatte sie lange gekniet, denn sie erhob sich langsam und mühevoll, beinahe wie eine alte Frau. Als sie mitten im Raum stand, klein, aber aufrecht, räusperte sie sich ein zweites Mal und sagte mit klarer Stimme: »Alles ist von mir.«

—

Der Mond schien hell über das weitläufige Gelände des Stifts. Gerberga lag in ihrem Bett, die Vorhänge zurückgezogen, um die kühle Nachtluft hereinzulassen, sonst war die Hitze unerträglich.

Sie warf das dünne Laken von sich und ging ans Fenster. Dort hörte sie das Quaken der Frösche, das Sirren der Nachtfalter, das Zirpen der Grillen.

Wenn sie den Kopf in den Nacken legte, konnte sie den Fledermäusen zuschauen, wie sie den Nachthimmel mit ihrem Flug durchschnitten, hektisch und sprunghaft durchzuckten sie als schwarze Schatten das Grau. Warum sie nicht einfach bei Tage flogen wie die anderen Vögel? Es musste wohl so sein, dass Gott es ihnen verboten hatte, für ihre Schandtaten.

Sie blickte hinaus über den Hof, vom Haupthaus aus konnte sie hinab auf die Schlafräume der einfacheren Kanonissen sehen. In einigen der Zimmer brannten noch die Öllampen. Weiter rechts, im größeren Haus schliefen die jüngsten Schülerinnen mit ihren Ammen und Kinderfrauen. Dort war es schon lange dunkel, es waren ja noch Kinder, einige sogar im Säuglingsalter. Dahinter war schemenhaft die Silhouette des Waldes zu erkennen.

Der Hof war die ganze Nacht mit Fackeln beleuchtet. Zwei Wachen hatten im Hof Position bezogen. Das war Gerberga wichtig, die Fürsten und Herzoge sollten wissen, dass ihre Töchter hier gut geschützt waren. Dass jeder seine Kinder zu ihr schicken konnte, auch der hohe Adel. Nein, dass jeder, der etwas auf sich hielt, seine Tochter unbedingt nach Gandersheim bringen wollte. So sollte es sein.

Sie betrachtete noch einmal den Klosterhof, die ockerfarbenen Häuser, ihre sorgfältig gedeckten Dächer, die schön gehauenen

Steinsäulen aus hellem Granit. Und ein Glück überfuhr sie, das sie packte wie eine mächtige Faust. Das war *ihr* Stift. Sie entschied. Sie führte all das hier und niemand durfte ihr hineinreden, niemand außer Gott, dem Papst und König Otto.

Sie fühlte ein Gewitter auf ihrer Haut, das sich schließlich in den Haarwurzeln entlud, sodass sie die Augen schließen musste. Diese seltsame Frau und ihre kunstvollen Texte, sie waren ganz sicher ein Geschenk Gottes. Ein Zeichen. Dass sie hier Großes vollbringen würde. Andere heirateten und wurden Königin. Sie, Gerberga, war ihre eigene Königin, allein und unanfechtbar. Und sie würde Großartiges erschaffen, sie würde Gandersheim zu einem Ort machen, den niemand jemals wieder von der Landkarte nehmen konnte. In einem Atemzug mit Aachen, Rom und Magdeburg würde man ihre Stadt nennen. Sie packte den Fenstersims mit beiden Händen, bis ihre Knöchel hervortraten, so sehr wollte sie es herausschreien. Sie, Gerberga, Äbtissin von Gandersheim.

—

Die Hufe trommelten auf dem feuchten Boden, sie beugte sich tief in die Mähne des Pferdes, der Dunst aus den Wiesen stieg ihr entgegen, es war schon jetzt fast unerträglich heiß und schwül. Auf dieses Gewitter würde ein nächstes folgen. Bald. Der Himmel war in Aufruhr in diesem Sommer. Ihr Körper ging auf im Rhythmus des Tieres, dem Spiel seiner Muskeln, sie beide atmeten schwer, aber sie konnte die Freude spüren, mit der die Stute zwischen den Feldern entlangstürmte.

»Ja, mein Mädchen, weiter, weiter, gut machst du das«, murmelte sie mit gurrender Stimme und es schien ihr, als stürmte das Pferd tatsächlich noch ein bisschen schneller vorwärts. Sie durchritt nun ein Waldstück, der Hohlweg schluckte fast alles Licht, als raste sie durch den Schlund eines gigantischen Ungetüms. Die Kühle unter dem dichten Laubdach war köstlich, hier und da stürzten verspätete Regentropfen aus den Zweigen herab und kitzelten ihre nackten Unterarme, ihren Nacken.

Bei ihren ersten Ausritten hatte sie noch peinlich darauf geachtet, sich vollständig zu bekleiden, ihr Haar zu verhüllen, aber nach und nach hatte sie Kleiderschichten weggelassen, erst den Überschleier, dann das Untertuch, schließlich das Überkleid, und nun ritt sie nur in ihrem Langhemd, die Ärmel hochgerollt, sodass sie den Wind spüren konnte, den ihr Ritt aufstörte. Am liebsten wäre sie nackt geritten, aber sie war ja nicht von allen guten Geistern verlassen. Sie wusste sehr wohl, dass es Grenzen gab, die keine überschreiten durfte, wenn sie nicht aufs Rad geflochten werden wollte.

Nun waren sie in der tiefsten Stelle des Hohlweges, der Erdwall überragte sie fast mannshoch. Hrotsvit holte tief Luft und schrie. Sie schrie, so laut sie konnte, bis es in ihrer Brust und ihrer Kehle schmerzte, bis die Stimme schließlich brach, und lauschte darauf, wie sie gefangen war in der dunklen Röhre aus Erde, wie der Klang hin- und hergeworfen wurde und schließlich verstummte.

Die Stute schnaubte leise, wie zur Antwort. Die Schreie regten sie nicht mehr auf. Sie hatte sich an ihre ungestüme Reiterin gewöhnt und stand am Morgen nach einer Gewitternacht jedes Mal an der Tür des Stalles und wartete auf Hrotsvit.

Der Wald öffnete sich nun wieder und vor ihnen lagen noch mehr Felder. Gelb waren die Getreide schon, aber dieser Sommer hatte das Land so gebeutelt mit ständigen Gewittern, dass die meisten Halme faulend am Boden lagen.

Zuerst dachte sie an einen umgestürzten Baum, dann erkannte sie den Pulk von Menschen drumherum, Dorfbewohner, bewaffnet mit Heugabeln und Dreschflegeln. Sie waren dabei einen Pfahl aufzurichten, an den sie einen Menschen gebunden hatten.

Ohne nachzudenken galoppierte Hrotsvit auf die Menge zu und schrie: »Halt! Im Namen der Äbtissin von Gandersheim! HALT!«

Einige der Dorfbewohner rannten sofort davon. Zwei starke Männer aber bauten sich vor ihr auf, wobei sie gleichzeitig versuchten, den Blick von ihrer halb bekleideten Gestalt abzuwenden. Eine Edelfrau ohne Schleier und mit entblößten Armen war wohl mehr, als sie ertragen konnten. Hrotsvit zog das große Messer, das sie immer auf ihre Ausritte mitnahm.

Sie musterte die Gestalt am Holz. Ein junger Mann, bärtig und klein mit schwarzem, lockigem Haar und brauner Haut. Er hatte eine gewisse Ähnlichkeit mit dem Gesandten aus Córdoba, mit dem sie nach Gandersheim gekommen war.

Er verzog das Gesicht vor Schmerz, seine Kleider waren zerrissen und blutverschmiert.

»Macht ihn los! Ihr habt hier keine Gerichtsbarkeit!«

Nun war nur noch eine Handvoll der Dorfbewohner da. Ein Gefühl des Triumphes überkam sie.

»Aber … gute Frau«, ergriff einer das Wort.

Die Leute wussten offenbar nicht, wie sie sie ansprechen sollten. Ohne jede Insignien war ihre genaue Position nicht zu erkennen. Doch dass sie keine einfache Frau war, war aus allem ersichtlich: ihrer feinen Haut, der Qualität ihres Hemdes, der Art, wie sie sprach und nicht zuletzt der Tatsache, dass sie Pferd und Messer besaß.

Sie spürte die Anspannung des Bauern. Wenn er respektlos gegenüber ihr war, könnte er hart bestraft werden.

»Das ist ein Wettergeist! Er hat unsere Felder zerstört! Er spricht eine ganz absonderliche Sprache! Er ist gewiss ein Dämon!« Er machte eine Pause und beäugte Hrotsvit, um herauszufinden, ob er sie überzeugt hatte. »Nur Feuer reinigt das Böse!«, stieß er endlich hervor.

Hrotsvit schüttelte unwillig den Kopf. Ohne ein Wort zu sagen, wendete sie sich an den Gefangenen.

»Seid Ihr ein Wettergeist?«, fragte sie auf Latein.

Der junge Mann lachte auf. Trotz seiner offensichtlichen Schmerzen. Und auch Hrotsvit musste lachen.

»Oder sonst ein Abartiger? Dämon? Oder vielleicht der Teufel?«

»Nein, das bin ich nicht«, antwortete er in gewähltem Latein. »Ich bin Reisender aus Tortosa.«

»Viatorem …«, wiederholte Hrotsvit langsam. Das Wort ließ etwas in ihr klingen. Der Mann nickte. »Ich reise im Auftrag des Kalifen von Córdoba.«

»Könnt Ihr das beweisen?«

Er nickte. Dann grinste er wieder. »Wenn die drei Rindsköpfe hier mich losbinden, dann kann ich es.«

Ihr gefiel seine Art zu sprechen. Sanft und lebhaft zugleich. Und er schien die Dinge leicht zu nehmen. Gerade wurde er mit dem Tod bedroht und dennoch scherzte er mit ihr.

»Bindet ihn los«, sprach sie nun wieder auf Sächsisch zu den Bauern. »Dann beweist er euch, dass er kein Wettergeist ist.«

Die Bauern rührten sich nicht. Sie starrten Hrotsvit nur furchterfüllt an.

Sie seufzte. »Jetzt habt ihr also die Hosen voll?« Aber sie konnte ihnen nicht wirklich böse sein. Auch die gebildeten Klosterfrauen glaubten himmelschreienden Unfug. Dann sprang sie vom Pferd und löste die Fesseln, mit denen der Fremde an das Holz gebunden war. Er roch ausgenommen gut, eine Mischung aus fremden Früchten und Kräutern. Auch seine Kleidung war gepflegt und edel, nur jetzt verdreckt von Lehm.

»Danke«, murmelte er und rieb sich die Glieder. »Das werde ich nie vergessen.«

»Wie nett«, sagte sie. »Lieber wäre es mir, wenn Ihr jetzt den Beweis erbringt.« Das Messer hielt sie noch immer sichtbar in der Hand.

Aus seinem Rock zog er ein gefaltetes Pergament hervor und reichte es ihr.

Dort standen drei Absätze auf Latein, Griechisch und in einer Sprache, der sie nicht mächtig war, ja, bei deren Schrift sie noch nicht einmal sicher war, wo ein Buchstabe begann und wo der andere aufhörte. Das musste die Sprache der Muslime sein. Es war eine Anrede des Kalifen von Córdoba, und es hieß, dass der Gelehrte Avraham ben Jacov im Namen des Kalifen fremde Länder erkunden solle, um neue Handelswege zu ermöglichen. Wer ihm helfe, könne mit reicher Belohnung rechnen.

Unten auf dem Dokument prangte ein kunstvoll gezeichneter Adler in einer Schönheit, wie sie ihn noch nie gesehen hatte. Die Eleganz der Zeichnung nahm sie für einen Moment ganz in ihren Bann.

»Das mit der Belohnung, darauf würde ich nicht setzen«, sagte der junge Mann. »Ich habe ihm die Gesandtschaft einfach abgeschwatzt. Ich habe ihn wohl amüsiert und er ist ein neugieriger Mensch.«

Sie versuchte die anderen Schriftzeichen zu entziffern. Die Buchstaben machten sie neugierig.

Dann fielen ihr die Bauern wieder ein. Ihr ganzer Furor war verflogen. Betreten standen sie neben ihr und schwiegen.

Sie hielt ihnen das Pergament hin. »Da steht, dass er der Gesandte eines Königs ist.«

Die Männer nickten, ohne es sich wirklich anzuschauen.

»Ihr solltet Gott auf Knien danken, dass ich gekommen bin. Dafür hättet ihr gehängt werden können, wenn ihr einen Gesandten getötet hättet.«

Sie blickte zu dem Fremden. »Aber wir werden diesen Vorfall verschweigen, nicht wahr?« Sie wiederholte den Satz auf Latein und er nickte.

Sie konnte nicht aufhören, zu staunen. Er hatte etwas Feingliedriges an sich, eine Zartheit in den Zügen, und gleichzeitig schien er den ganzen Raum einzunehmen. Seine Nase war klein und gerade, seine Lippen voll und seine Augen so dunkel, dass sie kaum das Schwarz der Pupillen ausmachen konnte, und doch durchfuhr sie sein Blick bis ins Mark.

»Nehmt Ihr mich ein Stück mit?«, er zwinkerte. »Leider ist mein Pferd durchgebrannt bei der ganzen Aufregung.«

Sie schaute sich um. Die jungen Bauern schlichen schon mit hängenden Köpfen durch die Felder davon. Sie würden sich auf einen hungrigen Winter vorbereiten müssen, diese Ernte war zu karg, um die Dörfer zu ernähren, das Kloster würde seine Abgaben einfordern. Kein Wunder, dass sie Schuldige suchten.

»Wer seid Ihr überhaupt?«, fragte der Fremde. »Wem darf ich für meine Rettung danken?«

»Ich?« Sie musste lachen. Wer war sie eigentlich. Sie hatte schon eine Weile nicht mehr darüber nachgedacht. Wer war sie, nun, da sie keine Gräfin von Reinhausen mehr war? Keine Verlobte von Konrad dem Roten. Kein Mitglied des Hofes, aber auch keine Nonne. Wer bin ich, dachte sie. Und sie sah ihre Worte vor sich. Die Schrift an der Wand.

»Ich bin nur eine Stimme. Eine Stimme im Wind. Vocem. Vox in Ventum«, murmelte sie.

»Eine ziemlich laute Stimme, wenn Ihr mich fragt. Hell und laut. Den Bauern da drüben klingeln immer noch die Ohren!« Er schaute sie an und grinste.

Wieder musste sie lachen, sie fühlte sich warm und angenehm leicht. Hrotsvit nahm etwas Anlauf und zog sich auf die Stute, die brav neben ihnen gewartet hatte.

»Wenn Ihr mitwollt, dann solltet Ihr Euch beeilen«, sagte sie und hielt ihm den Arm hin, damit er sich hinaufziehen konnte.

»Wohin reiten wir jetzt?«

»Zum Stift, in dem ich wohne«, antwortete sie und fasste sich in die Haare. Ihr wurde bewusst, dass die Zeit schon weit fortgeschritten sein musste und sie bei ihrer Rückkehr viel mehr Menschen als üblich begegnen würde. Normalerweise traf sie bei ihren Ausritten höchstens die eine oder andere Magd, manchmal Rahild.

»Habt Ihr ein Tuch?«, fragte sie.

Er nestelte eine Weile in seinem Beutel, seinem einzigen Gepäckstück, und zog ein knittriges, sehr buntes, besticktes Tuch hervor.

Hrotsvit betrachtete es voller Staunen. »Warum habt Ihr so ein Tuch bei Euch?«

»Als Geschenk, wenn ich eine Geste der Dankbarkeit brauche. Ich weiß, die Sachsen staunen gern über unser Kunsthandwerk.«

Hrotsvit rollte die Ärmel ihres Hemdes ab und schlang sich das Tuch um ihre Haare. Der Stoff war sogar groß genug, dass sie ihren oberen Körper damit bedecken konnte. So war sie nun sittlich verhüllt, würde aber auffallen wie ein Gimpel unter Spatzen.

—

»Wer ist das?«, Gerbergas Stimme schnitt in die Stille des Empfangszimmers. Hrotsvit dachte an ihren bunten Schleier und wurde rot vor Scham. Sie verfluchte sich, dass sie sich wieder in eine solche Situation gebracht hatte. Warum war das so? Wieso stand sie immer wieder da als diejenige, die sich schändlich verhielt?

»Er heißt Abraham Jakob.« Er hatte es zwar irgendwie anders gesagt. Fremder. Aber im Moment fielen ihr nur die biblischen Väter ein.

»Avraham ben Jacov«, ertönte es neben ihr. »›Abraham, Sohn des Jakob‹ bedeutet das.«

»Ihr seid Muselman?« Gerbergas Augen verengten sich.

»Jüdischer Bürger des Kalifats Córdoba.« Er beugte sein Haupt und reichte sein Geleitpapier in ihre Richtung. Sogleich sprang eine der Nonnen auf und trug es zu Gerbergas Stuhl, der etwas erhaben auf einem steinernen Podest stand.

»Ihr spioniert hier also?«, fragte die Äbtissin und faltete das Papier auseinander.

»Nein. Ich bin Arzt und möchte erforschen, welche Heilmethoden es in anderen Ländern gibt, damit ich mit dem Wissen die Kranken meiner Heimat erlösen kann. Meine Reise soll mich bis nach Byzanz führen und an die Grenzen der bekannten Welt.«

Hrotsvit hörte die Begeisterung in seiner Stimme und für einen Moment konnte sie ihn sehen, wie er weiterzog, immer weiter, über Berge und Meere, zu Städten, gebaut aus Gold und Sand und Zauberei. Welten, die ihr vollkommen fremd waren, bis dahin, wo die Löwen wohnten, die ihr Vater ihr in seinem Buch gezeigt hatte, damals, in einem anderen Leben. Sie beneidete Avraham ben Jacov um diese Freiheit.

Gerberga musterte den Mann. Dann nickte sie langsam. »Natürlich werdet ihr in die Hölle kommen, dafür dass ihr nicht das Richtige glaubt. Aber bis dahin könnt ihr ja vielleicht etwas Gutes bewirken.«

Sie richtete sich auf. »Ihr werdet zwei Wochen bleiben, wenn nötig ein wenig länger. In der Zeit tauscht Ihr Euch mit Rahild aus, sie hat hier die Hoheit über die medizinischen Behandlungen und wir sind sehr stolz auf ihr Wissen. Sie ist eine der begehrtesten Kräuterkundigen im ganzen Königreich. Ich erwarte, dass

Ihr Euer Wissen ohne Rückhalt mit ihr teilt. Danach bekommt ihr von uns ein neues Pferd und was ihr an Ausrüstung benötigt.«

»Sehr gern«, sagte Avraham und ein Grinsen blitzte auf seinem Gesicht auf. »Nur erinnere ich ganz bescheiden daran, dass mein Gott der Vater eures Gottes ist.«

»Und ich erinnere daran, wenn Ihr frech werdet, dann kann ich Euch gern wieder zu den Dörflern bringen«, sagte Gerberga, ohne ihre Stimme zu erheben. »Meine Audienz ist hiermit beendet. Und Hrotsvit, zieh dir was Anständiges an. Dieses eine Mal will ich es dir durchgehen lassen.«

—

Ihr Zimmer lag in einem Dämmerlicht, der Tag ging zu Ende, der Sommer neigte sich zum Herbst, schon konnte man den Winter in der Luft erahnen.

Eine Erinnerung an Riccardis blitzte in ihr auf. Wie sie vom ersten Tageslicht bis zum letzten an den Pergamenten schrieb, damit sie die kostbaren Bücher nicht mit einem Feuer gefährden würde. Wie sehr wünschte sie, dass Riccardis sie so sehen könnte. Ihre eigenen Worte schreibend.

Ihr Rücken und ihre Finger schmerzten, aber sie wollte noch nicht aufhören. Es gab so viel zu tun, so viel zu schreiben und zu korrigieren. Und so beugte sie sich wieder über die Wachstafel. Eine von mehreren Dutzend, die Gerberga ihr gegeben hatte, damit sie das Geschriebene von den Wänden übertragen konnte. Sie wollte die junge Äbtissin nicht enttäuschen. Zu kostbar war diese Aufmerksamkeit. Dass ihre Worte von anderen gelesen werden würden, es war ein Gedanke, der alles änderte. Ihre Worte würden hinaus in die Welt dringen.

Die Äbtissin war interessiert an ihren Versen und deutete an, ihre Texte auf Pergament schreiben zu lassen. Es taten sich neue Wege auf. Wenn sie nun nicht mehr Hrotsvit von Reinhausen sein konnte, dann könnte sie vielleicht Hrotsvit von Gandersheim werden, die helle, laute Stimme des Stifts.

»Was macht Ihr hier?«

Sie hatte ihn nicht kommen hören. Und jetzt saß sie da, jedes ihrer Worte stand dort schutzlos auf der Wand. Am liebsten hätte sie sich davorgeworfen, damit er sie nicht lesen konnte. Sie kamen ihr auf einmal wieder dumm und ungelenk vor, als schmölzen die Worte unter seinem Blick zusammen zu einem hässlichen, nichtssagenden Klumpen Schlacke.

»Ich schreibe«, sagte sie schließlich und versuchte es so beiläufig wie möglich klingen zu lassen.

»Das sehe ich.« Avraham lächelte. »Von wem ist das denn? Und warum steht es an der Wand.«

Sie hatte das Gefühl, in ihren Kleidern immer kleiner zu werden. »Das ist von mir«, sagte sie leise.

Avraham ging zwei weitere Schritte in ihr Zimmer hinein. »Darf ich es lesen?«

Nein, wollte sie sagen, aber sie schwieg.

Es schien Hrotsvit wie eine Ewigkeit. Regungslos stand er vor der Wand, seine Lippen formten lautlos die Worte, die er las. Langsam schritt er die Wand entlang, sodass er den ganzen Text lesen konnte. Dann drehte er sich zu ihr. »Ich wusste doch, Ihr seid voller Wunder.«

Und Hrotsvit hatte das Gefühl, in Tränen ausbrechen zu müssen oder zu sterben, gleich hier und jetzt. Sie wollte *Danke* sagen. Aber es schien ihr eine ungehörige Antwort. Zu stolz. Zu eitel.

Avraham stellte seine Kerze ab und trat vor sie. Sein Gesicht lag nun im Dunkel. Sie konnte seine Züge nur erahnen, und doch war seine zarte Schönheit im Halbdunkel noch deutlicher.

Er wusste nicht recht, wohin mit seinen Händen. Schließlich streckte er sie aus und hielt ihre Schultern. Sanft umfasste er sie, als fürchte er die Berührung, obwohl er sie gesucht hatte.

»Ihr seid ein Wunder, ein Geschenk Gottes«, sagte er schließlich. »Das dürft Ihr nie vergessen.«

Sie konnte sich noch immer nicht rühren. Es entstand eine Stille, die länger wurde und länger. Und auch wenn sie zuerst schön war, wie eine vertraute Umarmung, so mischte sich darin etwas wie eine Klage. Eine Klage der Worte, die jetzt gesprochen werden wollten. Schließlich nahm Avraham seine Kerze von ihrem Tischchen und verließ die Kammer, leise, die Tür kaum hörbar schließend und Hrotsvit war wieder allein mit ihren Wachstafeln und den Worten an der Wand.

—

Sie verbarg ihr Gesicht zwischen den winzigen gelben Blüten und sog den schweren, würzigen Geruch ein. Ein wenig wie Waldmeister, nur kräftiger, ungestümer. Wie seltsam, dachte sie, wer nur die Blüten anschaute, würde niemals glauben, dass sie zu solch einem Duft fähig waren.

»Ich habe Labkraut noch nie so freudig wachsen sehen wie hier«, hörte sie Rahild hinter sich brummeln. Sie klang immer ein wenig wie ein schlecht gelaunter Dachs.

»Die Pflanze zeigt uns, was für einen gesegneten Ort wir hier haben.«

Sie schob Hrotsvit beiseite und begann einige feine Zweige zu kappen.

»Aber sonst hätte ich auch ein Problem. Bei all den müden Füßen, die hier Jahr für Jahr hereinhumpeln und wieder reisefein gemacht werden wollen.«

Sie stemmte ihren Oberkörper wieder in die Höhe und stöhnte dabei leise. Als heller Schmerz durchzuckte Hrotsvit dabei die Erinnerung an ihre Riccardis. Nun war sie schon so viele Jahre tot. Damals hatte sie gedacht, ohne ihre Lehrerin könne sie nicht weiterleben. Und doch war sie noch hier.

»Wenn's nach mir ginge, könnten wir ruhig mehr ab vom Weg liegen. Hier geht's ja zu wie im Bienenhaus.« Rahild ließ ihre Hände wild durch die Luft wirbeln. »In manchen Jahren schneit alle paar Wochen der König herein und danach ist hier das Unterste zuoberst und alle Speisekammern sind leergefressen, als hätte der Himmel eine Heuschreckenplage geschickt.« Sie seufzte und zwinkerte der grinsenden Hrotsvit zu. »Naja. Aber der Äbtissin gefällt's.«

Die alten Augen, leuchtend blau und wässrig, ruhten ernst auf Hrotsvit.

»Sie hat großes mit dir vor, Mädchen. Das weißt du, nicht wahr?«

Hrotsvit schaute weg und zuckte mit den Schultern. Ja, in ihrer Kammer lagen nun Stapel von aufwändigen Wachsbüchern. Und auch wenn sie versucht hatte, nicht darüber nachzudenken, so wusste sie doch, dass diese Bücher einen Preis haben mussten.

»Ich kenne Gerberga, seit sie ein Säugling war. Sie kann Berge versetzen und Flügel verleihen. Aber …« Ihre altersraue Stimme brach und sie nahm den Satz nicht wieder auf, sondern ließ ihn unvollendet hängen. Mit ihrem Korb spazierte sie zu den Beifußbüscheln hinüber, deren unscheinbare Blüten silbrig in der Sonne glänzten.

»Und dieser appetitliche junge Mann, den hast du uns also auch hier eingeschleppt? Deine Reiterei allein hat dir wohl nicht gereicht, um Aufruhr unter meinen Nonnen zu stiften, was?«

Sie schnitt ein paar Stängel ab und ging weiter zu der Blutwurz hinüber, die sich in einem schattigen Beet neben dem Brunnen vor der Hitze zu verbergen schien.

»Sei's drum. Er scheint mir eine vergleichsweise erfreuliche Abwechslung zu den Gockeln zu sein, die hier üblicherweise hereinspazieren und glauben, wir hätten nichts Besseres zu tun, als ihre müden Füße zu verarzten und ihre engstirnigen Gemüter zu unterhalten.«

Rahild riss nun grob an dem gelbblütigen Kraut.

»Ich warte noch auf den Tag, an dem mir jemand erklärt, was der Herrgott im Himmel mit der Erschaffung des Mannes genau bezweckt hat.«

»Grundgütiger!«, entfuhr es Hrotsvit und sie bekreuzigte sich schnell. »Schwester Rahild!«

Die Alte lachte tonlos. Ihre Zähne waren noch kräftig und weiß. Nur neben dem rechten Eckzahn klaffte eine größere Lücke.

»Reitet mit einem schwarzen Pferd durchs Gewitter, aber kriegt 'nen Schreck, wenn eine olle Nonne ein bisschen vor sich hin brabbelt.« Sie klopfte Hrotsvit auf die Schultern. »Der Herr im Himmel hätte mich schon lange erschlagen, wenn's so schlimm wäre, was ich sage. Ich muss jetzt in die Kräuterküche. Fußsalben nachkochen. Für die nächsten großen Helden, die hier reinhumpeln und gepäppelt werden wollen.«

Sie nickte Hrotsvit zu und ging wortlos über die ausgetretenen Pfade zwischen den Kräuterbeeten hin zum Haus und plötzlich schien alles in einen perfekten Moment zusammenzufallen, das gleißende Licht der Morgensonne, das Summen der Bienen und der betörende Geruch von hunderten Heilkräutern. Es war ein Singen in der Welt und Hrotsvit konnte es hören.

—

»Ich will, dass Ihr ein Buch schreibt.« Gerberga saß auf ihrem Stuhl, ihre Position hatte sie sorgfältig gewählt. Sie ruhte gelassen an der Rückenlehne, den vergoldeten Krummstab, dessen Rund ein Lamm umschloss, hatte sie so vor sich gestellt, dass das Insigne gut zu sehen war. Plötzlich ertappte sie sich dabei, dass sie mit ihrem rechten Daumen nervös an ihrem schweren Goldring fingerte, das zweite Zeichen ihrer Macht.

Sie versuchte, das Gefühl abzuschütteln, aber Hrotsvit, diese seltsame Frau, machte sie nervös. Ja, sie kniete zwar vor ihr, sie machte keinerlei Anzeichen der Widerborstigkeit. Und doch. Gerbergas Herz schlug so schwer in ihrer Brust, dass sie sich gern dorthin gefasst hätte, um es zu besänftigen. Aber sie verbot sich diese Geste der Schwäche. Stattdessen lächelte sie Hrotsvit an, die in den schlichten Kleidern einer Novizin zu ihr gekommen war, obwohl ihr als Kanonisse die Kleiderwahl frei stand.

Gerberga studierte ihr Gesicht, die Augen, die alles zu durchdringen schienen bis in die dunkelsten Verstecke jeder Seele. Ihr Mund, etwas Trotziges sprach aus ihm. Die Haut der Lippen war rau und trocken, es war zu sehen, dass Hrotsvit wenig Gedanken auf ihr Äußeres verschwendete, sonst hätte sie die Stellen mit Honig glänzend gerieben. Und doch fühlte Gerberga den Drang, mit ihrem Finger über diese rauen Lippen zu streichen für einen kurzen Moment fast übermächtig. Wie lange sie einander wohl angeschwiegen hatten?

»Also, was meint Ihr?« Sie hörte ihre Stimme, herrisch und streng, als wollte sie damit sich selbst in die Schranken weisen. Sie hatte einfach wenig Übung in einem Gespräch auf Augenhöhe. Und das würde es brauchen, mit dieser ungewöhnlichen Person, das wusste Gerberga. Doch meistens befahl sie, äußerst selten wurde ihr befohlen. Nur mit Rahild sprach sie wie mit einer Gleichgestellten. Obwohl sie natürlich weit davon entfernt waren, auf einer Ebene zu sein, aber diesen Graben kitteten sie mit Scherzen, sie waren beide Freundinnen des klugen Witzes.

Hrotsvit schwieg noch immer, mit großen Augen. Gerberga räusperte sich, um ihre aufsteigende Nervosität zu vertreiben.

»Was Ihr da geschrieben habt, die Legende des Antonius und die anderen Fingerübungen, das ist doch wirklich recht nett.« Sie hielt es nicht mehr aus und erhob sich aus ihrem Stuhl, um im Zimmer herumzuwandern.

»Heiligenerzählungen sind etwas, was unsere Christenheit wirklich gebrauchen kann. Das Millenium naht, die Menschen werden ängstlich und fürchten, was kommen wird. Ich habe gehört, nicht wenige rechnen mit den Reitern der Apokalypse zum Jahrtausendwechsel.« Gerberga versuchte ein Lächeln. Denn daran, dass Harmagedon, der Weltuntergang, so nah war, glaubte sie nicht.

»Wie dem auch sei«, fuhr sie fort. »Die Legenden der Heiligen können da Stabilität geben und Zuversicht. Das Wissen, was andere – wenn auch Größere – durchgestanden haben für ihren Glauben. Und als Äbtissin sehe ich mich als Förderin der Bildung und Künste.«

Hrotsvit schwieg weiter.

»Außerdem brauchen wir eine Aufgabe für Euch. Und ich nehme nicht an, dass Ihr Euch besonders für die Viehwirtschaft interessiert. Da hätte ich auch noch eine Position zu vergeben.« Sie zwinkerte und beließ ihr Lächeln doch so dünn, dass niemand wissen konnte, ob sie gerade drohte oder scherzte.

Es war ein sehr hilfreiches Mittel. Auch diesmal tat es seinen Dienst.

Hrotsvit blinzelte, bevor sie sagte: »Nein, das nicht. Aber ja, ja, ich schreibe gern für Euch. Ich … ich weiß nur nicht, was ich sagen soll.«

Stift Gandersheim, Juni 953

Die Sonne hing tief und schwer über den Feldern, deren Frucht noch immer gebeugt vom Regen vor ihr lagen. Das würde wieder keine gute Ernte werden für die Bauern. Auch wenn das Stift gut wirtschaftete, so sorgten sie sich schon um den herannahenden Winter. Die Monate bis dahin würden schnell vergehen und es gab noch viel zu tun.

Hrotsvit konnte die Sorge der anderen spüren, sie wusste, dass es vielleicht Menschenleben kosten würde. Nicht im Stift. Aber in den Dörfern. Und trotzdem rutschten diese Gedanken für sie immer wieder an den Rand. Sie wollte weder herzlos sein noch undankbar. Aber in ihrem Kopf rauschten die Bilder, ihr Körper schien zu zittern von den Rhythmen, die sie suchte. Sie wollte alles zusammenbringen, die Bilder, den Klang und den Glauben. Die drei sollten miteinander schwingen, sie wollte Texte erschaffen, die neu waren, die eine Erkenntnis waren, ein Blitz in der dunklen Nacht.

Versunken betrachtete sie das bunt gescheckte Kornfeld, die Inseln aus weißen, roten und blauen Blumen, und sah den Lärchen zu, ihrem federnden Flug, ein Tanz auf einem unsichtbaren Seil, so schien es. Aus dem Schatten des Waldes löste sich eine Gestalt und kam langsam auf sie zu. Es dauerte einen Moment, bis sie sah, dass er es war.

Sie nickten einander zu, mit einem Lächeln, dann gingen sie schweigend nebeneinander her.

Er lebte nun seit fast einem Jahr im Stift. Rahilds Wissen schien ihn zu fesseln und er ließ sich auch zu allerlei niederen Diensten von ihr einspannen, jätete und pflegte den Kräutergarten, er ging ihr in der Salbenküche zur Hand und auch bei der Pflege der Kranken, wofür ihm Rahild ein ganz besonderes Talent bescheinigte.

Bei den Nonnen und Kanonissen sorgte die Verbindung der alten Nonne mit dem schönen jungen Mann für viel Gespött. Hrotsvit versuchte es zu überhören und ertappte sich doch immer bei einem seltsamen Gefühl des Ärgers über Rahild und ihre Gewalt, die sie über den jungen Mann zu haben schien.

Der Weg führte sie einen sanften Hügel hinauf und ein großes Feld öffnete sich vor ihnen, kaum von den Wettern beschädigt. Ein Wind hob an, eine sanfte abendliche Brise, die das Korn hin und her wogen ließ, als führen unsichtbare Hände streichelnd hindurch.

»Habt Ihr schon einmal das Meer gesehen?«

Hrotsvit schüttelte den Kopf. »Nein, ich habe nur davon gelesen.«

»Das ist schade. Es würde Euch gefallen. Da bin ich mir sicher.«

»Wie ist es denn? Das Meer?«

»Unendlich. Und blau. Und ewig veränderlich und doch gleich.«

Er war stehengeblieben und schaute sie an. »Ich würde es mir wünschen, dass Ihr es seht. Und dass ich dabei sein kann. Es muss wunderbar sein, Euch dabei zuzusehen. Wie Ihr etwas so Überwältigendes neu entdeckt.«

Hrotsvit spürte das Blut warm in ihren Wangen und auf ihrer Stirn und drehte sich hastig um. Sie wollte nicht, dass er sah, wie seine Worte sie bewegten.

»Kommt, es wird bald dunkel. Gehen wir. Es ist noch ein ganzes Stück. Und ich muss noch die Kornblumen sammeln, wie Schwester Rahild es mir aufgetragen hat.«

Aus dem Augenwinkel konnte sie sehen, wie er seinen Kopf hängen ließ, aber er folgte ihr doch.

»Erzählt mir doch eine Geschichte aus Eurer Heimat. Das würde mich freuen. Ich habe so viele Bücher gelesen. Und doch gibt es noch so vieles da draußen, das ich nicht kenne, von dem ich nichts weiß.«

Sie blieb für einen Moment stehen und schaute ihm direkt ins Gesicht. »Der Gedanke macht mich manchmal fast verzweifelt. Wie viel von der Welt mir verborgen bleiben wird.«

»Warum glaubt Ihr, dass das so sein wird?«

»Weil die Welt so ist. Weil meine Welt immer an eine Burg gebunden ist. Oder ein Stift oder Kloster. Eure Freiheit …« Aber sie sprach den Satz nicht zu Ende. Seine Freiheit war nicht ihre Freiheit. Sie wusste es. Sie wollte es nicht auch noch aussprechen müssen.

Sie wandte sich wieder zum Gehen und nahm seine Finger, um ihn sacht mitzuziehen. Sie waren warm und trocken und sie meinte, das Sprudeln des Lebens in ihnen zu fühlen.

»Kommt, erzählt. Wie lebt es sich bei Euch? Was ist anders als bei uns?«

Er räusperte sich. »Nun, manches ist gleich. Wenn wir etwas essen wollen, muss der Bauer es heranziehen. Wir haben einen Kalifen, so wie ihr einen König habt. Es gibt Reiche und Arme, Gesunde und Kranke, Alte und Junge. Es gibt Bücher und Gelehrte. Und es gibt die Dummen.«

Hrotsvit lachte. »Die haben wir natürlich nicht.«

Er lachte ebenfalls, aber verhalten.

»Ihr mögt unser Land nicht?« Aus den Augenwinkeln schaute sie zu ihm hinüber. Ihr gefiel sein sanftes Wesen, seine überlegte, aber heitere Art zu reden. Als nähme er nichts so recht ernst. Ihr gefielen seine langen, dunklen Wimpern, die eng gedrehten Locken seines Haars und seine Haut, die sie an geöltes Buchenholz erinnerte.

»Ach«, sagte er. »Gefallen. Darum geht es nicht. Ich bin hier, um zu lernen.«

Sie merkte sehr wohl, dass er sie schonen wollte. Denn es war ja ihr Land.

»Und? Lernt Ihr denn was?«

Er nickte. »Es ist nur recht ungewohnt. Alles kommt mir vor wie unter einer Schicht aus Stein. Als hätten alle Angst, ihren Geist wirklich zu bewegen.«

Sie zog ihre Stirn in Falten. Hielt er sie also doch alle für dumm?

»Wie meint Ihr das?«, fragte sie scharf.

»Ich habe mich vorhin mit Schwester Rahild gestritten. Sie ist wirklich klug und hat viel Wissen.« Er holte tief Luft. »Aber wenn ich ihr von meinem Wissen über das Innere des Körpers erzählen will, dann wird sie laut und sagt, ich solle nicht Gott lästern. Aber, ich frage mich, wie sollen wir heilen, wenn wir nicht wissen, wie es in unseren Körpern aussieht?«

Hrotsvit musste lachen. »Gerade Schwester Rahild! Die sagt sonst Dinge, bei denen nicht nur der Papst rot werden würde.«

Er schüttelte seinen Kopf. »Ich habe das Gefühl, als würden meine Gedanken hier durch Sand laufen.« Plötzlich blieb er stehen. »Nur Ihr seid so anders. Eure Worte … was Ihr schreibt, es …«, er hielt inne, »rührt etwas in mir.«

Sie waren dem Gebäude schon nah gekommen, welches seine Schatten im späten Sonnenlicht weit voraus warf. Hrotsvit schwindelte und sie wollte sich einreden, es sei die Hitze.

Er strich ihr über die Wange, zart und doch so klar zu spüren, dass Hrotsvit für einen Moment glaubte, aufschreien zu müssen.

»Ich habe da eine Erinnerung. Ein Geist, der mich bis heute quält, mich bis in die Träume verfolgt. Und seit ich Eure Worte gelesen habe, lässt mich ein Gedanke nicht los: Wenn ich Euch erzähle, was geschah und Ihr es niederschreibt. Vielleicht lässt er mich dann gehen.«

»Wer?«, flüsterte Hrotsvit und wunderte sich, dass sie zugleich ganz hier und ganz weit fort zu sein schien.

»Pelagius. Ich habe ihn sterben sehen. Und wenn Ihr seine Geschichte aufschreibt, vielleicht … ja, die Hoffnung lässt mich nicht mehr los. Vielleicht ist es das, was Pelagius' Geist von mir will und er lässt mich endlich schlafen.«

—

Die Tür knarrte sanft, als sie hinaustrat in das erste Sonnenlicht. Vorsichtig ließ sie das Holz Zoll für Zoll zurück in den Rahmen gleiten, es gelang ihr vollkommen geräuschlos. Sie hatte früher aufbrechen wollen, die Sonnenstrahlen waren schon warm. Sicher waren schon einige Menschen unterwegs. Sie spürte ihr Herz schlagen, hell und sirrend kitzelte es in ihrer Brust wie eine gefangene Libelle. Hoffentlich gelang es ihr, ungesehen in ihre Zelle zurückzukehren.

Schwer drückte die Schuld sie nieder, sie konnte ihre Taten spüren wie ein Gewicht. Und doch, sie konnte nichts dagegen tun. Jeden Abend wanderte sie aufs Neue durch die Dunkelheit und fand sich in seinem Zimmer wieder.

Zuerst erschien es ihr wie ein Traum, was sie fühlte, wenn sie mit ihm zusammen war, was ihr Körper durchlebte, wie ihre Sinne zersprangen und sich erst mühsam wieder zusammensetzten, wenn sie schließlich voneinander abließen. Es war mit nichts zu vergleichen, was sie sonst in ihrem Leben erlebt hatte und es erinnerte sie in nichts an das, was sie bisher gesehen hatte, wenn Mann und Frau zusammenkamen. Sie wusste, es war gotteslästerlich, was sie tat, es war der Weg in die Hölle, jeder heilige Text, den sie kannte, sagte das. Und doch wollte sie das nicht glauben.

Es fühlte sich so rein an, so überirdisch und losgelöst von allem, was sie sonst in der Welt kannte, dass es ihr fast andersherum schien. Wie konnte es verdammt sein, wenn es sich anfühlte wie ein Kuss Gottes.

Er hatte gelacht über sie, nicht grob, aber doch gelacht, als sie über ihre Sünde weinte, ihre Verzweiflung war ihm so fremd.

»Wie kommst du darauf, dass es Gott interessiert, was wir hier tun? Glaubst du wirklich, er ist so kleinlich?«

Und es klang so vernünftig, dass sie beschloss, nicht mehr darüber nachzudenken.

Die letzten Schritte zu ihrer Kammer hüpfte sie fast, es war geglückt. Niemand hatte sie gesehen. Sie verbarg ihr Gesicht in ihrem Schleier und sog seinen Geruch ein, der noch immer in dem feinen Stoff hing. Sie musste lächeln, für einen Moment war es, als könnte sie wieder seinen Atem auf ihrer Haut spüren.

Es hatte damit angefangen, dass sie zum ihm ging, um noch etwas zu fragen. Über die Geschichte des Pelagius. Sie wollte nicht, dass sie etwas Falsches niederschrieb. Nichts weiter hatte sie gewollt, als zu wissen, ob er wirklich von einem Katapult aus der Stadt geschossen worden war – und doch überlebte. Sie wusste, der Herrgott ließ Wunder geschehen, aber dass Avraham es gesehen hatte, dieses Wunder. Wie sie seine Leiche aus dem Fluss hatten bergen wollen, aber er hatte noch gelebt, gesprochen, Gott gepriesen. Bevor die Soldaten ihn dann zerstückelt hatten, mit ihren Schwertern. Sie musste es noch einmal hören, so schrecklich es auch war. Sie hatte die Ungewissheit nicht länger ertragen. Wie ein Wahnbild schien ihr plötzlich die ganze Geschichte. Konnte das echt sein?

Und so war sie zu seinem Quartier geschlichen, sie hatte es nicht länger ausgehalten. Am wenigsten die Angst, dass sie nur geträumt hatte, wie er sie ansah. Sie wollte es noch einmal sehen. Diesen Blick.

Der Schmerz auf ihrer Wange durchzuckte sie jäh und scharf.

»Wo warst du? Ich hab mich so gesorgt!«

Irmentraud stand vor ihr, die Haut voller roter Flecken, wie jemand, der kopfüber in die Nesseln gefallen war. Ihr ganzer Körper hob und senkte sich, so schwer ging ihr Atem.

»Ich war spazieren«, stammelte Hrotsvit.

Irmentraud schnaubte und hob wieder die Hand, aber diesmal schlug sie nicht.

»Ich mag zwar eine dumme Magd sein, Frau Gräfin, aber so dumm nun auch wieder nicht! Vergiss nicht, wer dich aufgezogen hat! Und überleg dir gleich eine bessere Geschichte! Die Äbtissin hat nach dir geschickt! Schon als die Sonne gerade aufging! Lauf, schnell!«

Hrotsvit nickte und bewegte sich nicht, so viele Gedanken rauschten auf einmal auf sie ein und schienen sich gegenseitig stillzulegen.

»Nun starr nicht so wie ein Schaf beim Donnern! Auf!«

»Aber …«, sie ahnte, dass dort nichts Gutes auf sie warten konnte.

Irmentraud packte sie grob und schob sie zur Tür. »Sag einfach, deine Monatsblutung hat dich überraschend heftig überfallen und du musstest deine Kleider reinigen. Keiner wird mehr wissen wollen. Das kennst du doch.« Sie langte nach dem Wasserkrug auf dem Tisch und feuchtete Hrotsvits Gewänder an.

»So, jetzt geh in Gottes Namen!« Und Irmentraud schob sie aus der Tür hinaus in den strahlenden Tag.

»Notburgis!« Sie hatte mit vielem gerechnet, aber nicht mit ihrer Stiefmutter, die dort neben der Äbtissin saß und bei einem Teller mit Beerenmus und Honigkuchen angeregt plauderte. Sie war älter geworden, ein wenig runder, die Haut um die Augen hatte nun doch ein paar Falten bekommen, obwohl es immer schien, dass sie ihr fast kindliches Äußeres nie verlieren würde. Hrotsvit sah zum ersten Mal, was für eine Schönheit diese Frau war. Vielleicht weil sie jetzt ganz gelöst und heiter war, befreit von ihren Pflichten.

Notburgis umarmte sie. »Itlin! Was für eine lange Zeit! Gut siehst du aus! Ich hörte gerade, was für eine Freude deine Gelehrtheit für dieses erhabene Stift ist! Was für eine Ehre!«

Gerberga nickte lächelnd. »Ja, Hrotsvits Wissen über Astronomie, Astrologie und Mathematik erstaunt uns immer wieder. Und sie ist so etwas wie unser Trüffelschwein in der Bibliothek. Sie liest einfach alles, was Buchstaben hat und die Perlen trägt sie uns dann vor. Außerdem schreibt sie, wofür ich gewisse Hoffnungen habe.«

Gerberga lächelte wieder dieses dünne Lächeln. Und für den Bruchteil eines Moments spürte Hrotsvit Zorn, über den sie gleich wieder erschrak. Und doch, der Eindruck blieb, so etwas wie eine Zuchtstute zu sein, die gerade ein besonders hübsches Fohlen geboren hatte.

»Das sind ja ganz wunderbare Neuigkeiten! Was hatten wir für Sorgen, dass du dich nie würdest einfügen können! Aber diesen heiligen Hallen und Äbtissin Gerberga ist es gelungen, dich zu einem Nutzen zu führen! Das sind vielversprechende Anzeichen für die Zukunft.« Sie zwinkerte der Äbtissin zu, schelmisch und verschwörerisch.

Gerberga richtete sich in ihrem Stuhl auf. »Es gibt Neuigkeiten, zwar betrüblich, aber darin hat der Vater im Himmel eine Gelegenheit zu großem Segen verborgen!« Sie machte eine Pause und eine gespannte Stille senkte sich über den Raum.

Hrotsvit hatte das Gefühl, zerspringen zu müssen. *Sag! Nun sag doch endlich!*, wollte sie schreien. Aber sie hatte gelernt, stumm zu bleiben.

»Die Tochter unseres erhabenen Königs Otto ist viel zu jung verstorben. Gott sei ihrer Seele gnädig. Und der des ungeborenen Kindes, das mit ihr gegangen ist.«

Gerberga und Notburgis senkten ihre Köpfe, erhoben die Arme und murmelten ein Gebet. Hrotsvit wusste, sie sollte mitbeten, so gehörte es sich. Aber die Ahnung, was nun folgen konnte, ließ sie nicht. Notburgis war nicht auf die weite Reise gegangen, um Hrotsvit diese Nachricht zu überbringen. Sie wollte etwas anderes.

»Zurück bleibt ein trauernder Ehemann.« Die beiden Frauen nickten mit ernster Miene. »Der nun aber umso mehr unser aller Unterstützung braucht. Immerhin hinterlässt die so jung verstorbene Mutter auch einen Sohn, der erst zarte vier Jahre ist.«

Die zwei Augenpaare richteten sich auf Hrotsvit.

»Und dein Vater, Itlin«, Notburgis sprach nun mit ernster Stimme, »möchte, dass du nun in Demut an den Platz zurückkehrst, der von Anfang an für dich gedacht war.«

Ihr Kopf schien sich von ihrem Leib zu trennen. Träumte sie einen bösen Traum? Sie schüttelte sanft ihr Haupt, aber alles blieb, wie es war.

»Wir sind guter Hoffnung, dass Konrad – trotz allem – bereit ist, dich zur Frau zu nehmen. Er hat jedenfalls zu Gesprächen geladen!«

Notburgis klatschte in die Hände und strahlte, was Hrotsvit absonderlich schien, so selten hatte sie das bei ihr gesehen, Ausgelassenheit und Freude. Und jetzt, in diesem Moment?

»Itlin, ich freue mich so für dich, dass Gott dir die Gelegenheit gibt, alles wieder gutzumachen! Du bist nun auch zwanzig Jahre.« Sie stemmte ihre Hand in die Hüften und blinzelte ihr zu. »So langsam wird es auch Zeit, damit du keine alte Jungfer wirst! In deinem Alter hatte ich schon drei Kinder geboren!«

»Nein!« Das Wort entfuhr ihr so plötzlich, dass sie kaum glauben konnte, dass sie es wirklich ausgesprochen hatte.

Sie blickte die beiden an, wohl wissend, dass ein Nein niemals eine akzeptable Antwort war – und doch schrie alles, was sie war, von den Zehennägeln zu den Haarspitzen nur ein einziges Wort. Nein.

»Ich meine … ich habe hier Pflichten übernommen. Ich …« Ich soll doch neue Texte schaffen! wollte sie sagen, aber bevor sie sprechen konnte, fuhr Gerberga dazwischen.

»Hrotsvit hat recht«, sagte sie ruhig. »Und ich freue mich über ihr Pflichtbewusstsein.«

In jeder ihrer Bewegungen zeigte sich die Herrscherin und obwohl es für sie um alles ging in diesem Moment, spürte Hrotsvit tiefe Ehrfurcht vor der Macht, die da vor ihr saß.

»Ich habe sie beauftragt einige Heiligengeschichten niederzuschreiben. Sie hat da ein gewisses Talent«, sagte Gerberga huldvoll. »Und es scheint mir eine sehr sinnvolle Aufgabe zu sein. Die ursprünglichen Berichte sind doch sehr … nüchtern erzählt und ich erhoffe mir ein Werk, das die Menschen mehr anspricht.«

Notburgis schaute sie an und es war derselbe Blick wie früher. Kühl und angewidert zugleich.

»Worte«, sagte sie, »ja, da hat sie sich schon immer gern hineingeflüchtet.«

»Ich sehe da durchaus einen Sinn«, Gerberga nahm die Hand der Älteren. »Es ist ein Dienst an den neuen Seelen, die wir hier willkommen heißen. Und diese Texte können helfen, die Gemüter zu beruhigen, die sich um das herannahende Millenium sorgen.«

Gerberga blickte Notburgis durchdringend an. »Ja wirklich, ich habe da große Erwartungen und glaube, auch dem König – oder wenigstens der Königin – könnte gefallen, was Hrotsvit schreibt.«

Sie atmete einmal tief ein und lächelte gewinnend. Und Hrotsvit wusste nicht wie, aber sie schaffte es, eine natürliche Überlegenheit in die Bitte zu bringen. Es klang mehr nach einem Befehl.

»Lasst sie doch bisweilen ihre Aufgabe weiterverfolgen, während Ihr mit Konrad verhandelt, wie es weitergehen soll.«

Notburgis blickte unverwandt auf die Äbtissin und die Angst ihrer Kindheit kroch Hrotsvit in den Nacken. Die Macht dieser Frau griff schon wieder nach ihr, nach all den Jahren unverändert.

»So kann sie zwei Herrinnen dienen und wir haben beide was davon!« Gerberga zwinkerte schelmisch. »Vielleicht noch einen Schluck Honigwein? Ihr hattet ja eine überstürzte Anreise und müsst doch ganz erschöpft sein.« Sie klatschte in die Hände und eine der Dienerinnen trug eine bronzene Karaffe mit zwei Bechern herbei.

»Es wird noch eine Weile dauern, bis wir zu einer Übereinkunft mit dem Fürsten Konrad kommen. Die Verhandlungen haben natürlich nicht den leichtesten Beginn«, sagte Notburgis schließlich und würdigte Hrotsvit nun keines Blickes mehr. »Soll sie Euch bis dahin noch ein wenig dienen, in Gottes Namen. Seht nur zu, dass Ihr sie aufmerksam im Blick habt. Der Teufel ist nie weit, wo dieses Mädchen ist.«

—

Sie warf sich in der Kapelle auf den Boden, die Arme weit von sich gestreckt, und drückte ihre Stirn in den staubigen Boden, bis es schmerzte.

»Vater im Himmel …«, begann sie. Doch schon wusste sie nicht mehr weiter. Sollte sie lieber Jesus anrufen? Doch wie sollten die beiden verstehen, welche Qualen sie durchlitt? Ja, Jesus war für all ihre Sünden am Kreuz gestorben, hatte das Leid aller Menschen erlitten. Und doch. Wie konnte er sie verstehen?

Eine dunkle Welle rauschte über sie. Für eine Unendlichkeit, so schien es ihr, war jeder Gedanke ausgelöscht, um endlich in einem schmerzhaft hellen Licht zu explodieren.

»Maria!«, rief sie. »Maria, Mutter Gottes, hilf mir! Ich weiß, Kinder zu gebären ist das Heiligste! Und meine Kinder, das sind die Worte in meinem Kopf! Wie kann ich diese Gabe haben, wenn ich sie nicht verwenden darf!«

»Maria, heilige Mutter Gottes!« Sie beugte im Liegen ihren Kopf zum Himmel empor, bis der Schmerz in der durchgebogenen Kehle sie fast betäubte.

»Ich werde dein Leben in den schönsten Versen besingen und sie für die Ewigkeit auf Pergament binden, wenn du mich nur aus diesem Schicksal löst! Ich werde dir huldigen, deine ganze Geschichte in aller Herrlichkeit erzählen – nur erspar mir diesen Weg.«

Sie wollte die heilige Mutter weiter beschwören, doch die Tränen würgten alles ab und so betete sie im Stillen, *heilige Mutter Maria, versteh mich, bitte. Versteh mich.*

—

Ein Taubenschwänzchen flatterte durch die Fensteröffnung in das Zimmer hinein, wohl ohne zu merken, dass es hier das Reich des Gartens verlassen hatte, und schwirrte nun zwischen den Steinsäulen umher. Seine Flügel schlugen schnell, Hrotsvit wurde schwindelig beim Zuschauen. Ein seltsames Tier. Halb Schmetterling, halb Vogel, als habe sich Gott bei der Schöpfung nicht entscheiden können.

Vielleicht hatte der Geruch der vielen Blumensträuße im Zimmer es angelockt? Die Äbtissin liebte Blumen und jeden Morgen war eine Novizin damit beauftragt, die vielen Sträuße nach welken und faulenden Blumen zu durchsuchen und durch frischgeschnittene auszutauschen. So waren die Sträuße immer ein Abbild des sich ewig wandelnden Gartens. Selbst im Winter fanden sich Zweige von den Obstbäumen hier, die in der Wärme der Küche zum Knospen gebracht und dann ins Zimmer der Äbtissin getragen wurden. Im Garten sah man Gerberga selten.

»Nun?«, sagte Gerberga und zupfte an einer der üppigen Rosen herum. Sie hatten die Farbe von rohem Schweinefleisch. »Ich hoffe, du hast mir etwas zu sagen?«

»Ich bitte mit tiefster Demut um Entschuldigung«, begann Hrotsvit, denn das war gewiss der richtige Anfang und dieses Ritual war ihr seit ihrer Kindheit ins Blut gegangen. Die Schuld, die man ihr zuwies. Und dann die Bitte um Vergebung. »Ich habe mich ungehörig verhalten und meine Dankbarkeit nicht gezeigt.«

Gerberga musterte sie. »Ich kann deine Stiefmutter gut verstehen, dass sie so schnell abgereist ist. Aber ich denke, ich konnte ihr deutlich machen, dass es dir tatsächlich um deine Pflicht mir gegenüber ging.«

Hrotsvit nickte. Aber sie hatte nur daran gedacht, dass sie in den Mauern in Worms nie wieder ein Wort niederschreiben würde, außer vielleicht Anweisungen an das Personal. Weil dieser Mann, den sie heiraten sollte, jeden Tropfen Leben und Schreiben aus ihr heraussaugen würde, bis nichts mehr von ihr übrigbliebe als eine verbitterte Hülle.

»Denn darum geht es dir, nicht wahr?«

Nun blieb Hrotsvit regungslos.

»Ich werde sehen, was ich tun kann, Hrotsvit. Aber versprechen kann ich nichts.« Sie wendete sich einem Strauß von prächtigen Malven zu, die in allen Farben der Sonne von Auf- bis Untergang dort zusammengebunden waren. »Jeder weiß, dass Konrad ein feiges Schwein ist und Ottos Tochter einen hohen Preis bezahlt hat für die Allianz ihres Vaters. Ich persönlich glaube den Gerüchten, dass er sie totgeschlagen hat. Nur ändert das nichts. Deine heilige Pflicht an deiner Familie wiegt schwer – und wenn sie diese Ehe wollen, wenn Konrad diese Ehe will, dann kann ich das nur verzögern.«

Hrotsvit schossen Tränen in die Augen. Sie nickte. »Ich weiß, Äbtissin«, sagte sie und ihre Stimme brach im letzten Wort. »Ich weiß.«

Gerberga musterte sie. Ihre blauen Augen bekamen einen warmen Ausdruck, ihre sonst so strengen Züge weichten auf. »Wir werden dich nicht schutzlos gehen lassen. Vertrau mir. Wir werden Informationen über Konrad sammeln und wenn es zur Heirat kommt, werde ich ihm einen Brief schreiben, so, dass er versteht, dass unliebsame Dinge in die Welt kommen werden, wenn er nicht gut zu dir ist.«

Hrotsvit nickte wieder. Und doch war es nur ein schwacher Trost. Vielleicht würde Gerberga ihr nacktes Leben schützen können. Aber nicht mehr.

»Danke«, sagte sie. Und sie war dankbar. Dass Gerberga die Dinge benannte, wie sie waren. Dass sie half, wo sie konnte. Und dass sie ehrlich aussprach, wo die Grenzen des Möglichen waren.

Stift Gandersheim, Juli 953

Es war Neumond, Wolken verhüllten sogar das Licht der Sterne und in ihren dunklen Umhängen würde sie niemand erspähen können, das war gewiss. Es war die perfekte Nacht für eine Flucht. Sie würden sich Pferde von den äußeren Weiden nehmen. Dort, wo die wenig wertvollen, kaum zugerittenen Tiere standen. Denn das würde erst auffallen, wenn schon lange klar war, dass die schreibende Kanonisse und der Arzt aus dem fernen Westen verschwunden waren.

Hrotsvit drehte sich um, das Stift war schon hinter den ersten Hügeln verschwunden. Nun lag noch ein Wäldchen vor ihnen, dahinter kam dann schon die Weide und zum Morgen konnten sie in Hildesheim sein, dort weiteren Proviant kaufen, und wenn wirklich alles gut ging, würden sie am darauffolgenden Morgen Hammaburg erreichen. Ein düsterer Ort am Rande der Welt, nach allem, was Hrotsvit gehört hatte. Aber von dort, da war sich Avraham sicher, würden sie am schnellsten weiterreisen können. In Gebiete jenseits des sächsischen Reiches. Mit Schiffen, die sie viel schneller forttragen konnten als Pferde.

»Da, wo du glaubst, dass die Welt endet, mein geliebtes wieselschlaues Mädchen, da beginnt sie in Wahrheit erst! Es ist nur das Ende dessen, was dir vertraut ist. Doch da ist so viel mehr«, hatte er gesagt und sie lachend geküsst.

So viel mehr. Immer wenn sie sich vorstellte, was dort alles wartete auf sie, dann war die Welt golden und heiß und lebendig. Es kitzelte sie in den Eingeweiden, die Lust, das alles kennenzulernen. Und doch.

»Hrotsvit! Komm, wir müssen uns beeilen! Wer weiß, vielleicht schaut doch jemand nach dir und bemerkt dein Fehlen!«

Er bog die Zweige der Büsche am Waldesrand beiseite und verschwand in der Dunkelheit. Sie hatten entschieden, Wege zu meiden. Gandersheim war ein vielbesuchtes Stift, schließlich lag es an der Kreuzung zweier Hauptwege durch das Sächsische Reich. Verspätete Reisende konnten zu jeder Zeit die Straßen entlangwandern. Erst wenn sie auf den Pferden saßen, würden sie auf die Wege zurückkehren. Reitend waren sie schwer einzuholen.

Hrotsvit warf noch einen letzten Blick auf die schwarzen Hügel, hinter denen das Stift lag, und ging hinter Avraham her in die noch schwärzere Dunkelheit des Waldes.

»Ich geh mit dir fort. Du musst diesen Mann nicht heiraten«, hatte er gesagt und sie hatte nicht aufhören wollen ihn zu küssen. Nie zuvor hatte sie so etwas gefühlt. Eine Freiheit, die endlos vor ihr zu liegen schien. Und das Meer. Es war also doch möglich, dass sie es nun einmal sehen würde. Sogar schon bald.

Sie ging vorsichtig tastend voran, Zweige schlugen ihr ins Gesicht, Dornen verfingen sich in ihren Kleidern. Es war, als zerrte der ganze Wald mit vereinten Kräften an ihr, um sie am Fortkommen zu hindern. Sie stieß einen leisen Wutschrei aus und zog ihr Messer aus dem Gürtel, packte die Ranke, die an ihrem Ärmel hing und hieb mit der anderen Hand so kräftig sie konnte.

»Hrotsvit? Wo bleibst du denn?«

»Ich … hänge hier fest!«, rief sie zurück und tatsächlich verhakte sich schon nach wenigen Schritten die nächste Dornenranke in ihren Kleidern. Sie spürte, wie ihr Atem schneller wurde, die Schwärze, die vor ein paar Augenblicken noch Schemen hatte erkennen lassen, schien nun undurchdringlich zu werden. Lichtblitze zuckten vor ihren Augen, während sie an den Schlingen riss, die sich in ihrer Haut festzufressen schienen. Und dann hörte sie etwas schreien, sie wusste nicht, ob in ihr oder außerhalb von ihr: »WER SIND DEINE KINDER? WER? SAG MIR, WER SIND DEINE KINDER?« Die Worte füllten sie aus und ließen für nichts anderes Platz.

Er hielt sie in seinen Armen, bis ihr Atem wieder ruhiger wurde. Aber sobald sie die Kraft hatte, rappelte sie sich allein wieder hoch.

»Kannst du schon weiter? Es tut mir leid, dass ich dich so gehetzt habe.« Er griff nach ihrer Hand. »Komm, ich führe dich. Ein Stück weiter links sind keine Dornenranken.«

Sie trat einen Schritt zurück. »Bitte«, sagte sie. »Fass mich nicht an.«

So standen sie für ein paar Momente schweigend voreinander. Sie konnten einander kaum sehen, aber das war nicht notwendig.

»Du wirst nicht mitkommen«, stellte Avraham schließlich tonlos fest.

Hrotsvit antwortete nicht, sie wollte sich die Bürde ersparen und er hatte es schon verstanden.

Avraham zog etwas aus seiner Tasche.

»Hier, nimm das.« Er drückte ihr ein kleines Fläschchen in die Hände. »Ich habe dir versprochen, dass du dir keine Sorgen machen musst. Sollte deine Blutung ausbleiben, dann trink davon, eine Woche lang, nach dem Aufstehen, vor dem Schlafengehen. Es hat bisher immer geholfen.«

Sie nahm die Flasche, widerwillig und doch dankbar.

Er blieb stehen, als wartete er auf etwas, als müsste nun noch etwas geschehen.

»Du wirst hier niemals frei sein, das weißt du?« sagte er schließlich, seine Stimme fast klagend.

Tausend Sätze lagen ihr auf der Zunge. Es gab so vieles zu erklären. *Flucht ist nicht Freiheit*, wollte sie ihm entgegenschleudern. Aber sie wusste, so würde sie sich nur hinter harten Worten verstecken.

»Ich habe hier eine Aufgabe«, antwortete sie schließlich.

»Ich wünsche dir, dass das wahr ist«, sagte er und schob flüsternd hinterher: »Ich werde dich nicht vergessen.«

»Du kannst doch bleiben, es weiß ja keiner etwas«, sagte sie matt und wusste schon beim ersten Wort, dass es unwürdig war.

Er lachte kurz auf. »Lass das bitte, Hrotsvit. Ich bin wegen dir geblieben, habe mich von Rahild als Gottloser beschimpfen und von den anderen schief beäugen lassen. Was soll ich hier? Am Ende der Welt?« Und ohne ein weiteres Wort schritt er in den Wald.

Der Weg zurück zum Stift schien ihr endlos, ein aufkommender Wind riss an ihren Kleidern und die Dunkelheit erschwerte es, den richtigen Weg zu finden.

Was hatte sie getan? Nun kamen ihr die Stimmen, die Bilder aus dem Wald ganz weit weg vor, lächerlich und dumm. Noch vor ein paar Minuten war es ihr klar und deutlich erschienen, sie war sich sicher gewesen, dass die Heilige Mutter Gottes zu ihr gesprochen hatte. Aber jetzt, allein in der Dunkelheit, schien es ihr vollkommen unwirklich. Und sie begab sich geradewegs zurück in die Höhle des Löwen, ein dummes Schaf, das nur noch warten konnte, bis der rote Konrad es mit Haut und Haaren verschlang.

Sie schleppte sich die Hügelkuppe hinauf und sah auf die Schatten des Stifts, auf die Punkte aus Licht, die die Fackeln hier und da in die Nacht warfen.

Das Gefühl, ihn verloren zu haben, erdrückte sie fast. Avraham. Nun war er schon bei den Pferden angelangt, preschte Richtung Hammaburg, oder vielleicht ganz woanders hin, nun, da sie nicht mehr bei ihm war.

Sie hatte sich nicht gegen ihn entschieden. Sie hatte nur nicht aufgeben wollen, was ihr ins Herz gelegt worden war. Sie hatte gewusst, wenn sie mit ihm ging, dann würde sie nicht erfüllen, was sie Maria unter Tränen im Gebet versprochen hatte. Und sie hatte die Ahnung, dass auch mit ihm jedes Schreiben schwer werden würde. Sie hatte sich entscheiden müssen.

Und nun war er nicht mehr als eine Legende, ein ferner Gedanke, ein fliehendes Wort. Sie spürte, dass ihre Kleider feucht an ihren Beinen klebten und fasste in ihr warmes, klebriges Blut. Die Dornen hatten tiefe Wunden hinterlassen.

Sie schlief, als hätte der Tod sie schon geholt. Keine Träume, nur Schwärze. Sie wusste es schon, als sie auf ihre Liege sank und ein Teil von ihr hoffte, dass ihr Schlaf nicht nur tief, sondern unendlich sein würde. Dass sie all das einfach hinter sich lassen könnte, dass sie aufsteigen könnte zu einem himmlischen Ort, an dem sie all diesen Schmerz, all diese Einsamkeit, all diese Furcht nie wieder fühlen müsste. Und so war ihre Nacht dunkel und frei.

Ein Rütteln riss Hrotsvit aus ihrem traumlosen Schlaf. Ihr Schädel schmerzte, als hätte sie zu viel Wein getrunken, und nur langsam öffnete sie die Augen.

Irmentraud strahlte sie an. »Du wirst es nicht glauben!« Sie schrie beinahe. Auf ihren runden Wangen waren rote Flecken, ihr ganzer Körper war in Aufruhr. Sie, die sonst immer wie ein Fels neben ihrem aufgeregten Selbst stand.

»Itlin! Unsere Gebete sind erhört! Konrad hat sich Liudolfs Aufstand angeschlossen! Sie haben Mainz besetzt und dem König den Krieg erklärt!«

Hrotsvit setzte sich auf, schüttelte benommen ihren Kopf. »Krieg? Dem König?«

Die Worte sickerten in sie ein. Krieg sollte es geben. Konrad gegen den König.

Sie umarmte die Magd stürmisch. »Irmentraud! Wenn das wahr ist! Einem Verräter wird mich Vater niemals übergeben! Niemals!«

Graf Allo war ebenso königstreu wie gläubig. Er verehrte König Otto und hätte ihn gegen jeden Gegner verteidigt. Nach außen wie nach innen. Er würde lieber sterben als seine Familie mit einem Verräter zu verbinden, das wusste Hrotsvit. Sie sank auf die Knie und zog auch Irmentraud hinab auf den harten Stein.

Mutter Gottes, dachte sie, *du hast mich erhört. Du hast mich wirklich erhört.*

Vor der Tür hörte sie Schritte, dann das Geräusch der eisernen Klinke und Äbtissin Gerberga stand im Raum.

»Hrotsvit, deine Stiefmutter Notburgis hat einen Boten geschickt.« Gerberga räusperte sich und blickte kurz zu Boden. Und Hrotsvit wusste augenblicklich, dass die Nachrichten nicht angenehm sein würden.

»Was ist es?«, fragte sie tonlos.

»Sie lässt dir mitteilen, dass Graf Allo die Eheverhandlungen mit Konrad abgebrochen hat … Und bereits Boten ausgeschickt hat, um einen neuen Gatten zu finden.« Gerberga räusperte sich noch einmal. »König Otto unterstützt Eheschließungen, die die Beziehungen nach Italien stärken und dort werden sie nun nach einem Ehemann für dich suchen. Dort sind deine … früheren Probleme, dich zu fügen, auch nicht bekannt, lässt Notburgis ausrichten. Deshalb sind sie guter Hoffnung, dass es schnell geht.«

Hrotsvit nickte stumm.

»Es tut mir leid«, sagte Gerberga ruhig. »So liegen die Dinge eben. Ich wollte es dir gleich sagen, damit du dich an den Gedanken gewöhnen kannst.«

—

Das Licht war schummrig in den Räumen, die Schwester Rahild bewohnte und in denen sie auch ihre Kräutertinkturen braute. Wenn eine Kanonisse oder Nonne ernst erkrankt war, wurde sie hierhergebracht. Sie hätte sicher hellere Räume bekommen können, schließlich war Rahild die engste Vertraute der Äbtissin, ihre Arbeit unersetzlich. Doch Hrotsvit wusste, dass sie sich nichts aus derlei Annehmlichkeiten machte. Hier war sie nah am Kräutergarten. Und ungestört. Und gerade war Hrotsvit für diese Abgeschiedenheit dankbar. Sie hatte hierherschleichen können, ohne jemandem zu begegnen. Und sie wollte ihren Zustand verbergen.

Hrotsvit hielt sich am Türrahmen fest. Ein Frösteln überzog ihre Haut. Der Wolf. Einen Moment lang stand sie wieder in dem Wald, der ihr fast das Leben geraubt hatte. Umfangen von der Dunkelheit, gebeutelt vom selben wüsten Fieber. Jedes Blatt konnte sie sehen, jeden Regentropfen auf ihrer Haut spüren, und die Augen des Wolfes glühten im ewigen Dämmer. Sie stöhnte und beugte ihr Haupt. Dann humpelte sie einen weiteren Schritt vorwärts.

»Da bist du also«, stellte Rahild tonlos fest, ohne von ihren Tiegeln und Töpfen aufzublicken.

»Woher …«, fing Hrotsvit an, doch sie war zu schwach, einen Satz zu formen, geschweige denn einen Schlagabtausch mit der scharfzüngigen Alten durchzuhalten. »Ich …«

»Leg dich auf die Liege. Ich bin gleich bei dir.«

Es war dunkel, als sie wieder die Augen öffnete. Ihre Gedanken waren klarer. Das Fieber. Es war noch da, aber nur noch so schwach, dass es die Sinne nicht mehr trübte. Rahild saß schweigend neben ihr und sah sie an.

»Es geht mir besser«, sagte Hrotsvit und setzte sich halb auf.

»Das Fieber ist unten. Weil ich dich behandelt habe. Das ist etwas anderes«, antwortete Rahild, befeuchtete ein Tuch und schob Hrotsvits Gewand hoch. Es schmerzte, als die alte Nonne ihre Wunden betupfte.

Der Wind fuhr zwischen die Ketten getrockneter Pilze und Vogelknochen, die Rahild im ganzen Raum aufgehängt hatte, und ein leises Klappern ertönte, fast wie ein Lachen in der Ferne.

Die Kerzen flackerten auf, es waren schwere Altarkerzen, die anderen Nonnen und Kanonissen verboten waren. Aber Rahild konnte sich vieles erlauben. Auch Altarkerzen in ihrer Kräuterkammer, weil ihr das Licht der Talglampen nicht hell genug war.

»Woher hast du diese Wunden?«

»Ich …« Hrotsvit wusste nicht, wie sie den Satz vollenden sollte. Sie wollte nicht lügen, aber die Wahrheit war unaussprechlich.

Rahild seufzte und schaute ihr ins Gesicht. Ihre wässrigblauen Augen schienen im Licht zu tanzen.

»Nun gut. Ich will uns den ganzen albernen Kram ersparen«, sagte sie und blickte Hrotsvit unverhohlen an. »Du wolltest dich mit diesem Schönling davonstehlen. Jeder mit zwei Augen im Kopf hat gewusst, was du treibst.« Sie lachte.

»Dass die jungen Hühner auch immer glauben, außer ihnen habe niemand Gefühle. Habe niemand je so etwas erlebt. Und deshalb merke es auch niemand.« Wieder tauchte sie den Lappen in den Kräutersud. »Ich kenne keine, die nicht mal einen Schönling hatte und fortlaufen wollte.«

Sie tupfte Hrotsvits Wunden ab und begann, ein Lied zu summen, das dumpf klang, alt und verwunschen. Der Schmerz pulsierte, das Fieber machte den Kopf leicht und doch war es nun besser zu ertragen. Die unaussprechliche Angst, die Hrotsvit seit Avrahams Aufbruch beherrschte, war stiller geworden.

»Er ist kein Schönling«, flüsterte sie. »Er … versteht mich.«

Rahild summte das Lied weiter, als hätte Hrotsvit nichts gesagt, und tupfte das Bein immer von neuem ab. Schließlich verstummte sie.

»Er versteht dich also. Warum bist du dann hier? Und nicht mit ihm auf der Flucht? Ich will es dir sagen: Weil er dich nur so lange versteht, wie dein Körper ihn verlockt. Und das weißt du.« Sie schnaubte laut und stand auf. »Das ist doch alles Unfug.« Ihre durchdringenden Augen ruhten auf Hrotsvit. »Was willst du von mir?«

Unruhig rutschte Hrotsvit auf dem Lager hin und her. »Mein Bein. Es will nicht heilen.« Und ich kann nicht schreiben, dachte sie. Aber sie wollte es nicht aussprechen, wollte es nicht noch wahrer werden lassen. Obwohl es für sie fast belastender war als das Fieber und die eiternden Wunden.

Rahild blickte sie weiter mit unbewegter Miene an. »Weißt du, diese ganzen Tiegel und Tränke, sie sind alle ein Hauch, ein Nichts, das nur hält, was ich will. Und dein Bein wird nicht heilen, wenn du nicht herauskehrst, was dich verdunkelt.«

Hrotsvit schloss die Augen. »Ich kann nicht schreiben. Kein Wort. Und dabei …«, es dauerte ein paar Momente, bis sie die Kraft gesammelt hatte, alles auszusprechen, »… wurde ich doch gerufen. Ich muss. Aber etwas reißt an mir und ich kann nicht.« Und wieder spürte sie, wie es ihre Gedanken packte und hinabstürzte in eine unergründliche Leere.

»Du dienst zu vielen Herrinnen und Herren«, sagte Rahild. »Du hast die Höchste um Hilfe angerufen, nicht wahr? Und doch hast du nicht allem anderen abgeschworen.« Sie schnalzte mit der Zunge.

»Sag es!«, ihre Stimme war scharf. »Hast du sie angefleht? Um ihre Unterstützung gebeten?«

»Wen meinst du?«, stammelte Hrotsvit.

»Wen meine ich? Die Mutter Gottes meine ich! Die Höchste meine ich!«

Hrotsvit zuckte zusammen. Die Höchste. So durfte Rahild nicht sprechen. Es gab nur einen Höchsten.

»Du lästerst Gott.« Hrotsvit sagte das ohne Aufregung.

»Papperlapapp!« Rahild fuhr herum und zeigte mit dem Finger auf sie. »Wenn du eine Kuh hast und ein Bullenkalb und eines von beiden musst du töten. Sag, wen brauchst du mehr? Wen wirst du am Leben lassen? Also rede mir nicht von Gotteslästerung. Gott weiß das genauso wie wir. Glaubst du, das Allmächtige hält sich mit solchen Kleinigkeiten auf? Und jetzt antworte mir! Hast du um ihre Hilfe gebeten? Ich will, dass du es sagst!«

Die letzten Worte schrie die alte Frau beinahe und es war Hrotsvit, als flackerte das Feuer für einen Moment hell auf.

»Ja«, antwortete sie und erschrak, wie schwer das Wort wog. »Ja, ich habe gebetet, um Marias Hilfe.«

»Und du hast leichtfertige Versprechen gegeben, du unwissendes Huhn! Du kannst nicht alles haben! Du hast dich mit Abraham eingelassen, hast deinen Körper *und* deinen Geist ihm zugewendet! Hast dich auf die Lust gestürzt, *obwohl* du dich Maria unterworfen hast!«

»Er heißt Avraham«, sagte Hrotsvit trotzig.

»Abraham, Avraham … darum geht es hier doch nicht. Es geht darum, dass du nicht der Gottesmutter deine Seele schenken und sie dann hinterrücks darum betrügen kannst! Und natürlich kannst du dir nicht Geschenke erbitten, die du nicht verwendest! Was glaubst du, was das hier ist? Ein Hüpfspielchen auf dem Dorfplatz?«

Rahild griff in eine steinerne Schale und warf etwas Staubiges in das Feuer. Ein blaues Licht explodierte mit einem feinen Knistern in den Flammen und ein schwerer Duft trieb durch den Raum.

»Willst du dich in den Dienst von Maria stellen? Ganz und gar? Willst du alles tun, was in deiner Macht steht, um ihre Ehre zu vergrößern? Willst du dich einreihen in das lange Geschlecht ihrer Dienerinnen? Wirst du die Aufgaben annehmen, die man dir überträgt? Dann antworte mir, ›Ja, mit IHRER Hilfe‹!«

Sie wusste nicht, ob sie die Worte laut ausgesprochen hatte, oder nur in ihrem Kopf. Doch es musste geschehen sein, denn

Rahild griff sie bei der Hand und sprach: »Dann wollen wir gehen und deine Seele öffnen.«

—

Die Dunkelheit umfing sie wie ein schwarzes Tuch. Die Luft war kühl und feucht. Die gegrabene Höhle, die im Winter als Vorratsraum genutzt wurde, war leer, aber Hrotsvit konnte noch die Reste der Rüben und des Kohls riechen, die hier bis ins Frühjahr gelegen hatten, bevor das Jahr von neuem anhob, um sie mit seinen Früchten zu ernähren.

»Sich allem anderen zu entziehen ist oft der beste Weg zur echten Erkenntnis zu kommen«, hörte sie Rahild hinter sich sagen. »Dies hier ist deine Einöde, deine Einsiedelei. Und wenn die heilige Maria wirklich mit dir ist, wird sie deine Seele singen lassen und dir die starke Stimme schenken, die du dir wünschst.«

Hrotsvit hörte das Quietschen der Tür. »Ich werde in ein paar Tagen nach dir sehen«, sagte Rahild und dann war sie allein und die Dunkelheit vollkommen.

Lichtpunkte begannen vor ihren Augen zu tanzen, durchzogen die Schwärze und doch war da nichts, wenn sie danach griff. Alles zerplatzte im Schwarz. Mit einem Seufzen ließ sie sich auf den Boden sinken. Hier an die Wand hatte Rahild ihr Wasser gestellt und eine Decke gelegt. Denn es war kalt und feucht. Hier gab es keine Geborgenheit.

Sie hatte sich nicht gewehrt, hatte es geschehen lassen, war gefolgt wie ein Lamm. Doch jetzt kamen ihr Zweifel. Was tat sie hier? Sie musste doch dort draußen sein! In der Welt!

Angst ergriff sie, stieg aus ihrer Mitte und breitete sich im ganzen Körper aus, eine Schlange, die in alle Glieder kroch. Eine eiserne Faust packte ihren Brustkorb, bis kaum mehr ein Atemzug in ihren Körper zu bekommen war, sie rang mit sich, versuchte, den Atem einzusaugen, so viel sie konnte, schneller wurde sie und schneller, ihr Hals schmerzte, das Innere ihrer Brust brannte.

Beginnt es so? dachte sie. *Hat mich jetzt der Teufel und versengt mich von innen her, bis in alle Ewigkeit vom Schmerz zerrissen und nie erlöst?*

Sie wollte um Hilfe schreien, doch dafür war zwischen ihren panischen Atemzügen kein Raum, es blieb ein merkwürdiger Laut, der sie an das Ertrinken denken ließ.

Dann verlor sie das Bewusstsein.

Noch immer war es schwarz um sie. Es dauerte ein paar Augenblicke, bis sie verstand, wo sie war. Nun ging ihr Atem wieder ruhig, das Schreien in ihrem Körper war fort. Die Dunkelheit aber und die Stille, sie waren noch immer da. Sie schloss die Augen und drückte die Hände auf die Lider. Was hatte sie nur angerichtet?

Draußen regnete und stürmte es. Sie konnte den Wind heulen hören und irgendwo hatte das Wasser einen Weg hineingefunden. Es tropfte mit einem hellen Laut, ein scheinbar gleichbleibender Rhythmus, der sich doch wandelte, schneller wurde, und auch der Ton selbst wurde mal dunkler und dann wieder heller. Es waren nur feine Änderungen, aber mit jeder Minute konnte Hrotsvit sie klarer hören, versank mehr und mehr in den zarten Klängen, trieb auf ihnen durch die Schwärze – und dann überwältigte sie eine Erkenntnis tief und hell wie der Tag.

In allem war ein Lied, das zu ihr sang. Eine Melodie, gesponnen vom Licht der Sterne, das aufgefangen war in den Wolken und nun mit dem Regen hinabfiel, verschlungen mit dem Rauschen des Windes, und alles wurde getragen, bis zu ihr, hinab in die Dunkelheit.

»Maria«, flüsterte sie. »Heilige Mutter Gottes, meine Ohren sind geöffnet, meine Seele fliegt frei, Maria, heilige Mutter! Erhöre mich.«

Die Schwärze breitete sich um sie aus. Endlos. Und Hrotsvit mit ihr. Sie verlor jede Grenze und Form. Wurde eins mit dem, was Alles und was Nichts war.

Sie konnte nun fühlen. Wirklich fühlen, mit ihrem ganzen Körper. Ein Verstehen, das jenseits der Worte lag – und das wurde ihre größte Sorge, dass sie nicht davon sprechen konnte, was sie gefunden hatte in der Dunkelheit. Dass sie es hierlassen musste und es dann für immer verschollen bleiben würde. Und als Rahild die Tür öffnete, um nach ihr zu schauen und das grelle Licht des Tages hineinströmte, hob sie nur die Hand und senkte den Kopf und Rahild verstand und schloss ein weiteres Mal die Tür.

———

Der Schmerz fuhr durch ihre Kopfhaut, rauschte ihr Rückgrat hinab, in abertausenden Lichtpunkten explodierte er vor ihren geschlossenen Augen.

»Raus hier!« Er schleifte sie an ihrem Haar hinaus ins Freie.

»Du hast dich mir zum letzten Mal widersetzt! Wir suchen dir einen angemessenen Ehemann, versuchen deine Unbill wettzumachen – und du spielst hier die Heilige aus der Lehmgrube!«

Hrotsvit rang um Worte, versuchte, sich loszumachen von seiner Hand, doch der Griff war mächtig und eisern, von einer schier übermenschlichen Kraft. Ihre Knie schleiften durch den Schlamm und schließlich über Steine.

»Bitte …«, wimmerte sie. »Bitte!« Sie schämte sich, dass ihr keine Kraft blieb, den Schmerz mit Würde auszuhalten, wie sie es oft las in den Geschichten von Märtyrern und Helden.

»Bitte!«, stammelte sie ein weiteres Mal. »Bitte, Vater, lasst mich.« Tränen tropften ihr von den Wangen, sie spürte, wie ihre Nase verschleimte, ihr Gesicht sich verzog zu einer Fratze von Schuld und Schwäche.

»Graf Allo, wartet …« Gerbergas Stimme schnitt in das wütende Durcheinander. »So wartet doch. Lasst uns reden.«

»Reden?« Die Stimme ihres Vaters überschlug sich. »Reden? Mit euch? Ihr versündigt euch an euren heiligen Aufgaben, ihr zerstört die *göttliche Ordnung*! Und nun wollt ihr reden?« Er zerrte Hrotsvit erneut an den Haaren hoch, so heftig, dass sie Angst hatte, er würde ihr die Haut vom Kopf reißen. »Sie hat eine Aufgabe! Unsere Familie wird nicht aussterben wegen ihrer Spinnereien!! Ich nehme nicht hin, dass sie gegen alles verstößt, was heilig ist!«

Mehr und mehr Kanonissen und Nonnen fanden sich ein im Hof, das Spektakel war erschreckend und faszinierend zugleich. Graf Allo fuhr herum und stierte die Frauen an.

»Genau dafür hat euch der Teufel gemacht! Mit eurem Wahnsinn die Ordnung zu stürzen!«

Er schaute auf Hrotsvit hinab. Sie konnte sehen, dass etwas ihn ihm nicht glauben konnte, was hier geschah. Und doch ließ er nicht von ihr ab. Er gab sich seiner Wut hin, wild funkelte sie in seinen Augen.

»Ich habe geglaubt, du seist schlau genug für ein paar Freiheiten!« Er spuckte aus. »Nichts bist du wert! Benutzt hast du meine Großzügigkeit! Erschlagen sollte ich dich! Wie die tollwütige Hündin, die du bist!«

Gerberga ging zu ihm und ergriff seine Schwerthand. »Graf, wir sind doch …«

»Es gibt kein ›Wir‹! Ihr seid gewissenlose Huren, sobald man euch lässt! Alle miteinander! Ihr seid dummes, einfältiges Gesindel ohne Seele, das nichts verdient außer einem Tritt in den Arsch und die Peitsche!« Er schrie, dass seine Adern unter der Haut hervortraten.

»Wir sind Bräute Christi!«, schmetterte ihm Gerberga entgegen, ihre Stimme nun messerscharf. »Wir sind Herberge des Königs, Heilerinnen der Kranken, auf diesem Hof ist mehr Wissen versammelt als in König Ottos Heer! Wähle deine Worte weiser, Allo.« Sie sprach seinen Namen aus, als sei er ein Schimpfwort. Und sein Griff um Hrotsvits Haar lockerte sich.

Es war keine bewusste Entscheidung, nein, eigentlich wusste sie gar nicht, wie es zugegangen war. Es war, als ob jemand anderes ihren Körper führte. In Graf Allos Moment der Unachtsamkeit ergriff Hrotsvit das Schwert an seinem Gürtel und zog es aus seiner Scheide.

Sie sah sich selbst, das Schwert in der Hand, zuerst allein, doch die verstreut stehenden Frauen sammelten sich hinter ihr, bis sie schließlich eine ganze Wand aus Körpern hinter sich spürte.

Langsam drehte sich Graf Allo um. Er musste sofort gespürt haben, dass seine Waffe genommen worden war. Und doch war er unbeweglich stehen geblieben. Er blickte um sich, als wüsste er nicht, was er tun sollte.

»Was tust du?«, zischte er schließlich und spuckte wieder vor ihr aus. Doch das meiste blieb in seinem Bart hängen und ließ ihn aussehen wie einen Stier mit Schaum vor dem Mund. Ein leises Gekicher war aus der Menge hinter ihr zu hören.

»Du bist nicht mehr meine Tochter!«

Die Worte schrie er so laut, dass sie zwischen den Mauern hallten und ihr in den Leib fuhren, ein Dolch hätte sie nicht mehr geschmerzt. Sie spürte die Tränen von neuem hervorquellen. Doch eine leichte Böe fuhr genau in diesem Moment zwischen ihnen hindurch, eine Brise des herannahenden Herbstes vielleicht, und Hrotsvit konnte es wieder hören, die Musik, die zu ihr in der Dunkelheit gesprochen hatte, die Worte, die sie nicht sagen konnte, aber die dennoch in ihr waren.

In diesem Moment erkannte sie: Er wusste nichts von alledem. Und würde es auch nie verstehen. Sie sah ihn plötzlich vor ihrem inneren Auge, gebeugt über seine Handvoll Bücherkisten, in einer viel zu kleinen Welt, gefesselt von ein paar wenigen sauber geschriebenen Zeilen. Das war alles. Sie jedoch, sie stand mitten im Sturm, lebte dort, wo die Wellen sich brachen.

»Nein«, antwortete sie. »Das bin ich nicht mehr.« Mit einem Scheppern fiel das Schwert zu Boden. »Ich bin nicht deine Tochter. Ich bin ein Kind Gottes.« Sie blickte auf das blank polierte Metall, das nun zwischen ihr und Graf Allo auf den Steinen lag.

»Ein Kind Gottes«, flüsterte sie. »Wie du. Wie meine Brüder.«

Sie nickte mit dem Kinn in Richtung des Schwertes. »Nimm es. Erschlag mich. Es ist mir einerlei. Aber ich werde nicht mit dir gehen. Und ich werde keinem Mann dienen. Der Einzige, der mich in die Brautkammer führt, wird Jesus Christus sein.«

Sie meinte jedes der Worte so sehr, dass sie leicht wie Vögel an einem Frühlingsmorgen aus ihrer Brust kamen. Sie war bereit zu sterben, alle Angst war verflogen. Sie blickte ihrem Vater ins Gesicht und der Schmerz, den sie bei der Erinnerung an ihre Kindertage spürte, währte nur kurz. Sie hielt seinem Blick stand. Sie sah, wie sein Kinn zitterte, seine Lippen erblichen vor Wut.

Langsam bückte er sich und hob das Schwert auf. Ein Fluchtreflex zuckte durch ihren Körper. Aber dann dachte sie daran, was sie gerade in der Dunkelheit gefühlt hatte. Nein, sie brauchte nichts zu fürchten.

Für ein paar Augenblicke stand er vor ihr, wog das Schwert in der Hand. Schließlich steckte er es zurück an den Gürtel.

»Du bist es nicht wert, dass ich meine Seele mit dir belaste.« Graf Allo sprach mit heiserer Stimme. »Ich werde andere Kinder zeugen. Bessere. Du bist nichts als ein beschädigtes Gefäß, das zu nichts mehr nütze ist.« Noch immer zitterte sein Kinn.

Hrotsvit versuchte, seine Worte an sich vorbeiziehen zu lassen, versuchte, sich von diesen Pfeilen nicht treffen zu lassen. Und fast gelang es ihr.

Er setzte seinen Fuß in den Steigbügel und zog sich auf sein Pferd. An seinen Bewegungen konnte sie plötzlich erkennen, wie alt er geworden war.

Das war es also, schoss es Hrotsvit durch den Kopf. Sie würde ihn nicht mehr lebend wiedersehen. Vaterlos. Das war sie nun. Ein Kind ohne Eltern. Allein ein Kind Gottes.

—

Gerberga schlug mit der Faust auf den Tisch.

»Was sollte das, Rahild? Ich habe genug von Euren Kindereien! Ich führe hier ein Stift!«

Rahild zog die Augenbrauen hoch. »Hm«. Sonst sagte sie nichts.

»Du brauchst gar nicht so zu schauen! Zum Glück ist Graf Allo ein verschrobener Buchsammler, den kaum einer am Königshof für voll nimmt! Was hast du dir gedacht, Hrotsvit so aufzuwiegeln?«

Rahild strich ein paar Blattstiele von ihren Kleidern, die sich im Garten darin verfangen hatten.

»Ein Stift führt Ihr also?«, fragte sie in beiläufigem Ton. »Seid Ihr sicher, dass es nicht vielleicht ein Marktplatz ist oder eine Schmiede für Intrigen und gewinnbringende Allianzen?«

»Ach, lass das!«, fuhr Gerberga sie an. »Du weißt genau, worum es hier geht!«

»Nein«, sagte Rahild. »Das weiß ich nicht. Zu mir kam eine Schwester mit großer Gabe und einer finsteren Last. Und ich habe ihr die Tür gezeigt, durch die sie schon lange gehen wollte.«

»… und ich habe ihr die Tür gezeigt …« Gerberga äffte ihre alte Lehrerin nach und verdrehte die Augen dabei.

»Vor wenigen Jahrzehnten hat man uns das Recht genommen, an unseren Klöstern und Stiften Jungen und Männer zu unterrichten! Weil keine Frau einem Mann etwas zu sagen hat.« Mit jedem Wort wurde Gerbergas Stimme lauter.

»Wenn der Bischof seine gute Laune verliert, dann darf ich hier *nichts* mehr selbst entscheiden!« Gerberga war aus ihrem Stuhl aufgesprungen und schrie nun aufgebracht.

»Ja, ich bin sogar verpflichtet, hier einen Pfarrer zu halten, der uns die Messen lesen soll!« Sie schnaubte. »Es kostet mich viel Wein und Gold, dass er uns in Frieden unsere Andachten halten lässt! Weißt du, was solche Geschichten von den aufmüpfigen Kanonissen in Gandersheim für uns bedeuten können? Ich will es dir sagen! Das Ende! Wir werden verstreut in alle Richtungen des Windes – und mir wird man den Prozess machen, wegen irgendeinem ausgedachten Unsinn, den sie Ketzerei nennen! Und am Ende werde ich ersäuft wie eine räudige Katze!« Sie schlug noch einmal mit der Faust auf den Tisch. »*Darum* geht es, Rahild!«

»Ich bin ja schon ein paar Jahre länger da«, antwortete die Alte mit leiser Stimme. »Du brauchst mich nicht wie eine dumme Novizin behandeln. Ich will dir nur zwei Dinge sagen. Erstens brauchen sie uns. Und werden uns immer brauchen. Da können sie noch so viel herumkrakeelen und immer mal wieder eine von uns totschlagen. Und zweitens kannst du das Haus hier selbst zuschließen, wenn du die Seele hinaustreibst, die uns am Leben hält. Ich weiß, du magst deinen scharfen Verstand, deine klugen Listen und Ränkespiele. Doch das allein reicht nicht. Versteh das endlich.«

Mit einem leisen Stöhnen stand sie auf und legte einen Scheit auf das Feuer, das nur noch still glomm und einen beklemmenden roten Schein warf.

»Hab Vertrauen in dein Gespür. Hrotsvit hat eine Gabe. Eine außergewöhnliche Gabe, getragen von einem unbeugsamen Willen. Und das wird dir nützen. Mehr, als wenn du sie zu einem braven Eheschaf erzogen hättest.« Sie lachte kurz auf. »Wäre dir sowieso nicht gelungen.«

Gerberga blickte nervös zum Fenster. »Ich dachte nur …«

»Ich weiß schon, was du dachtest. Dass sie dir mal schnell ein paar Legenden niederschreibt, die du herumzeigen kannst, und dann schiebst du sie, wie ihrem Vater versprochen, ins nächste Ehebett.« Rahild gähnte. »Ich weiß, meine kleine Gerberga, du warst schon immer ein durchtriebenes Stück. Aber du hast auch eine Seele. Und die wird dir immer mal ein Schnippchen schlagen. Gewöhn dich dran. Du bist eine brillante Politikerin. Du könntest drei Königreiche regieren und hättest immer noch Kraft übrig. Aber die göttliche Fügung hat dich zur Äbtissin gemacht. Und da kannst du nicht so tun, als seist du etwas anderes.«

Gerberga starrte nun angestrengt in die Nacht heraus. Immer wieder gelang es Rahild, ihre Schwächen offenzulegen. Sie hatte sie mit aufgezogen und manchmal schien es Gerberga, als könnte die alte Nonne bis auf den Grund ihres Seins schauen, dorthin, wo sie selbst nur noch raten konnte, was sich dort verbarg.

Rahild trat neben sie und strich ihr über die Wange.

»Gerberga. Mein Mädchen. Versteh doch, dass du manches nicht verstehen kannst, wenn du dein Inneres nicht öffnest. Wer dem König in die Schlacht hinterherreitet, der kann nicht erwarten, dass er die Feinheit der Lebensfäden spürt.«

Trotzig schob Gerberga die faltige Hand aus ihrem Gesicht und drehte sich noch weiter weg.

»Ich wäre eine bessere Königin als sie alle zusammen. Wie sie dastehen, die hohen Fürsten. Und dem König nach dem Mund reden. Oder ganz stumm bleiben.« Sie schnaubte verächtlich. »Und Otto. Er mag ein guter Feldherr sein, aber er muss sich jeden Brief vorlesen lassen. Und wenn er keine Frau hat, die ihn antreibt, ist er völlig unbrauchbar.«

Rahild war versucht, Gerberga noch einmal zu streicheln. Aber sie ließ es bleiben. Sie wusste, es würde ihren Schmerz nur vergrößern.

»Ich weiß, mein Kind«, murmelte sie. Und da begann Gerbergas Rücken zu zucken und sie verbarg ihr Gesicht in ihren Händen. Rahild blieb neben ihr stehen und wartete.

»Rahild«, seufzte Gerberga schließlich. In ihrer Stimme waren die Tränen zu hören. »Ich versuche, Gott zu hören, aber ich kann es nicht. Und immer, wenn ich anfange darüber nachzudenken, was mein Platz in der Schöpfung ist, welche Grenzen es mir setzt, eine Frau zu sein, dann überkommt mich so eine maßlose Wut, dass ich den Himmel einreißen könnte. Ich könnte die Sterne verschlingen und alles verbrennen mit meinem Feuer.«

Ein Schatten dieses Zorns war nun in Gerbergas Stimme hören, aber gleich darauf fiel dieses Feuer wieder in sich zusammen.

»Und dann ... denke ich. Das muss der Teufel sein, der in mir wohnt. Der, von dem der Priester und der Bischof immer sprechen. Dem wir Frauen Tür und Tor geöffnet halten und den wir gewähren lassen.«

Ihre Arme hingen nun herab, kraftlos wie zwei tote Hölzer. Alles Leben schien aus Gerberga gewichen.

Rahild strich der Äbtissin sanft über den Rücken.

»Du bist ein Kind Gottes, wie wir alle. Und nur, weil dich jemand hasst für das, was du bist, heißt das noch lange nicht, dass Gott das tut.«

———

So wie sie vor kurzem gelähmt vor ihren Wachstafeln gesessen hatte und keinen Strich auf die makellose Fläche vor sich setzen konnte, so schienen ihre Finger nun kaum hinterher zu kommen.

»Lass es geschehen«, hatte Rahild ihr gesagt. »Nimm die Worte so, wie sie jetzt kommen. Lass ihnen freien Lauf. Bevor du sie auf das Pergament schreibst, kannst du alles noch einmal schleifen.«

Sie hörte darin den Widerhall der Worte ihrer geliebten Riccardis, wenn sie sagte: »In einem großen Text ist die Melodie der Schliff, der den Sinn der Worte zum Funkeln bringt.«

Und so folgte sie diesem Rat und ließ die Worte durch sich hindurchrauschen. Es war, als wären die Worte in ihr heimlich gereift und nun, nachdem der Winter vorbei war, brachen sie hervor und blühten auf, in den schönsten Farben.

Es ergab nun endlich alles Sinn. Die grausamen Monate am Hof von Konrad. Die ständige Angst der Auslieferung. Ohne sie hätte sie nicht gewusst, wie eine so große Angst auf die Seele wirkte und wie viel Stärke es brauchte, um sie zu überwinden. Besonders die Geschichte des Pelagius, die ihr Avraham erzählt hatte, sprach zu ihr. Der junge Mann, der sich dem Ansinnen des Kalifen widersetzte und wahrscheinlich ahnte, wie diese Gegenwehr für ihn enden musste.

Hrotsvit konnte ihn sehen, wie er mit verrenkten Gliedern dalag, nachdem man ihn als menschliches Geschoss über die Stadtmauern katapultiert hatte. Sie konnte fühlen, wie die zerborstenen Knochen sich durch die zarte Haut des Jungen bohrten, schmeckte das Blut, das sich in seinem Mund sammelte. Und dennoch. Avraham, der ihn gefunden hatte, damals noch ein Kind, schwor bei allem, was ihm heilig war, dass Pelagius noch gelebt hatte und dass er in seinen sterbenden Augen so etwas wie Glück gesehen hatte. Hrotsvit fühlte es alles, den Schmerz, die Freude, die Verzweiflung und die Hoffnung, in Gottes Arme aufgenommen zu werden.

Sie schrieb und schrieb. Hauchte Leben in die Menschen, die schon so lange tot waren, und konnte sie sehen. Fühlen. Wie sie ihren Versuchungen widerstanden. Wie sie über sich hinauswuchsen, die Beschränktheit des Irdischen hinter sich ließen und zu etwas anderem wurden. Zu Heiligen.

Hrotsvit sah, wie diese Leben sich vor ihr ausbreiteten, ihr ihre Geheimnisse zuflüsterten und zu Worten und Versen wurden. Zeit löste sich auf. Sie hatte in ihrem Leben keine Bedeutung mehr. Die Tage flossen ineinander und es war ihr gleichgültig.

Hrotsvit schrieb. Ihr restliches Leben lag nun in den Händen von Irmentraud und ihre alte Amme übernahm mit stiller Freude diese Aufgabe. Es kam ihr nicht in den Sinn, dass sich doch etwas Eigenes aus ihrem Leben formen musste. Sie hatte verstanden, dass Hrotsvit nun Versenkung brauchte und ihre Kunst nur möglich war, wenn ihr jemand anderes alles abnahm, was nicht mit den Worten zu tun hatte. Und so trug ihr Irmentraud das Essen und Trinken herbei, kämmte ihr Haar und wusch ihre Kleider, damit sie die äußere Hülle erhalten konnte.

Sie lüftete das kleine Zimmer und schnitt die Fensteröffnung frei von den rankenden Pflanzen, damit Hrotsvit so viel Licht wie möglich auf ihrem Schreibpult hatte. Sie stellte ihr frische Blumen ins Zimmer und als der Herbst langsam in den Winter überging, begann sie, die Kammer zu heizen, mit einer Bronzeschale voller heißer Steine, so wie sie es damals in Wendhusen beobachtet hatte.

Oft sah sie heimlich dabei zu, wie Hrotsvit vor ihrem Wachsbuch stand, weit vornübergebeugt, einige Haare aus dem Schleier gelöst und mit gerunzelter Stirn Buchstaben in das Wachs ritzte. Sie erinnerte sich dann immer wieder daran, dass dies das Bündel war, das ihr Graf Allo eines Tages an die Brust gelegt hatte. Und dass es an dieser ihrer Brust gewachsen war, dieses Wesen dort. Dass es ihre Milch gewesen war, die sie hatte wachsen lassen.

Und nun saß sie dort und schrieb. Sie kopierte nicht, was bereits in einem Buch stand. Sie schrieb Geschichten in ihren eigenen Worten, in Melodien und Reimen, die Irmentraud einen Schauer über die Haut jagten.

Manchmal las ihr Hrotsvit abends vor und übersetzte dann, was sie geschaffen hatte im Laufe des Tages. Und oft kamen Irmentraud die Tränen, denn sie fühlte den Hauch einer Ewigkeit. Sie konnte nicht anders als glauben, dass noch in tausend Jahren Menschen die Worte ihrer Hrotsvit lesen würden und staunen. Und es erschütterte sie auch, dass ein kleiner Teil dieser Werke auch durch sie entstanden war. Unsichtbar zwar, ohne dass ihr Name fiel. Und doch war etwas von ihr, der unbedeutenden Magd, in alledem.

Stift Gandersheim, Februar 954

Der Winter beutelte das Land, Schnee senkte sich auf die Ländereien des Klosters, bedeckte die Dächer, machte den Knechten und Mägden die Arbeit schwer, aber Hrotsvit merkte es kaum. Sie stand an ihrem Pult und schrieb, manchmal saß oder lag sie auch auf ihrer Pritsche und überarbeitete, was schon geschrieben war. Rahild besuchte sie fast jeden Tag, braute ihr Tee und begleitete Hrotsvit ins Bücherzimmer, wenn sie dort Legenden nachlas.

Der Schnee knirschte unter Rahilds Füßen, die Kälte hatte ihn trocken und hart werden lassen. Sie ging noch ein bisschen schneller. Die hellen Stunden, in denen es sich gut lesen ließ, waren rar.

Hrotsvit und sie begrüßten einander mit einem stummen Nicken und Lächeln. Überhaupt sprach die junge Frau kaum in diesen Tagen. Als habe sie Sorge, die Worte zu vergeuden, die sie für ihre Texte brauchte. Und auch Rahild schwieg meist. Sie wollte Hrotsvits Geist so frei und unbelastet wie möglich lassen.

Rahild wusste um den Hunger im Dorf. Sie half bei der Auswahl jener, die versorgt wurden, denn es hatte zudem ein Fieber um sich gegriffen, das schon einigen Menschen in der Siedlung das Leben gekostet hatte. Auch im Stift wurden die Nahrungsmittel knapper. Und all das hielt sie von Hrotsvit fern. Sie war sich sicher, Gott hatte eine Seite in ihrem Schützling zum Klingen gebracht und nun war es ihre Aufgabe, den Raum für den Klang zu schaffen, der im Begriff war, zu entstehen.

Zum Lesen der Texte mussten Hrotsvit und sie im kalten Bücherzimmer bleiben, denn es war unter Strafe verboten, die Texte zu entfernen. Auch ihnen. Aber sie befolgten die Vorschrift bereitwillig. Wie leicht konnte Feuer oder Wasser ein ganzes Werk auslöschen, vielleicht das letzte seiner Art, das dann unwiederbringlich verloren war.

»Ich habe etwas für dich«, sagte Rahild, als sie schon beinahe das Hauptgebäude erreicht hatten. Sie hatte im Chaos der Buchregale an diesem Morgen ein paar Gedichte auf Griechisch gefunden. Die kleine Rolle war nicht mehr komplett und hatte im Stapel alter Pergamente gelegen, die reingeschabt und überschrieben werden sollten.

»Ich bin mir sicher, du wirst dich freuen. Vielleicht sind es Gedichte dieser Sappho, von der du so eingenommen bist.«

Hrotsvit war wie besessen davon, genau diese Melodie, die sie in griechischen Gedichten gefunden hatte, in das viel härtere Latein zu bringen. Rahild ahnte, worum es Hrotsvit ging. Es war etwas Sehnendes, Singendes in diesem Griechisch. Die Ahnung einer verlorenen Welt. Und vielleicht hatte sie recht, vielleicht musste das Latein, das sie so selbstverständlich miteinander sprachen, neu belebt werden. Auch wenn sie das niemals laut ausgesprochen hätte, denn die Sprache ihrer Kirche war Latein.

Als Hrotsvit von der Rolle aufblickte, lag ein Glanz in ihren Augen. Das Pergament in ihren Händen zitterte.

»Weißt du, was ich gerade verstanden habe? Latein ist unsere Sprache. Aber sie war nicht die Sprache von Jesus und Maria. Und deshalb, ja genau deshalb muss ich ihre Geschichte neu schreiben. Auf Latein, aber mit der Melodie ihrer Sprache. Und das hier«, sie hielt Rahild das Pergament entgegen, »das ist ein Text über das Leben Marias. So, wie wir es noch nie erzählt haben in unserer Zeit. Und ich werde diese Geschichte wieder zum Leben erwecken.«

Stift Gandersheim, Frühling 954

»Los, zeig mir endlich, was du niedergeschrieben hast.« Gerberga fuchtelte mit ihrer Hand durch die Luft, als könnte sie die Texte so zu sich ziehen. »Ich muss es nun lesen. Die Zeit läuft uns davon.«

Hrotsvit blickte nervös zu Rahild. »Wieso …? Ich verstehe nicht …«

Gerberga sprang von ihrem Stuhl auf und ging auf die beiden Frauen zu. »Weil der König kommt. In zwei oder drei Wochen. Und bis dahin will ich etwas Herzeigbares in den Händen halten.«

Sie erklärte sich nicht weiter. Sie hatte keine Lust dazu und außerdem war es ihr unangenehm, in was für eine schwierige Lage sie das Stift manövriert hatte. Otto zweifelte an ihrer Loyalität, das hatte man ihr zugetragen. In diesen Zeiten des Krieges zwischen Otto und seinem Sohn Liudolf waren alle adeligen Familien auf dem Prüfstand. Da war es natürlich wenig hilfreich, dass Gerbergas Vater, ein Bruder von König Otto, vor etwas mehr als einem Jahrzehnt versucht hatte, König Otto zu ermorden. Man hatte die Angelegenheit aus der Welt schaffen können. Damals. Aber eben doch nicht so ganz.

Natürlich hatte es gute Gründe gegeben für die Handlungen ihres Vaters. Denn wer konnte schon mit letzter Gewissheit sagen, ob ein König es verdiente, König zu sein. Ob nicht vielleicht doch ein anderer, beispielsweise ihr Vater, besser geeignet wäre? Vor zehn Jahren hatte Otto noch wenig vorzuweisen gehabt und die Lage des Reiches war noch schwieriger als jetzt gewesen, das wusste sie aus Erzählungen. Sogar gegen die Franken hatte man damals kämpfen müssen.

Ja, diese Geschichte war für ihre Familie nicht vorteilhaft gewesen. Mit viel Geschick hatte sie sich dennoch die Gunst des Königs erworben. Und nun waren ihr ein paar unbedachte Äußerungen zum Verhängnis geworden. Otto war kurz davor, ihr das Vertrauen zu entziehen.

Zornig schaute sie Hrotsvit ins Gesicht, die einen Schritt zurückwich.

»Gib mir jetzt, was du geschrieben hast. Wir werden so schon Tag und Nacht transkribieren müssen, damit es einigermaßen herzeigbar für den König ist. Oder möchtest du ihm gern deine zerfledderten Wachstäfelchen in die Hand drücken?«

Rahild legte ihr beschwichtigend die Hand auf den Arm. »Hrotsvit wird dir die Texte nach der *cena* bringen. Keine Sorge. Es war jede Mühe wert. Ihr werdet Otto und sein Gefolge begeistern.«

Auf dem Weg nach Gandersheim, Frühjahr 954

In der Ferne konnte sie das Gebirge sehen, das es noch zu überwinden galt, bevor sie endlich in Richtung Magdeburg nach Osten ziehen würden. Adelheid streckte ihre schmerzenden Glieder aus. Sie hatte sich noch nicht recht an das lange Reisen gewöhnt. Nun war sie die Königin eines riesigen Reiches. In Italien war alles so überschaubar gewesen. Weite Teile hatte Adelheid sowieso nicht gesehen, die meisten Adeligen hatten gar kein Interesse gehabt, von ihrem König regiert zu werden. Rom etwa war eine Nation für sich. Dagegen das ostfränkische Reich, dazu Sachsen – sie war nun Mitregentin über ein so weites Land, dass sie gar nicht erst versuchte, zu begreifen, wie groß es war. Doch ihr Körper bekam eine Ahnung davon, die weiten Wege schienen sich in ihn einzuschreiben.

Otto war ein ganz anderer König, als Lothar es gewesen war.

Manchmal vermisste sie ihn noch, ihren weichen, nachgiebigen Lothar. Otto war ihr noch immer fremd, und sie konnte sehen, dass es ihm mit ihr genauso ging. Obwohl sie es sich schwerer vorgestellt hatte, mit einem zwanzig Jahre älteren Mann verheiratet zu sein. Sie hatte großes Glück gehabt. Otto sah ihren Wert. Er fragte um ihren Rat, wenn er sich nicht auskannte. Er konnte heiter sein und zärtlich. Vor allem zeigte er eine ungewöhnliche Liebe für seine Kinder. Und auch ihre Tochter Emma aus erster Ehe behandelte er freundlich und mit wohlwollendem Interesse. Natürlich hätte sie sich in Magdeburg zurückziehen können. Aber das reichte ihr nicht. Sie wusste zu viel über Regentschaft und sie würde sich nicht ein zweites Mal so an den Rand drängen lassen wie in Italien.

Das Gefühl, nichts mehr als die Brücke zur Herrschaft zu sein, hatte einen Schatten auf ihre Seele geworfen, den sie nicht mehr abschütteln konnte.

Es gab noch einen weiteren Grund, Otto zu begleiten, sich immer sichtbar zu halten. Ihr Sohn sollte eines Tages auf den Thron folgen. Otto hatte schon Söhne. Sogar zwei, die es bis ins Erwachsenenalter geschafft hatten. Wilhelm war ein Bastard, noch dazu von einer Kriegsgefangenen, und war ein Kirchenmann geworden. Otto würde dafür sorgen, dass er Bischof wurde. Wegen Wilhelm musste sich Adelheid also keine Sorgen machen.

Aber Liudolf, Ottos Sohn aus der Ehe mit Edgitha, war ein Problem. Er war zwar in Ungnade gefallen und Otto hatte ihr geschworen, dass ihre Söhne Vorrecht haben würden. Aber Adelheid hatte schon zu viel in ihrem Leben gesehen, als dass sie dem Wort eines Mannes traute. Und was wäre, wenn Gott keinen ihrer Söhne am Leben ließe?

Adelheid spürte, wie sich ihr Herz zusammenzog. Sie durfte sich dem Schmerz nicht hingeben, dass der kleine Bruno nicht am Leben hatte bleiben dürfen. Säuglinge waren zart und so ging es nun einmal zu, dass manche von ihnen bald starben. Da halfen auch Gebete nicht, wenn das Schicksalsrad es so bestimmt hatte. Und sie war noch jung. Sie war fruchtbar. Warum sollte sie nicht noch mehr Kindern das Leben schenken?

Vielleicht würde der kleine Heinrich am Leben bleiben. Er war noch immer ein schwächliches Kind und bereitete den Ammen Sorgen. Aber wer wusste schon, was der Herr im Himmel im Sinn hatte. Bisher hatte er sie doch aus den misslichsten, aussichtslosesten Situationen befreit. Er hatte sie sogar aus dem Schilf am Gardasee befreit und ihr einen Engel in Gestalt eines feindlichen Soldaten geschickt. Sie konnte sein Gesicht noch immer vor sich sehen. So viel schien hinter den klugen Augen vor sich zu gehen. Aber sie hatte noch nicht einmal seinen Namen erfahren. Wenigstens hatte sie dafür gesorgt, dass er in geweihter Erde begraben wurde.

Für einen Moment überkam sie das Gefühl von Schuld, doch sie schüttelte auch das ab. Gottes Wege waren unergründlich. Und sie würde versuchen, dafür zu sorgen, dass ihr Helfer nicht vergessen wurde.

Jemand schob abrupt den Vorhang beiseite. Es war der Hauptmann der Wache.

»Ich bitte um Verzeihung, meine Königin. Könnt Ihr den … Ihr wisst schon … den Italiener hier mit reinnehmen? Er macht schon wieder schlapp.«

Adelheid seufzte. »Wenn es denn sein muss.«

»Es tut mir leid, meine Königin. Aber der König hat es doch so eilig. Und … was sollen wir denn mit ihm machen? Liegenlassen können wir ihn ja schlecht.«

Sie nickte nur und der Hauptmann zog seinen Kopf aus der Fensteröffnung zurück.

Selbst für die Übergabe hielt der Wagen nicht an. Zwei Soldaten öffneten die Tür und schoben den Körper hinein. Dabei waren sie vor allem darauf bedacht, dass Adelheid so wenig wie möglich gestört wurde. Der Kopf des Mannes stieß gegen den Türrahmen und er erwachte mit einem Stöhnen.

Die Soldaten schlugen die Tür wieder zu und ritten zurück an das Ende des Zugs. Wie Hütehunde waren sie den ganzen Tag damit beschäftigt, die lange Karawane von hunderten Menschen einigermaßen beisammen zu halten und dafür zu sorgen, dass auch die letzten nicht schutzlos waren.

»Meine Königin, ich bitte um Verzeihung für die Umstände«, murmelte der Italiener und setzte sich auf. Sein Gesicht war fahl, wie meistens. Nur die Narbe, die sich über die ganze Kopfhaut bis zu seiner Stirn zog, leuchtete Rot. Er roch nach Wein. *Vermutlich hat er Schmerzen*, dachte Adelheid, *und trinkt deshalb so viel.*

Immer, wenn sie diesen schmalen Mann mit den feinen Zügen sah, war sie hin und hergerissen zwischen Mitleid und Abscheu. Sie glaubte ihm kein Wort davon, dass er sie hatte retten wollen, als sie Berengars Gefangene gewesen war. Sie war sich sicher, er hatte ihr Übles gewollt. Aber sie hatte sich Ottos Willen beugen müssen.

Auf die Bibel und sein Leben hatte er geschworen. Das hatte Otto gereicht. Außerdem eilte Liutprand ein exzellenter Ruf voraus. Ein Kirchenmann, der den italienischen und den byzantinischen Hof kannte, der fließend Griechisch sprach, aus dem langobardischen Adel kam und bereits eine Gesandtschaft geführt hatte – mit herausragendem Geschick, wie es unter Diplomaten hieß – war eine willkommene, ja kostbare Ergänzung am Hof. Sie würde sich mit ihm arrangieren müssen. Und doch ließ sie der Blick niemals los, mit dem er sie angeschaut hatte, damals, in ihrem Gefängnis hoch über dem Gardasee. Und Gott wusste, wie oft sie wünschte, Dana hätte damals noch ein wenig fester zugeschlagen.

»Ich werde nach dem Medicus rufen lassen«, sagte sie und gab ihrer Dienerin ein Zeichen.

»Vielen Dank, Eure Hoheit«, sagte Liutprand und neigte sein Haupt. Er kämpfte gegen die Übelkeit und den Kopfschmerz an, die ihn fast immer begleiteten, seit ihn diese verdammte Schlampe niedergeschlagen hatte. Wochenlang hatte er zwischen Leben und Tod geschwebt. Als er vor Otto gebracht wurde, hatte er kaum aufrecht gehen können. Aber es war ihm gelungen, die richtigen Worte zu finden und er hatte eine mögliche Hinrichtung zu einem Platz am Hofe des wichtigsten Königs in Europa wandeln können.

Er rieb sich die rechte Schläfe, seine Schmerzensseite, und stöhnte. Das Schicksal hatte ihn weitergetragen. Und doch war eine tiefe Schwärze in ihm, eine, die ihm manchmal die Luft zum Atmen nahm und die noch schwerer zu ertragen war als der Schmerz.

Er hätte fliegen sollen, weit über die Häupter der Gewöhnlichen hinweg. Seine Zukunft, sie hätte golden sein sollen. Und nun saß er hier, ein Zerschmetterter, der von Lüge zu Lüge, von Verrat zu Verrat taumelte, von den Machenschaften der Mächtigen zu einem Leben voller Niedertracht gezwungen.

Er sah, wie die Königin ihn betrachtete. Als wüsste sie nicht, ob sie ihn zertreten oder in Windeln gewickelt auf den Arm nehmen sollte. War er denn kein Mann? Hatte er nicht ein Recht auf Respekt, auch wenn er keine Krone trug? All diese verfluchten Könige, allen voran Berengar. Doch auch Hugo war kaum besser gewesen. Und die Weiber. Oh, diese Weiber. Sie wussten nur zu gut, wie sie die Strippen zu ziehen hatten und am Ende stand jeder Mann entblößt und beschämt vor ihnen, ihrem Gelächter preisgegeben.

Er zog den Schleim, der ihm die Nase verklebte, in den Rachen, beugte sich aus dem Fenster und spuckte ihn in den Staub der Straße.

Endlich kam der Medicus. Auch wenn er seine Schmerzen nicht auflösen konnte, so hatte er doch immer einen Trunk, der ihn für eine Zeit vergessen ließ, in was für einer erbärmlichen Welt er lebte, was für Schmach er erdulden musste, wie sehr ihn Gott verraten hatte.

Der Mann mit dem ergrauenden Bart beugte sich mit besorgter Miene über ihn. Er hatte seine Kapuze in die Stirn gezogen. Darunter blitzte ein goldenes Stirnband.

Liutprand hatte Gerüchte gehört, dass dieser Medicus dem alten Glauben anhing. Doch er war heilkräftig, das hatten schon viele in Ottos Gefolge erlebt. Deshalb ließ man ihn gewähren und fragte nicht so genau, warum er selten Kirchen betrat und für seine Heilungen kein Gebet bemühte.

»Er braucht eine Rast, meine Königin«, sagte der Medicus. »Körper und Geist sind völlig erschöpft.«

»Ich brauche auch eine Rast«, fuhr ihn Adelheid an. »Wir alle brauchen eine Rast. Nur haben wir nun einmal keine Zeit. Eigentlich müsste der König an fünf Orten zugleich sein. Das wisst Ihr doch selbst!«

Der Medicus nickte, Liutprand schwieg. Ja, eine Rast. Eine immerwährende Pause. Er schloss die Augen und ließ die Übelkeit in seinem Körper auf- und niederwallen, im Rhythmus der unebenen Straße.

»In ein paar Tagen sind wir am Stift Gandersheim. Es liegt günstig an der Kreuzung der großen Hauptrouten und wir werden nach dem Aufenthalt in Magdeburg wieder dort vorbeikommen. Ich werde die dortige Heilerin ersuchen, ihn bis zu unserer Rückkehr zu pflegen. In diesem Zustand wird er dem König sowieso nicht viel nütze sein.«

Adelheid zuckte mit den Schultern. »Es soll mir recht sein. Ich glaube sowieso nicht, dass in den nächsten Wochen jemand Zeit hat, sich über Italien oder Byzanz Gedanken zu machen, während mein lieber Stiefsohn und sein Schwager Konrad Bayern abfackeln.«

»Eine weise Entscheidung, meine Königin«, sagte der Medicus und beugte sich über Liutprand. »Trink das, mein Sohn. Es wird dir die schlimmsten Schmerzen nehmen«, sagte er mit einem dunklen Murmeln und setzte ihm eine Phiole an die Lippen. Begierig trank Liutprand die bittere, zähe Flüssigkeit und ließ sich den dunklen Strom hinabtreiben, den sie für ihn bereitete. Für eine Weile noch huschten unruhige Gedanken durch ihn wie aufgescheuchte Fasane im Unterholz, doch dann öffnete sich die Schwärze des Vergessens und er konnte sich fallen lassen in einen traumlosen, schmerzlosen Schlaf.

Stift Gandersheim, Frühjahr 954

Ihre Finger verkrampften sich um die Holzrahmen. »Aber was, wenn es nicht gut genug ist?«

Rahild legte ihr die Hand auf den Arm und nahm den Stapel mit Wachsbüchern an sich. »Ich werde das übernehmen. Ich glaube, es ist an der Zeit, dass du diese Geschichten loslässt und sie die Reise antreten, die ihnen bestimmt ist.«

»Du kannst jetzt nichts mehr für sie tun. Du hast deine Arbeit gemacht. Ich werde sie Gerberga bringen, damit sie die Legenden lesen kann, danach können unsere Kopistinnen ihre Arbeit aufnehmen. Es ist jetzt wirklich Zeit, Hrotsvit.«

Rahild konnte sehen, wie sehr die junge Frau mit sich kämpfte. Ganz offensichtlich hatte sie diesen Teil nicht bedacht. Nicht daran gedacht, dass sie einen Handel eingegangen war. Sie würde ihre Texte preisgeben müssen.

»Sie werden es lesen«, sagte sie mit einer Stimme voller Bestürzung. »Sie werden dumme Worte finden, Schnitzer in der Reimfolge. Fehler in den Geschichten. Und dann werden sie lachen. Wie konnte ich mir nur einreden, dass ich eigene Geschichten schreiben könnte?« Die Worte sprudelten nur so aus Hrotsvits Mund. »Ich habe doch so vieles nur aus dem Gedächtnis nacherzählt, was ich noch wusste, aus meiner Zeit in Wendhusen. Und Pelagius. Das war von Avraham, das ist Jahre her.«

Mit eisernem Griff packte sie Rahild an der Schulter. »Was mach ich hier überhaupt? Bin ich verrückt geworden? Rahild, warum hast du mir das nicht vorher gesagt? Das kann doch alles nicht gutgehen! Sie werden sich das Maul über mich zerreißen!«

Rahild nahm Hrotsvit die Wachstafeln aus den Händen. »Das ist, was du wolltest. Das ist Gottes Auftrag für dich. Und nun wirst du mit dem, was kommt, leben.«

Rahild ging zur Tür und zog das schwere Wolltuch fester um ihren Körper.

Sie blickte Hrotsvit streng an. Gejammer konnte sie nur schwer ertragen. Jeder hatte sich seinem Schicksal zu stellen.

»Mach einen Spaziergang. Hilf auf dem Acker, such' dir was zu tun«, raunzte sie und ging.

»Was soll das sein?« Gerberga streckte Rahild die Wachsbücher entgegen. »Willst du uns mit dieser Häresie den Ruf vollends ruinieren?«

Rahild seufzte. »Hast du sie denn gelesen?«

»Natürlich habe ich sie gelesen! Willst du mich beleidigen?«

»Gut. Und was meinst du, hat das ein gläubiger Mensch geschrieben? Einer, der Gottes Wort im Herzen trägt?«

Gerberga sagte nichts. Und das war Rahild Antwort genug.

»Siehst du.«

»Warum kann sie denn nicht einfach etwas Normales schreiben? Warum müssen es denn Geschichten aus irgendwelchen apokryphen Schriften sein? Das Leben Marias? Und dann noch die Geschichte von einem gewissen Pelagius, von dem ich noch nie etwas gehört habe. Aus dem Kalifat! Und dann schreibt sie noch, dass die Juden erlöst sind, wenn sie sich zu Christus bekennen?« Sie schüttelte den Kopf.

»Aber am allerschlimmsten. Diese ganze … Körperlichkeit! Man kann die Kopulation förmlich riechen in diesen Texten! Schreibt von einem Hurenhaus! Und auch Jesus verschont sie nicht mit Anzüglichkeit. … *und wenn ich vielleicht verdienen sollte, seine Umarmungen zu genießen und nach der Neuvermählten Sitte in sein schimmerndes Schlafgemach geführt zu werden …*«

Sie schmiss die Täfelchen auf den hölzernen Tisch und stemmte die Hände in die Hüften. »Seine Umarmungen zu genießen?! Wir sind hier ein Stift! Der König wird sich fragen, was wir, im wahrsten Sinne des Wortes, den ganzen Tag treiben!«

Rahild setzte sich in einen der Sessel. Sie musste jetzt Ruhe bewahren.

»Du übertreibst, Gerberga.« Sie schenkte sich ein wenig Wein ein, langsam und bedächtig, und trank einen Schluck, bevor sie weitersprach.

»Ich weiß, der Besuch von Otto macht dich nervös. Und du hast Angst, dass Hrotsvits Texte zu modern sind, zu viel wagen, zu neue Wege gehen. Denn wir wissen ja, intellektuell wollen nicht alle so gern herausgefordert werden. Ich verstehe dich. Aber das Ungewöhnliche, Neue hat es verdient! Ich rate dir, lass die Kopistinnen ihre Arbeit machen – und wir lassen Hrotsvit noch ein passendes Vorwort schreiben, eine Humilitas mit einer Entschuldigung für die apokryphen Wurzeln ihrer Texte.«

Mit strenger Stimme fuhr sie fort: »Aber eines sage ich dir. Du verfälschst keine Worte, die Gottes Botschafter zu unserer Schwester geschickt hat. Du warst nicht dabei. Sie ist gesegnet. Glaub mir, oft wird ein solcher Text nicht geschrieben. Du wirst beim König den Eindruck machen, den du dir erhoffst.«

»Nun gut. Ein Vorwort.« Gerberga verzog die Lippen. Rahild konnte förmlich sehen, wie sie mit sich rang, Vorteil gegen Nachteil aufwog. Ganz zufrieden war sie offenbar noch nicht. »Aber ich will darin vorkommen. Ausführlich. Mit Dank!«

Rahild atmete tief ein. Gerberga war eitel und von Zeit zu Zeit war das nützlich.

»So soll es sein«, sagte Rahild. Sie stürzte den restlichen Wein hinunter. Sie konnte die Aufmunterung gebrauchen. Es würde schwer genug werden, Hrotsvit dieses Vorwort abzutrotzen.

—

Man trug ihn auf einer Bahre zu den Räumen der Heilkundlerin. Die Diener der Königin hatten ein Fell über ihn gebreitet. Er war so weit bei klaren Sinnen, dass er die Blicke auf sich spürte und sich schämen konnte. War er wirklich so krank? Was hatte er überhaupt?

Einerseits schien es ihm, als müsste es doch möglich sein, aufzuspringen und einen angeregten Plausch zu halten. Andererseits wusste er, dass er das auf keinen Fall schaffen würde, ja, er bezweifelte sogar, dass er je wieder aufrecht und frei von Schmerzen umhergehen und unbeschwert sein könnte.

Nein, je mehr er darüber nachdachte … Dieses eine Leben sollte nicht mehr allzu lange dauern und vielleicht war das auch richtig so. Was war er mehr als eine alternde Witzfigur, ein Spielball der Mächtigen.

Liutprand schloss die Augen und entschied, hier in diesem Stift sein Ende zu erwarten. Wenn er Glück hatte, war die Kräuternonne so fähig, dass ihre Tränke ihm die letzten Tage ein wenig versüßten.

»Ein Mann Gottes seid Ihr also?«, die Stimme der Alten klang tonlos und zugleich streng. Ein Gefühl, als zöge sie ihm die obere Schicht seiner Haut vom Leib und inspizierte nun sein Inneres. Liutprand überkam das Bedürfnis davonzulaufen.

Die Flammen der großen Kerzen warfen zuckende Schatten an die Wände, ein Nachtmahr der Nonne. Er zog in weiten Bögen bis zur Decke hinauf, zerfiel plötzlich in ein Nichts, um an anderer Ecke erneut aufzuerstehen.

Wieder trat die Alte an sein Bett, der Mund von tiefen Falten umrahmt, graues Haar war aus ihrem Schleier gerutscht, den sie viel zu lose gebunden hatte. Sie hatte die Ausstrahlung eines Menschen, der es nicht nötig hatte, auf solche Kleinigkeiten zu achten.

In der Ferne hörte er etwas wie ein Lachen, vielleicht war es auch ein Tier. Sie setzte ihm einen metallenen Becher an die Lippen.

»Trink«, sagte sie. »Es wird ein wenig brennen und schmerzen, aber keine Sorge. Das hat seinen Sinn.«

Er trank zögerlich. Tatsächlich brannte schon der erste Schluck in seiner Kehle, dass er sie am liebsten rausgerissen hätte. Er versuchte den Kopf abzuwenden, aber sie hielt ihn mit einem eisernen Griff und zwang ihm das Getränk hinein.

»Du hast den Schein des Todes um dich. Die Schuld für ein anderes Leben.«

Sie sprach, als erklärte sie ihm den Weg zum nächsten Dorf. Seine Glieder froren ein. Wie konnte das sein? Dieses Weib. Sie warf einige Blätter in einen steinernen Mörser und zerstampfte sie.

»Ich will ehrlich mit dir sein, Kirchenmann.« Sie goss eine ölige Flüssigkeit in das Gefäß und rührte weiter darin. »Wenn es nach mir ginge, lägest du jetzt nicht hier. Aber es ist nicht meine Entscheidung. Der König sagt, er braucht dich. Und meine Äbtissin braucht den König. Also bist du hier.«

Sie ging zu einem Regal und zog verschiedene Gefäße und Schächtelchen heraus; was sie ihnen entnahm, konnte Liutprand nicht sehen, obwohl er sich nun aufgesetzt hatte. Der Trank brannte sich durch seine Eingeweide, dass ihm Schweiß aus den Poren trat.

Nun rührte sie die Masse in dem Gefäß mit langsamen Bewegungen und trat zurück an sein Lager.

»Bist du bereit?«, fragte sie und ihre Hand blieb nun ganz still.

»Wofür?«, sagte er mit heiserer Stimme.

»Deinem Schmerz zu begegnen?« Sie stellte das Gefäß auf den Tisch neben seinem Lager. »Was du daraus machst, das ist dann allein deine Sache.«

»Was heißt das?«

»Ich gebe dir die Möglichkeit, zu heilen. Aber es wird kein leichter Weg, das will ich dir gleich sagen.« Sie zuckte mit den Schultern. »Allerdings wüsste ich nicht, was du sonst tun solltest.«

Liutprand blickte sie an. Ihr Gesicht lag im Schatten, nur der feuchte Glanz ihrer Augen warf das Licht einer fernen Kerze zurück. Ihm war, als kreischte etwas, hoch und leise, er dachte an den Tod, den er in das Bett eines naiven, jungen Königs entlassen hatte.

»Ja«, sagte er. »Fang an.«

Sie nickte und drückte ihm ein Holz zwischen die Zähne. »Das wirst du brauchen«, erklärte sie nüchtern und zog ihn aus, bis er vollkommen nackt vor ihr lag. Sie schnalzte kurz mit der Zunge und strich ihm über sein Glied, das aufsprang wie ein munteres Lamm.

»Ich finde diese Keuschheitsgelübde auch übertrieben, Kirchenmann. Aber musst du es wirklich so grob treiben?« Sie seufzte. »Nun, wollen wir beginnen.«

Er war sich sicher, es würde ihn zerreißen, von innen, außen, ihn auflösen, Schicht für Schicht, sein Blut aus den Adern saugen, die Eingeweide entleeren, in alle Himmelsrichtungen verstreuen, die Augäpfel kochen, seinen Schädel knacken wie eine Nuss, bis das Hirn sich über den Boden ergoss.

Schatten umtanzten ihn, ihr Kichern in seinem Ohr, er schüttelte den Kopf, doch es hatte sich hineingefressen und rollte nun in seinem Kopf hin und her. »Wir sind noch lange nicht fertig mit dir«, riefen sie und holten die Leiche des Königs, sogen den Toten leer, nur eine Haut blieb zurück.

Die Schatten spien aus über ihm, bis er schwamm in rotem, stinkendem Blut, das ihm die Nasenlöcher verklebte, die Augen, das Haar.

Die Frauen schlossen sich dem Tanz an, er erkannte nicht alle, aber er wusste, sie kannten ihn. Angeführt wurden sie von dem rothaarigen Mädchen, mit dessen Körper Berengar ihn in die Schuld gebracht hatte, und sie lachte ihm ins Ohr: »Hör auf zu lügen, Liutprand, du warst es, du ganz allein. Berengar hat nur an den richtigen Fäden gezogen – und schon zerfiel deine falsche Keuschheit. Du hast es genossen, jeden Stoß, jeden Schrei, jede unserer Tränen.«

»Nein, so ist das nicht, so einfach ist das alles nicht«, stammelte er, die Tränen, brennend warm, schienen ihm das Gesicht aufzulösen.

Als Antwort hallte ihm die Stimme der Alten im Kopf: »Was du daraus machst, ist allein deine Sache.«

Wieder und wieder hörte er diesen Satz und ein Schwindel erfasste ihn, so schwer, dass er sich auf der Bahre festkrallte. Es war ein Strudel, der ihn hinabriss in ein schwarzes Feuer, in dem sein Körper zerfiel wie Staub.

»Hilf mir«, wimmerte er, »hilf mir«, und wusste doch nicht, mit wem er da eigentlich sprach.

———

Das Licht. So hatte er es noch nie gesehen. Es schien vom Himmel zu fallen wie Honig, warm und golden, breitete sich über den ganzen Garten wie eine samtene Decke. Er sah das Schimmern von Insektenflügeln in der sanften Luft. Nichts war mehr leerer Raum, auch die Luft war nun *da*. Fast konnte er sie sehen, wie sie alles umgab, wie ein freundlicher Geist.

»Chaire, ho kyrios meta sou.« Die Stimme war klar und fest, wunderschön, wie er fand. Er fuhr herum, um zu sehen, wer ihn in fließendem Griechisch begrüßte. Die späte Sonne nahm ihm die Sicht, funkelnd stand sie hinter der Gestalt. Weitere griechische Worte folgten, das konnte er noch erkennen. Aber er verstand nun nichts mehr.

Sie lachte und ging ein paar weitere Schritte auf ihn zu. Das Leuchten verschwand und er konnte eine junge Kanonisse erkennen, die sich neben ihn setzte.

»Es tut mir leid, Schwester Rahild hat mir gesagt, Ihr seid noch sehr geschwächt. Ich sollte Euch vermutlich nicht gleich mit Griechisch überfallen. Ich freue mich nur so, endlich jemanden zu treffen, der das Griechische auch liebt! Und Ihr wart in Konstantinopel!«

Das Strahlen ihrer Augen ging ihm durch und durch.

»Ich … ja … Ich war dort.«

»Ich möchte so gern alles davon erfahren! Wie ist es dort? Gibt es da auch diese riesigen Katzen mit dem Kranz, der aussieht wie Feuer?«

»Ich weiß nicht wirklich, was Ihr meint …«

»Löwen! So heißen sie! Es tut mir leid, ich bin so schrecklich aufgeregt. Es scheint gerade alles auf einmal zu passieren!«

»Nein«, sagte er und hörte seine Stimme wie die eines Fremden. »Löwen gibt es nicht in Konstantinopel. Aber ich habe einen gesehen. In Rom. In einem Käfig.«

Sie riss ihre Augen so weit auf, dass sie ihr ganzes Gesicht einzunehmen schienen.

»Sind sie … so schön und fürchterlich, wie ich sie mir vorstelle?«

Sie blickte ihm direkt ins Gesicht. Unerschrocken und sich selbst bloßlegend. So wie es Frauen nur selten taten. Jedenfalls mit ihm.

Sein Herz. Er spürte es schlagen. Schwer und unaufhaltsam. Wie ein Schmied, der ein glühendes Eisen schlug, so schlug sein Herz.

»Wie heißt Ihr überhaupt?«

Sie lachte hell auf. »Ich bin Hrotsvit.« Wieder dieser Blick, direkt und forsch. »Hrotsvit«, wiederholte sie, obwohl sie nun hätte sagen müssen, welcher Familie sie angehörte, mit wem sie verbunden war. »Die Stimme Gandersheims.«

Mit jedem Wort wurde ihre Stimme leiser und dann schwieg sie und er wusste auch nichts zu sagen, es schien ihm alles mehr, als er ertragen konnte.

Die Scham. Sie spürte, wie ihr warm wurde. Dumm kam sie sich vor. Ein schnatterndes kleines Mädchen. Was war nur los mit ihr? Gerberga hatte ihre Texte in ein Buch schreiben lassen. Ihre Worte standen auf Pergament und waren mit König Otto weitergereist. Sie würde gelesen werden. Vom Haupt der Welt. Und jetzt war sie nichts weiter als ein errötendes dummes Kind.

Sie hatte ihn sich ganz anders vorgestellt. Eine Eminenz, einen dickbäuchigen Kanzler mit schütterem Haar und vom Wein gefärbter Nase. Stattdessen saß dort ein schmaler Mann, älter als sie, ja, gewiss zehn Jahre, vielleicht mehr. Aber er hatte nichts von dem an sich, was sie sonst von älteren Männern kannte.

Sein Gesicht war so fein, dass sie es gern berührt hätte. Die dunklen Augen, die fein geschnittene Nase, langen Wimpern, schwarzen Haare mit den grauen Strähnen darin, alles kam ihr so fremd und vertraut zugleich vor.

Die Stirn war überschattet von einer roten, wulstigen Narbe, die sie im ersten Moment nicht gesehen hatte, sein Haar verdeckte sie zur Hälfte. Und auch wenn sie brutal aussah, so vervollständigte sie auf eigenartige Weise das Gesicht dieses Mannes. Als hätte Gott sie ihm gegeben, um ein wenig irdischer zu sein.

Es war erstaunlich, wie hübsch so ein Mann sein konnte, dachte Hrotsvit. Er erinnerte sie an Avraham, der auch dieses dunkle Haar hatte, nur Avrahams Haut war deutlich brauner gewesen.

Wieder wanderte Hrotsvits Blick zu dem Wulst auf seiner Stirn. Es zuckte ihr in den Fingern. Sie hatte das plötzliche

Bedürfnis, über dieses Mal zu streichen. Es mussten höllische Qualen gewesen sein; was für ein Wunder, dass er noch lebte.

»Habt Ihr noch Schmerzen?«, fragte sie. »Schwester Rahild sagte, Ihr seid sehr krank gewesen.«

»Nein«, sagte er und sein Lächeln sah warm aus. »Nein, ich fühle mich wie neugeboren.«

Das satte Gras kitzelte seine Füße und er konnte die Feuchtigkeit fühlen, die vom Morgentau geblieben war. Er wusste nicht, wann er das letzte Mal so über eine Wiese gegangen war. Ohne besonderen Grund. Ohne Ziel.

Sie gingen so dicht nebeneinander, dass ihre Oberarme sich immer wieder berührten, nur für einen kurzen Moment. Als wollten sie sich versichern, dass der andere noch an ihrer Seite war.

Hrotsvit hatte von Gerberga den Auftrag bekommen, den Genesenden herumzuführen, ihm alles zu zeigen, was das Stift ausmachte. Er solle sich ein Bild machen über die Umstände. Liutprand wusste genug über die Mächtigen dieser Welt. Gerberga benutzte ihn und sie benutzte auch Hrotsvit. Wozu genau, konnte er nicht sagen, aber er konnte genau die Schachzüge ausmachen. Gerberga wusste um seine Position am Hof von König Otto und natürlich verfolgte sie einen Plan. So wie alle immer einen Plan verfolgten. Aber hier und jetzt war es Liutprand gleichgültig.

Das Frühjahr kam nun mit Macht. Die Büsche und Bäume trieben verschwenderisch ihre Blüten, die Sonne strahlte, als habe es nie einen Winter gegeben. Und Liutprand war, als sähe er die Welt zum ersten Mal. Er hörte Sehnsucht im Gesang der Vögel, er sah die Schönheit der Sonne, wie sie auf die Mauern des Stifts schien.

Sein Körper war ein neugewonnenes Werkzeug, all die Wunder in sich aufzunehmen. Jahrelang hatte er eine Schwärze in seinem Herzen getragen und nun war daraus ein leuchtender Brunnen geworden. Er wollte es hinausschreien, dass er verstanden hatte, dass er nun wirklich sehen konnte. Doch es fehlten ihm die richtigen Worte.

Aber in Hrotsvits Augen konnte er einen Widerschein dieses Leuchtens entdecken, sie verstand ganz gewiss, was sich in ihm regte. Ja, er war sich sicher, in ihr spiegelte sich das Licht der Welt, das ihm endlich geschenkt worden war. Sie fing es auf und warf es zu ihm zurück, damit er sich darin baden konnte.

Hrotsvit genoss seine Aufmerksamkeit. Nach den langen Monaten des Schreibens, ohne Kontakt zu Menschen außer Irmentraud und Rahild, war die Zeit mit dem Italiener ein Auftauchen aus einem dunklen Wasser und die Welt war noch da und doch anders, schimmernder, wie umkränzt von glitzernden Wassertropfen.

Gerberga hatte ihr aufgetragen, ihm aus ihren Texten vorzulesen.

»Er ist ein wichtiger Mann«, hatte sie mit einem eindringlichen Blick gesagt, der keinen Widerspruch duldete. »Wir wollen doch, dass der König deine Texte auch wirklich liest, nicht wahr? Und wenn er von diesem Liutprand hört, dass sie es wert sind, dann wird der König sie sicher auch wohlwollend betrachten.«

»Ja, aber vielleicht gefallen sie ihm gar nicht«, hatte sie geantwortet.

Gerberga hatte nur fein gelächelt und erwidert: »Führ ihn durch die Hügel, findet ein schönes Plätzchen im Gras und dann trägst du ihm was vor. Es wird ihm schon gefallen.«

Sie wählte einen Platz unter einer ausladenden Linde am Rande eines Feldes. Der Wind fuhr durch die Halme des frisch gekeimten Getreides, der Baum schützte vor der Maisonne.

Sie hatte einen Beutel mit süßem Wein und ein paar von Irmentrauds Gewürzküchlein dabei. Sogar Erdbeeren hatte sie im Klostergarten gesammelt. Es waren die ersten des Jahres. Sie breitete alles auf einem Leintuch aus.

Er ließ sich neben ihr nieder und blickte über das Feld, den Hügel hinab. Die Linde hatte gerade zu blühen begonnen, ihr Duft ergoss sich von oben herab und hell summten die Bienen zwischen den Blüten.

»Nehmt doch etwas. Die Kuchen sind wirklich gut.«

Sie wollte, dass er sich so gut wie möglich fühlte, wenn sie ihm ihre Werke vortrug. Wer hungrig und müde war, war sicher leichter ungnädig. Und sie brauchte seine Gnade. Sie kannte Gerberga gut genug, um zu wissen, dass sie diesen Mann besser beeindruckte.

Er nickte lächelnd und nahm den Weinschlauch entgegen, auch ein paar Erdbeeren aß er, während er sie immer wieder betrachtete.

Hrotsvits Inneres begann zu kribbeln und eine Angst überfiel sie, dass sie stammeln würde, oder, noch schlimmer, dass er in Gelächter ausbrach. Er war weit gereist, hatte Menschen getroffen, von denen sie noch nicht einmal träumen konnte. Was für Bücher er auf all seinen Reisen gelesen haben musste. Sie hatte gehört, der Kaiser von Konstantinopel hatte eine Bibliothek mit mehr Büchern, als man zählen konnte, alle in goldbeschlagenes Leder gebunden. Und nun saß sie hier mit ihren Wachsbüchlein im Gepäck und glaubte, dass sie ihm auch nur ein müdes Lächeln entlocken konnte.

»Ich …«, begann sie schließlich und spürte, wie sich der Schweiß in ihren Handflächen sammelte. »… würde Euch gern etwas vortragen.«

Er setzte sich auf und lächelte.

»Nur zu«, sagte er. »Ich höre Euch von Herzen gern zu.«

Ihre Wachsbücher kamen ihr schäbig vor und dumm jedes Wort, das auf ihnen stand. Sie legte sich den Stapel in den Schoß, atmete tief ein und begann zu lesen. Anfangs verhaspelte sie sich, doch bald gewann sie mit jedem Wort an Sicherheit. Schließlich glitt sie mit ihrer Stimme dahin über den Rhythmus ihrer Sätze, die ihr fremd schienen und gleichzeitig absolut. Ja, dachte sie, das ist es, diese Worte tragen etwas, das größer ist als ich.

Er konnte seinen Blick nicht lösen. Dieser kleine und doch volle Mund, ihre rosigen Wangen, das nervöse Flattern ihrer Wimpern. Es überwältigte ihn.

Ihre Stimme klang wie Balsam, auch wenn er die einzelnen Worte kaum hörte. Sie war ihm vom ersten Moment an verlockend erschienen, obwohl er es sich nicht hatte eingestehen wollen. Doch jetzt und hier. Unter Gottes Sonne. Er konnte es nicht verneinen. Hier saß sie vor ihm, eine Frau so wunderbar, dass sie die Engel gesandt haben mussten. Er wollte sie halten, ganz in ihr versinken, mit seinem Leib und seiner Seele, er verzehrte sich nach ihr und noch bevor er wusste, was er tat, lag er in ihren Armen, so nahe, wie er sich noch nie jemandem gefühlt hatte.

Ein Fisch. Daran musste sie denken. Wie ein zappeliges Fischlein glitt seine Zunge in ihren Mund, nur für einen winzigen Moment. Sie hielt still und hoffte, es würde schnell vorübergehen. Tatsächlich zog er sich gleich darauf zurück, mit einem Stöhnen sank er in ihre Arme, den Kopf an ihre Schulter geschmiegt, wie ein schlafendes Kind. Er schnaubte schwer, sein Atem kitzelte sie so, dass sie sich am liebsten gekratzt hätte. Aber sie durfte ihn nicht verärgern. Und tatsächlich tat er ihr leid. Dieser schöne zarte Mann, der so verloren durch die Welt taumelte.

Schließlich strich sie ihm durchs Haar und wieder stöhnte er auf, wohlig und geborgen. Sein Gewicht sackte noch tiefer in ihren Arm, der langsam taub wurde. Aber sie traute sich noch immer nicht, sich zu bewegen. Und dass er sie geküsst hatte, es schien ihr schon jetzt unwirklich.

—

»Sag mal, haben dir die Affen den nackten Arsch gepudert?«

Gerberga drehte sich vom Fenster zur Tür. »Dir auch einen wunderbaren Tag, liebe Rahild«, sagte sie und grinste. »Du weißt schon, dass ich jeden anderen für so einen Auftritt zum Gebet auf Kieseln schicken würde, bis die Knie bluten?«

Tatsächlich hatte Gerberga sie selten so außer sich erlebt. Ja, mit etwas Aufregung hatte sie gerechnet. Aber dass es gleich so hoch hergehen würde.

»Das kannst du gerne machen«, schrie Rahild. »Aber dann kannst du dich gleich daneben knien, du durchtriebenes Weib! Was hast du dir dabei gedacht? Hrotsvit diesem Hundsfott zum Fraß vorzuwerfen!«

»Übertreib bitte nicht. Ich glaube, sie genießt die Aufmerksamkeit. Und es ist ja auch zu ihrem Besten.«

»Zu ihrem Besten? *Zu ihrem Besten?* Dass der geile Eber sie bespringt, oder was? Ich habe ihm in die Seele geschaut! Und ich sage dir, dort ist es finster wie in einem Bärenarsch! Weil *du* und der König es wolltet, habe ich ihn von den schlimmsten Lasten befreit.«

»Na siehst du, liebe Rahild.«

Gerberga machte sich an einem der vielen Blumensträuße zu schaffen. Sie war froh, dass der Frühling da war und sie ihre Zimmer von neuem mit den Blüten schmücken lassen konnte. Und doch musste sie jeden Tag welkes Kraut aussortieren. Der Tod schlich lautlos umher und nahm Stunde um Stunde, was ihm gefiel. Sie wurde an seine Existenz nur ungern erinnert, er kam schon oft genug in ihr Leben.

»Dann haben wir Hrotsvit doch in bester Gesellschaft.«

»So ein Unsinn! Dieser Mann hat weder Mitte noch Maß! Er wird sich wieder ins Dunkel stürzen, sobald er eine Gelegenheit bekommt! Und du bist schuld, wenn er sich dabei an unserer Schwester vergeht.« Sie bohrte mit ihrem faltigen dürren Finger in die Luft. Am liebsten hätte sie der Äbtissin ein Auge ausgestochen.

Gerberga zog die Brauen zusammen. »Hör mal gut zu, du alte Keifziege. Sie ist keine Schwester. Ihr Vater hat sie nicht freigegeben, auch wenn er genauso wenig Anspruch auf sie erhebt. Sie lebt hier von unser aller Einkunft, hat keinerlei Gelübde abgelegt und keine weiteren Pflichten. Eine Schwester ist sie also noch lange nicht und da kann sie doch ihren Teil dazu beitragen, dass dieses Stift floriert.«

»Dieses Stift? Ha! Das ich nicht lache! Es geht dir einzig um dich selbst! Wenn du nicht so dämlich gewesen wärst und gegen die neue Königin gestichelt hättest, dann müsste Hrotsvit jetzt nicht diesem italienischen Schmutzfink ihren Hintern hinhalten!«

Gerberga spürte eine gewaltige Hitze, die sich in ihrem Körper ausbreitete.

»Ach, jetzt hör aber auf! Nur weil du dich in unsere junge Schreiberin verguckt hast, bleibt der Rest der Welt nicht stehen!« Sie riss an ein paar welken Zweigen, die sich nicht aus dem Strauß lösen wollten. »Sie wird schon keinen Schaden nehmen. Und wenn sie es geschickt anstellt, hat sie einen starken Befürworter auf ihrer Seite. Verstehst du nicht? Sie will eine Autorin sein! Als Frau!« Endlich hatte sie die verhakten Pflanzenstiele entwirrt und blickte die Ältere triumphierend an.

Rahild spürte, wie eine seltsame Ruhe über sie kam. Ja, die junge Frau bewegte sie mehr, als es sich ziemte. Aber das war gleichgültig.

»Und nun kommt endlich heraus, dass ich dich all die Jahre vollkommen überschätzt habe, liebe Gerberga. Ich dachte immer, wenn es darauf ankommt, verstehst du, worum es wirklich geht. Nein, sie will nicht schreiben. Sie muss schreiben. Der heilige Geist selbst öffnet ihr die Hirnschale und träufelt die Worte ein, ob es dir gefällt oder nicht. Ob du es verstehst oder nicht. Es gibt Dinge, die stehen über deinen Ränkespielen.« Sie spuckte auf den Boden. »Und in Wahrheit bist du doch die größte Nutte von allen. Weil du deine Seele verkaufst.«

Und dann ging Rahild, ohne sich noch einmal umzudrehen.

—

Ermattet gingen sie den staubigen Weg entlang. Die Sonne hatte ihre Sinne betäubt. Nun stand sie tief, bald würde es Abend werden und kalt. Hrotsvit spürte die Wärme im Gesicht, als habe sie Fieber, doch das war es nicht.

Dieser Tag. Was sollte sie damit anfangen? Sie hatte gehofft, dass er mit ihr sprach, über das, was sie geschrieben hatte. Dass er vielleicht manches lobte, anderes zur Verbesserung vorschlug. Stattdessen hatte er ihr im Arm gelegen, als sollte sie ihn stillen oder anders befüllen. Sie hatte gelesen. Und er hatte geschwiegen.

Statt sie zum Sprechen zu gebrauchen, hat er mir seine Zunge in den Mund geschoben, dachte Hrotsvit.

Nein, rief sie sich innerlich zur Ordnung. Sie durfte ihrer Wut jetzt nicht nachgeben. Gerberga hatte ihr eingeschärft, dass sie den Moment nutzen solle.

In zehn Schritten, sagte sie zu sich. *In zehn Schritten werde ich ihn fragen.*

Und sie zählte, versuchte mit jedem Fußaufsetzen etwas mehr Mut zu sammeln und schließlich fragte sie: »Hat Euch gefallen, was ich vorgelesen habe?«

Liutprand zog die Stirn kraus. Es missfiel ihm, dass sie in diesen Moment der erhabenen Verbindung mit solchen Nichtigkeiten einfiel. Was sollte diese Eitelkeit? Waren sie nicht gerade Zeuge von etwas so viel Größerem geworden?

Er überlegte einen Moment und musste zugeben, dass er kaum auf ihre Worte geachtet hatte. Ja, hübsch gereimt war es wohl gewesen, eine recht schöne Melodie darin. Um Maria, Mutter Gottes war es gegangen, daran erinnerte er sich.

Er betrachtete sie schweigend. Ihre schönen Augen. Ihr Gesicht, so unschuldig und klar. Er konnte ihre Aufregung sehen und ihm tat seine Strenge Leid. Er zog sie an sich, nur für einen Moment. Sie waren schon nah am Stiftsgebäude.

»Ja, es war ein ganz wunderbarer Tag, nicht wahr?«

—

Das Warten. Er ertrug es nicht. Wenn er nicht in ihrer Nähe war, fühlte er sich, als habe man ihm ein Körperteil abgetrennt. Als sei seine Zunge verdorrt und sein Hirn vor fieberndem Verlangen kaum mehr fähig, einen klaren Gedanken zu fassen.

Er schritt in seiner Zelle auf und ab; wenn er gekonnt hätte, wäre er gerannt. Aber dafür war der Raum zu klein. Schließlich nahm Liutprand sein Talglicht und machte sich auf den Weg zur Kapelle. Nach der schrecklichen Nacht in den Händen dieser Schwester Rahild hatte er diese Befreiung gespürt. Er wollte endlich Frieden finden. Ruhe. Eiskalte Klarheit des Geistes, völlige Freiheit der Seele von den Niederungen des Fleisches, davon hatte er immer geträumt. Doch jetzt träumte er nur noch von ihr. Ihrem Gesicht, der Wärme in ihrem Blick. Wie ein Trugbild tauchte sie vor seinem inneren Auge auf, während er zwischen den Gebäuden entlangstolperte.

»Ein Gebet«, murmelte er. »Ich brauche ein Gebet.«

Er versuchte die Worte in seinem Kopf zu sammeln, sie auszusprechen. Es gelang ihm nicht. Wenn er an sie dachte, schien
alles in ihm wie von Gold zu leuchten, zwang er sein Denken
von ihr weg, überfielen ihn die Schatten seiner Vergangenheit.
Die kalte Königin Bertha, sein Folterer Berengar. Er wollte
schreien.

Liutprand blieb stehen und presste die Hände auf seine wunden Augen. Und da. Wie eine Lichtgestalt kam sie ihm wieder
in den Sinn. Beruhigte den Aufruhr. Ja, vielleicht war es so einfach. Er brauchte keine Kapelle, er musste einen anderen Weg
gehen.

Er sank auf die Knie, umfing ihre Beine. Sie hatte sich in ihre
Decke gehüllt und hielt die gefilzte Wolle vor ihrer Brust zusammen. Um ihr Haar hatte sie hastig den Schleier gewunden.

»Ich weiß, ich sollte nicht hier sein. Aber ich brauche …« Er
brach ab, er wollte nichts aussprechen, was ihm so unmöglich
schien. »Ich weiß nicht weiter, weiß nicht wohin. Alles scheint
mir so leer … sinnlos, ich kann nicht schlafen, stattdessen verfolgen mich die schlimmsten Traumbilder am helllichten Tag …«
Und beten kann ich nicht, dachte er, doch er sprach es nicht aus. Ein
Kirchenmann, dessen Worte nicht mehr zu Gott finden. Nein,
das wollte er auch ihr nicht sagen.

Sie legte ihm die Hand aufs Haar und er atmete ihren Geruch
ein, der ihn für einen Moment vergessen ließ, warum er hier war,
wie tief seine Verzweiflung war, seine Verlorenheit.

»Ich weiß nicht, wie ich helfen kann«, sagte sie seltsam tonlos.
Vielleicht hatte er sie doch geweckt?

»Lest mir doch noch etwas vor. Dann kann ich mit Eurer
Stimme vielleicht in den Schlaf finden.«

»Geht hinaus«, sagte sie. »Ich will mich ankleiden und dann
treffe ich Euch in der Kapelle.«

Nicht in die Kapelle!, wollte er rufen, doch er nickte und ging hinaus.
Sie stolperte durch die Dunkelheit, in einer Hand das schwache Talglicht, in der anderen ihre Wachsbücher, unter dem Arm
trug sie noch ihre wollene Decke. In der Kapelle war es immer

kalt. Und sie wäre an vielen Orten lieber als dort. Doch sie hatte nicht gewusst, wohin mit ihm. Eigentlich hatte sie ihn gar nicht sehen wollen. Doch wie sollte sie ablehnen? Und sollte sie sich nicht freuen? Dass jemand so Wichtiges hören wollte, was sie geschrieben hatte? Vielleicht. Und doch. Wie er zu ihr kam. Wie er mit ihr sprach. Es nagte an ihr.

Hier, in der Dunkelheit vor der Kapelle, sah er noch kleiner und schmächtiger aus. Der Wind war stärker geworden und fuhr ihnen in die Kleider. Sie schlichen hinein, die Köpfe zwischen die Schultern gezogen.

Die Tür quietschte leise in den Angeln. Scheppernd ließ Liutprand sie zufallen und Zorn flammte in ihr auf. Wusste er nicht, was sie hier riskierte? Wenn jemand sie nachts gemeinsam entdeckte! Dass die Kanonissen sich bis ans Ende ihrer Tage das Maul über sie zerreißen würden, war dann noch ihr geringstes Problem. Gerberga hätte dann einen Grund, sie des Stifts zu verweisen. Wohin sollte sie dann gehen?

Hrotsvit schloss die Augen. *Sei nicht so*, beruhigte sie sich selbst. *Er braucht dich. Schon deshalb solltest du ihm beistehen als christliche Seele. Und es ist zu deinem Besten. Er wird dir helfen, dass der König dein Büchlein liest.*

»Setzt Euch zu mir.« Er lächelte matt.

Sie setzte sich neben ihn und gleich legte er den Kopf in ihren Schoß, ihr Körper zog sich zusammen wie eine Mimose, doch dann atmete sie aus und legte wieder ihre Hand in sein Haar, so wie er es offenbar mochte. Sie stellte die Kerze zurecht, sodass sie die Buchstaben entziffern konnte. Aber das meiste war ihr ohnehin in Fleisch und Blut übergegangen und so rezitierte sie mehr, als dass sie las. Mit jedem Wort staunte sie mehr über das, was sie erschaffen hatte. Ein Tempel aus Worten war es geworden, und sie konnte sich nicht erklären, wie er entstanden war. Diesmal horchte er mehr auf das, was sie vortrug, und es versetzte ihn in Erstaunen. Die präzise Wahl der Worte, der feine Rhythmus der Reime … Es war, als schlössen ihre Epen sein Herz auf und entließen all den Schmerz und die Angst, als könnte er von ihnen lassen, so wie Gongolf und Agnes und die anderen Heiligen es taten. Sie wuchsen über jede Schmähung und jede Gewalt hinaus und er wuchs mit ihnen, ihre Worte waren die Flügel, die er brauchte.

—

Die Sonne stach ihm in die Augen, missmutig wachte er auf. Er hatte das Frühgebet verpasst, aber was machte das schon, es ziemte sich sowieso nicht, mit den Frauen zu beten und in der Kapelle wäre er sicher allein gewesen.

Es war spät geworden in der letzten Nacht. Wie lange hatten sie wohl dort gesessen? Liutprand erinnerte den Abend nur verschwommen, aber wie er vor ihr niedergesunken war, das erinnerte er genau. Scham überkam ihn. Warum nur hatte er sich so entblößt vor ihr?

Ja, natürlich. Es war nett, was sie schrieb. Aber dieses Gefühlige, Dramatische, musste das sein? Bis zu den Tränen hatte ihn das Ganze getrieben. Das war gewiss nicht gesund. Ja, es hatte einen starken Effekt. Aber lenkte es nicht ab vom Wesentlichen?

Er stemmte sich hoch, saß für ein paar Augenblicke benommen auf seiner Pritsche. Wieder ein Tag in diesem Stift. Sein Leben drehte sich im Kreis. Nein, es schrumpfte. Damals, bei König Hugo, hatte man ihn bewundert für seinen Gesang. Es hatten ihm Türen offen gestanden, er hatte eine goldene Zukunft vor sich gesehen. Nun waren über zwanzig Jahre vergangen. Und wo war er? Er steckte fest in einem Frauenstift.

Vor seiner Tür hatte jemand eine Schale mit Frühessen gestellt. Die Fliegen hatten sich darüber hergemacht. Aber Hunger verspürte er sowieso nicht. Das Essen in diesem Land voller Barbaren bekam ihm ebenso wenig wie in Byzanz. Magen und Darm rumorten und rebellierten. Noch mehr jedoch sein Geschmack. Wie konnten sie nur diese fade Kost hinunterwürgen? Ständig dieser Getreideschleim, dem sie hier das widerliche Wort »Grütze« gegeben hatten. Sie verkochten ihr Gemüse und die heimischen Gewürze waren bitter.

Wie er Italien vermisste. Die Wärme. Die Gerüche. Die Farbe des Himmels. Das Essen. Die Schönheit.

Missmutig wandelte er durch den Kräutergarten und nahm sich etwas von dem Rosmarin. Er zerrieb die harten, langen Blätter zwischen seinen Fingern und sog den Duft ein. Eine Welle von Erinnerungen überkam ihn. Ja, so sollte die Welt wirklich riechen. Und nicht nach kaltem Matsch und Regen.

Ein plötzlicher Tumult ließ ihn hochschrecken. Er hörte Pferde wiehern, Stimmen durcheinanderrufen, ein Knall, noch mehr Stimmen.

Als er den Hof betrat, preschte ihm ein Pferd entgegen.

Liutprand stellte sich dem Tier in den Weg und es gelang ihm, den weiß-braunen Schecken am Geschirr zu fassen. Beruhigend redete er auf ihn ein.

»Danke. Der Gaul ist heute vom Teufel geritten«, hörte er eine Stimme hinter sich. Ein junger Adelsmann, vermutlich auf der Durchreise. Er war groß, mit breiten Schultern, die durch das Lederwams noch breiter aussahen.

Liutprand lächelte. »Gern.«

Es war ihm angenehm, mit einem Mann in so flüssigem Latein zu sprechen. Viele der Adeligen an Ottos Hof redeten Sächsisch, als seien sie niedere Bauern.

»Ich bin Borgward von Werder. Meinem Vater gehört die Grafschaft an der Emme. Und ich bin bisher vor allem Sohn.«

Liutprand lachte. Ihm gefiel die leichtfüßige, unverfrorene Art des Mannes.

»Liutprand«, antwortete er. »Ich bin Kanzler am Hof von König Otto.«

»Seid ihr aus Italien?« Borgwards Augen weiteten sich.

Liutprand nickte lächelnd. »Ja, ich habe auch am Königshof in Padua gelebt.«

»Das ist ja fantastisch! Ihr müsst mir ALLES darüber erzählen!« Borgward hieb ihm freundschaftlich auf die Schulter, dass Liutprand wankte. »Sagt, und lest Ihr auch? Ich hörte, die Italiener seien sehr gebildet.«

»Sicher«, sagte Liutprand. »Das ist sehr viel üblicher als hier.«
Er machte eine vage Geste mit der Hand, sodass er alles meinen
konnte. Sachsen, das Stift. Diesen Innenhof.

Borgward zog ihn kurz und heftig an die Brust. »Wir werden
uns wunderbar verstehen.«

Wieder schlug er ihm auf den Rücken und Liutprand fragte
sich, ob das wohl eine örtliche Sitte war; nur wozu sie gut sein
sollte, konnte er sich nicht erklären. Aber er lächelte. Er mochte
den jungen Mann.

»Wollt Ihr mit mir ins Bücherzimmer gehen? Ich habe gehört,
hier gibt es eine der größten Sammlungen in Sachsen.«

Liutprand wunderte sich darüber, denn er fand die Bibliothek
hier klein, vor allem für ein berühmtes Stift. Trotzdem nickte er
freundlich. »Gern.«

»Ich gebe zu, viel kenne ich noch nicht«, redete der junge
Mann weiter. »Aber meine Mutter hat uns Kindern die Fabeln
von Aesop vorgelesen. Damit hat sie uns auch Lesen und
Schreiben beigebracht. Und ich war einen Sommer in Bayern.
Da habe ich im Kloster St. Emmeram die Bibliothek besucht.«
Er blickte an die Decke. »So viele Bücher! Schier bis zum Him-
mel. Bestimmt Tausende. Oder mehr!«

Liutprand nickte. »Ja, von Emmeram habe ich gehört.«

Borgward zuckte mit den Schultern. »Aber die Mönche haben
mich nur schrecklich öde Legendenbücher lesen lassen. Und die
Bibel natürlich.«

Sie traten durch die Tür und nickten der Bibliothekarin zu, die
an ihrem Pult stand und den Einband eines schweren Folianten
reparierte.

»Ihr kennt doch bestimmt noch mehr Autoren wie Aesop?
Als Italiener, meine ich? Oder habt Ihr sonst ein Buch, das
Euch bewegt?« Borgward schaute Liutprand großäugig an,
fast wie ein Kind. Liutprand gefiel die Bewunderung. Borgward war jung und schön und klug. Und wollte von ihm geführt
werden.

»Lasst mich überlegen«, sagte er und begann die Buch-
schränke abzuschreiten. Er verstand die Ordnung nicht, aber

er wollte sich keine Blöße geben. Und so zog er hier und da ein Buch heraus und begutachtete es mit wissendem Blick. Aber seine Gedanken waren woanders. Ihr Gesicht. Er konnte diesen Blick nicht vergessen. Er wollte es nicht wahrhaben. Aber es war doch Abscheu gewesen, die für einen Moment in ihren Augen aufgeblitzt war. Und dann hatte sie gelacht. Es hatte ein freundliches Lachen sein sollen. Aber die Bitternis war nicht zu überhören gewesen. Sie klang ihm jetzt noch in den Ohren.

Er hatte sie gefragt, ob sie mit ihm gehen wolle, auf Reisen mit König Ottos Hof. Nur sie zwei. Vereint. Er hatte ihr geliebtes Gesicht mit Küssen bedecken wollen, doch sie hatte sich ihm entzogen.

Er schlug die Regaltür zu und ging zum nächsten. Er bohrte die Fingernägel in den Einband des Buches und riss grob das Schloss auf. Die halbe Nacht hatte er sich ihre gefühligen Texte angehört, hatte ihr seine Zeit gegeben, war ihr Publikum gewesen. Dieses ganze Gejaule in ihren Legenden. Borgward hatte recht. Furchtbar ödes Lamentieren. Altbacken und langweilig. Und nichts Neues. Er stopfte das Buch, das er gedankenlos in die Hand genommen hatte, zurück in den Schrank und ging zum nächsten. Wieder griff er sich einen Band.

In Liutprands Kopf blitzte ein Bild auf. Er, wie er Hrotsvit den blanken Hintern versohlte, bis ihr das dumme Gegacker verging. Das verschaffte ihm ein solches Vergnügen, dass er auflachte.

»Habt Ihr schon etwas gefunden?«, fragte Borgward und schaute ihn verwundert an.

Liutprand blickte auf das Buch in seinen Händen. Er schlug die Titelseite auf. Die Komödien von Terenz. Was für eine Fügung.

»Ja«, sagte er und nun hieb er Borgward auf den Rücken. »Ich habe genau das Richtige gefunden. Wartet's nur ab. Das wird ein Fest, ich verspreche es Euch.«

—

Sie hatten zwei der Esstische aneinandergeschoben und sie von ein paar der Novizinnen schmücken lassen. Bald hatte sich erwartungsvoll ein Publikum im Saal versammelt. Liutprand war sich sicher gewesen, dass es eine brillante Idee war. Doch als es an der Zeit war, auf den Tisch zu steigen, überkamen ihn Zweifel. Er hatte sich Lorbeer um den Kopf gewunden und ein weißes Leintuch als Mantel umgehängt. Er kam sich so lächerlich vor.

Da kam sie, blickte ihn an. Und alles, was er sah, war Hohn und Spott.

Eine Welle des Gelächters rauschte durch den Saal. Finger zeigten. Er spürte die Hitze seines Blutes immer mehr. Das Gekicher wollte gar nicht aufhören.

Jemand kniff ihn sanft in den Arm.

»Geliebter! Wollen wir zur Tat schreiten!«, schrie eine hysterische Fistelstimme.

Nun kannte das Gelächter kein Halten mehr. Borgward stand neben ihm. Einen Schleier um sein Haar gebunden, das Gesicht bis zur Unkenntlichkeit nach Weiberart geschminkt, mit blassen Wangen und roten Lippen, die Augenbrauen schwarz bemalt, tippelte er mit übertrieben kleinen Schritten zu den Tischen, was bei seiner riesenhaften Größe und dem breiten Kreuz noch lustiger aussah. Einige Männer, Teil einer Delegation auf der Durchreise, lachten laut.

»Ich glaube, mein edler Freund ziert sich etwas. Er will mich nicht so gern vor Publikum rannehmen!«, fistelte Borgward, nun auf dem Tisch stehend. Bei den letzten Worten machte er mit seiner Hüfte obszöne Bewegungen – und eine neue Welle von begeistertem Kreischen rauschte durch den Raum.

»Ich«, sagte Borgward und strich sich mit lasziver Geste über den Körper, sodass nun jeder seine mit Lumpen ausgestopften Brüste sehen musste, »bin übrigens die schöne Pamphila, Sklavin im fernen, längst vergangenen Athen.«

Er ließ seine Wimpern flattern und machte einen Kussmund. Nun musste auch Liutprand lachen.

»Und das«, rief Borgward und zeigte auf ihn, »ist Chaerea. Nicht ganz so schön wie meiner einen«, Borgward drückte noch einmal seine Lumpenbusen zurecht und sofort brandeten die Lacher wieder auf, »aber doch ein schmucker Mann. Ich kann mich noch nicht entscheiden, ob er mir gefällt. Aber ihr werdet es ja sehen! Denn wir zwei tragen Euch nun vor, was für ein heiteres Ränkespiel sich zutrug in fernen Zeiten.«

Mit einem Satz war Liutprand auf der Bühne. Die Menschen vor ihm johlten und er verbeugte sich kurz. Er genoss den Applaus. Es würde wunderbar werden.

Ihre Glieder gefroren, auch ihr Gesicht ließ sich nicht mehr bewegen. Ja, sogar ihre Gedanken begannen zu stottern.

Umso schärfer drangen die spitzen Schreie in ihr Ohr. Speichel sammelte sich in ihrem Mund, ihr Herz raste, als wollte es sich aus den Rippen heraushämmern.

Sie hörte das Gelächter, sah, wie sich die Körper wanden und bogen, die Münder weit aufgerissen.

Es war, als wäre ein Teil von ihr in der Zeit zurückgeworfen. Wieder in diesen letzten Abend in Magdeburg. Wieder in die Macht von Hermann Billung. Sie spürte wieder die Hände auf ihrem Körper, die sich ihr Gewand heraufschoben, den Schwindel, als er sie über die Schulter warf, Schweiß trat ihr auf die Oberlippe.

Es war so weit weg gewesen, eine Fliege am Rande ihres Gedächtnisses, die sich manchmal störend versuchte in ihre Gedanken zu drängen. Doch nun war Hrotsvit wieder in dem Moment. Die gierigen Augen Hermann Billungs, sein Atem, stinkend von Wein und fettem Essen. Ihre Angst. Hrotsvit wollte schreien, wegrennen, doch sie war gefroren in der Zeit, kein Körper war mehr da, den sie bewegen konnte, sie war nur noch Erinnerung.

Auf den Tischen hatten sich Liutprand und Borgward in ein groteskes Gerangel verkeilt. Borgward klagte und flehte mit fisteliger Stimme, wandt sich und weinte ein lächerlich künstliches Weinen. Liutprand rang ihn nieder, wohl wissend, dass das Gelächter auch daher rührte, dass er weit schmächtiger und kleiner war als Borgward.

Er wunderte sich, wie leicht es ihm fiel. Seine Scham, sonst sein ständiger Begleiter, schien verflogen. Er ließ seine Hüften

auf und niedergehen, hart und mechanisch. Er hielt die Handgelenke des so viel Größeren, der, noch immer zappelnd, weiter
tat, als wolle er sich entwinden. Das zustimmende Gejohle des
Publikums hallte ihm in den Ohren.

Doch schließlich, nach dem er lustvoll aufgejauchzt und so die
Szene zu einem verständlichen Ende gebracht hatte, kamen sie
wieder zurück zum Text. Borgward zog sich nun den Schleier
ab, sie lasen die Dialoge wechselnd und Liutprand war ganz
berauscht davon, wie leicht und lustig dieser Text war. Ein
Befreiungsschlag aus seiner gefühlsschweren Umnachtung.

Die Gesellschaft hatte sich mehr im Raum verteilt, einige Novizinnen standen noch zusammen in einer Ecke. Ein junger Mann
spielte seine Drehleier und sang. Zur Lesung hatte Gerberga
ihre Zustimmung gegeben, sie hatten ihre genauen Pläne natürlich im Dunkel gelassen. Doch nun sang der junge Mann in
gröbstem Sächsisch über Geschlechtsteile und ihre Ähnlichkei-
ten mit Gemüse und die jeweiligen Vorzüge von alten und jungen Frauen. Nervös schauten sich die Novizinnen um, offenbar
unschlüssig, was sie tun sollten.

Borgward und die anderen Männer hatten sich in einem
lockeren Kreis im Raum verteilt, einige hatten sich ein paar der
Mägde hinzugeholt und tanzten nun mit ihnen in ausladenden
Bewegungen zu der Musik, die fröhlich und schnell war.

Liutprand hatte sich einen Platz am Rand gesucht.

Eigentlich sollte er gehen, all das Treiben war wenig gott-
gefällig. Aber er wollte die Heiterkeit nicht mehr hergeben,
das beschwingte Gefühl, dazuzugehören. Immer wieder kam
einer der jungen Männer auf ihn zu und sagte ein paar aner-
kennende Worte. Einer reichte ihm einen silbernen Becher mit
Wein, ein anderer bat ihn, ihn und seine Familie besuchen zu
kommen. Der Wein wärmte seine Glieder und machte seinen
Kopf leicht.

Und dann entdeckte er Hrotsvit. Sie saß noch immer auf
ihrer Bank im hinteren Teil des Raumes und starrte auf die zwei
zusammengerückten Tische, die jetzt leer waren. Ihn durch-

zuckte ein Gefühl der Sanftheit und des Schmerzes. Er erschrak, wie tief es ging, wie plötzlich sein Hochgefühl verflog. Seine Hand zitterte.

Sie wusste, sie sollte aufstehen, gehen. Und doch konnte sie sich nicht losreißen. Als hätte das Treiben auf der Bühne sie für immer an die Bank gefesselt. Als hätte ihr jemand das Herz versteinert und sie dann hier vergessen. Sie sah, dass die Bühne leer war, die Worte waren verklungen. Aber in ihr hallten die Schreie wider, als sei sie eine ewige Echokammer.

»Und? Wie hat Euch unser Spiel gefallen?«

Sie spürte, wie sich die Bank unter seinem Gewicht bog.

»Ein rasender Erfolg«, redete er weiter. »Es ist so bewegend zu sehen, wie mächtig Kultur ist.«

Sein Geruch drang zu ihr. Angenehm, gepflegt. Beiläufig strich er ihren Arm. Sie zuckte zurück, bevor sie es verhindern konnte.

»Nun?«, seine Stimme schnitt. »Was sagt Ihr?«

»Ich weiß nicht«, presste sie hervor. »Es schien mir … so … grausam.«

Er lachte. »Wisst Ihr, was ich glaube? Ihr seid eifersüchtig.«

Er grinste und zeigte ihr mit dem Finger ins Gesicht.

»Man sieht es ja! Blass vor Neid! Dass nicht Euch der Applaus gehörte. Denn darum geht es Euch doch, oder? Nur …« Er zog hörbar die Luft ein und nahm noch einen Schluck Wein. »Ihr müsst eben sehen, es reicht nicht, ein paar nette, gefühlige Worte aneinanderzureihen. Um sein Publikum zu packen, braucht es auch Scharfsinn und Witz! Leichtfüßigkeit!« Er zeigte zu den jetzt leeren Tischen. »So! So solltet Ihr schreiben! Und nicht dieses … weinerliche Gewäsch.«

Er nahm einen tiefen Schluck aus dem Becher und rutschte näher. Sie konnte seinen sauren Atem riechen, sah die Feuchtigkeit in seinen Mundwinkeln.

»Aber Talent habt Ihr natürlich schon«, sagte er, nun mit gedämpfter Stimme. »Ich weiß ja, was Ihr wollt. Dass ich Euer Werk vor König Otto lobe.«

Er strich ihr über den Rücken, vorsichtig und verstohlen, sodass es keiner sehen konnte. Erst auf ihrem Gesäß kam seine Hand zur Ruhe.

»Das weiß ich ja«, sagte er noch einmal. Seine Stimme war ein Raunen geworden. »Und Ihr macht es ja auch recht ordentlich. Das Reimen.«

Ihre Hände krallten sich um das Sitzbrett der Bank. Sie sah sich, wie sie ihm ins Gesicht spuckte, mitten auf seine schöne Nase. Sie wollte auf ihn einschlagen, einen der Schemel nehmen und jeden dieser singenden und tanzenden Männer niederknüppeln. Doch sie blieb still. Sie dachte daran, wie sie sich gewehrt hatte, früher, was für ein unerschrockenes Kind sie gewesen war. Was war von ihr geblieben?

»Wisst Ihr, ich wollte nicht so hart klingen«, sagte er und seine Hand begann wieder zu wandern. »Wollt Ihr nicht noch einmal darüber nachdenken? Ob Ihr mit mir kommen wollt? An den Hof? Ich könnte eine Frau gebrauchen, die Griechisch spricht. Das wird es leichter machen, mit den Weibern dort zu parlieren. Wer weiß, welche Teufelin da wirklich das Land regiert, bei den Byzantinern.« Er lachte schrill und zwinkerte ihr zu.

Hrotsvit blickte ihn an und nickte langsam. »Ja, das will ich tun«, hörte sie sich sagen. »Ich werde darüber nachdenken.« Als sei es ein ganz anderer Mensch, als säße sie selbst in einer hölzernen Puppe und könnte nur zuhören, wie diese für sie sprach. Er zog sie mit sich. Hinaus in den Hof. Sie versuchte sich zu wehren gegen das, was sie da tat. Doch sie war nicht mehr als eine Zuschauerin aus der Ferne. Und hatte nicht Gerberga gesagt, sie solle ihn gewogen halten? Sie wusste, ihr Platz wackelte und schwankte. Gerberga hatte doch gesagt: *Ich kann dich nicht ewig hier behalten, ohne dass es etwas einbringt.*

Sie spürte seine Hände. Tausendmal hätte sie sagen sollen *Nein*. Tausendmal die Hände fortschieben. Und doch kam kein Wort. Und doch ließ sie seine Hände.

Sie fingerten sich durch ihre Kleider, lösten Schnüre und Haken. Ihr Kleid rutschte tiefer. Übelkeit stieg in ihr auf. Hör auf, schrie sie und blieb doch stumm, wusste nicht mehr, ob sie wach war oder träumte. Konnte das alles wahr sein? Vielleicht hatte sie Fieber? Ja, das musste es sein.

Sein Atem ging schnell. »Hrotsvit«, flüsterte er immer wieder, »Hrotsvit«, oder waren es ganz andere Worte? Ihre Gedanken drifteten davon, wurden wolkig und leicht, und sie stieg hinterher, hinauf über den schlammigen Hof und die verwinkelten Ställe, zwischen denen ihre Körper standen.

Vielleicht war es das, was eine Frau wollen sollte, dass sich ein Mann an ihr berauschte. Dass sie Grund war für Ekstase. Der Lehm der Hauswand scheuerte ihre entblößte Haut, ihr aufgebundenes Haar fiel Strähne um Strähne auseinander, eine blieb an ihrer Nase hängen und kitzelte sie. Ein Kichern entfuhr ihr, alles schien sich aufzulösen, der ganze Sinn, den sie ihr Leben lang gewebt hatte. Tränen flossen ihr über die Wangen, sie konnte sie so wenig aufhalten wie das Gelächter, das aus ihr hervorblubberte, immer wieder unterbrochen von einem Würgen in der Kehle, wenn ihr seine Griffe bewusster wurden.

Er hielt inne, blickte ihr suchend in die Augen und sie fühlte sich wie ein Loch, in das er Steine warf, doch kein Echo kam zurück.

Er presste sie an sich, bis ihr das Atmen schwerfiel.

»Ich liebe dich«, raunte er ihr ins Ohr. »Te amo, te amo, te amo.«

Auf dem Weg nach Regensburg, Sommer 954

»Mein König, Ihr solltet dieses Buch wirklich lesen, es ist von einer überaus talentierten Kanonisse. Sehr gläubig. Aus gutem Hause.«

Er atmete tief ein und dachte an Hrotsvit, an die wunderbare Nähe ihres Körpers, und spürte, wie sein Glied sich zu regen begann. Schnell drückte er seine Hand zwischen die Beine, so als wolle er den Drang zu urinieren unterdrücken.

Er wünschte, sie wäre schon hier, mit ihm am Hofe. So überstürzt hatte er das Stift verlassen müssen, nur weil dieser unerzogene und vertrottelte Prinz eine Revolution gegen seinen eigenen Vater anzetteln musste.

»Eine schreibende Nonne …« Der König schob die Unterlippe vor. »Sollte sie nicht lieber beten? Es liegt wahrlich genug im Argen in unserer Welt. Mein untreuer Sohn, die Magyaren im Osten, diese verrückten Italiener … Da kann ich jede Fürbitte bei Gott gebrauchen.«

»Sie ist Kanonisse.« Liutprand räusperte sich. »Wenn Ihr die Texte lest, werdet Ihr sehen. Es sind Fürbitten an Gott.« Er beugte sich vor und versuchte den Blick des Königs aufzufangen. »Wirklich. Sie schreibt ganz in Eurem Sinne.«

Der König wiegte seinen Kopf hin und her, blickte aber weiter zum Fenster hinaus. Sie waren seit Wochen unterwegs und nun endlich ihrem Ziel, Regensburg, nahe. Seit Tagen stieg die Anspannung im ganzen Tross.

»Warum muss sie dafür denn schreiben? Es gibt doch schon reichlich Bücher. Ist es nicht eher gefährlich, eine Frau schreiben zu lassen? Natürlich«, der König gestikulierte mit den Händen, »die Weiber sind gut mit Worten. Und Zeit zum Lesen haben sie.« Er zwinkerte Liutprand lächelnd zu und der lächelte pflichtschuldig zurück.

»Aber wer passt auf, dass sich die schreibende Nonne nicht versündigt?« Der König unterdrückte ein Gähnen.

»Gebt es doch meiner Frau zu lesen«, sagte Otto. »Die interessiert sich durchaus für erbauliche Texte.« Er schob den Vorhang weiter auf. »Meint Ihr, wir erreichen Regensburg noch in dieser Nacht?«

Stift Gandersheim, Herbst 954

»Sie spricht nicht«, Irmentrauds Gesicht war blass. Sie rieb ihre Hände umeinander, trat von einem Bein aufs andere. »Überhaupt nicht. Sie sitzt nur da und schreibt und schreibt. Sie isst und trinkt nur das Nötigste.« Ihre Stimme brach.

Essen und Trinken. Rahild seufzte innerlich, aber ließ sich nichts anmerken. Alle Mütter wurden wahnsinnig, wenn ihre Kinder angeblich zu wenig aßen. Immer diese Fresserei. Als wenn das das Problem wäre. Sollten die verwöhnten Stiftsbewohnerinnen mal die Menschen im Dorf fragen. Die konnten ihnen sagen, wie lange man ohne Essen durchkam.

Rahild schloss die Augen und versuchte, gegen den aufsteigenden Zorn anzukämpfen. *Die arme Irmentraud. Die hat es nicht verdient, du alte Gewitterziege*, sagte sie in Gedanken zu sich selbst. Eine aufopferungsvolle Magd, die das Leben zur Ersatzmutter dieses außergewöhnlichen Geschöpfes gemacht hatte und die daran nur scheitern konnte. Es war, als versuchte ein Huhn in seinem Nest einen Habicht warmzuhalten. Aber was geschah nicht alles aus Liebe. Rahild zwang sich zu einem Lächeln.

»Ich … ich weiß, Ihr habt so viel zu tun, Schwester Rahild. Und ich … aber ich wusste mir nicht mehr zu helfen.«

»Es ist schon gut, Irmentraud. Ich kümmere mich. Mach dir keine Sorgen.«

Sie überwand sich, die Hand der Magd zu nehmen, von Arbeit rau und schwielig.

Hrotsvit, dachte sie. *Was ist das nur mit dir?* Sie wusste, sie waren beide aus dem Holz der Andersartigen geschnitzt, die wie Fremdkörper in den wohlgeordneten Reihen der anderen Figuren standen. Und doch, Hrotsvit war tiefer ergriffen von etwas, das Rahild nicht fassen konnte. Es war wie die Krankheit eines

Apfelbaumes, dem die Wurzeln verfaulten und der zugleich die schönsten Blüten trieb.

Noch immer stand Irmentraud in der Tür und sperrte das kostbare Licht aus. Rahild wollte weiterarbeiten. Es gab so viele Kräuter zu konservieren, so viele Mixturen auszuprobieren. Sie schaute sich um und griff schließlich nach einer Kette aus Baldrianwurzeln, die in der Nähe der Tür hing.

»Hier.« Sie reichte sie Irmentraud. »Daraus braust du unserer störrischen Schreiberin einen Tee. Dreimal am Tag. Und ich werde kommen und mit ihr reden.«

Noch immer rührte sich Irmentraud nicht vom Fleck. Ihr rundes Gesicht hatte den bekümmerten Ausdruck eines Otters in der Falle.

»Vielleicht sprecht Ihr auch mit der Äbtissin?«, fragte die alte Magd schließlich schüchtern.

Rahild atmete scharf ein. Mit Gerberga hatte sie seit Monaten nicht gesprochen. Sie hatte der so viel Jüngeren immer ihre Grillen verziehen, sie hatten einander geschätzt und gemocht. Doch jetzt hatte sich ein Graben aufgetan, der ihr zu tief schien, um darüber hinwegzukommen.

»Was ist mit der Äbtissin?«, ihre Stimme klang schärfer, als sie wollte, und Irmentraud zuckte zusammen.

»Sie … Es kam Nachricht von dem Kanzler des Königs, diesem Liutprand. Hrotsvit solle etwas anderes schreiben. Etwas Neues, über den König selbst. Etwas, das ihm besser gefiele als die Heiligengeschichten. Und die Äbtissin … sie sagt, wenn Hrotsvit damit nicht fertig ist, bis der König das nächste Mal kommt, dann …« Eine Träne kullerte ihre Wange hinab. »… wird sie Konrad dem Roten gegeben, der reuig an den Hof des Königs zurückgekehrt ist und noch immer eine neue Frau braucht.«

»So, sagt sie das, unsere Äbtissin.« Rahild ließ sich keine Regung anmerken. Sie würde nicht mit Gerberga reden. Die Äbtissin hatte ihre Entscheidung getroffen. Sie wollte ihre persönliche Macht und Freiheit schützen. Oder was auch immer sie dafür hielt. Wie wenig die Mächtigen von Macht verstanden.

Es erstaunte sie immer wieder. Warum verstand Gerberga nicht, dass die größte Macht in ihrer Gemeinschaft lag? Dass der König und dieser schreckliche italienische Kanzler, sie fallen lassen würden, sobald sich eine Gelegenheit ergab?

»Ist etwas nicht in Ordnung?«, fragte Irmentraud.

»Alles in Ordnung, ich habe nur an etwas Unangenehmes gedacht.« Sie legte ihren Arm um die Schulter der Magd und schob sie aus dem Türrahmen hinaus. »Ich glaube, meine liebe Irmentraud, du solltest dem Tee hier auch gut zusprechen. Vergiss nicht: Dreimal am Tag. Und schön kräftig brauen.«

Sie klopfte ihr noch ein paar Mal auf den Rücken und hoffte, dass es aufmunternd wirkte. Dieser Teil ihrer Arbeit fiel ihr einfach schwer. Sie wusste, ein sanftes Wort, eine Berührung zur rechten Zeit konnte ganze Tränke ersetzen. Aber gab es dafür nicht Haustiere?

»Ich werde in den nächsten Tagen zu Hrotsvit gehen und mit ihr sprechen.« Sie widerstand dem Impuls, ihre Tür einfach zuzuschlagen. »Und nun geh mit Gott.«

Irmentraud ging, den Körper eingesunken, als drückten Schmerz und Angst sie nieder.

Rahild stieß all ihre Atemluft aus. Was für ein fürchterliches Durcheinander dieses Leben war, was für ein Knäuel aus Gefühlen und Intrigen, Gier und Angst. Zum Glück hatte sie eine große Gabe. Sie fand in jeder Verwirrung zielsicher ihre Aufgabe. Und nun war es ihre Aufgabe, Hrotsvit für ihre Schlacht zu stärken, damit ihre Seele nicht unterging. Sie musste sie aufrichten, damit sie schreiben konnte. Dafür war sie geboren.

»Maria, Mutter Gottes«, murmelte sie. »Manchmal frage ich mich schon, was ich dir bitte schön getan habe. Eigentlich wollte ich mich in Frieden um meine Kräuter kümmern.« Sie blinzelte noch einmal in die Sonne, die warm auf ihrem Gesicht lag, bevor sie wieder ins Innere ging, um nachzudenken, welche Worte sie wählen sollte. »Aber wenn du meinst …«

Das Wachs verschwamm vor ihren Augen, die wie in Salz gebadet schienen, ihre Hand schmerzte, aber sie schrieb darüber hinweg, einfach weiter, immer weiter. Sie hatte nun einen Takt gefunden und sie hatte auch keine Wahl. Sie kam sich vor wie dieses Mädchen in einer von Irmentrauds Geschichten, das aus Stroh Gold spinnen musste, weil sie sonst der Tod ereilte. Denn nichts anderes als der Tod drohte ihr. Sie fühlte ihn, wie er ihr seinen kalten Atem in den Nacken blies, fühlte die knöcherne Faust in ihrem Gesicht, mit der er drohte, sie niederzuschlagen. Wenn es nur der Tod wäre. Ja, den könnte sie wohl ertragen. Es war die Zeit, die vor dem Tod kommen würde. Das Siechtum, das sie erwarten würde, wenn doch noch Konrad seinen Anspruch geltend machen würde.

Sie solle stolz sein, ein solches Werk schreiben zu dürfen, hatte Gerberga zu ihr gesagt. Und ja, es war eine Auszeichnung. Eine, die sie nicht enttäuschen durfte. Ihre Finger krampften sich um den Stylus, bis die Knöchel weiß wurden.

Alles um sie herum schien sich aufzulösen, zerfiel vor ihren Augen in Licht und Staub. Die Angst, dass die Welt um sie vielleicht gar nicht echt war, überwältigte sie. Hrotsvit schloss die Augen. Sie trank von dem Tee, den Irmentraud ihr nun jeden Tag bereitete. Der bittere Geschmack beruhigte sie ein wenig.

»Ihr arbeitet?«

Hrotsvit blickte zur Tür und war überrascht. Die Stimme hatte so sanft geklungen, dass sie niemals Rahild dort vermutet hätte. *Bin ich etwa ernstlich krank und weiß es nur noch nicht?*, schoss es Hrotsvit durch den Kopf.

»Ich versuche es«, antwortete sie. *Ich muss*, dachte sie sich dazu.

»Was schreibt Ihr denn?«

Sie stand auf, begrüßte die Ältere mit einer Verbeugung und versuchte, zu lächeln. Was war denn los mit ihr? Hrotsvit verstand sich selbst nicht mehr. Freute sie sich denn gar nicht? Es war doch eine wunderbare Gelegenheit. Sie hatte endlich den Auftrag, den sie hatte haben wollen. Schreiben. Doch war sie wie erstarrt.

Und dann überfiel sie das Bild so heftig, dass sie sich wieder setzen musste. Der Italiener, wie er sich ihres Körpers bemächtigte. Und sie ihn gewähren ließ. Warum hatte sie das getan?

Sie wusste, es war wirklich geschehen. Sie hatte noch am nächsten Morgen die Spuren seines Samens von ihren Kleidern gewaschen. Aber es schien ihr doch, als hätte es eine andere erlebt, und gleichzeitig erschütterte es sie bis ins Mark, wenn diese Bilder sie überfielen. Und das taten sie nun immer öfter.

Ob das die Strafe war, welche die Mutter Gottes ihr für ihr lästerliches Verhalten zugedacht hatte? Sie in die Hölle der ewigen Wiederholung zu sperren? Sie hätte ihren Körper in Stücke reißen mögen dafür, dass er es zugelassen hatte. Wieso nur hatte sie sich nicht gewehrt?

»Ruhig mein Kind. Ruhig.« Rahilds Stimme war nur mehr ein Murmeln, als sie sich mit vorsichtigen Schritten Hrotsvit näherte. Kaum legte sie die Hand auf den Arm der jungen Frau, kamen noch mehr Tränen und Hrotsvit warf sich vor ihr auf die Erde.

»Ich habe schwere Schuld auf mich geladen. Und ich weiß nicht warum! Ich schwöre es bei Gott, ich weiß nicht warum!« Sie lachte schrill auf, dann weinte sie weiter. »Ich habe es noch nicht einmal gewollt, aber …« Hrotsvits Blick suchte nach ihrem, als hätte sie eine Antwort. »Ich habe mich nicht gewehrt. Warum habe ich mich nicht gewehrt? Denn ich habe es doch wirklich nicht gewollt …« Abwesend wischte sie sich mit ihrem Ärmel über die Nase, die zu laufen begonnen hatte. »Ich verstehe es nicht«, murmelte sie nun zu sich selbst. »Ich habe alles geschehen lassen. Geweint habe ich vielleicht, ich weiß es nicht mehr. Aber gewehrt habe ich mich nicht. Und das hätte ich doch tun müssen. Aber ich war so stumm wie ein Stück Holz!«

Rahild blickte auf dieses nicht schöne, aber anziehende Gesicht, das sie so liebte, auch wenn sie es nie sagen würde. Hrotsvit sah sie nicht auf dieselbe Weise und Rahilds Liebe würde ihr nur Angst machen.

Mit einem lauten Schluchzen fuhr Hrotsvit fort. »Warum habe ich das getan? Warum habe ich gesündigt, Maria ins Gesicht gespuckt, die mir so vieles gegeben hat?«

Da packte Rahild sie an den Armen und zog sie hoch.

»Jetzt ist aber Schluss«, sagte sie. »Jetzt ist wirklich Schluss.«

Erschrocken schaute Hrotsvit sie an.

»Es war dieser Italiener, nicht wahr?«

»Ja.« Hrotsvits Stimme war kaum zu hören.

Rahild drückte ihre Zehen fest in den Boden, um sich zu zügeln.

»Ich habe Gerberga gesagt, dass er nur Unheil bringt«, murmelte sie.

»Schhhhhh.« Sie rieb Hrotsvit über den Rücken. Ungelenk, aber sie hoffte, es würde helfen. Als die junge Frau begann, langsamer zu atmen, sagte sie: »Es gibt nur eine Frage, die du dir stellen musst, Hrotsvit: Hat sich deine Seele gewehrt?«

Diesmal kamen die Tränen still und ruhig.

»Ja«, antwortete Hrotsvit endlich.

»Siehst du«, Rahild ließ sich auf die Pritsche sinken und zog Hrotsvit neben sich. »Manchmal haben wir nicht mehr, mit dem wir uns wehren können. Aber Maria, die Mutter Gottes, sieht alles und weiß alles. Und sie weiß auch das. Dass deine Seele sich gewehrt hat.« Sie strich über die rotfleckige Wange.

»Erzähl mir doch lieber, was du schreibst.«

Kraftlos zuckte Hrotsvit mit den Schultern. »Ich soll das Leben von König Otto beschreiben«, murmelte sie. »Äbtissin Gerberga will es so. Sonst …«, sie sprach nicht weiter. Aber es war auch nicht wichtig, welche Drohung sich Gerberga hatte einfallen lassen, um Hrotsvit gefügig zu machen.

»Und? Kommst du voran?«

Wieder zuckte Hrotsvit mit den Schultern. »Es geht«, murmelte sie schließlich. »Ein bisschen habe ich schon geschrieben. Aber es kommt mir … hohl vor. Und leer. Als könnte ich den Weg nicht sehen. Weil es keinen gibt.«

Rahild nickte stumm.

»Nun, vielleicht solltest du etwas anderes schreiben.«

Etwas änderte sich. Rahild konnte spüren, wie der schmale Körper unter ihrer Hand sich wieder anspannte und auch der Blick wurde ein anderer. Ein neuer Mensch arbeitete sich hervor aus dem Häuflein, das da gerade vor ihr gesessen hatte. Ein Erwachen. Rahild konnte die Kraft spüren, die darin verborgen war.

Lechfeld, 10. August 955

Weit streckte sich die Ebene vor ihnen. Das helle Sommergrün leuchtete unter der strahlenden Sonne. Das Geräusch flatternder Fahnen, die wie gefangene Drachen gegen ihre hölzernen Standarten schlugen. Konrad suchte den Himmel ab, der Wind fühlte sich vielversprechend an.

Tatsächlich, am Horizont türmte sich ein Sommergewitter auf. Bald würde es Regen geben. Er schlug das Zeichen des Kreuzes vor seinem Gesicht. Wenn es regnete, dann hatten sie vielleicht eine Chance gegen diese wilde Horde auf der anderen Seite des Schlachtfeldes.

Konrad schloss die Augen und atmete tief durch die Nase ein. Schon der Geruch der Luft hatte etwas Metallisches, als übertrüge sich das Eisen all der Schwerter und Lanzen in den blauen Himmel. Sein Pferd schnaubte in die Stille hinein. Diese unbeschreibliche Stille, die es nur vor einer Schlacht gab, wenn sie warteten, dass der König den Befehl zum Angriff gab. Sie waren alle aneinander geknüpft mit einem unsichtbaren Band, auch die Magyaren auf der anderen Seite waren bereits mit ihnen verwoben und warteten darauf, dass der König sie alle in ein blutrünstiges Gemetzel stürzen ließ, das bis zum Abend dauern würde.

Alle hier standen sie in Ottos Pflicht. Denn er war ihr König. Noch immer. Otto hielt sie alle zusammen, und dafür mussten sie nun ihr Blut auf dieses Feld tragen.

Konrad hatte dazu noch eine Schuld zu begleichen. Er hatte zu beweisen, dass er sich wirklich gewandelt hatte. Dass er seinen Verrat am König bereute und nun ein wahrlich treuer Diener war. Er hatte keine Wahl. Er würde in die Schlacht reiten müssen. Für den König. Er hatte sich verrechnet, hatte mit Ottos Sohn die falsche Wette gemacht. Und nun würde er dafür bezahlen.

Konrads Lippen zitterten und eine Träne rann ihm die Wange hinab. Er fürchtete die Schlacht, fast jede Nacht seines erwachsenen Lebens hatte er Albträume. Er irrte suchend zwischen blutgetränkten Leichen umher, bis er schließlich seinen eigenen Körper fand, aufgespalten, die Eingeweide heraushängend, der Blick milchig und leer. Lange hatte er mit niemandem darüber gesprochen. Jeder wusste, dass Konrad der Rote ein unbarmherziger, furchtloser Krieger war, der kein Mitleid kannte und mit unermüdlicher Kraft sein riesenhaftes Schwert schwang, die Schädel seiner Gegner spaltend.

Nur Gernot hatte gewusst, wie es wirklich war. Ihm hatte er all das anvertraut, was ihm auf der Seele lastete. Die Angst vor dem Tod, vor dem Schmerz, die gleichzeitige Furcht vor dem Gelächter und der Scham, sollte ihn jemand seiner Feigheit überführen. In Gernots Armen hatte er all das gestanden, seine Seele offenbart.

Und Gernot war tot. Getötet von dieser Hexe von einer Königin. Wie gern hätte er sie dafür bestraft, ihr die Haut vom Leib gezogen, ihren verfluchten Körper aufs Rad geflochten, sie von jedem seiner Knechte entehren lassen. Und dann war sie einfach gestorben. Im Bett. Während sein wunderschöner Gernot wie ein geschlachtetes Schwein auf den Steinen der Halle verblutet war, hatte die dreckige Hure im Bett ihren letzten Atemzug tun dürfen.

Aber das Schicksal hatte ihm wenigstens ihre Tochter zugespielt. Ein dummes, teigiges Ding, das meistens schwieg und heulte. Warum manche Männer den Weibern so hinterherliefen, Konrad konnte es wirklich nicht verstehen. Immerhin hatte er sie strafen können für die Sünden ihrer Mutter. Nur hatte es ihm nicht die Befriedigung gegeben, die er sich erhofft hatte.

Konrad atmete ein. Tränen vor einer Schlacht gehörten dazu. Es redete nur niemand darüber. Gemeinsam hüllten alle Kämpfenden das Schweigen um diesen Teil der Schlacht. Fast jeder hier hatte Angst. Vor dem Schmerz. Vor dem Tod. Vor der Schuld. Wichtig war nur, dass sie diesen Gefühlen im Kampf nicht die Macht überließen. Es zählte, wie sie sich auf dem

Schlachtfeld schlugen. Und Konrad tat es jedes Mal heldenhaft und mit bewundernswerter Grausamkeit.

Nur, was nützte ihm das? Seit Jahren fand er keine Antwort mehr auf diese Frage. Gern hätte er seinen Namen laut geschrien: »Gernot!« Nun war er schon so viele Jahre tot, aber er vermisste ihn noch immer, so sehr, so tief und so unaussprechlich, dass es ihn manchmal schier erstickte.

Konrad öffnete die Augen und sah die Magyaren in der Ferne. Ihre Reihen eine diffuse Masse, die beim Näherkommen anschwellen würde, bis sich schließlich die einzelnen Kämpfer herausschälen würden, ihre Rüstungen, Waffen, ihre vor Kampfesirrsinn geweiteten Augen. Konrad wusste, ihnen ging es ihm wie ihm. Dafür hatte er in zu viele sterbende Augen gesehen. Erschlagen würde er sie trotzdem.

Der König hob an zu reden. Konrad konnte nicht verstehen, was er sagte, aber er versuchte es auch nicht. Es war sowieso immer dasselbe. Das Entscheidende war, dass er da war. Und dass er, so konnten sie nur hoffen, Gottes Segen in die Schlacht trug.

Konrad trieb sein Pferd ein paar Schritte vor und drehte sich um, sodass er seinen Männern gegenüberstand. Das war seine Pflicht als Herzog. Sich vor der Schlacht zu zeigen. Damit die anderen ihre Leiber für ihn und den König in den Kampf tragen würden.

Wie immer bemühte er nur wenige Worte: »Männer, wir haben schon viele Schlachten gemeinsam geschlagen. Ich weiß, was ihr könnt. Bringt uns den Sieg. Ich werde euch reich belohnen. Wie immer.«

Er ließ seinen Blick über die Reihen schweifen. Immerhin hunderte Krieger waren es, sein Beitrag zu Ottos Heer. Vorn die Berittenen, weiter hinten die verdingten Bauern, denen man nur das Glück wünschen konnte, dass die Ritter vorn genügend Magyaren niederschlugen. Ein kämpfender Bauer hatte gegen diese virtuosen Schlachtenreiter wenig Chancen. Bis der Regen kommen würde. Dann würde das Feld zu einem Schlammpfuhl werden und das Kämpfen zu Pferde beschwerlicher. Konrad blickte abermals zum Himmel. Die Wolken kamen schnell näher. Er zeigte hinauf.

»Gott ist auf unserer Seite, vergesst das nicht. Er wird uns helfen und Sturm und Regen schicken. Seid beruhigt.« Er sah die Unsicherheit in ihren Augen. Er hob sein Schwert. »Solltet Ihr versagen, sterbt lieber gleich. Ihr wisst, ich kenne keine Gnade und Gott auch nicht.«

Sie antworteten mit Schweigen. Er wusste, sie hatten verstanden, und trat zurück auf seinen Platz in der Mitte der Reiter.

Gleich musste es passieren, gleich würden sie ihrem Schicksal entgegenstürzen. Und doch traf es ihn wie ein Schlag, als das Signal geblasen wurde.

Er rammte seinem Pferd die Hacken in den Leib und schrie, schrie um sein Leben, oder dagegen, er wusste es nicht mehr. Er schrie und schrie, bis sein Kopf leicht wurde vor Schwindel und sein Körper sich wandelte, in ein Wesen, das nichts mehr wusste, nichts mehr kannte, nichts mehr wollte als vorwärtszustürzen, das Schwert gezückt, Blut suchend.

Alle um ihn herum waren im Schlachtentaumel, und so ließ er es geschehen, schrie seinen Namen heraus, so laut er konnte, mit gebleckten Zähnen und Tränen auf den Wangen: »Gernot!«

Es war, als hätte jemand das Eisen gesprengt, in das seine Brust so lange gelegt gewesen war. Er holte tief Luft und schrie von neuem: »GERNOT!« Das Gefühl von Freiheit. Es verlieh ihm Flügel, er glaubte, nun endlich alles zu vermögen und spürte gleichzeitig, dass es gleichgültig war.

Pfeile surrten über ihm durch die Luft. Die Magyaren waren ihnen nun so nahe, dass er ihre einzelnen Körper voneinander unterscheiden konnte. Sie schienen mit ihren Pferden verschmolzen. Er sah die ersten herabstürzen, einige der Pfeile mussten ihr Ziel gefunden haben, obwohl sie sich so eng an ihre Tiere schmiegten.

Ein drittes Mal schrie er Gernots Namen, seinen wunderbaren Namen.

Er wollte lachen, doch ein Schlag riss ihn beinahe vom Pferd. Das Tier unter ihm bäumte sich auf.

Er versuchte Luft zu holen, doch irgendetwas hinderte ihn daran, etwas Schweres hatte sich seines Körpers bemächtigt, zog an ihm und ließ ihn taumeln.

Er blickte an sich hinab und entdeckte voll Staunen den mächtigen Speer, der mitten in seinem Brustkorb steckte. Er hatte seinen Weg direkt in den mit Lederbändern verschlossenen Spalt im Kettenhemd gefunden.

Wieder versuchte Konrad zu atmen, aber es gelang ihm nicht. Nun spürte er den Schmerz, rasend und allumfassend. Panik erschütterte ihn bis ins Mark, er riss an seinem Hemd, Luft, er brauchte Luft.

Mit einem schmatzenden Geräusch schlug er auf dem schlammigen Boden auf. Eine Welle noch größeren Schmerzes floss aus seiner Brust und überzog seinen ganzen Körper. Beinahe schwanden ihm die Sinne. Doch Konrad kämpfte dagegen an. Er wusste, wenn er jetzt die Augen schloss, würde er sie nie wieder öffnen. Er suchte nach Halt, nach Hilfe, jemandem, der ihm die Hand reichte, ihm den Speer aus dem Leib zog, damit er wieder atmen konnte. Atmen. Doch er sah um sich nur Pferdebeine.

Feuchte Erde drang ihm in den Mund, er wollte sich aufrichten, er musste fort, sonst würden ihn die Pferde zerstampfen. Aber es gelang ihm nicht. Noch einmal versuchte er sich hochzustemmen, doch seine starken Muskeln schienen sich aufgelöst zu haben.

Er blickte hinauf in das Getümmel, das über ihm tobte. Und dann sah er das von Wolken bestürmte Blau darüber, den Himmel, das unermessliche Licht der Sonne. Und er verstand, dass es für ihn keine Rettung mehr in dieser Welt gab. Dass es nur noch diesen Schmerz gab, und das würde das Letzte sein. Nichts lag mehr in seiner Macht, nicht einmal sein eigener Atem. Doch es machte ihm keine Angst mehr, die Endgültigkeit stand klar vor ihm. Das Bild flimmerte vor seinen Augen, und er ließ sich fallen in das Gefühl der absoluten Ohnmacht und staunte, wie leicht auf einmal alles war, wie leicht und unendlich weit und schon fühlte er den Regen nicht mehr, der nun, sanft erst, dann immer stärker auf die Kämpfenden niederging.

Stift Gandersheim, September 955

Ihr Körper schmerzte, alle Glieder, der Kopf, die Knochen, Sehnen, ja, sogar die Haare schienen ihr weh zu tun. Die Bewegung des Pferdes verursachte ihr noch mehr Unbehagen.

Seit Tagen hatte Gerberga nicht mehr richtig geschlafen. Sie wollte zurück in ihr Stift, sie wollte Frieden. Ruhe.

Die Schlacht auf dem Lechfeld hatte König Otto gewonnen. Ein Triumph für ihn. Für sie alle, für die Christenheit, ja, für Gott selbst, der mit helfender Hand einen sintflutartigen Regen geschickt hatte. Im Schlamm waren die wendigen Magyaren schwerfällig und langsam geworden und waren schließlich nichts mehr als hilflose Männer ohne Eisenschutz und mit schlechten Schwertern gewesen. Ihre gefürchteten Bogenschützen waren im Nahkampf nutzlos und sie starben wie die Fliegen und so hatte das Heer der Rechtgläubigen sie schließlich niedermetzeln können.

Gerberga hatte ihren Teil beigetragen, die vielen Soldaten des bayerischen Heeres zur Schlacht geführt, war an ihrer Seite in den Kampf geritten, hatte Lebensmittel aus dem Klosterbestand beigesteuert, einen ganzen Wagen voller Mehlsäcke, eingelegten Hühnereiern und Pökelfleisch.

Sie hatte an den Beratungen teilgenommen und ihren Vater Heinrich, den Herzog von Bayern, in allen Belangen vertreten. Schwer krank lag er im Kloster Pöhlde, umsorgt von Mönchen, zu schwach, um sich vom Lager zu erheben. Ihr kleiner Bruder war noch keine vier Jahre alt, ihre Mutter Judith hatte alle Hände voll zu tun, das Herzogtum Bayern in kontrollierten Bahnen zu halten.

Und so war sie im Namen ihrer Familie eingezogen in das Lager der Kämpfer bei dieser entscheidenden Schlacht für die christliche Welt. Und sie hatten gesiegt. Nein, es war kein Sieg gewesen, es war ein Triumph.

Und doch fühlte sich Gerberga, als hätte der Teufel selbst ihren Leib überfallen, würde glühende Nadeln in ihr Fleisch bohren, bis sie fast den Verstand verlor. Die Mediziner im Lager waren ratlos gewesen und so ruhte Gerbergas Hoffnung auf Rahild, ihrer früheren Vertrauten. Kaum einer war so wirkmächtig wie die Heilerin von Gandersheim.

Sie schloss die Augen und sogleich blitzten Bilder von der Schlacht vor ihren Lidern, das durchdringende Rot des Blutes, das überall zu sein schien. Der Gestank herausgeschnittener Eingeweide, sofort stach er ihr wieder in die Nase, sie hörte das Klingen der eisernen Waffen, das Knirschen der toten und halbtoten Körper am Boden, wenn die Pferde mit ihren schweren Hufen darauf stampften.

Gerberga riss die Lider wieder auf, so weit sie nur konnte. Sie hoffte, so könnte sie die Geister der Schlacht vertreiben. Sie hatten doch gesiegt. Sie hatten Otto den größten Sieg aller Zeiten verschafft. Nur vom Sieg Davids über Goliath übertroffen. Die heidnischen Magyaren waren in die Schranken gewiesen. Ihre Anführer hatte Otto an den Bäumen am Rand des Lechfelds aufknüpfen lassen. Sie hatten Gottes Sache gedient. Und doch … Das Blut, die zerschundenen Leiber. Es wollte sie nicht verlassen.

Sie ritt über die Hügelkuppe und da war es, ihr Stift Gandersheim. Langgestreckt und würdevoll lag das zweistöckige Haupthaus vor ihr. Das gewaltige Tor für sie, die Äbtissin, eine Einladung des Schutzes. Die Abendsonne malte eine goldene Aura um das getünchte Gebäude, federleichte Geistchen tanzten im Licht. Ein Schauer überfuhr Gerberga, ein Gefühl zwischen Freude und Wehmut.

Die Tore standen noch weit offen, sie wurde nicht erwartet, sie hatte bewusst darauf verzichtet. Sie wollte kein Fest, keinen Gottesdienst. Sie wollte nur nach Hause.

Ihrem Gefolge gab sie ein Zeichen, dass sie sich hinter ihr halten sollten. Sie wollte das Gefühl haben, allein zu sein. Allein mit sich, der Welt und Gott. Auch wenn sie es niemals war, sie wäre es in diesem Moment gern gewesen. Ohne die Last der

Verantwortung auf ihren Schultern, ohne dieses diffuse Gefühl von Schuld.

Sie ritten nun in den langen Schatten ein, den das Stift warf. Sofort wurde es merklich kühler, was ihrem schmerzenden Körper angenehm war. Ja, das war ihre Heimat. Der Ort, der ihr so vertraut war wie ihre eigenen Gedanken.

Sie blickte voller Liebe auf die gelbgetünchten Lehmmauern, als sie durch den Toreingang ritten. Ihr Gandersheim. Doch etwas irritierte sie. Ein Element lag in der Luft, das ihr neu war. So ähnlich wie ein Duft, nur anders. Ihr Körper spannte sich, aufmerksam blickte sie umher.

Sie kam in den Hof, in der Ferne hörte sie das Hufgetrappel ihres Gefolges. Aber da war noch ein anderes Geräusch. Gelächter. Freudvolles, wissendes, stolzes Gelächter. Und dann sah sie ein Gebilde im hinteren Teil des Hofes. Eine Art Podest, umhangen von Tüchern. Darauf schritten einige der Kanonissen herum, in eine angeregte Diskussion vertieft. Auf dem Platz davor saßen noch mehr Frauen und schauten gebannt zu. Immer wieder plätscherte Gelächter auf.

»Ihr müsst lauter sein! Noch viel lauter!«, hörte sie eine Stimme rufen. Es war eine Kanonisse, die am Rande stand, doch immer wieder wanderten alle Blicke zu dieser Frau.

»Hrotsvit«, murmelte sie. »Was tut sie da?«

Sie rutschte vom Pferd herab, ihre Beine waren taub von dem langen Ritt. Sie ließ die Zügel zu Boden sinken und ihr Pferd trottete von ganz allein zur Tränke. So wie seine Herrin wollte es nichts als Frieden und Ruhe.

Mit wankenden Schritten ging Gerberga auf die Gruppe am anderen Ende des Hofes zu. Noch immer hatte keine der Frauen sie bemerkt. Das Gesinde war ihrer Ankunft gewahr geworden und wollte ihr zur Hilfe eilen, aber sie scheuchte die Leute mit einer Handbewegung fort.

Applaus brandete auf in der Traube von Frauen, die um Hrotsvit versammelt waren. Sie, die einsame Schreiberin, der Gerberga ihre rettende Hand gereicht hatte. Und nun stand sie dort, im Mittelpunkt, hell und glühend.

Wieder lachten alle auf. Dieses Mal lauter und länger.

»Ihr müsst euch vorstellen, dieser Mann hält sich für den Größten! Er glaubt, er habe das Recht, sich diese Mädchen zu unterwerfen. Ja, er sieht sie nicht einmal als Menschen!« Hrotsvit sprach mit ausladenden Gebärden, ihre Stimme hatte eine Bestimmtheit, die Gerberga ganz neu war. »Sie sind für ihn nichts als Gefäße.«

Hrotsvit machte eine dramatische Pause. Ihre Hände ließ sie in der Luft hängen wie im Flug eingefrorene Vögel. Alle warteten darauf, dass sie weitersprach, Gerberga meinte die Spannung als leises Singen hören zu können. In den Gesichtern der Frauen war jedoch mehr als Neugier. Sie sah Schmerz in ihren Zügen. Zorn. Und Trauer. Und dann fühlte sie es auch, wie tief diese Worte gingen.

»Nichts als Gefäße.«

Hrotsvit klatschte plötzlich in die Hände. Ihre Zuhörerinnen zuckten zusammen.

»Und das ist, was er zur Strafe bekommt! Gefäße!« Nun lachte sie selbst auf. »Er rammelt sich durch die rußigen Töpfe und Pfannen in der Küche! Und er merkt es nicht einmal!«

Die anderen stimmten in ihr Gelächter ein, laut und befreit, es klang wie ein Zaubergesang ohne Worte, der die Luft vibrieren ließ.

»Er reibt seinen Körper an den rußigen Töpfen und Pfannen und stöhnt vor Geilheit und *treibt* es«, ihre Stimme wurde lauter, ebenso wie das Gelächter ihrer Zuhörerinnen, »bis zum Äußersten. Er besamt das Geschirr.« Hrotsvit machte eine Grimasse und schlug sich die Hände vors Gesicht. Dann wartete sie, bis es still wurde.

»Und das habe ich nicht ohne Grund so geschrieben«, fuhr Hrotsvit schließlich fort. »Denn wie viele von uns wissen, von unseren Müttern, Schwestern, Dienerinnen oder Freundinnen, ist dieser Akt vor allem genau das für eine Frau. Eine Aufgabe, wie das Putzen von Geschirr. Wir tun es, weil wir müssen. Und die Männer …«, sie blickte herausfordernd in die Runde, »tun so, als hätten sie einen Zauberstab zwischen den Beinen. Dabei ist es nicht viel mehr als ein schmieriger Rührlöffel, der mal wieder gewienert werden muss.« Wieder lachten die Frauen, laut und wissend. »Und genau *das* bringen wir auf diese Bretter!« Hrotsvit zeigte auf das hölzerne Gestell. »Wir brauchen nur eine von euch, die den Dulcitius so spielen kann. Sie muss wissen, wie die Männer denken – und auch die dunkle Seite kennen.«

»Warum spielst du ihn nicht?«, rief eine der Novizinnen. Ihre Wangen waren rotglühend vor Begeisterung. »Du hast es doch geschrieben!«

Hrotsvit schüttelte energisch den Kopf. »Nein, deshalb geht es nicht. Ich habe zuviel darüber nachgedacht. Über alle Seiten. Nein, ich muss hier die Fäden zusammenhalten, damit das ganze Geflecht des Stückes schön wird, damit alle Farben zum Leuchten kommen. Wir brauchen eine andere. Und sie muss sich trauen. Sie muss alle Hemmungen fallen lassen. Jeder muss glauben, dass sie wirklich einen Schwanz zwischen den Beinen hat.«

Gerberga trat ein paar Schritte vor. »Ich mache das.« Sie war selbst überrascht, dass sie die Worte laut aussprach. »Ich werde den Dulcitius spielen.«

Auf dem Weg nach Gandersheim,
Herbst 955

Eine leichte Brise wehte den Geruch von beengt lebenden Menschen zu Liutprand und er zog den Kopf ins Wageninnere zurück. Er ließ ein paar Tropfen des Öls aus Rosmarin und Limetten auf ein Tuch fallen und sog den Duft tief ein.

Dass diese Menschen hier leben mussten wie die Schweine, es würde ihm für immer ein Rätsel bleiben. Warum wuschen sie sich nur nicht? Und dieser ewig verhangene Himmel, dieser Schlamm überall und die Kälte. Liutprand seufzte. Er würde es weiter ertragen müssen, aber er musste einen Weg finden, zurück nach Italien zu kommen.

Wie konnte überhaupt ein Mensch jenseits der Alpen überleben. Die Sehnsucht nach seiner Heimat hinterließ Spuren in seinem Körper, ein Ziehen in der Brust, ein Brennen hinter den Augen, die Nase ausgedörrt vom Mangel an schönen Düften. Er würde nicht ruhen, bis er wieder eine Stellung in Italien gefunden hatte, eine angemessene Position, vielleicht einen Bischofssitz. Es starb ja hin und wieder jemand und als Kanzler am Hof von König Otto musste er doch Berücksichtigung finden.

Sie zogen an einer der trostlosen Bauernsiedlungen am Wegesrand vorbei. Niedrige Häuser, die sich an Feldrändern duckten. Alles Volk war zusammengelaufen, um den langen Strom an Wagen, Reitern und Fußvolk zu begaffen.

Nun hatte er sie über ein Jahr nicht gesehen. An der Seite des Königs war er von Schlachtfeld zu Schlachtfeld gezogen, er hatte Hermann Billung geholfen, zum offiziellen Statthalter zu werden. Dieser Mann würde sich gewiss eines Tages erkenntlich zeigen. Und er hatte dafür geworben, dass der König ihn auf eine weitere Mission nach Byzanz schicken würde.

Nicht, dass er Sehnsucht nach diesem barbarischen Ort mit dem schrecklichen Essen hatte. Aber er wusste, das war sein Pfund. Damit konnte er wuchern. Um ihn herum wurden Männer befördert, über Nacht wurden sie Bischöfe oder vom Grafen zum Herzog. Aber wo blieb denn er? Seit Jahrzehnten diente er nun den mächtigsten Königen. Und wohin hatte ihn das gebracht? War er mehr als ein niederer Vasall, gerade gut genug, dem König ein paar Schmeicheleien zu kredenzen? Er war ein Kanzler, aber am Ende einer von Dutzenden Beratern in diesem unübersichtlichen Geflecht des Hofs.

Zu Beginn war seine Sehnsucht nach Hrotsvit abgeflaut, aber jetzt, mit dem König im Höhenflug nach seinem triumphalen Sieg und Liutprand von ihm vollkommen unbeachtet, fiel ihm mit schmerzhafter Deutlichkeit ein, wie wohl er sich in ihren Armen gefühlt hatte. Wie anders es war, mit einem Weib zu sein, das auch seinen Intellekt zu schätzen wusste. Eine, die überhaupt begreifen konnte, was er dachte und sprach. Ja, sie hatte auch etwas Widerspenstiges an sich, aber gerade das machte sie vollkommen.

Liutprand war froh, dass er gerade einen Wagen für sich hatte. Er forschte den Erinnerungen nach, ihr Leib, an die Hauswand gepresst, die losgelösten Gewänder mehr freigebend als verhüllend, und alles gehörte ihm. Man könnte meinen, sie sei eine Dirne, dass sie sich ihm so hingegeben hatte. Doch er wusste ja, dass ihre Seelen verbunden waren, und Gott wusste es auch. Es war ja vielmehr eine Vereinigung ihrer gläubigen, wissenden Geister gewesen, die sich in ihren Körpern vollzog. Gott verstand das, da war er sich nach vielen Gebeten nun sicher.

Er dachte an ihr von glücklichen Tränen benetztes Gesicht, an den Duft ihrer Haut. Seine Hand wanderte zwischen seine Beine, sie tat es ganz von selbst.

Wenn er den König überzeugte, sie als Übersetzerin aufzunehmen. Er konnte sie sehen, sie zwei gemeinsam, in einem Wagen auf dem Weg nach Byzanz. Und nichts würde zwischen ihnen stehen.

Stift Gandersheim, Herbst 955

Sie setzte ihre Füße in den aufgewühlten Boden. Man hatte Bohlen für sie ausgelegt, damit sie halbwegs sauberen Fußes zum Hauptgebäude des Stifts kommen konnte. Bis der Tag zu Ende war, würde sich dieser Platz in eine Schlammkuhle verwandelt haben. Adelheid zog ihr Kleid so weit hoch, wie es gerade noch schicklich war und schritt auf das Portal des Gebäudes zu.

Sie hasste die Aufregung der Ankunft, obwohl sie jedes Mal glücklich war, wenn sie in einem größeren Gut oder Kloster Halt machten. Doch die Stunden, wenn die Massen von Menschen und Tieren in einem Ort einströmten, fand sie schwer erträglich. Als Königin kam sie nicht als erste an, es ritten immer Bedienstete vorweg, um ihre Ankunft vorzubereiten. So traf sie jedes Mal auf ein heilloses Durcheinander. Und oft konnte sie spüren, dass die Herrscher des Hauses nicht glücklich waren über ihr Eintreffen. Denn die Ankunft des Königshofes bedeutete vor allem: leere Vorratsräume.

Natürlich waren die Klöster und Stifte darauf eingestellt. Es gehörte zu ihren wichtigsten Aufgaben, dem Königshof auf der Durchfahrt ein Obdach zu geben. Aber alles hatte seine Grenzen und so verteilte ihr Otto immer neue Ländereien und Rechte an die Klöster, um sie gewogen zu halten. Adelheid hatte ihm geraten, Münzprägerechte auszugeben. Das war eine große Ehrerbietung und lukrativ und es kostete ihn nicht viel.

Sie stieg die Stufen zu den Gemächern der Äbtissin hinauf, um sie herum scharwenzelten aufgeregte Kanonissen, die ihr umständlich ihre verwandschaftlichen Verbindungen zum Königshaus darlegten. Am liebsten hätte sie sich geschüttelt wie ein Pony, das sich lästiger Fliegen entledigen will. Wer war denn im Adel nicht miteinander verwandt? Dann lächelte sie,

setzte eine interessierte Miene auf und ließ die Worte an sich
vorüberrauschen.

Gerberga erwartete sie in der Empfangshalle. Die junge Frau
war blass und nervös. Mit einem Handwedeln schickte sie die
Kanonissen aus dem Saal.

»Willkommen, liebe Tante«, sagte sie und streckte ihre Arme
aus. Adelheid zuckte. Dass sie jetzt die angeheiratete Tante dieser ihr fast fremden Frau war, hatte sie vergessen.

»Danke«, antwortete sie. »Auch für das«, sie machte eine fort-
scheuchende Geste.

Gerberga lachte, nun sah sie fast kindlich aus. Das Amt gab
ihr sonst ein sehr ernstes Aussehen. Otto sprach immer wieder
darüber, wie erstaunlich seine Nichte war. »Ein eiserner Wille,
ein sehr kluger Kopf und ein Talent zur Ruchlosigkeit«, hatte er
gesagt. Er wusste Frauen zu schätzen. Auch wenn er es gern wieder vergaß, sobald ihm seine Berater zu viel eingeredet hatten.

»Ihr habt etwas auf dem Herzen?«, fragte Adelheid.

»Nun, bevor hier der ganze Hofstaat einfällt, wollte ich gern
mit Euch für einen Moment in Ruhe sprechen.«

Gerberga machte eine Pause und blickte aus dem Fenster. Von
draußen drang ein Durcheinander von Stimmen, auf- und anei-
nanderschlagenden Gegenständen und dem Schnauben und
Hufeklappern der Pferde zu ihnen. Adelheids Blick folgte dem
von Gerberga zum Fenster hinaus und sie entdeckte die seltsame Konstruktion im hinteren Teil des Hofes. Ein Podest, groß
wie ein Zimmer, an dessen Ecken vier behauene Baumstämme
aufrecht in den Himmel ragten. Drei der vier Seiten waren mit
langen, hellen Stoffbahnen verhangen. Das musste kostspielig
gewesen sein, es war genug Stoff, um ein ganzes Dorf neu ein-
zukleiden. Adelheid runzelte die Stirn.

»Was ist das?«

Gerberga lächelte milde. Überhaupt schien sie ihr dieses Mal
weicher als sonst.

»Das ist unser Theater«, sagte sie.

»Ein Theater?«, fragte Adelheid. Sie kannte die Ruinen der alten
Amphitheater. Aber das Ding da unten hatte wenig damit zu tun.

»Ja, deshalb wollte ich mit Euch sprechen, liebe Tante.«

Adelheid trat näher ans Fenster. »Ein Theater«, wiederholte sie.

»Ihr kennt die Dramen und Komödien der alten Römer.«

Adelheid nickte. »Gewiss. Wir hatten bei Hofe auch schon Lesungen davon.« Sie zuckte mit den Schultern. »Recht unterhaltsam. Doch ich ziehe die Geschichtenerzählerinnen vor, muss ich sagen.«

»Ich weiß«, sagte Gerberga. »Ich habe mir auch wenig daraus gemacht. Nur wird es keine Lesung.« Sie blickte Adelheid tief in die Augen. »Und es ist auch kein Text der alten Römer.« Sie holte noch einmal tief Luft. »Wir haben hier eine Kanonisse, die Texte schreibt. Komplett neue Texte, manches wie aus dem Nichts. Der heilige Geist muss ihr in die Gedanken gefahren sein. Ich habe es mir lange Zeit nicht eingestehen wollen. Aber jetzt, es ist …«, sie ließ den Satz unvollendet. Wieder blickte sie zu dem Podest und lächelte, als könnte sie selbst nicht ganz glauben, dass es dort stand. »Und sie hat ein Theaterstück geschrieben. Genau wie die der alten Römer. Nur besser.« Sie lachte kurz auf. »Viel viel besser. Es ist voller Glaube. Und es ist voller Hoffnung. Es ist eine Offenbarung! Eine neue Art, Gott zu huldigen. Und endlich erzählt es eine Geschichte über uns!«, sagte Gerberga und ihre Stimme zitterte.

»Von uns?«, fragte Adelheid irritiert. »Von Ottos Familie?« Über Ottos Familie gab es doch wirklich genug Geschichten.

Gerberga schüttelte den Kopf. »Uns Frauen«, sagte sie schließlich.

Adelheid fröstelte. Sie blickte zu dem hölzernen Gestell und es beschlich sie das Gefühl, tatsächlich Zeugin von etwas Einzigartigem zu werden. »Worum geht es?«, fragte sie.

»Um drei Frauen«, antwortete Gerberga. »Um drei Frauen und ihren tiefen Glauben, den sie sich von niemandem nehmen lassen wollen. Und die den Mann, der sie vergewaltigen will, zum Gespött machen.«

Die Tür öffnete sich und eine Dienerin trug gewärmten Gewürzwein und Kuchen herein. Gerberga griff nach den gefüllten Bechern und reichte Adelheid einen. Der Duft von Kräutern, Honig und Alkohol zog durch den Raum.

»Am Ende werden sie verbrannt, wie das bei Märtyrerinnen halt so geht. Nun, Ihr werdet es ja sehen.« Gerberga nahm einen tiefen Schluck.

»Und deshalb bitte ich Euch um Eure Unterstützung«, fuhr sie fort. »Wir begeben uns in Terra Incognita. Und brauchen eine schützende Hand. Ich weiß, der König hält große Stücke auf Euch. Ich hätte es nicht für möglich gehalten, aber Ihr scheint ihm noch näher als seine erste Frau, Königin Edgitha, Gott hab sie selig.«

Gerberga blickte sie kurz an, dann huschte ihr Blick wieder zum Fenster hinaus. »Wir wissen wenig voneinander. Wenig davon, was wir vielleicht erduldet haben. Aber egal, wie es bei uns war. Wir kennen viele Geschichten von Frauen, die weniger glückliche Schicksale hatten. Deren Schutzlosigkeit von Männern ausgenutzt wurde bis zum Letzten. Viel zu viele dieser Geschichten kenne ich. Und ich glaube, ihr auch. Deshalb bitte ich Euch: Schaut uns zu, mit wohlwollendem Auge. Und dann, ich bitte Euch inständig, applaudiert.«

Liutprand reiste in einem der letzten Wagen; als er ankam, war der Hof des Klosters schon in einem Zustand des Chaos. Er wusste, es würde noch Stunden dauern, bis alle notwendigen Vorbereitungen getroffen waren.

Er schaute sich um. So dringend wollte er Hrotsvit finden. Es war ihm tatsächlich gelungen, den König zu überzeugen, ihn als Botschafter nach Byzanz zu schicken und Hrotsvit durfte er als Übersetzerin mitbringen. Vielleicht konnte er die Äbtissin sogar überreden, dass Hrotsvit gleich mit dem Hof reisen konnte. Liutprand sah umher. Sie musste doch wissen, dass er heute ankam?

Aber er konnte sie nicht entdecken. Nonnen, Kanonissen, Mägde und Knechte huschten hin und her, begleiteten Hofmitglieder, trugen Gepäck, gaben Anweisungen. Ein Bienenstock konnte nicht umtriebiger sein.

Er wartete, dass man sich seiner annahm. Durch den Torbogen konnte er sehen, wie die Zelte vor den Klostermauern
aufgestellt wurden. Dort würden alle niederrangigeren Hofmitglieder übernachten, vor allem die Dienstboten und Soldaten.
Es war doch erstaunlich, dachte Liutprand, wie schnell die Leute
dort nach einem weiten Ritt noch ein ganzes Dorf aus Stoffbahnen entstehen ließen.

Er drehte sich herum und suchte die Menschenmenge ab, ob
er nicht doch irgendwo Hrotsvit entdecken würde. Das Einzige,
was ihm auffiel, war eine merkwürdige Holzkonstruktion im hinteren Teil des Hofes.

»Kanzler Liutprand?« Eine junge Novizin kam auf ihn zu, die
Wangen rot vor Geschäftigkeit. Er nickte freundlich.

»Ich darf Euch zu Eurem Zimmer begleiten. Ihr werdet im
Gästeflügel untergebracht.«

»Sehr gern«, sagte er und reichte der Frau den Gepäckbeutel.
Er hatte ihn noch in Italien fertigen lassen. Er war stabil und
edel, gefertigt aus dem Leder eines Wasserbüffelkalbs.

Die Novizin lächelte und versuchte den schweren Beutel in
ihren Händen günstig zu balancieren.

»Ich führe immer einige Bücher mit mir«, sagte er mit einem
Augenzwinkern.

Sie nickte. »Wollen wir?« Sie wies mit dem Kopf in Richtung
des Gebäudes.

Sie gingen über den aufgewühlten Hof und dann die Treppen
hinauf zu den Fluren.

»Könnt Ihr mir noch sagen, wo ich die Kanonisse Hrotsvit
finde?«

Sie stutzte für einen Moment und musterte ihn. Etwas war
seltsam in ihren Augen, ihr Lächeln veränderte sich, aber ganz
sicher war er sich nicht.

»Frau Hrotsvit ist derzeit sehr beschäftigt. Ihr werdet sie nicht
vor morgen Abend zu Gesicht bekommen«, sagte sie schließlich.

Eine Verstimmung machte sich in Liutprand breit.

»Schreibt sie?« Seine Stimme klang beleidigter, als er das
beabsichtigt hatte.

»So etwas Ähnliches«, sagte die junge Frau, öffnete eine Tür und drückte ihm seinen Reisebeutel in die Hand. »Hier ist Euer Zimmer, Kanzler Liutprand. Wir haben Euch ein Essen auf dem Tisch bereitgestellt. Ich hoffe, Ihr habt eine angenehme Nachtruhe.«

Ein weiteres Mal maß Hrotsvit das Zimmer mit ihren Schritten ab. Sie wusste, dass sie die anderen noch nervöser machte, aber es war ihr unmöglich, ruhig zu bleiben.

»Das Wichtigste«, sie drehte sich zu den Schauspielerinnen, »das Allerallerwichtigste ist die Rede zum Schluss. Darauf läuft der ganze Text hinaus.«

Schwester Wilruna zog ihren Kopf zwischen die Schultern. Hrotsvit fixierte sie. Die Wut presste ihr die Zähne zusammen, bis sie spürte, wie ihre Kieferknochen hervortraten.

»Du wolltest diese Rolle. Jetzt wirst du die Irene auch spielen! Morgen Abend stehen wir vor dem König und dem versammelten Hof«, herrschte sie das Mädchen an.

Wilruna drehte sich um und hastete zur Tür. Hrotsvit rannte an ihr vorbei und schmiss sich gegen das Holz. Mit einem Donnern krachte die Tür zurück ins Schloss.

»Du wirst jetzt nicht kneifen!« Sie stieß ihren Finger fast in Wilrunas Gesicht. »Du wirst dich der Sache stellen! Du sprichst die letzten Worte! Weil du es so wolltest! Für Feiglinge gab es genug Zeit zum Davonlaufen! Nur weil es jetzt ernst wird, brauchst du nicht glauben, dass du dich jetzt davonstehlen kannst!«

Sie spürte die Hitze in ihrem Gesicht, spürte die Spucketröpfchen, die aus ihrem Mund flogen. Am liebsten hätte sie das Mädchen geschlagen. Großspurig war sie gewesen und hatte ihre Sache zu Beginn auch ganz ordentlich gemacht. Und jetzt piepste sie ihren Text herunter wie eine traurige Kirchenmaus.

Wilruna wimmerte leise.

»Verdammt nochmal!«, schrie Hrotsvit. »Jetzt reiß dich zusammen!«

»Aber wenn sich das rumspricht«, sagte sie leise. »Mich will doch dann keiner mehr.«

Die Ohrfeige hallte durch den ganzen Raum. Stille senkte sich zwischen die Frauen. Wilruna heulte stumm und hielt sich die Wange. Hrotsvit wich einen Schritt zurück. Sie war von sich selbst überrascht.

»So«, sie spürte einen Griff an ihrem Arm. Rahild. »Das reicht jetzt«, sagte sie und zog Hrotsvit aus dem Zimmer. Aus dem Augenwinkel konnte sie noch sehen, wie die anderen Frauen sich um Wilruna versammelten wie eine Horde Glucken um das letzte noch lebende Kuken im Hof. Dann drückte Rahild die Tür vor ihrer Nase zu und zog sie den dunklen Gang entlang zu ihrem Zimmer.

»Wein?«, fragte Rahild und schenkte ihr, ohne die Antwort abzuwarten, ein Glas voll ein. Sie trank gierig. Erst jetzt merkte sie, wie durstig sie war. Ihre Hand zitterte, beim Trinken schnaufte sie durch die Nase, dass etwas Wein herausspritzte. Mit der Hand wischte sie sich über den Mund.

»Was erlaubt sich dieses kleine Aas! Sie wollte diese Rolle und jetzt heult sie rum? Weiß sie nicht, worum es geht?«

»Jetzt bräuchtest du mal eine kräftige Ohrfeige, meine Liebe«, sagte Rahild und lächelte dünn. »Du klingst wie einer von den Kerlen, die da unten durch den Abend stampfen und was zum Bumsen suchen.«

Hrotsvit starrte sie an und brachte kein Wort heraus. Wie konnte Rahild es wagen?

»Du brauchst gar nicht so zu starren. Natürlich weiß Wilruna, worum es hier geht. Deshalb zögert sie. Du hast jahrelang gezögert und geheult und gejammert. Du hast sogar diesen größenwahnsinnigen italienischen Kanzler zwischen deine Beine gelassen, weil du nicht wusstest, wie du Nein sagen sollst. Und jetzt, wo du deine Stärke gefunden hast, sollen die kleinen Mädchen es dir gleich nachmachen? Und wenn nicht, metzelst du sie nieder mit deinen Worten?« Rahild schüttelte den Kopf. »Ich hoffe, du weißt, wie grotesk das ist.«

Hrotsvit sank auf die Pritsche in der Zimmerecke.

Rahild setzte sich neben sie und tätschelte ihr die Hand, die auf ihrem Bein lag. »Nun, nun«, sagte sie. »Jetzt mach es nicht schlimmer, als es ist. Du bist noch immer jung, viel jünger, als du selber glaubst. Da redet man schon mal ein wenig Unsinn daher und hält sich für das Maß aller Dinge.«

Rahild betrachtete Hrotsvit, ihr eigenwilliges Gesicht, das sie so unendlich fesselte. Wie gern sie es in ihre Hände genommen hätte. Abrupt stand sie auf.

»Morgen Abend werdet ihr auf die Bühne treten. Du hast den Rückhalt deiner Äbtissin und, wenn man Gerberga glauben darf, sogar das Wohlwollen der Königin. Nur wird das auf der Bühne nicht reichen.«

Sie nahm die Weinkaraffe und schenkte Hrotsvit nach.

»Vielleicht warst du in deinem Leben zu viel allein«, sagte sie, mehr zu sich selbst. »Darum lass es mich so erklären: Wenn du mit Wilruna und den anderen sprichst, denk an dich. An dich von früher. Sie haben viel von dem erlebt, was du erlebt hast. Sie wollen, was du willst. Aber du musst ihnen zeigen, dass es geht. Und du musst ihnen zeigen, dass du sie schätzt. Für das, was sie sind.« Rahild öffnete die Tür. »Hast du deinen Text? Ich habe eine Idee. Und …«

Sie hörte auf zu sprechen und packte Hrotsvits Kinn. Die versuchte auszuweichen, doch Rahild ließ nicht los und so blickten sie schließlich einander an. Die jungen grünen Augen in die vom Alter wässrig-blau gewordenen. Hrotsvit konnte im Licht der Fackel ihren eigenen Schatten im Augenglanz der anderen erkennen. Doch so sehr sie sich bemühte, es gelang ihr nicht, sich genauer zu sehen, zu unstet war die Flamme. Das Bild blieb ein Schemen.

Sie wartete, dass Rahild etwas sagte. Doch die schwieg und schaute.

»Ja«, murmelte Hrotsvit schließlich. »Ich werde mich entschuldigen.«

Rahild nickte, als wollte sie sagen: *Siehst du, das war doch gar nicht so schwer.* Dann ging sie, eine Kerze in der hoch erhobenen Hand, zurück zum Probenzimmer und Hrotsvit schlich hinterdrein. Sie probierte verschiedene Haltungen aus, sie wollte ihre Stirn nicht senken, wollte nicht wie ein geprügelter Hund zu den anderen hineinkriechen. Doch sie hatte verstanden: Ihren Hochmut musste sie bändigen, bevor sie durch die Tür trat, wenn sie morgen noch ihr Stück auf die Bühne bringen wollte. Aber er war noch immer da, dieser Zorn über Wilrunas Feigheit. Dazu kam eine diffuse Scham über ihren Auftritt vor den anderen Kanonissen. Doch da war noch etwas anderes, das sich kaum greifen ließ. Es stand ihr im Weg wie eine schwarze Wand. Aus den Fensterbögen des Ganges blickte sie hinaus auf den dunklen Hof. Eine der Stoffbahnen flatterte im sanften Wind. Sie hielt für einen Moment inne und betrachtete das stille Schauspiel.

»Der Flügel eines gefesselten Vogels«, dachte Hrotsvit, »der zu entkommen sucht, obwohl er weiß, dass sein Ende bereits besiegelt ist.«

Und sie verstand, dass sie Angst hatte.

—

Bis zur Dämmerung hatten sie gewartet. Hrotsvit hatte die Zeit genau berechnet. Die Dunkelheit würde einsetzen, wenn sie die letzte Szene spielten.

Sie hatte sich das Umhergehen abgewöhnt, es machte die Spielerinnen zu nervös. Dafür knetete sie nun ihre Hände, bis sie schmerzten. Das entließ auch etwas von der Spannung, fiel aber den anderen nicht auf.

Sie standen gemeinsam hinter den Vorhängen, bleich wie die Tücher selbst, mit weiten Augen, und schwiegen. Das einzige Geräusch war das Plätschern von Wilrunas Erbrochenem auf dem Boden des Hofes. Aber Rahild hatte versprochen, dass es besser werden würde, wenn sie auf der Bühne stand.

Sie konnten das Gemurmel und Füßescharren ihres Publikums hören, das sich seine Plätze suchte. Der König saß auf einem eigens gezimmerten Podest, das noch ein wenig höher als die Bühne war, mit ihm die Königin und einige der höchsten Hofmitglieder.

Die niederen Ränge würden stehen müssen. Für einen Moment hatte Hrotsvit die Sorge gehabt, es würde vielleicht niemand kommen.

Rahild hatte nur gelacht. »Das sind Menschen, Hrotsvit! Natürlich werden sie kommen, um zu schauen, ob es hier ein wenig Zerstreuung gibt. Vielleicht werden sie uns mit faulem Gemüse bewerfen, oder mit Pferdescheiße. Das mag sein. Aber kommen werden sie.«

Und tatsächlich, die Geräusche verrieten, dass es viele waren, die sich versammelten.

Selbst Rahild war nun ein wenig blass.

»Zum Glück ist der König da«, murmelte sie. »Dann benehmen sich alle anständig.«

Sie schaute zu Gerberga, die am Rand stand, im Schatten der Pfosten, die die Bühne hielten. Sie hatte braune Schafswolle im Gesicht und unter ihrer Kutte, sodass sie nun aussah, als habe sie einen mächtigen Wanst. Da es nicht schicklich für sie gewesen wäre, ohne Schleier auf die Bühne zu gehen, hatten sie ihr ein Tuch um den Kopf geschlungen.

»Aber Dulcitius ist doch Römer! Die haben doch keine Kopftücher getragen!«, hatte Hrotsvit verzweifelt gerufen.

»Ach, das ist doch einerlei. Wer weiß schon, was die römischen Statthalter vor Jahrhunderten auf dem Kopf hatten. Darum geht es doch gar nicht«, hatte Gerberga geraunzt und damit war es so geblieben. Und jetzt musste Hrotsvit zugeben, dass es vermutlich richtig war. Gerberga sah lächerlich und ein wenig bedrohlich zugleich aus. Und das Wichtigste war, dass das Publikum lachte. Die Leute sollten sich die Bäuche halten vor Lachen. Und sie mussten mit den Mädchen fühlen.

»Es ist soweit.« Rahild zeigte zur untergehenden Sonne. »Zeit zu beginnen.«

Hrotsvit wollte so gern nach vorn stürzen und sehen, wie das Publikum auf das reagierte, was sie niedergeschrieben hatte, doch sie war gebunden an ihren Platz. Sie wollte nur den Text wirken lassen, gesprochen von den Kanonissen. Alles, was sie sich erlaubte, war ein vorsichtiger Blick zwischen den Tüchern hindurch.

Ja, sie sprachen ihre Dialoge gut. Und Rahild hatte Recht behalten: Wilruna hatte alles Mäuschenhafte abgelegt. Stolz und würdevoll trug sie ihren Text vor.

Es war so still draußen. Vom Publikum war fast nichts zu hören. Ob es gegangen war? Für einen Moment schien Hrotsvits Herz ins Bodenlose zu stürzen. Doch da wehte der Wind die Tücher leicht auseinander. Und Hrotsvit sah sie dort sitzen. Gebannt. Von ihren Worten. Der König, die Königin, ihr Hof, die Kanonissen. Sie alle schauten auf die Bühne, voller Konzentration.

»Es wird werden«, murmelte Hrotsvit zu sich selbst. Denn sie wusste, die Momente, die das Publikum wirklich packen würden, kamen noch. Nur vor dem Ende hatte sie noch immer Angst. Unbeschreibliche Angst.

Da! Ein erstes, vorsichtiges Gelächter. Gerbergas Auftritt als liebestoller Dulcitius in der Küche. Ein Kichern stieg auf. Sie konnte Gerberga balzen und drohen hören. Das Klappern von Töpfen und Pfannen. Das Gelächter explodierte. Hrotsvit hätte tanzen mögen. Sie lachten haltlos und gelöst. So wie sie es sich gewünscht hatte.

Sie lachten über Dulcitius. Über seine widerwärtige Gier, seine Dummheit. Der brutale Mann, der alle Macht in seinen Händen hatte, sie hatte ihn zu einer Witzfigur gemacht.

Ein Raunen ging durch die Menge, gefolgt von noch mehr Gelächter. Jetzt war es soweit. Gerberga hatte begonnen, sich am Geschirr zu vergehen. Sie hörte ihr Stöhnen und Grunzen. Das Publikum war gefesselt von dem Schauspiel. Sie hörte es rufen. Sie waren begeistert. Ja, sie hatte bisher Unerhörtes geschaffen. Sie gab einen Vergewaltiger der Lächerlichkeit preis. Sie beraubte ihn seiner Macht.

Die Tücher wurden auseinandergestoßen. Gerberga ging von der Bühne ab, sie torkelte fast vor Anstrengung, das Tuch saß schief auf ihrem Kopf, das Gesicht und die Kleider verschmiert vom Ruß der Töpfe. Applaus brandete auf. Hrotsvit und Gerberga sahen einander an. Es war vollbracht.

Hrotsvit erwartete und fürchtete das herannahende Ende des Stückes. Doch sie wusste, sie würde das Richtige tun. Sie winkte die anderen Spielerinnen und alle Helferinnen herbei. Alles geschah lautlos und in größter Heimlichkeit; auf keinen Fall sollten die Zuschauenden aus ihrer Betrachtung herausgerissen werden.

Sie stellten sich eng aneinander, ja, es schien Hrotsvit, als würden sie ein Leib, der dort stand, ein Körper, der atmete und wartete, am Aufstieg zur Bühne.

Und dann war der Moment gekommen. Das Feuer wurde entfacht, die Körper der Schwestern Agape und Chiona brannten, Irene wurde von Sisinnius bedrängt. Und sprach die Worte.

»Wenn die Seele nicht zustimmt, dann gibt es keine Schuld.«

Hrotsvits Lippen flüsterten die Worte ihrer Figur mit, durch den gemeinsam geformten Leib der Spielerinnen ging der Satz wie ein stummes Seufzen. *Wenn die Seele nicht zustimmt, dann gibt es keine Schuld.*

Das Spiel ging weiter, Irenes Flucht gelang. Hrotsvit konnte die Spannung des Publikums fühlen. Wie ihre Worte die Menschen bewegten, sie hatte es gehofft, ja. Doch jetzt, wo es soweit war, war es überwältigend. Sie lauschte dem furchtvollen Aufstöhnen, den erschrockenen Ohs und Ahs. Sie, Hrotsvit, die starke Stimme Gandersheims, hatte sie in den Bann geschlagen.

Die letzte Szene brach an. Sisinnius von Blindheit geschlagen am Berg, Irene von Engeln geschützt auf dem Gipfel. Hrotsvit nickte und dieses Zeichen reichte. Alle gemeinsam setzten sich in Bewegung. Die soeben verbrannten Schwestern, die Helferinnen hinter der Bühne. Und vor allem Gerberga. Sie hatte die Gewänder des Dulcitius abgelegt und die einfachen Kleider einer Kanonisse angezogen, eine Kleidung, in der Hrotsvit sie noch nie gesehen hatte. Jede von ihnen nahm eine Kerze und zusammen betraten sie die Bühne.

Wie zuvor besprochen umstellten sie den schweren Tisch, der ihnen als Fels diente. Und als Schwester Wilruna anhob, Irenas Worte zu sprechen, sprachen sie sie alle gemeinsam:

Unseliger, werde rot vor Scham! Sisinnius, werde rot! Beklage deine schmähliche Niederlage, da du ein zartes Kind, eine Jungfrau, nicht ohne Waffenaufgebot zu besiegen vermochtest!

Mit festem Blick sah Hrotsvit ins Publikum. Sie hatte sich gewünscht, in ihre Gesichter zu schauen. In sein Gesicht zu schauen. In das des Königs, der nicht mehr wusste, wer sie war.

In das der Höflinge, die gelacht und gejohlt hatten, als Hermann Billung sie fortgetragen hatte und sie selbst fast noch ein Kind gewesen war. Doch sie konnte nur Schemen sehen, die einzelnen Menschen nicht erkennen.

Sie sprach ihren Text in eine Dunkelheit zu vielen Ohren. Und mit jedem Wort wusste sie, dass es genauso sein musste. Denn es waren nicht mehr ihre Worte. Vielleicht waren es nie ihre gewesen. Es waren die Worte von ihnen allen.

Nun flog der stumpfe Pfeil und Schwester Wilruna ließ sich vom Tisch in ihre Arme stürzen. Sie nahmen sie in ihre Mitte und sprachen die letzten Worte.

Mich erfüllt höchste Freude, ich betrete das Himmelreich! Doch du Sisinnius musst leiden, für deine Grausamkeit sollst du zur Höllenpein verurteilt sein!«

Rahild beendete den Auftritt mit einem donnernden Schlag des Gongs und sie löschten alle Kerzen und Fackeln. Dunkelheit legte sich auf ihre Bühne. Die Sonne war vollends hinter den Hügeln versunken. Und das Publikum schwieg.

Hrotsvit fühlte ihr Herz schlagen. Was war geschehen? Warum blieben sie still?

Doch da riss ein Schrei die Stille entzwei: »MAGNIFICUS!«

Es war unverkennbar die Stimme der Königin. Und sofort fielen andere ein: »MAGNIFICUS!«

Großartig, riefen sie. Die Spannung wich aus den Körpern neben ihr, sie konnte sie vor Erleichterung durchatmen hören. Mägde traten mit Fackeln herbei und beleuchteten die Bühne aufs Neue.

Etwas verloren standen sie nun da. Die Worte waren gesprochen. Sie hatten alles vorgetragen, alles gegeben. Nun applaudierte das Publikum. Hrotsvit lächelte und verneigte sich, die anderen taten es ihr gleich.

Als sie sich wieder aufrichtete, blickte sie direkt in sein Gesicht. Und alles an Liutprands Zügen sagte ihr, dass er ihre Worte klar und deutlich vernommen hatte. Sie fühlte Panik. Er ließ sie nicht aus den Augen. Als sie alle vom Podium stiegen, arbeitete er sich vor und drängte im allgemeinen Durcheinander zu ihr.

»Du …«, stammelte er. »Du hast das geschrieben …«

»Ja«, antwortete sie. Sie sah, dass er überfordert war. Und ihre Angst vor ihm schwand.

»Und das … ich meine … du meinst …«

Nun tat er ihr fast leid.

»Meine Seele hat immer Nein gesagt, du hast es nur nicht hören wollen, obwohl alles an mir geschrien hat.« Sie bot ihre ganze Kraft auf, damit ihre Stimme nicht zitterte. »Du hast meine Tränen ignoriert.«

»Deine Tränen …«, sagte er und schwieg.

Er sah sie an, erst fassungslos, bestürzt. Dann kroch ein anderer Ausdruck in seine Züge, wurde stärker. Abscheu. Verachtung. Hass.

Gerberga trat zu ihnen und nahm ihren Arm. »Werter Kanzler, Hrotsvit wird gebraucht. Viele wollen nun mit ihr sprechen.«

Tatsächlich nickte er, beobachtete Hrotsvit erstaunt. Obwohl doch so klar war, dass er überhaupt nichts verstand.

Es wurde ein Fest, trunken und ausgelassen. Hrotsvit saß auf einem Ehrenplatz an Gerbergas Tisch, umgeben von einer Wolke aus Zuspruch und Begeisterung. Immer wieder trat jemand zu ihr und beglückwünschte sie.

Ein Bischof erzählte ihr, wie wichtig die Geschichten von Märtyrern seien. Und ja, natürlich auch von Märtyrerinnen. Die seien besonders wichtig, um den schwachen Frauen als Vorbild zu dienen. Denn es sei ja möglich, seiner Sünde zu entfliehen. Selten zwar, der weibliche Geist sei eben schwach. Aber mancher Frau gelang es dennoch.

Sie lächelte. Fürsprecher aus solchen Positionen waren kostbar für sie.

Denn sie wollte mehr, das wusste sie. Sie wollte, dass Menschen die Worte hörten, die sie, Hrotsvit von Gandersheim, geschrieben hatte. Viele Menschen. Sie wollte Herzen und Seelen bewegen. Sie wollte Männer zum Verstummen bringen. In ihren Texten. Auf der Bühne. In ihrem Leben.

Doch konnte sie das Gefühl nicht abschütteln, vollkommen falsch verstanden zu werden. Es war ein dunkler Schatten, der sich auf den Glanz des Abends legte. Wieder und wieder schienen Menschen zu glauben, es ginge ihr darum zu erzählen, wie tugendhafte Frauen am besten sein sollten. Immer wieder wollte sie sagen: *Aber es sind doch Sisinnius und Dulcitius, die sie erst dahin zwingen. Es sind doch sie, die schwach sind. Voller Sünde. Seht ihr das denn nicht? Ihr habt doch darüber gelacht!*

Das wollte sie sagen. Doch sie schwieg. Sie lächelte. Und sie freute sich. So viel mehr würde noch kommen. Sie würde sich erklären können. Sie würde ihre Worte noch weiser wählen. Noch klarer. Sodass niemand sie je missverstehen würde.

Aber zuerst brauchte sie Verbündete. Und deshalb wollte sie jetzt lächeln. Und sich freuen.

Doch die Angst kehrte zurück. Immer wieder schaute sie sich um. Aber Liutprand war nicht zu dem Fest gekommen.

—

Es war finster in ihrer Kammer, die Nacht war mondlos und wolkig. Und die Dunkelheit schreckte Hrotsvit, als könnte sie nicht sicher sein, dass es die Welt dort draußen überhaupt gab.

Der Wein hatte dazu einen leichten Schwindel hinterlassen und so lag sie im Bett und fürchtete, in der Dunkelheit zu schweben. Doch anstatt nach dem Talglicht zu tasten und hinaus zu einer der Fackeln im Flur zu gehen, um es anzuzünden, blieb sie auf ihrer Pritsche liegen und horchte in die Welt, die doch noch immer dort sein musste. Sie durfte sich nicht so ängstigen lassen. Und ja, dort war das Käuzchen und schrie. Etwas raschelte im Laub unter ihrem Fenster.

Hrotsvit versuchte sich vorzustellen, wie dort ein felliges Wesen nach etwas Essbarem suchte, vielleicht ein Igel. Oder ein Fuchs? Nein, es klang klein und geschäftig. Es war gewiss ein Igel. Doch es mochte ihr nicht so recht gelingen, ein Bild heraufzubeschwören, immer wieder entwischte es und zurück blieb die Dunkelheit.

Gerade jetzt war es so finster, dass sie kaum glauben konnte, dass es je wieder hell werden würde. Natürlich wusste sie, die

Sonne würde eines Tages wieder aufgehen. Und doch schien es ihr gerade unmöglich. Was war nur mit ihr geschehen?

Wohin war die Freude? Das Gefühl des Triumphes? Sie war in sich zusammengesunken wie eine getrocknete Pflaume. Klein und leer lag sie hier und wusste nichts. Waren das überhaupt ihre Worte gewesen? War das tatsächlich Applaus und Gelächter gewesen, was sie gehört hatte? Oder Häme?

Sie hielt sich am Holzgestell ihrer Liege fest und hoffte, der Schwindel würde aufhören. Doch die Welt neigte sich noch immer, als böge sich der Raum um sie herum.

Hatte sie viel Unsinn gesagt während des Abends?

Und der König, der ihr mit leerem Blick zugenickt hatte. Er hatte tatsächlich keine Ahnung, wer sie war. Was sie für ihn hatte sein müssen, die Stunden, die sie ihm hatte schenken müssen, damit er seine Trauer vergessen konnte. Es war, als hätte es sie nie gegeben.

Hrotsvit hielt inne. Ja, vielleicht war es das, was sie so schreckte. Es war ihr, als löste sie sich auf. Als wüsste sie nicht mehr, wer sie eigentlich war. Nie hatte sie darüber nachgedacht. Sie hatte immer versucht, einen Platz zu finden, sich in Sicherheit zurückziehen zu können. Eine Aufgabe zu haben, *ihre* Aufgabe, die Gott für sie bestimmt hatte.

Nun war es geschehen. Sie hatte getan, wozu sie in die Welt gekommen war. Sie hatte Jahr um Jahr Worte niedergeschrieben, die ihr, woher auch immer, eingegeben worden waren. Und nun waren sie gehört worden. Nun würden sie ihren Weg gehen. Diese Worte. Der Rest würde sich finden.

Und genau jetzt schien es ihr, dass sie jede Kontur verlor, als sei sie gar kein geborener Mensch. Nurmehr ein Gefäß, das seinen Zweck erfüllt hatte und das jetzt dahingeworfen zwischen den Decken lag und wartete, dass es endete.

Vater. Wie ein Sonnenstrahl fiel die Erinnerung in ihre Gedanken. Damals. In Reinhausen, im Buchzimmer. Das Licht des Frühjahrs und der eisige Wind. Das Gefühl von Wärme und Geborgenheit kroch in ihr empor; langsam, aber stetig stieg es auf, gespeist aus ferner Zeit.

Der Geruch der Bücher, Staub und Tier und das Säuerliche der getrockneten Tinte. Das leise Wispern des Pergaments, wenn ihr Vater die Seiten umschlug.

Ihre Freude über das Wachsbuch. Das Gefühl des Griffels, der sich zwischen Daumen und Zeigefinger legte. Der Widerstand des Wachses. Die Worte, die sie transkribierte. Damals, als sie noch nicht wusste, dass sie auch ihre eigenen Worte schreiben konnte.

»Fater unser, thu thar bist in himile«.

Sie schloss die Augen und flüsterte das alte Gebet in der Sprache, in der Irmentraud mit ihr redete. Und die wohl auch ihre Mutter gesprochen hatte. Jedes Wort wusste sie noch. Obwohl sie ihr sonst so fremd geworden waren.

»Latein, Itlin«, hörte sie die Stimme ihres Vaters. »Deine Sprache ist Latein.«

Sie holte tief Luft und murmelte die magischen Zeilen, schickte das Gebet ihrer Kindheit in die Nacht hinaus.

Fater unser, thu thar bist in himile,
si giheilagot thin namo,
queme thin rihhi,
si thin uuillo,
so her in himile ist, so si her in erdu,
unsar brot tagalihhaz gib uns hiutu,
inti furlaz uns unsara sculdi,
so uuir furlazemes unsaren sculdigon;
inti ni gileitest unsih in costunga,
uzouh arlosi unsih fon ubile.

»Ja, erlöse mich von dem Bösen«, dachte sie, und dann kam der Schlaf über sie wie eine Naturgewalt.

Es war noch immer dunkel, als das Klopfen sie weckte. Feine Traumbilder flatterten auf in ihren Gedanken, schattig und verworren.

Wieder klopfte es, diesmal heftiger. Das Fest fiel ihr ein, die Aufführung davor. Angst schnürte ihr die Brust zu. Ob das Liutprand war, der nun Rache nehmen wollte?

Oder ein anderer, der ihre Worte auf andere Weise missverstanden hatte und sich nun, angeregt durch die Erzählung von finsteren Bordellen und vergewaltigten Jungfrauen, mit ihr vergnügen wollte?

Ein drittes Mal schlug es gegen die Tür. Nachdrücklich und fordernd. Doch nicht gewaltvoll. Sie vernahm ein Flüstern, das zögerlich klang, nicht grob.

Hrotsvit öffnete vorsichtig die Tür.

Sie erkannte zwei Gestalten im Schleier und spürte, wie sich ihr Körper entspannte.

»Hrotsvit? Die Dichterin?«, sprach eine Stimme leise zu ihr und die andere Frau führte die Fackel näher zu ihnen, sodass sie im Licht das Gesicht der Gestalt erkennen konnte. Es war Adelheid, die Königin.

»Ja, die bin ich«, stammelte Hrotsvit.

»Darf ich eintreten, ich muss mit Euch sprechen«, murmelte die Königin. Sie nahm ihrer Begleiterin die Fackel ab, die wortlos in der Dunkelheit verschwand.

Im Licht der Flamme holte Hrotsvit den Krug mit Wasser und zwei irdene Becher.

Fahrig suchte sie in ihrem Kämmerlein nach einem angemessenen Platz für diese hohe Frau.

»Was kann ich für Euch tun, Hoheit?«, fragte sie und ihr fiel voller Schrecken ein, dass sie die Königin gar nicht angemessen begrüßt hatte.

Doch der anderen schien das nichts auszumachen. Sie ließ sich auf dem bescheidenen Schemel nieder und betrachtete die Zelle, in der Hrotsvit lebte und arbeitete.

»Ich hätte gedacht, dass Eure Dichtkunst Euch mehr Anerkennung und … Behaglichkeit einbringt«, sagte die Königin in leicht spöttischem Ton.

Hrotsvit stutzte. So hatte sie das nie betrachtet.

»Schreiben zu dürfen war bisher das Geschenk«, sagte sie schließlich. »In einem Stift gibt es viel Arbeit. Und die meiste davon hat unmittelbarere Erfolge und Einkünfte. Da darf eine Frau, die sich nicht verheiraten lässt und statt-

dessen Wachsbücher vollkritzelt, nicht allzu anspruchsvoll
sein.«

Adelheid lachte. »Ich verstehe. Und gebe zu, dass es mir verlockend erscheint. Tut Ihr denn nichts anderes?«

Hrotsvit zuckte die Achseln. »Eigentlich nicht«, sagte sie
schließlich. »Aber ich glaube auch nicht, dass es viel gibt, zu dem
ich wirklich zu gebrauchen bin. Ich hätte vor einiger Zeit heiraten sollen. Aber …« Sie machte eine kurze Pause.

»… das hat sich nun erledigt«, vervollständigte Adelheid ihren
Satz trocken. »Möge seine Seele in Frieden ruhen«, sagte sie und
schlug ein hastiges Kreuz vor ihrem Körper.

Hrotsvit blieb stumm. Sie wünschte, sie hätte die Groß-
mut, Konrad Frieden zu wünschen, doch diese Worte würden
ihr nicht über die Lippen kommen. Nicht heute, nicht in dieser
Nacht. Vielleicht irgendwann einmal.

»Ich habe gehört, Ihr schreibt an einer Geschichte über das
Leben meines Mannes.« Die Königin sprach in einem leichten
Plauderton, als säßen sie nicht mitten in der Nacht zu zweit in
aller Heimlichkeit.

»Ich habe den Auftrag, ja.« Hrotsvit antwortete vorsichtig und
tastend. Sie konnte nicht erraten, was die junge Königin von ihr
wollte. Pausbäckig saß sie vor ihr, wie ein frischer Apfel, hübsch
und appetitlich. Doch ihre Augen waren voller Klugheit und Kraft.
Hrotsvit wusste, es wäre ein Fehler, diese Frau zu unterschätzen.

»Sehr gut.« Adelheid lächelte. »Mir hat Euer Stück außeror-
dentlich gefallen. Ihr versteht Dinge und dann sprecht ihr sie
aus, so wie die anderen es nicht könnten.«

Sie schaute sie an, mit diesen kraftvollen Augen, als wollte sie
forschen, ob Hrotsvit begriffen hatte.

»Männer«, sagte Adelheid schließlich.

Hrotsvit wusste noch immer nicht, worauf die Königin hin-
auswollte, obwohl sie begriff, dass ein Mann niemals ein Drama
wie *Dulcitius* hätte schreiben können. Vermutlich konnte ein
Mann es nicht einmal wirklich verstehen.

»Ihr habt vielleicht gehört, wie es zur Ehe zwischen Otto und
mir kam.«

»Berengar hatte Euch gefangengenommen und Otto hat Euch befreit und Italien unter seinen Schutz genommen.«

Adelheid stand auf und durchmaß die die Zelle mit wenigen Schritten. »Seht ihr. Genau deshalb bin ich hier. Natürlich ist diese Geschichte nicht ganz falsch. Und doch erzählt sie nichts davon, was wirklich geschehen ist.«

Sie drehte sich zu Hrotsvit. »Ich werde Euch erzählen, wie es wirklich war«, fuhr sie fort. »Und ich will, dass Ihr diese Geschichte aufschreibt und in der Historie über Otto aufnehmt. Ich will, dass sie geschrieben steht. In Tinte, auf Pergament. Und ich weiß, dass keiner sonst sie niederschreiben wird.«

»Welche Geschichte?«

»Die Geschichte meiner Befreiung«, antwortete Adelheid und blickte nun zornig. »Niemand hat mich befreit. Ich habe mich selbst befreit. Und Otto habe ich geheiratet, weil er mich zur Mitregentin gemacht hat. Das war die Bedingung. Ich bin Königin Italiens und Königin seines Reiches, Mutter des nächsten Königs. Und wenn es kommt, wie ich will, werdet Ihr mich bald Kaiserin nennen.«

Hrotsvit zögerte keinen Augenblick. »Ich werde mein Wachsbuch holen und Ihr erzählt mir, was geschehen ist.« Ein Bund war geschlossen, sie würde ihren Teil beitragen.

Stift Gandersheim, Winter 955

Hrotsvit schrieb mit einer Leichtigkeit, einer Befreiung, die sie so nicht kannte.

Sie wusste nicht, ob es die Aufführung gewesen war oder der Besuch der Königin und ihr so dringlicher Wunsch, ihre Geschichte zu erzählen. Wie wichtig es Adelheid war, für die Nachwelt festzuhalten, wie es sich tatsächlich zugetragen hatte, dass sie Ottos Frau wurde. Es war für Hrotsvit, als sei sie in jener Nacht erneut aufs Wasser hinausgestoßen worden, nach kurzer Rast im Hafen. Und sie genoss es. Ohne das Schreiben fühlte sie sich leer. Doch hatte sie je etwas mit der Welt anzufangen gewusst, bevor sie das Schreiben gefunden hatte?

Sie hatte gesehen, was ihre Worte vermochten. Wie sie Gelächter und Aufregung erzeugten. Und noch mehr wünschte sie, dass diese Worte Erkenntnisse schufen. Sie hatte es gehört, versteckt hinter dem Vorhang, geblendet vom Licht. Und nun wollte sie mehr davon. Auch wenn sie es nie wieder selbst erleben sollte, es war ihr gleichgültig. Jedes Wort, das sie schrieb und das schließlich auf Pergament verewigt werden würde, war ein Weg zu einem anderen Menschen.

Nun sah sie auch die Geschichte König Ottos mit anderen Augen. Ihr Buch würde die Quintessenz dessen sein, was übrigblieb.

Die Tür zum Skriptorium knarzte leise, als Hrotsvit sie aufstieß. Gerberga hatte den Raum in aller Hast herrichten lassen. Nach dem Erfolg durfte keine Zeit vergeudet werden. Glücklicherweise waren zahlreiche Nonnen ausreichend im Beschreiben von Pergament unterrichtet, dass es ein Leichtes war, die Produktion von Büchern zu vergrößern.

Vor der Aufführung war das Transkribieren von Texten eine untergeordnete Tätigkeit in Gandersheim gewesen. Natürlich pflegten sie ihre Bibliothek und füllten sie hier und da mit selbst kopierten Werken auf, so wie alle Klöster und Stifte. Doch der Raum, den Hrotsvit nun betrat, war voll stiller, aber fiebriger Geschäftigkeit. Drei Schreiberinnen waren über die Pulte gebeugt, die Hände in speziell angefertigten Handschuhen. Die Temperatur war frostig und zugleich brauchten die Frauen das Gespür ihrer Fingerspitzen am Schreibkiel. Deshalb reichten die Wollhandschuhe nur bis zu den ersten Fingerknöcheln. Hrotsvit konnte sehen, dass die Finger der Schreiberinnen bleich vor Kälte waren. Sie konnten selten länger als ein oder zwei Stunden arbeiten, bevor sie sich wieder am Feuer in der Halle aufwärmen mussten.

Hrotsvit musterte die Arbeitenden und dachte an Riccardis. Wie sie Tag für Tag mit gebeugtem Rücken die Bücher kopiert hatte, die Hrotsvit ihr vorlas. Wie einfach und klar diese Zeit gewesen war. Trauer überfiel Hrotsvit, um die alte Frau und um das Kind, das sie einmal gewesen war.

Hrotsvit hatte es sich zur Gewohnheit gemacht, jeden Tag nach dem Zustand und der Herstellung der Tinten zu schauen. Es beruhigte sie, da sie wusste, wie wichtig die richtige Rezeptur war, damit ihre Werke erhalten bleiben würden. Sie sog die bitteren und sauren Gerüche ein, die hier in der Luft lagen, und prüfte mit einem Stäbchen die Textur der Tinten. Sie durften nicht zu flüssig sein, aber auch nicht so träge, dass sie sich nicht vom Kiel lösen würden.

Hrotsvit federte mit dem Stöckchen auf der Oberfläche der Tinte, die sich verbog, bevor es sie durchdringen konnte. Ja, die Skriptorinnen hatten einiges dazugelernt.

Leider hatte Gerberga keine farbigen Tinten genehmigt. Schwarze und bräunliche Tinte konnten sie fertigen, die Stoffe waren hier in Gandersheim verfügbar. Für alles andere hätten sie teure Ingredienzen einkaufen müssen. Und insgeheim hätte sich Hrotsvit das gewünscht. Schmuckbuchstaben für ihre Texte. Doch sie hatte nicht laut danach gefragt. Eitelkeit war eine Sünde und sie wollte ihrer Seele nicht noch mehr Last zumuten. So blieben die Buchstaben dunkel und bescheiden.

Hrotsvit trat an den Tisch, auf dem die Seiten trockneten. Langsam näherte sie sich, als seien es Schlafende, die sich von ihrem Tagwerk erholten.

Das Schriftbild der Skriptorinnen war ungeübt im Vergleich zu dem der großen Schreiber der Klöster in Frankreich, Italien, oder in Bayern. Aber es waren *ihre* Worte.

Hrotsvit las niemals eine Zeile dessen, was die Schreiberinnen dort aufs Pergament gesetzt hatten. Es war ihr nicht möglich, auch wenn sie es sich hin und wieder vornahm. Eine Furcht hatte sie jedes Mal angefallen, die Angst, einen Zauber zu zerstören oder sich selbst des Schwindels zu überführen.

Also hatte sie sich schließlich angewöhnt, die Seiten nur zu betrachten. Den Fluss der Schrift, die Farbe der Tinte. Die unvermeidlichen Unregelmäßigkeiten im Pergament.

»Seid Ihr zufrieden?«, hörte sie eine feine Stimme hinter sich. Wilruna. Sie hatte nach der Aufführung eine unerklärliche Zuneigung zu Hrotsvit gefasst. Nein, es war vielmehr eine Verehrung, das musste selbst Hrotsvit sehen. Und nun betreute die Novizin mit aller Inbrunst die Vervielfältigung ihrer Texte.

Hrotsvit nickte, ohne sich umzuschauen. »Ja. Sehr.«

»Bald werden wir mit dem Binden beginnen können. Und dann«, sie konnte die Aufregung in Wilrunas Stimme hören, »dann werden wir Eure Texte auf die Reise schicken. Und Ihr werdet eingeladen werden, an alle Bischofssitze und Königshöfe.«

»Wir werden sehen, liebe Wilruna. Wir werden sehen. Es liegt in Gottes Hand. Und wir sollten uns in Bescheidenheit üben.«

Und während sie diese Worte sprach, sah sich Hrotsvit Portal nach Portal durchschreiten. Ihr Buch würde sie in den Händen halten, jederzeit bereit, daraus zu rezitieren, und die Häupter der Großen würden sich vor ihr und ihrer Kunst verneigen.

Frankfurt, Frühjahr 958

»Die Frage ist doch: Hat es Bedeutung?« Liutprand sog die Luft durch die Nase ein und lehnte sich in seinem Sessel zurück. »Hat es wirklich Relevanz? Warum solltet Ihr diesem Text, dieser Frau Eure königliche Aufmerksamkeit schenken?«

»Alle waren damals ergriffen! Jeder, der dieses Stück gesehen hat! Ich habe selten den gesamten Hof so lachen hören und Minuten später waren sie tief berührt. Das war Hrotsvits Werk!«, fiel Adelheid ihrem Mann ins Wort, bevor er etwas sagen konnte. Sie hielt es kaum in einem Raum aus mit dem Kanzler. Der Himmel wusste, was Otto an ihm fand. Aber sie wollte ihm nicht das Feld überlassen.

Lässig wischte Liutprand mit seiner Hand durch die Luft und grinste abfällig.

»Was soll das schon heißen? Berührung. Gelächter. Über die Nutte, die mit ihrer Scham furzen konnte, haben die Soldaten neulich auch herzlich gelacht. Vielleicht kriegt die auch den königlichen Segen und wird an den Hof gebeten?« Er ließ seine braunen Augen auf ihr ruhen. Kalt und voller Grausamkeit.

»Kanzler Liutprand …«, tadelte ihn Adelheid und gab sich Mühe, möglichst schockiert zu wirken. Natürlich war es ungehörig, was er da vor ihr sagte, geradezu verstörend. Nur war sie nicht verstört. Dafür hatte sie als Mitregentin schon zu viel gesehen und gehört. Liutprand konnte sich nur so benehmen, weil sie zu dritt beisammen waren. Otto hatte Gefallen gefunden an den scharfsinnigen Unverschämtheiten und Schweinereien des Kanzlers und lud ihn wieder und wieder zu solch intimen Treffen ein. Auch wenn er doch ahnen musste, wie unangenehm ihr dieser Mann war.

Klug und witzig war er, das musste Adelheid ihm lassen. Brutal und bösartig dabei, ja. Gnadenlos. Gerade darin lag wohl der

Zauber für Otto. Dass Liutprand in seinen Worten so anmaßend war. Und den König zugleich geradezu hündisch verehrte. Was davon echt war, vermochte Adelheid nicht zu sagen.

Intelligent und wortgewandt war Liutprand schon früher gewesen, aber seit einigen Monaten war er wie entfesselt.

Sie hörte Otto neben sich kichern, dann sagte er: »Liutprand, Ihr vergesst, wir sind nicht unter uns. Auch wenn ich Eure Späße sonst sehr zu schätzen weiß. Immerhin redet Ihr über eine Stiftsdame.«

»Sie ist keine wirkliche Stiftsdame.« Liutprands Stimme schnitt durch den Raum. »Sie ist in Gandersheim untergekrochen, weil sie sich zu fein war fürs Heiraten. Weil sie glaubte, sie sei etwas Besseres als wir anderen, die wir unsere von Gott zugeteilten Pflichten und Aufgaben akzeptieren.«

Adelheid blickte ihren Mann so durchdringend an, dass er sich endlich rührte.

»Aber Kanzler Liutprand«, sagte Otto und räusperte sich. »Ihr habt Euch doch einmal sehr für diese junge Frau eingesetzt, wenn ich mich recht erinnere? Von ihrem Talent geschwärmt?«

Adelheid hielt sich an den Lehnen ihres Stuhles fest, um nicht aufzuspringen. Weiß traten ihre Knöchel hervor, die schweren Goldringe schnitten ihr in die Haut. Sie war schmal geworden. Das Regieren von zwei Nationen war ein anstrengendes Geschäft, das an ihr zehrte. Auch wenn sie es gern tat und genoss, wie gut sie darin war.

»Aber darum geht es doch jetzt gar nicht«, wollte sie schreien und diesen in seiner Schönheit widerlichen Mann schütteln. Dass Männer ständig das Wesentliche aus dem Auge verloren, drohte sie wieder und wieder um den Verstand zu bringen. Aber sie schwieg. Sie wollte die Situation nicht verschlimmern. Sonst würde sie sich bald rechtfertigen müssen, warum sie sich für diese ihr fast unbekannte Frau einsetzte. Und sie brauchte Ottos Geduld für anderes. Er sollte endlich Kaiser werden. Und sie Kaiserin. Doch dafür würde er sich mit dem Papst gutstellen müssen. Und mit dem Kaiser von Byzanz. Sie konnte Ottos Empfindlichkeiten dabei nicht gebrauchen. Und mittlerweile kannte sie ihn so gut, dass sie wusste, er würde aus Trotz Dummheiten begehen, wenn sie ihm zu oft das Gefühl gab, von ihr gedrängt zu werden.

Nein, diesen Kampf würde Hrotsvit allein ausfechten müssen. Wenn Gott ihre Worte zu schätzen wusste, dann würde er diese weitertragen. Ja, Gott würde hier sein Werk vollbringen müssen. Ihre Aufgabe waren die weltlichen Geschicke. Und das war beileibe genug.

Liutprand hatte sich von seinem Sessel erhoben und schritt gekrümmt wie ein schwer Verwundeter zum Fenster.

»Oh, talentiert ist dieses Weib durchaus. Geschickt in der Einflüsterei, mein König. Ich habe es …« Seine Stimme brach so kunstvoll, dass Adelheid insgeheim beeindruckt war. Dieser Kanzler war mit allen Wassern gewaschen. Sie würde sich immer vor ihm in Acht nehmen müssen. Vermutlich war es höchste Zeit, ihm endlich einen Bischofssitz zu suchen, um ihn auf Abstand zu halten.

Liutprand räusperte sich und fuhr fort. Adelheid verfolgte interessiert, wie er eine Spur Scham in seine Mimik mischte. Aber vielleicht schämte er sich ja wirklich. Wer konnte das schon sagen.

»Ja, ich habe es am eigenen Leib erfahren. Es schmerzt mich noch immer, dass ich Euch, meinen König, dort hineingezogen habe. Ich glaubte dieser jungen Frau, dass sie ihr Wissen tatsächlich in Eure Dienste stellen wollte. Ich habe ihr …«, Adelheid staunte, wie gekonnt Liutprand jetzt eine Pause setzte, er hatte einen Sinn für Dramatik, »vertraut.«

Otto brummte mitleidig. »Schon gut, lieber Liutprand, nehmt es Euch nicht so zu Herzen. Wir wollen nicht mehr davon reden. Es ist ja nicht notwendig. Die Zeit wird diese Ereignisse hinfortwaschen.«

»Aber schreibt diese Hrotsvit von Gandersheim nicht an einem Werk über Eure Taten?«, fragte Adelheid lächelnd. Sie wusste, wie eitel Otto sein konnte. »Eure Nichte hatte Euch doch schon die ersten Seiten geschenkt. Und die lasen sich doch wirklich erhebend?«

Otto riss die Augen auf und schaute sie an. »Ihr habt recht, meine Liebe! Das war wirklich angenehm.« Er strich sich über seinen Bart. »Und ein Werk für die Nachwelt über meine Taten ist doch eine wichtige Angelegenheit. Auch für Nachkommen, die könnten davon lernen …«

Nun grinste Liutprand, als sei ihm ein besonderes Kunststück gelungen. Er griff in seinen Rock und zog ein Wachsbuch hervor.

»Da habt Ihr vollkommen recht. Eine sehr wichtige Angelegenheit. Die Ihr nicht irgendwem überlassen solltet.«

Er klappte das Büchlein auf und Adelheid konnte sehen, dass die Wachsflächen dicht mit akkurat gesetzten Buchstaben beschrieben waren.

»Ich habe hier in Frankfurt viel Zuspruch gefunden und man bat mich so oft, meine Begabung für Sprache in ein Buch zu bringen, dass ich mich nun durchgerungen habe: Ich werde ein eigenes Werk verfassen.« Liutprand strahlte vollkommen unbescheiden. »Es wird ein moderner Text. Mitreißend, witzig und voller Wissen zugleich. Ich werde eine Geschichte Italiens schreiben, über den ganzen Sumpf und Schmutz, die Niedertracht.«

Wieder machte er eine Pause. Und Otto schien ihm fast auf den Arm springen zu wollen. Adelheid verdrehte die Augen. Von den beiden würde es sowieso keiner bemerken, sie hatten nur Blicke füreinander.

»Und dann werde ich diesem ganzen Ekel EURE Geschichte gegenüberstellen. Ich werde Euren Weg zum Kaiser beschreiben, mein König. Eure Heiligkeit und Großartigkeit wird vor dem Bild der vorangegangenen Geschichte noch heller leuchten. Und jeder wird wissen, heute und in tausend Jahren noch: Ja, dieser Mann musste Kaiser werden, denn er war geboren dazu.«

Ein Lächeln breitete sich auf Ottos Gesicht aus, geradezu kindlich und einfältig. »Das wollt Ihr für mich tun?«

»Alles tue ich für Euch, mein König«, sagte Liutprand und sank vor dem Monarchen auf die Knie.

»Amen«, murmelte Adelheid und griff nach dem Wein.

Stift Gandersheim, Frühjahr 966

Hrotsvit stand am Fenster des Skriptoriums und blickte auf die karge Landschaft hinaus. Die Felder waren grau und braun. Während die Wiesen schon von einem zarten Grün überzogen waren, standen die Bäume kahl und stumm am Horizont. Sie schaute in den Hof, wo zwei Schwarzdrosseln einander durchs Gehölz jagten. Die eine sichtlich ermattet von den Attacken ihres Widersachers, eine Feder stand vom Flügel ab und entblößte das hellbraune Untergefieder.

Doch der andere Vogel ließ nicht ab von seiner Hatz, quer durch Rahilds verwildertes Kräuterbeet scheuchte er den Unterlegenen, bis dieser sich schließlich zu einem letzten müden Flug erhob und über die Mauer hinweg verschwand. Der Sieger stieß ein Triumphgezwitscher aus und zog von dannen, vermutlich das Weibchen zu suchen, das nun hier leben sollte.

Der Garten schien zu trauern, einige Monate war Rahild nun tot und es schien, als seien die Kräuter mitgestorben. Nichts wollte mehr wachsen. Das Labkraut, das früher so üppig gewuchert hatte, war nur mehr kümmerlich und in seinen Wurzelstöcken faulte es.

Rahild hatte eine tiefe Lücke gerissen. Und doch waren sie alle froh, dass sie gestorben war. Eine seltsame Krankheit hatte sie befallen, eine Zerstörung des Geistes, die Rahild verwirrt hatte, sie zwischen großer Liebesbedürftigkeit und völliger Raserei hatte schwanken lassen. Schließlich hatten sie nach der Kräuterfrau des Dorfes geschickt. Sie sagte nur, sie könne nichts tun, Rahild habe sich mit ihren Heilungen zu viel Last dunkler Seelen aufgeladen und bezahle nun den Preis. Gerberga hatte die Frau mit schweren Silbermünzen bezahlt und einen Schlaftrunk erhalten, mit dem sie Rahild in ihren schlimmsten Rasereien hatten beruhigen können.

Schließlich war sie in ein dumpfes Schweigen verfallen und hatte später kaum noch gegessen und getrunken.

Niemand hatte es ausgesprochen, aber alle waren erleichtert gewesen, als sie im frühen Winter von einem heftigen Fieber gepackt worden und nach wenigen Tagen, ohne jede Gegenwehr, gestorben war.

Wer wohl ihren Platz einnehmen würde? Wenn jemand wie Rahild ging, dann schien es den Zurückgebliebenen, die Lücke sei nicht zu füllen. Und doch geschah es. Jede Lücke füllte sich. Jedes Mal.

Natürlich wurden die Dinge dann ein wenig anders. Aber das Rad des Schicksals drehte sich weiter und weiter. Menschen wurden geboren, die Zeit ging über sie hinweg, marterte ihre Seelen, ihre Körper wurden zerschunden von der Unbill des Lebens, sie verwelkten, dann kam der Tod. Und bald das Vergessen.

Hrotsvit dachte an Riccardis. Was für ein eigenwilliger und doch vollkommener Mensch sie gewesen war. Vermutlich war sie die Einzige, die der alten Nonne noch gedachte. Nie hatte sie von einer Familie gehört, zu der Riccardis gehörte. Das Kloster Wendhusen war Riccardis' ganze Welt gewesen. Und diese Welt, das Kloster Wendhusen, geriet mehr und mehr in die Bedeutungslosigkeit, in demütigender Abhängigkeit zum neueren, größeren und erhabeneren Kloster Quedlinburg.

Geschrei ertönte, klagend und fern. Die Gänse kehrten zurück, in langen Bahnen zogen sie über den blauen Himmel. Woher sie wohl kamen? Wohin sie zogen? Ein Schmerz durchfuhr ihre Brust.

Wie diese Vögel hatte Hrotsvit ihre Bücher hinausgeschickt, hatte mit ihrer stärksten Stimme in die Welt hinausgerufen. Voller Gewissheit war sie gewesen, dass ihre Stimme gehört werden würde. Ja, auch voller Eitelkeit und Hochmut. Zurückgekommen war nicht einmal ein Flüstern. Sie hatte darauf gewartet. Jahrelang. Dinge brauchten ihre Zeit. Das hatte sie gelernt.

Sie hatte sich in ihre Arbeit gestürzt. Die Anerkennung ihrer frühen Schriften hatte ihr im Stift Freiraum geschaffen, sie war zu einer kuriosen Berühmtheit geworden. Die schreibende Nonne von Gandersheim. Dabei war sie noch immer keine Nonne, ihre Familie hatte sie nie freigegeben. Auch wenn von ihnen nie wieder nach ihr gefragt wurde. Ebenso wenig hatte sie von ihrem Vater ein Erbteil oder Mittel bekommen, wie es bei Kanonissen vorgesehen war. Das Stift hatte sie stillschweigend finanziert. So war sie Teil davon – und doch war sie es nicht. Ein Zwischenwesen, dessen natürlicher Lebensraum das Skriptorium geworden war.

Gerberga hatte bei Hofe angeregt, Hrotsvit dort aufzunehmen. Als Gelehrte. Eine Kühnheit. Einige Male hatte die Äbtissin versucht in Erfahrung zu bringen, wie ihre Werke aufgenommen worden waren. Ob der König, die Königin ihre Schriften gelesen hatten, oder einer der Bischöfe, die Gerberga als Empfänger ausgewählt hatte. Aber ihr Nachfragen war immer wieder abgewehrt worden. Ein paar verhalten freundliche Briefe hatten sie erreicht, die am Ende nichts sagten. Und schließlich hatte Gerberga aufgehört zu fragen.

Doch das Rad des Schicksals hatte auch Hrotsvit unbarmherzig erfasst. Sie hatte es nicht gleich gewusst, aber der Tod ihres Vaters hatte sie erneut in die Speichen geflochten und würde sie nun unter sich zermahlen. Endgültig. Ein paar Mal hatte sie dem Lauf der Dinge ein Schnippchen geschlagen, war mit einem verwegenenen Sprung entwischt, doch hatte es sie wieder eingeholt. Wie auch sonst.

Sie hatte gedacht, der Tod ihres Vaters würde sie befreien. Er hatte sie nie besucht, ihr nie geschrieben. Hrotsvit hatte keinen Hass gegen ihn gehegt. Doch Erleichterung hatte sie gespürt, als die Nachricht kam, ihr Vater sei verstorben. Eine Jagdverletzung hatte den alten Mann dahingerafft.

Doch vor wenigen Wochen war noch ein Brief aus Reinhausen gekommen. Nicht an Hrotsvit gerichtet, sondern an Gerberga. Verfasst hatte ihn Regenwerch, Hrotsvits jüngerer Bruder. Der neue Graf von Reinhausen. Er hatte große Pläne. Er wollte die Macht der Familie ausbauen. Und dafür sollte Hrotsvit heiraten.

Sie war nun dreiunddreißig Jahre alt. Nicht mehr jung, nicht der beliebteste Braten auf dem Festmahl. Aber Regenwerch hatte bereits Erkundigungen eingezogen und drei Namen genannt, die Interesse geäußert hatten. Es waren schließlich schon weitaus ältere Frauen Mutter geworden und zum Schmieden einer vorläufigen Allianz konnte auch eine kinderlose Ehe dienen – ja, für Hrotsvits Familie wäre das vielleicht noch besser, weil es Regenwerchs Kindern die Option geben würde, später einmal Güter der erbenlosen Tante und Onkel zu übernehmen.

Welche Männer infrage kamen, hatte Hrotsvit nicht mehr zur Kenntnis genommen. Wozu auch. Es war für sie einerlei. Die Entscheidung würde nicht bei ihr liegen. Sie würde verbunden werden mit dem, der einwilligte, oder dem, den ihr Bruder für den strategisch sinnvollsten Kandidaten hielt.

Heiraten. Hrotsvit lachte tonlos auf. Sie war sich sicher gewesen, diesem Schicksal entkommen zu sein. Sie hätte es besser wissen müssen.

Gerberga hatte bereits deutlich gemacht, dass sie nicht viel würde ändern können. Sie arbeitete gerade mit ihrer Mutter, der Herzogin Judith daran, ihre Heimat Bayern politisch zu stabilisieren und eine geeignete Ehe für ihren bald volljährigen Bruder zu arrangieren. Auch wenn es Hrotsvit schmerzte, sie verstand, dass Gerberga für sie keinen Konflikt eingehen wollte. Dieses Mal stand sie allein da.

Hrotsvit folgte dem Zug der Vögel, wie sie laut klagend mit schweren Flügeln über das Stift glitten, für einen Moment ganz nah, sich dann jedoch entfernten und immer leiser und leiser wurden.

In dem Moment traf sie die Gewissheit. Die Bücher, von denen sie gedacht hatte, dass sie die Herzen der Menschen bewegen würden, weil sie ihr von höheren Mächten eingegeben worden waren, diese Bücher waren verstummt, ihre Stimmen verhallt. Sie hatten den Flug in die Welt nicht überstanden.

Sie glaubte, traurig zu sein, ja verzweifelt sogar.

In ihrem Schreiben hatte sie ihre Bedeutung gesehen. So wie ihre Familie ihre Existenz als zu verheiratende Frau verstand.

Und nun hatte das eine sich nicht erfüllt. Die Welt wollte sie nicht als Schreibende. Doch wer war sie dann? Was blieb von ihr?

Die Verzweiflung machte einer Leere Platz. Wer war sie? Und plötzlich stellte Hrotsvit voller Staunen fest, dass es Freiheit war, die sie spürte. Absolute, vollkommene Freiheit. Es gab nur noch Gott und sie. Sie war einer dieser Vögel. Nein, sie war freier noch, denn sie hatte keinen Verbund, mit dem sie flog. Es gab nur sie und den Himmel und dazwischen stand nichts.

Sie würde der Weisung ihrer Familie nicht folgen. Das wusste sie jetzt. Es war ihr unmöglich.

»Wenn die Seele Nein sagt, ist es keine Sünde«, murmelte sie. So musste es auch gelten. Wenn die Seele sich so sträubte, dann konnte es keine Sünde sein, sich zu verwehren. Sie würde kein Verständnis finden und keine Vergebung. Auch das war gewiss, aber der Gedanke berührte sie nicht mehr. Es gab niemanden mehr, von dem Hrotsvit sich dies wünschte.

Sie suchte den Horizont ab, das blasse Gelb, das ihn nun färbte, weil die Sonne in den kühlen Wolken unterging. Es sah ein wenig aus, als brenne der Himmel dort hinten in der weiten, weiten Ferne.

»Die Feuerkatzen«, murmelte sie und lachte in sich hinein.

Die kindliche Begeisterung war für Augenblicke plötzlich wieder da, genau wie damals, als sie das erste Mal in jenem Buch diese merkwürdigen Gestalten gesehen hatte, die Tiere Gottes waren.

Es war vielleicht verwegen, aber sie könnte sich auf eine Pilgerfahrt begeben ins heilige Land, zur Geburtsstätte Jesu. Warum sollte sie, Hrotsvit, nicht in die Welt ziehen. Sie hatte einmal schon fast diesen Schritt gewagt. Die Bücher, die geschrieben werden wollten, hatten sie zurückgehalten. Diese Pflicht hatte sie getan.

Sie wusste, auch Gerbergas Mutter plante eine solche Reise, sobald die Geschicke Bayerns geordnet waren. Natürlich in großer Gesandtschaft. Aber es gab immer wieder Nonnen, die es allein taten.

Wenn sie es bis Italien geschafft hatte, würde niemand mehr nach ihr suchen. So wertvoll war sie nicht, da war sich Hrotsvit sicher. Nur bis nach Italien. Sobald sie Bozen erreichte und Bayern hinter sich gelassen hatte, wäre sie wirklich frei. Etwa zwei Wochen.

In Hrotsvits Kopf nahm der Plan Gestalt an. Was sie mit sich nehmen sollte. Welche Route die klügste war und ob sie nicht doch Gerberga einweihen sollte.

Nein, das wäre auch gegen die Äbtissin nicht gerecht. Stattdessen würde sie ihr einen Brief schreiben und bitten, die Nachricht nur verzögert ihrer Familie zuzutragen. Wenn sie ein paar Tage Vorsprung hatte, würde kein Bote oder Häscher sie mehr einholen können und sie konnte unbesorgt im Schutz der Klöster um Obdach bitten, weil noch niemand wusste, dass sie eine Flüchtende war.

Hrotsvit dachte an die in Büchern beschriebenen Länder. Die sie nun alle würde sehen können. Wie die Wüste, in der der heilige Antonius den Teufel bezwungen hatte. Noch immer fiel es ihr schwer, sich vorzustellen, wie das aussah. Eine endlose, verbrannte Weite. »Endlos wie das Meer«, hörte sie plötzlich eine Stimme aus ihrer Erinnerung. Avraham. Das Meer. Auch das hatte sie noch nie mit ihren Augen gesehen. Ja. Es war Zeit.

»Wilruna«, sagte sie mit unaufgeregter Stimme. »Könnt Ihr bitte Irmentraud holen?«

Wilruna nickte bloß und verschwand. Die Frau war ihr Schatten geworden, ihre treue Begleiterin. Im Skriptorium war es ruhiger als vor ein paar Jahren noch, doch ganz hatte die Arbeit nie aufgehört. Hrotsvit hatte weiter ihre Texte geschrieben, Wilruna hatte sie ins Reine gesetzt und auf Pergament festgehalten. Sie hatte eine gleichmäßige, wenn auch etwas zögerliche, fast unsichere Schrift. Doch ihr Gespür für Sprache war untrüglich und sicher.

Mit tastenden Schritten kam Irmentraud ins Zimmer. Ihr Augenlicht war fast erloschen, das Haar schlohweiß, der Körper gebeugt. Und noch immer war sie eine unermüdliche Helferin ihrer Herrin.

»Ihr habt nach mir gerufen?«

»Ja, meine Gute.« Hrotsvit und musste beim Anblick der geliebten alten Frau lächeln. »Ich habe entschieden, dass es Zeit ist zu gehen. Meine Arbeit hier in Gandersheim, sie ist getan.«

Irmentraud blieb still und für einen Moment glaubte Hrotsvit, die Alte habe sie nicht gehört. Doch dann sah sie, wie Tränen über Irmentrauds Wangen flossen.

»Danke«, murmelte sie und ließ sich zu Boden sinken. »Danke, Itlin. Ich bin so froh. Ich habe so ein großes Sehnen nach Reinhausen, weißt du? Und ich hatte solche Angst, dass ich hier in der Fremde sterben muss. Ich will doch so gern zurück in die Heimat. Mein Hinnerk. Er lebt wohl noch, hab ich gehört …« Irmentrauds alter, krummer Körper bebte unter einem schweren Schluchzen.

Hinnerk. Der Name war Hrotsvit dunkel vertraut. Ja, einer der Knechte aus ihrer Kindheit. Die Erinnerung an starke Arme, an eine freundliche Anwesenheit im Hintergrund. Doch kein Gesicht.

Sie sah die alte Frau an, die nie ihre Seite verlassen hatte, die ihre Hand gehalten hatte, wenn niemand sonst da gewesen war, und die alles getan hatte, um die erdrückendste Dunkelheit von ihr fernzuhalten. Irmentraud wusste alles von ihr. Und Hrotsvit wusste nichts. Hatte nie bedacht, dass die gute alte Irmentraud ein Leben hatte, Erinnerungen, Menschen, die ihr wichtig waren. Es war ein Abgrund, der sich auftat. Einer, den sie selbst gegraben hatte, ohne es zu merken. Allein durch ihr fehlendes Interesse am Leben dieses Menschen, dem sie sich so nah geglaubt hatte. Sie ließ sich neben die Alte auf den Boden sinken und strich ihr sanft über das strohige, weiße Haar.

»Ja, siehst du, da lebt er also noch, dein Hinnerk«, antwortete sie schließlich und wurde rot vor Scham. »Ich werde Gerberga um einen Wagen bitten. Schon morgen sollst du zu ihm reisen.«

Irmentraud küsste ihre Hände, bis sie ganz feucht waren von den Tränen, die sie noch immer weinte.

»Aber was ist mit dir«, sagte sie schließlich. »Kommst du nicht mit?«

»Nein«, antwortete sie. »Ich habe noch ein paar Dinge zu erledigen. Dann komme ich nach.« Damit nahm sie die Alte in ihre Arme, die noch von Tinte geschwärzten Finger klopften sanft auf den krummen Rücken, während sie eins der Lieder sang, die Irmentraud einmal für sie gesungen hatte. Damals. Vor so unendlich langer Zeit für ein Kind, das nicht gewusst hatte, wohin es gehörte.

—

»Ich möchte, dass Ihr alles verbrennt.« Hrotsvit legte Wilruna die letzten beschriebenen Pergamente in die Hand.

»Verbrennen?«

»Ich will sie nicht mehr. Sie hatten ihre Zeit. Und nun ist sie vorbei.«

Hrotsvit zog die Kapuze ihres Mantels über das Gesicht und ging in den nebelverhangenen Morgen hinaus.

»Werde ich Euch wiedersehen?«, fragte Wilruna.

Hrotsvit lächelte. »Das ist doch nicht wichtig. Es ist ja alles gesagt.«

Wilruna zog die Brauen abwehrend zusammen, aber sie widersprach nicht.

Ohne ein weiteres Wort nahm Hrotsvit ihr Gepäck und stieg auf das Pferd, das sie von einer der äußeren Weiden geholt hatte. Sie hatte nur die allernötigsten Dinge zusammengesucht und von Gerberga unter einem Vorwand einige Silberstücke erbeten.

Das Pferd tänzelte unruhig, es war lange nicht geritten worden, im Winter reiste niemand und das Frühjahr hatte gerade erst begonnen. Sanft klopfte ihm Hrotsvit auf den Hals.

»Ruhig, mein Mädchen«, flüsterte sie der Stute zu. »Es wird dir gefallen, das verspreche ich dir.« Und tatsächlich beruhigte sich das Tier.

Hrotsvit nickte Wilruna noch einmal zu und gab der Falbe einen sanften Stoß. Das Tier verstand sofort und setzte sich mit einem feinen Schnauben in Bewegung.

Schon nach wenigen Schritten verschluckte der Nebel die Reiterin und ihr Pferd, die Hufschläge waren noch ein wenig länger zu hören, aber auch das ging schnell vorbei.

Magdeburg, Herbst 971

Adelheid betrachtete das träge Blau des Flusses, während sie ihre ermüdete Hand ausruhte. Die Regierungsgeschäfte verlangten das Schreiben vieler Briefe und anders als ihr Mann übernahm sie das lieber selbst. Die Schreiber trafen nie den Ton, den sie sich wünschte. Gern stellte sie sich dabei vor, wie ihr Wille sich in die Tinte mischte, die sie mit dem Kiel auf das Pergament schrieb.

Sie strich sich über die Stirn, die nun mit fast vierzig Jahren einige Falten trug. Es war noch viel vorzubereiten. Bald würde ihr Sohn Otto heiraten. Die Gesandtschaft von Erzbischof Gero hatte vor einigen Tagen Nachricht geschickt. Sie hatten eine byzantinische Prinzessin für den Prinzen bekommen. Nicht die gewünschte, im kaiserlichen Purpurzimmer geborene, Anna. Aber immerhin eine byzantinische Adelige, die sie und Otto wohl akzeptieren konnten, wenn die Verhandlungen zum Ende gekommen waren. Teophanu hieß sie.

Man hatte ihr in der Nachricht versichert, dass das Mädchen willensstark war und klug. Das war wichtig. Wichtiger als diese Sache mit der Geburt im Purpurzimmer. Ihr Sohn Otto hatte viel von seinem Vater. Er brauchte eine Frau an seiner Seite, die ihn stützen würde. Sie hatte Erzbischof Gero genaue Anweisungen gegeben für die Auswahl. Vor allem, dass er dabei den Charakter der Frauen wichtiger nehmen sollte als den Rang ihrer Herkunft.

»Frau Königin, Frau Königin!« Kichernd stürzten zwei Hofdamen in das Zimmer, sie waren noch jung und neu in der Kaiserpfalz. Adelheid hatte sich noch nicht einmal ihre Namen gemerkt.

»Ja«, seufzte sie. »Was ist denn?«

»Wir haben doch den Boten betreut. Ihr wisst schon. Der von der Gesandtschaft aus Byzanz den Brief gebracht hat.«

»Ja? Und?«

Eine neuer Schwall Gelächter brach aus den beiden Mädchen hervor und ihre Gesichter liefen rot an.

»Wisst Ihr, was in Byzanz passiert ist?«

»Ihr werdet es mir vermutlich gleich erzählen«, antwortete Adelheid und lächelte milde. Otto sagte ihr immer, sie solle strenger mit den jungen Adeligen sein, aber sie wollte ihnen ihre Freuden lassen. Es würde noch früh genug wenig zu lachen geben für sie.

»Ihr erinnert Euch, der Bischof von Cremona …«

»Ja, der ist Mitglied der Gesandtschaft.«

»Nicht mehr, meine Königin«, die beiden Mädchen schauten einander an und dann mit großen Augen zu ihr.

»Er ist gestorben … in einem *Freudenhaus*! Während, na ja, Ihr wisst schon!« Und wieder prusteten sie los. »Man sagt, er habe sich mehrere der Dirnen kommen lassen … und einen *Ziegenbock*!« Die letzten Worte flüsterte das Mädchen mit aufgerissenen Augen, um dann hinter vorgehaltener Hand weiterzukichern. »Könnt Ihr Euch das vorstellen, Eure Hoheit?«

»Liutprand von Cremona ist tot?« Adelheid ließ sich auf ihren Stuhl nieder. *Irgendwie kommt er doch immer plötzlich, dieser Tod*, dachte sie bei sich und fragte: »Was wisst Ihr noch?«

»Es gab wohl Streit. Weil der Kaiser von Byzanz die purpurgeborene Prinzessin verweigert hat. Der Erzbischof von Köln wollte das Angebot akzeptieren, er fand Teophanu die richtige Wahl. Aber der Bischof von Cremona war außer sich und sagte, das sei zu wenig. Die Prinzessin Teophanu genüge nicht. Und schließlich …« Die Mädchen schlugen sich die Hände vor den Mund und flüsterten den Rest der Geschichte: »… sagte er, er sei fertig mit Gott und er würde, nun … bis ihm sein Gemächt abfallen würde …« Ein erneuter Kicheranfall erschütterte die beiden.

Adelheid setzte ein strenges Gesicht auf. »Und dann ist der Mann gestorben. Und Ihr lacht. Ihr geht jetzt in die Kapelle und bittet die Mutter Gottes um ein bisschen mehr Mitgefühl und Anstand für Eure Herzen, habt Ihr gehört.« Sie gab ihrer Stimme eine Prise Schärfe.

Erschrocken wichen die beiden Mädchen einen Schritt zurück und nickten.

»Verzeihung, Frau Königin. Es ist nur so … wir dachten …«

Adelheid nickte. »Ich weiß. Solche Geschichten können uns mitreißen.« Ihr Ton war versöhnlich. Sie war schließlich nicht wirklich zornig. Die Welt war verwirrend genug an diesem Hof. »Aber wenn Ihr Euren eigenen Hof leitet, darf Euch so etwas nicht passieren. Habt Ihr verstanden?«

Die beiden Mädchen huschten hinaus.

Adelheid setzte sich an ihren Tisch. Liutprand war tot, gestorben in einem Bordell. Sie staunte, als sie ein Gefühl von Mitleid durchzuckte. Sie hatte diesen Mann wahrlich nicht leiden können.

»Möge Gott deiner Seele gnädig sein«, murmelte sie und schlug ein Kreuz vor ihrer Stirn.

Sie schüttelte ihr Haupt, um diese unglückliche Geschichte loslassen zu können. Noch einmal blickte sie kurz hinüber zum Fluss, der Elbe, die sie so mochte, dann griff sie zum Kiel und nahm das Schreiben wieder auf. Es gab viel zu tun, eine zukünftige Königin war gefunden.

Kloster St. Emmeram, Sommer 1494

Warm war es und in der Anstrengung, die das Gehen ihr bereitete, brach Äbtissin Sibylla von Pausldorff Schweiß aus. Mit schleppenden Schritten humpelte sie den Kreuzgang des Klosters St. Emmeram entlang. Im Hof tschilpten die Spatzen, aber sie hörte es kaum. Lange hatte sie gewartet mit der Entscheidung. Jetzt konnte es ihr nicht schnell genug gehen.

Der Weg von ihrem Frauenstift zum Kloster der Mönche war lächerlich kurz, wenige hundert Meter durch die verwinkelten Gassen Regensburgs. Doch Sibyllas Körper war von Krankheit gezeichnet, aufgedunsen und schwer. Nichts half. Auch die Aderlasskuren hatten nur Erschöpfung und traumlosen Schlaf gebracht.

Sie wusste, lange würde sie nicht mehr zu leben haben und vielleicht hatte sie es deshalb so eilig. Oder waren es diese Zeiten. Es war, als fegte ein Sturm durch die Stuben der Gelehrten, durch die Königshöfe, ja die ganze Welt. Ein tiefes Atmen, eine Befreiung, ein Öffnen der Augen. So kam es Sibylla vor, und manchmal schien es ihr fast, als könne sie die Zukunft singen hören, frohlockend und frei.

In den Kirchen wurden neue Gemälde auf die Altäre gestellt, bunt und voller Leben, überall schien sich der Wandel breitzumachen, alte Regeln wurden verworfen. Und eine unermessliche Flut von Büchern breitete sich seit ein paar Jahrzehnten aus. Nun, seit dieser Gutenberg eine Maschine erfunden hatte, die Bücher aus einzelnen Buchstaben aus Metall zusammensetzen und drucken konnte. Was früher in Monaten und Jahren mühseligster Arbeit geschrieben wurde, nach und nach die Körper der Schreibenden krümmend, fügten diese Maschinen in wenigen Wochen zusammen. Das Ergebnis war nicht ein Buch, es waren Dutzende, ja Hunderte.

Diese neue Technik war für Sibylla furchteinflößend. Sie war nicht mehr jung und die Vorstellung, dass es so viele Bücher zu lesen gab, überwältigte sie. Auch hatte sie Sorgen, dass die jungen Stiftsdamen am Ende den Verstand verlieren würden, bei all den Büchern, all dem Wissen, das nun auf sie niederprasselte. Diese neuen Zeiten.

Sie hielt sich für ein paar Augenblicke an einer Säule fest, um zu Atem zu kommen. Wenn sie diesem Mann unter die Augen trat, wollte sie nicht wie ein keuchendes Bündel Elend erscheinen. Es war für sie entscheidend, ihm auf Augenhöhe zu begegnen. Denn er sollte tun, was sie wollte.

Sie presste das Buch fester gegen ihre Brust, der lederne Einband war unter ihren verschwitzten Fingern dunkler geworden.

Zwei Mönche kamen ihr entgegen und gingen gemessenen Schrittes durch den Torbogen.

»Verzeihung, ehrwürdige Brüder«, sagte sie und stellte beruhigt fest, dass sich ihre Stimme und Atem beruhigt hatten. »Ich suche den Gelehrten Conrad Celtis. Er soll hier zu Gast sein?«

Die beiden Männer verneigten sich knapp vor ihr, obwohl sie als Äbtissin viele Ränge über ihnen war.

»Dort drüben in der Bibliothek«, sagte der Ältere und die zwei gingen hastig weiter, als müssten sie verlorene Zeit aufholen, die sie mit ihr vergeudet hatten. Bald würden die Glocken läuten, es war Zeit für das Nachmittagsgebet der Mönche.

In der Bibliothek war es dunkel und kühl. Die Bücher thronten in übermannshohen Regalen unter dem dunkel bemalten Gewölbe. Still war es, auch wenn sie hier und da eine Gestalt ausmachen konnte, die in den Regalen suchte.

In der Mitte des Raumes standen einige Tische zu einer großen Fläche zusammengeschoben. Darauf lagen zahlreiche Bücher.

Der Mann, der dort saß und sich Notizen machte, fiel sogleich auf, denn er trug weltliche Kleider. Er war untersetzt und hatte ein fleischiges Gesicht. Er sah nicht aus, wie Sibylla es von einem Mann seines Rufes erwartet hätte. Doch sie wusste, ein weltlicher Gelehrter war, was dieses Buch brauchte und nun, nach so vielen Jahrhunderten, war der Moment da, es in die Welt ziehen zu lassen, die sich rasend schnell veränderte. Jetzt, so hoffte Sibylla, konnten diese Texte, die ihrer Zeit so weit voraus gewesen waren, ein Publikum finden, das bereit für sie war.

»Meister Celtis«, sagte sie mit leiser Stimme. »Ich bin die Äbtissin des Stifts Obermünster …«

Er blickte von seinen Schriften auf, gehetzt, aber Sibylla mochte, was sie in seinen Augen sah. Etwas schwerfällig erhob er sich von seinem Schemel und verneigte sich.

»Frau Oberin, was verschafft mir die Ehre? Ich würde ihnen Speis und Trank anbieten, aber die Regeln hier in der Bibliothek sind sehr streng.«

Sibylla winkte ab. Sie war nicht gekommen, um es sich gemütlich zu machen. Sie legte das Buch auf den Tisch. Es nahm sich fast zierlich aus neben den riesigen Folianten, die Celtis vor sich verteilt hatte.

»Ich hörte, Ihr sucht in der Bibliothek nach Handschriften, die es sich lohnt zu drucken.« Sie lächelte zaghaft. Die Rolle als Bittstellerin war sie nicht gewohnt.

»Ja … und?«

Sie spürte, dass er oft umschmeichelt wurde. Sein Ruf eilte ihm voraus. Immerhin war er ein weitgereister Professor, sogar Lehrer von Prinzen. Ein kostbarer Titel, seit es bei den adeligen Herrschern immer mehr in Mode kam, sich zu bilden.

»Ich denke, Ihr solltet dieses Buch lesen.«

»Warum?« Seine Stimme war nun brüsk, doch zog er das Buch zu sich heran und öffnete vorsichtig den schlichten Deckel.

»Es sieht sehr alt aus«, sagte er und seine Stimme klang nun sanft, als täte ihm sein schneidender Ton schon wieder leid.

»Es stammt aus der Zeit Ottos des Großen.«

»Otto der Große? Es gibt kaum etwas aus dieser Zeit.«

Sibylla nickte langsam. »Und ich wage zu behaupten, es gibt nichts, was sich damit vergleichen könnte.«

Celtis begann mit dem Finger über die Seiten zu fahren. Er las hastig, so wie ein Hungernder sich auf Speise stürzt. Als habe er keine Zeit und müsse nun möglichst schnell erfassen, was dieses Buch vor ihm verbarg.

Sibylla wunderte sich über diesen nachlässigen Umgang. Aber vielleicht war es eine Folge dieser Zeit.

Sibylla beobachtete Conrad Celtis, wie er las und las, und sie wusste, sie hatte ihr Ziel erreicht. Nun spürte sie die Erschöpfung ihres langsam sterbenden Körpers und sehnte sich nach der Sicherheit ihres Stiftes. Leise zog sie sich vom Tisch zurück wie vom Bett eines Säuglings. Als sie an der Tür angekommen war, rief Celtis ihr hinterher.

»Wartet, Äbtissin. Wer ist der Autor dieses Werkes?«

Sibylla von Paulsdorff musste lächeln.

»Hrotsvit heißt sie. Hrotsvit von Gandersheim.«

Nachwort

von Magda Birkmann

Die erste deutsche Dichterin (aller Geschlechter). Die erste Dramatikerin (aller Geschlechter) des christlichen Mittelalters. Die erste weibliche Historiographin und die erste weibliche Verfasserin christlicher Verslegenden. Die erste Autorin (wiederum aller Geschlechter), die einen Vorläufer des Faust-Stoffes, also eine Erzählung über einen Teufelspakt und eine anschließende Erlösung durch christliche Buße, literarisch verarbeitet hat. All diese Titel hat Hrotsvit von Gandersheim nach aktuellem Forschungsstand auf sich vereint, und dennoch habe ich in der Schule nie auch nur ihren Namen gehört, geschweige denn irgendetwas über das vielschichtige und in vielerlei Hinsicht innovative Werk dieser außergewöhnlichen mittelalterlichen Autorin gelernt. Stichproben innerhalb meines Bekanntenkreises haben mir bestätigt, dass ich damit keine Ausnahme darstelle.

Ich habe in den 2000er Jahren ein altsprachliches Gymnasium in Nürnberg besucht, der Stadt, in welcher der Humanist und Dichter Conrad Celtis im Jahr 1501 das Werk der Hrotsvit von Gandersheim, das er angeblich etwa zehn Jahre zuvor (und ein halbes Jahrtausend nach seinem ursprünglichen Entstehen) in einem Manuskript in der Klosterbibliothek von St. Emmeran wiederentdeckt hatte, in einer von Albrecht Dürer illustrierten Printausgabe erstmals für ein breiteres Publikum veröffentlichte. Der Stadt, in der Celtis zuvor einige der wichtigsten humanistischen Gelehrten seiner Zeit versammelt und dazu aufgefordert hatte, Lobgedichte auf die von ihm wiederentdeckte Dichterin zu verfassen. Fünfhundert Jahre später spielte die zuvor so gefeierte und verehrte Autorin an meinem humanistischen Gymnasium keinerlei Rolle mehr. Auch sonst kamen die kulturellen Leistungen von Frauen in meinem Schulunterricht nur selten vor.

In den Lateinstunden lasen wir Werke von Cicero, Caesar und Ovid: politische Reden, die Männer vor Männern über Männer gehalten haben, langatmige Kriegsschilderungen und Geschichten, die, in epischen Hexametern verfasst, davon berichten, wie zahlreiche junge Frauen von Göttern und Sagenhelden belästigt, vergewaltigt und anderweitig misshandelt werden. In diesen Texten kamen Frauen entweder gar nicht oder eben ausschließlich als Opfer männlicher Willkür vor. Auf die Idee, dass Frauen selbst auch lateinische Literatur geschaffen haben könnten, wäre ich aufgrund meines Schulunterrichts nie gekommen.

Ähnlich wie in Latein waren auch die Bücher, die wir ab der Mittelstufe im Deutschunterricht zusammen lasen, Texte von Männern über Männer. Frauen tauchten in Aldous Huxleys *Schöne Neue Welt*, in Friedrich Dürrenmatts *Die Physiker*, Heinrich Manns *Der Untertan*, in Georg Büchners *Woyzeck* und Johann Wolfgang von Goethes *Faust* meistens nur am Rande auf, sie dienten dazu, die Geschichte der männlichen Protagonisten voranzutreiben und ihre Rolle erschöpfte sich größtenteils darin, verführt, geschwängert oder ermordet zu werden – manchmal sogar alles drei. Lange Zeit stellten meine Klassenkamerad:innen und ich nicht weiter infrage, dass – schenkte man dem gymnasialen Lehrplan Glauben – vor Annette von Droste-Hülshoff anscheinend keine einzige deutschsprachige Frau je erfolgreich zur Feder gegriffen und lesenswerte Werke erschaffen hatte. Erst irgendwann gegen Ende der Oberstufe fiel mir und einigen meiner Freundinnen endlich auf, dass da etwas gewaltig faul war in unserem Deutschunterricht.

Dass ich meine gymnasiale Laufbahn schließlich dann doch nicht beenden musste, ohne von der neunten bis zur dreizehnten Jahrgangsstufe auch nur ein einziges längeres literarisches Werk einer Autorin im Unterricht behandelt zu haben, hat wenig mit dem 2009 in Bayern geltenden Lehrplan und alles mit der feministischen Intervention einer kleinen Gruppe von uns Schülerinnen zu tun. Als verkündet wurde, dass wir als letzte Deutschlektüre vor dem Abitur mit Daniel Kehlmanns *Vermessung der Welt* schon wieder einen Roman eines Mannes *über* zwei Männer lesen sollten, hatten wir die Nase endgültig voll und forderten aktiv ein, uns im Unterricht auch endlich einmal mit Schriftsteller*innen* zu beschäftigen. Wir hatten Glück, unsere damalige Lehrerin wusste unser Engagement zu schätzen, und statt Kehlmann lasen wir mit Christa Wolfs *Kassandra* zum ersten Mal im Unterricht einen Roman, der bewusst weibliche Perspektiven und Erzähltraditionen in den Vordergrund stellt. Für mich persönlich stellte das eine Art literarischen Erweckungsmoment dar, der meine bis dahin geltende Auffassung von Literatur auf den Kopf stellte und mein weiteres Leseleben in völlig neue Bahnen lenken sollte. Es war der Moment, an dem ich anfing, zu zählen.

Frauen kommen in der Welt der Literatur bis heute nicht gleichberechtigt mit Männern vor. Zählt man Verlagsprogramme, Preisträger:innenlisten, Feuilletonrezensionen, Leselisten für den Literaturunterricht, Inhaltsverzeichnisse von Lehrbüchern und literaturhistorischen Anthologien usw. im Hinblick auf Geschlecht aus, ergibt sich selbst für die Gegenwart insgesamt noch lange kein Frauenanteil, der auch nur in die Nähe von 50 % gelangt. Doch wer heutzutage die Einseitigkeit von Literaturlehrplänen, Kanonlisten, Klassikeranthologien oder Verlagsprogrammen kritisiert, bekommt oft zu hören, man würde ja gerne paritätischer im Hinblick auf das Geschlecht unterrichten bzw. verlegen, aber früher habe es eben einfach keine nennenswerte Anzahl schreibender Frauen gegeben, deren Werke qualitativ betrachtet mit denen der Männer mithalten könnten. Der Eindruck, Frauen hätten erst im 20. Jahrhundert damit begonnen, den männlichen Meisterwerken auch nur im Ansatz ebenbürtige Literatur zu schaffen, scheint gesellschaftlich weit verbreitet zu sein.

Warum diese Behauptung uns stutzig machen muss, beschrieb die feministische Literaturwissenschaftlerin Gisela Brinker-Gabler bereits 1978 in der Vorbemerkung zu ihrem Buch *Deutsche Dichterinnen vom 16. Jahrhundert bis zur Gegenwart*: »Eine männlich dominierte Gesellschaft hat keine geschlechtsneutrale Literaturgeschichte, -kritik und -wissenschaft. Sie sichert ihre Interessen auch mittels literarischer Wichtigkeits- und Rangvorstellungen. Ihrem Literaturkanon und den Kriterien, die den Zugang dazu ermöglichen, ist zunächst zu misstrauen.« Ein sorgfältiger Blick in die Archive und Bibliotheken Europas zeigt, dass die Aussage, es habe in der Vergangenheit keine nennenswerten literarischen Leistungen von Frauen gegeben, rein quantitativ betrachtet jeglicher realen Grundlage entbehrt. Frauen haben sich zu nahezu allen Zeiten am literarischen Schaffen beteiligt. Dass unser Bild von Autorschaft dennoch bis heute fast ausschließlich männlich geprägt ist, liegt daran, dass im Laufe der letzten beiden Jahrtausende ein aktiver Prozess der Marginalisierung weiblicher Autorinnen stattgefunden hat, der bis heute anhält. In gewisser Hinsicht hat dabei sogar eine aktive Anti-Kanonisierung stattgefunden, denn unsere Literaturgeschichtsschreibung ist in Bezug auf die Anerkennung von Schriftstellerinnen heute teilweise sogar weit hinter den Stand früherer Epochen zurückgefallen. Autorinnen, die in ihrem eigenen Schaffenszeitraum und den direkt darauffolgenden Jahrhunderten noch vergleichsweise selbstverständlich als talentierte Schriftstellerinnen anerkannt wurden, werden in der heutigen Zeit oftmals einfach unter den Teppich gekehrt.

Während viele zeitgenössische Literaturgeschichten und Lehrbücher beispielsweise suggerieren, dass die klassische griechisch-römische Antike mit Sappho nur eine einzige erfolgreiche Dichterin kannte, dichtete Antipatros von Thessalonike vor etwas über zweitausend Jahren folgende Verse über die Frauen, die zu seiner Zeit längst als die neun größten griechischen Dichterinnen anerkannt waren:

Diese mit göttlicher Stimme begnadeten Frauen
zogen mit Liedern der Helikon auf und Pieriens mazedonische Höhen:
Praxilla, Moiro, die klangreiche Anyte, ein weiblicher Homer.
Sappho, die Zierde der schön gelockten Frauen aus Lesbos,
Erinna, Telesilla und dich, die berühmte Korinna,
sie, die kühn schwingt den Schild der Athene,

Nossis mit zarter Stimme, die lieblich singende Myrtis –
Schöpferinnen unvergänglicher Lieder, sie alle.
Neun ist die Zahl der Musen im Himmelsgewölbe,
Gaia, die Erde, schuf diese zur bleibenden Freude der Sterb-
lichen.

Insgesamt sind die Namen von etwa einhundert griechischen
und römischen Autorinnen der Antike überliefert, auch wenn
uns nur von etwa der Hälfte davon tatsächlich auch Textfrag-
mente erhalten geblieben sind. Die Literaturhistorikerin Jane
Stevenson hat außerdem für die Zeit zwischen dem 1. vorchrist-
lichen bis ins 18. Jahrhundert über 300 auf Lateinisch schreibende Dichterinnen aus ganz Europa nachgewiesen. Karl Goe-
dekes *Grundriß zur Geschichte der deutschen Dichtung* aus dem Jahr
1887 wiederum verzeichnet für die Barockzeit noch ganze
75 Dichterinnen, wohingegen zahlreiche gängige an Schüler:in-
nen gerichtete literaturgeschichtliche Überblickswerke, die in
den späten 90er und frühen 2000er Jahren erschienen sind und
häufig immer noch Verwendung im Unterricht finden, für diese
Epoche keine einzige weibliche Vertreterin mehr anführen. Wie
die Theaterhistorikerin Helga Kraft feststellt, wurde »noch bis
weit ins 20. Jahrhundert hinein […] die Meinung zur Wissen-
schaft erhoben, daß [sic] kreative Frauen ihrer Natur nach eher
zu Lyrik oder zu Roman-, zu Tagebuch- oder Briefeschreiben
tendierten« als zum Verfassen von Dramen. Eine These, die bei
genauerem Hinsehen nicht haltbar ist, wie beispielsweise die
amerikanische Literaturwissenschaftlerin Susanne Kord zeigen
konnte: im 18. und 19. Jahrhundert haben Autorinnen ebenso
viele Dramen wie Romane verfasst, von denen noch dazu eine
ähnliche Anzahl zur Aufführung gelangte wie Stücke männlicher Autoren. Zwischen 1700 und 1920 hat Kord etwa 315
deutsche Dramatikerinnen gezählt. In meinem Deutschunterricht kam keine einzige von ihnen vor.

»Sage Dir alle großen Namen der abendländischen Literatur
auf, […] und frage Dich, bei welchem dieser Geistesriesen Du,

als Schreibende, anknüpfen könntest. Wir haben keine authentischen Muster, das kostet uns Zeit, Umwege, Irrtümer«, klagte Christa Wolf 1982 in ihrer Poetikvorlesung über die *Voraussetzungen einer Erzählung*. Wie insbesondere auch der Blick in geltende schulische Lehrpläne gezeigt hat, wird die Literaturgeschichte bis heute »als eine Geschichte erzählt, in der die herausragenden Orientierungsfiguren [...], aber auch ihre Nachahmer, Zeitgenossen, Schüler und Epigonen männlich sind«, wie Anna Bers im Nachwort zu der von ihr herausgegebenen monumentalen Anthologie *Frauen | Lyrik* feststellt. Wie viele Frauen haben ihr literarisches Talent brach liegen lassen, weil es ihnen an literarischen Vorbildern mangelte? Welche großen und kleinen Kunstwerke haben nie vollständig das Licht der Welt erblickt, weil sie zu abseitig waren, als dass sie sich anstandslos in eine männliche Literaturtradition hätten eingliedern lassen? Welche solcher Werke sind zwar geschrieben worden, aber nie unter den Blick der Öffentlichkeit gelangt, weil die an männlichen Konventionen geschulten literarischen Gatekeeper ihre innovative Sprengkraft nicht als Kunst (an)erkennen konnten?

Manchmal frage ich mich, welche anderen Abzweigungen die Lebenswege von mir und meinen Klassenkameradinnen, aber auch von all den Generationen von Schülerinnen vor uns womöglich genommen hätten, mit wieviel mehr Selbstbewusstsein, mit welchen Ambitionen viele von uns heute durchs Leben gehen würden, wenn uns im Musikunterricht mehr Komponistinnen als nur Clara Schumann – die uns noch dazu eher als »Ehefrau von …« statt als eigenständige Künstlerin präsentiert wurde – begegnet wären, wenn wir im Religions- bzw. Ethikunterricht mehr über weibliche Theologinnen und Philosophinnen erfahren hätten, wenn unser Geschichtsunterricht statt einer bloßen Aneinanderreihung von Königen und Päpsten, Fürsten und Kriegsherren viel häufiger auch die Erfahrungen und Leistungen einflussreicher Frauen beleuchtet hätte. Wenn unsere Beschäftigung mit Goethes *Faust* und Büchners *Woyzeck* sich nicht in Diskussionen über die Frage nach Gretchens und Maries Mitschuld an ihren eigenen gewaltsamen Toden erschöpft hätte.

Wenn es nicht bis zum letzten Semester des letzten Schuljahres gedauert hätte, bis wir endlich mit literarischen Frauenfiguren konfrontiert wurden, die nicht als abschreckendes oder mitleiderregendes Beispiel dienten, sondern uns echtes Identifikationspotenzial boten.

Auch wenn uns über tausend Jahre trennen, stelle ich mir vor, dass Hrotsvit im Stift Gandersheim bei ihren lateinischen Lektüren von Klassikern wie Vergil, Horaz, Lukian, Cicero, Seneca, Tacitus, Ovid, Juvenal, Terenz oder Plautus ähnlich frustrierende Erfahrungen gemacht hat wie meine Klassenkameradinnen und ich. Besonders der römische Komödiendichter Terenz galt im Mittelalter als einer der wichtigsten Schulautoren und scheint auch unter Hrotsvits Klostergenossinnen eine beliebte Lektüre gewesen zu sein. Während Hrotsvit dessen sprachliches Können durchaus bewunderte, stießen die teilweise sehr misogynen, aus religiöser Sicht unsittlichen Inhalte seiner Komödien über entjungferte Mädchen und »schamlose« Prostituierte ihrem Empfinden als christlicher Frau übel auf. Sie setzte es sich daher zur Aufgabe, den verwerflichen Inhalten des Terenz ihre eigenen literarischen Schöpfungen entgegenzusetzen: »Daher habe ich, die kraftvolle Stimme von Gandersheim, es mir nicht versagt, […] ihn in seiner Darstellungsweise nachzuahmen, um in der gleichen sprachlichen Form, in der die verwerflichen Laster liederlicher Weiber geschildert werden, die löbliche Keuschheit heiliger Jungfrauen, […] zu rühmen«, verkündet sie in einer Vorrede, die sie ihren Dramen vorangestellt hat. Sie macht sich also eine männliche, misogyne Literaturtradition lediglich in formaler Hinsicht zu eigen, um daraus dann etwas ganz Neues, Eigenständiges zu schaffen: Erzählungen, in denen die Frauenfiguren im Vordergrund stehen und in denen »weibliche Schwachheit siegt und männliche Kraft unterliegt«. In Sarah Raichs Roman stellen Hrotsvits Dramen für deren Glaubensschwestern eine echte Offenbarung dar. Zum ersten Mal sehen sie sich selbst und ihre Erfahrungen in einem literarischen Text repräsentiert, sehen Frauen selbstbestimmt handeln und sich männlicher Gewalt widersetzen. Ich wünsche mir sehnlichst, dass solche Momente des Erkennens und der Identifikation für junge Mädchen, ob im schulischen Kontext oder außerhalb, keine Ausnahme mehr bleiben. Ich wünsche mir, dass Lehrpläne, Studienordnungen, Theaterspielpläne und Verlagsprogramme endlich gleichberechtigt für die Perspektiven aller Geschlechter geöffnet werden, dass endlich gesamtgesellschaftlich selbstverständlich wird, wofür Feministinnen seit Jahrzehnten, ja seit Jahrhunderten unermüdlich kämpfen. Ich wünsche mir, dass der männliche Blickwinkel auf Literatur, auf Frauen, auf die Welt endlich seine alles vereinnahmende Dominanz einbüßt. Sarah Raichs fantastischen Roman über eine Frau, die niemals bereit war, sich diesem patriarchalen Blick zu beugen, werde ich deshalb auch allen Geschichts- und Deutschlehrer:innen in die Hand drücken, die ich kenne.

»Ich danke Dir, Hrotsvit,
für Deine große Hinterlassenschaft.
Mach uns Mut, Dich zu beerben.«
(Irmtraud Morgner, Dankrede zum Roswitha-Preis 1985)

Zum Weiterlesen

Hrotsvitha von Gandersheim, *Dulcitius. Abraham. Zwei Dramen.* Reclam 1986.

Anna Bers (Hg.), Frauen | Lyrik. Gedichte in deutscher Sprache. Reclam 2020.

Gisela Brinker-Gabler (Hg.), *Deutsche Dichterinnen vom 16. Jahrhundert bis heute. Gedichte und Lebensläufe.* Anaconda 2020.

Katharina Herrmann, *Dichterinnen & Denkerinnen. Frauen, die trotzdem geschrieben haben.* Reclam 2020.

Sandra Kegel (Hg.), *Prosaische Passionen. Die weibliche Moderne in 101 Short Stories.* Manesse 2022.

Tillie Olsen, *Was fehlt. Unterdrückte Stimmen in der Literatur.* Übers. v. Nina Frey und Hans-Christian Oeser. Aufbau 2022.

Teresa Reichl, *Muss ich das gelesen haben? Was in unseren Bücherregalen und auf Literaturlisten steht – und wie wir das jetzt ändern.* Haymon 2023.

Joanna Russ, *How to Suppress Women's Writing.* University of Texas Press 2018.

Iris Schürmann-Mock, *»Ich finde es unanständig, vorsichtig zu leben«. Auf den Spuren vergessener Schriftstellerinnen.* AvivA 2022.

Nicole Seifert, *FRAUEN LITERATUR. Abgewertet, vergessen, wiederentdeckt.* KiWi 2021.

Olivia Sudjic, *Exponiert.* Übers. v. Simoné Goldschmidt-Lechner. August Verlag 2023.

Virginia Woolf, *Ein Zimmer für sich allein.* Übers. v. Antje Rávik Strubel. Kampa 2020.

Hinweise und Dank

Dies ist ein Roman und dafür habe ich mir ein paar Freiheiten genommen. Alle historischen Fakten sind gründlich recherchiert, auch die Details. Manchmal habe ich – aus dramaturgischen Gründen – den historisch wahrscheinlichen Handlungsablauf etwas abweichend erzählt, aber niemals das Grundlegende verfälscht.

Ein Buch entsteht niemals durch einen Menschen allein, es braucht ein ganzes Biotop.

Deshalb, ein Dank an
- meinen Mann, für mehr als auf diese Seite passt
- Rita, meine Erstleserin, künstlerische Ratgeberin und Fels in der Brandung
- Katarina Hellinger, die die Streetfighterseele in mir pflegt, damit ich das alles durchhalte.
- Aline Wollmer, die diesen Text vielleicht besser versteht als ich selbst.
- Magda Birkmann für das so wichtige Nachwort.
- Mimi Wulz für ihr Durchhaltevermögen
- Karina Bertagnolli für das grandiose Cover
- Professor Sue-Ellen Case, deren Forschung zu Hrotsvit die Bestärkung war, die ich dringend brauchte, um *Hell und laut* schreiben zu können
- alle, die zu Hrotsvit, zu schreibenden Frauen, zum Mittelalter forschen – was hätte ich ohne diese Arbeit schreiben sollen.
- Lena Grundhuber für das Recherche-Obdach in Magdeburg und die Ermutigung.
- Karl Söffker, der vor 30 Jahren den Stein ins Rollen brachte.

- Johannes Siegert, der schon vor 30 Jahren daran glaubte, dass es einmal Bücher von mir geben würde.

- die San Francisco Public Library, besonders die Niederlassung Excelsior, die Staatsbibliothek in München – stellvertretend für alle Bibliotheken der Welt und ihre Bibliothekar:innen, gestern und heute – denn ohne sie hätten wir Hrotsvits Werk für immer verloren.

- das Guggenheim Museum in Los Angeles für eine augenöffnende Ausstellung über mittelalterliche Handschriften.

- das Netz aus Autorinnen um mich herum für ihre vielfältige Unterstützung, besonders an Nicole Seifert, Simone Buchholz, Elfi Conrad, Monika Pfundmeier, Annika Brockschmidt, Mareike Fallwickl, Alena Schröder.

- die Arghs, die Writing Moms und die Igelz, die besten Selbsthilfegruppen, die sich eine Schreibende wünschen kann.

Und immer noch ein Dank an meine Twitter-Crowd für den Support.

Inhalt

Bibliografische Information der Deutschen Nationalbibliothek
Die Deutsche Nationalbibliothek verzeichnet diese Publikation in der Deutschen
Nationalbibliografie; detaillierte bibliografische Daten sind im Internet über
http://dnb.d-nb.de abrufbar.

© by S. Marix Verlag in der Verlagshaus Römerweg GmbH, Wiesbaden 2023
Lektorat: Aline Wollmer, Wiesbaden
Cover: Karina Bertagnolli, Wiesbaden
Bildnachweis: agsandrew © shutterstock.com
Umschlag, Satz und Layout: Anja Carrà, Weimar
Der Titel wurde in der Baskerville gesetzt.
Gesamtherstellung: CPI books GmbH – Germany

ISBN: 978-3-7374-1217-9

Mehr über Ideen, Autoren und Programm des Verlags finden Sie auf
www.verlagshausroemerweg.de und in Ihrer Buchhandlung.